U0789774

国家社会科学基金重大项目（编号：22ZDA121）资助成果

国家安全系统学导论

An Introduction to National Security & Safety Systematics

王 秉 著

科 学 出 版 社

北 京

内 容 简 介

国家安全系统学是国家安全学和系统科学交叉形成的一门新学科，是国家安全学和系统科学的新阵地。本书是基于多学科交叉视角的基础理论研究，旨在站在国家安全系统学学科建设高度，在总体国家安全观指导下，构筑国家安全系统学学科基本架构，研究和阐释国家安全系统学的学科关键问题，以期助力建立国家安全系统学理论体系。本书共分 10 章，包括绪论、国家安全系统学的学科理论基础、国家安全系统学的学科基本问题、国家安全复杂性、国家安全态势、国家安全体系、国家安全能力、国家安全体系和能力现代化、国家安全韧性，以及国家安全系统学的可能分支。

本书可作为高等院校国家安全学和其他安全类（包括安全科学与工程、公安学与网络空间安全学等）、公共管理、政治学、国际关系学、管理科学与工程等相关学科本科生、研究生的学习或参考教材，也可作为广大国家安全学相关科研人员、学者与实践者的参考用书。

图书在版编目(CIP)数据

国家安全系统学导论 / 王秉著 . -- 北京 : 科学出版社, 2024. 10.
ISBN 978-7-03-079684-4

Ⅰ. D631

中国国家版本馆 CIP 数据核字第 2024EP0067 号

责任编辑：杨逢渤 / 责任校对：樊雅琼
责任印制：赵 博 / 封面设计：无极书装

科 学 出 版 社 出版
北京东黄城根北街 16 号
邮政编码：100717
http://www.sciencep.com
北京中科印刷有限公司印刷
科学出版社发行 各地新华书店经销
*
2024 年 10 月第 一 版 开本：720×1000 1/16
2025 年 1 月第二次印刷 印张：22 1/2 插页 2
字数：450 000

定价：198.00 元

（如有印装质量问题，我社负责调换）

作 者 简 介

王秉，1991 年出生，汉族，甘肃兰州榆中人，博士。中南大学教授，博士生导师，中南大学安全理论创新与促进研究中心主任，中南大学安全科学与应急管理研究中心执行主任，吉林大学国家发展与安全研究院兼职教授，国家社会科学基金重大项目首席专家，入选“芙蓉计划”——湖湘青年英才、湘江青年社科人才、省级优秀博士学位论文获得者、全球前 2% 顶尖科学家榜单及中南大学十佳青年等。担任 *Safety Science*、《灾害学》、《中国安全科学学报》等 10 本期刊的专刊特邀主编/编委/青年编委。主要从事国家安全学、安全信息学、安全情报学、数智赋能推进国家安全体系和能力现代化等跨学科交叉领域的安全（Safety & Security）基础理论及其应用推广研究。以第一或通讯作者在国内外本领域重要期刊发表成体系化的 SSCI、SCI、CSSCI、CSCD 检索论文 100 余篇；出版《安全文化学》《安全信息学》《安全情报学导论》《生物安全情报导论》等 10 部专著或教材。主持国家社会科学基金重大项目 1 项、国家社会科学基金一般项目 2 项、国家社会科学基金重大项目子课题 1 项、教育部人文社会科学项目 1 项、省自然科学基金项目 2 项、省教育科学规划重点课题 1 项等 10 余项主要科研项目。获全国专业研究生示范课程、省级社会科学优秀成果奖、省级教学成果奖、省级优秀教材、省级示范课程等荣誉或奖励。

#【本书内容导图】

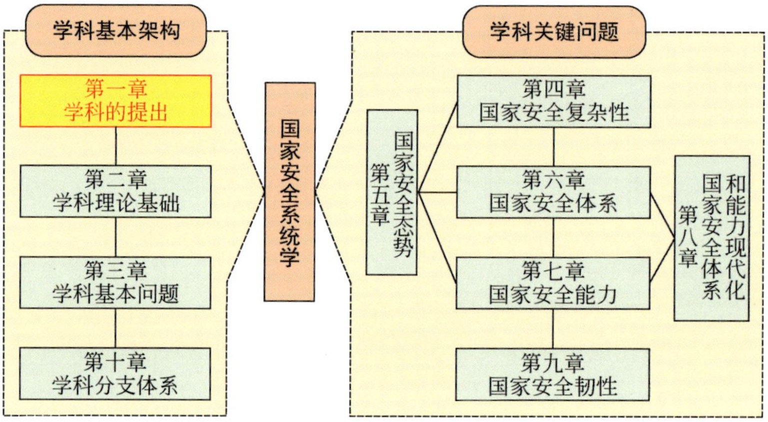

“一体两翼”内容导图

国家安全学学科初创，它的分支学科亟待丰富和发展。从国家安全学角度看，为贯彻落实总体国家安全观，为系统研究和揭示国家安全的复杂系统特征和规律，为给做好基于系统思维、理论和方法的国家安全工作提供专门的学科理论和方法支撑，为推动国家安全学学科体系的丰富和完善，极有必要将系统视域下的国家安全研究与实践工作上升至国家安全系统学高度进行学科层面的谋划布局和探索推进。同时，国家安全本身的复杂系统属性和国家安全学本身的系统科学属性（国家安全学是一门大交叉大综合学科，这就决定了国家安全学天然就具有跨学科、综合性与横断性的系统科学属性）也为国家安全系统学的创建提供了基本前提和充分可能。综上，国家安全系统学是总体国家安全观的题中应有之义，是具有共识的国家安全学的核心分支学科，是国家安全学与系统科学交叉领域势在必建的新学科，国家安全学领域迫切需要开展国家安全系统学研究。

国家安全系统学既是国家安全学科理论和建设发展的创新之举，也是时代的要求、发展的需求、历史的必然。因此，在新时代，在总体国家安全观指导下，推动国家安全系统学研究、实践与发展应成为我国国家安全学工作者的理论自觉和行动自觉，努力把国家安全系统学建设发展成国家安全学的一个鲜明的学科分支标识，推动加快构建中国特色国家安全学科体系、学术体系、话语体系，推动构建国家安全学自主知识体系，并努力实现“国际影响”，以期为推动中国特色国家安全学科理论创新和学科建设发展做出贡献，为新时代国家安全工作提供专门的国家安全系统学思想武器和方法路径支撑，为把国家安全系统学打造成国际国家安全学术高原上的学术高峰奠定基础和贡献力量。

正因如此，近年来，诸多国家安全学者和机构正在积极推进国家安全系统学研究和学科建设发展。例如，2021 年 4 月，北京师范大学成立国家安全与应急管理学院，建设“国家安全学”一级学科，“国家安全系统科学与工程”被列为“国家安全学”一级学科下设学科方向之一。作者对国家安全系统学的关注与开展探索研究始于 2019 年。当时，在《情报杂志》发表了题为《关于国家安全学的若干思考——来自安全科学派的声音》的研究论文，给出了系统视域下的国家安全定义，并分析了其内涵。作者对国家安全系统学的正式成体系研究探索始于 2022 年前后。2022 年 4 月，作者有幸作为首席专家申请获批国家安全体系和能力现代化与数智赋能相结合方面的国家社会科学基金重大项目“题目略”（编号：22ZDA121）。在本项目申请和研究推进阶段，作者发现和越发体会到，从学科高度看，本项目研究所涉及的理论基础和研究内容除了作者过去做的（国家）安全信息学与（国家）安全情报学外，本项目的重中之重是国家安全系统学。因此，在项目申请设计和研究过程中，作者把国家安全系统学定位成本项目研究的重大理论创新切入点和贯穿项目研究始终的主线，并把撰写出版本书确定为本

前　言

国家安全是安邦定国的重要基石。党的二十大报告指出，“国家安全是民族复兴的根基，社会稳定是国家强盛的前提”。当前，世界之变、时代之变、历史之变正以前所未有的方式展开，世界百年未有之大变局加速演进，“复杂性”“易变性”“不确定性”等成为这个时代的主旋律，世界进入了乌卡（VUCA，即易变性、不确定性、复杂性和模糊性）时代。在这样的背景下，中国国家安全形势发生历史性深刻变化。“当前我国国家安全内涵和外延比历史上任何时候都要丰富，时空领域比历史上任何时候都要宽广，内外因素比历史上任何时候都要复杂”，2014 年 4 月 15 日，习近平总书记在创造性地提出总体国家安全观时作出的上述经典论断深刻揭示了新时代中国国家安全面临的新形势、新特征与新挑战。新时代中国国家安全的本质是典型的复杂巨系统安全问题，其内涵外延、时空领域、内外因素具有显著的复杂系统特征（主要包括复杂性、整体性、全面性、联动性和动态性等），必须坚持系统思维，构建新安全格局，推进国家安全体系和能力现代化，以应对国家安全风险综合体，维护和塑造国家安全。

世界上任何事物都构成一个个不同的系统，国家安全问题皆是系统问题，国家安全工作是一项极为重要且复杂的系统工程。“不谋万世者，不足谋一时；不谋全局者，不足谋一域。”总体国家安全观关键在“总体”，揭示国家安全的复杂系统属性和本质，即国家安全是全面的、整体的、综合的安全，是发展的、动态的、可持续的安全，是开放的、共同的、合作的安全，是兼具维护和塑造的安全，它强调的是做好国家安全工作的系统思维、理论和方法。可见，总体国家安全观是系统思想的产物，也是系统思想的出色运用。总体国家安全观要求，国家安全研究者和实践者要坚持系统观念，运用系统思维、理论和方法，才能从整体上更加全面、综合、准确地发现、认识和应对国家安全问题，进而指导各项国家安全工作夺取胜利和不断推进更高水平的国家安全。

在中国，国家安全学作为一门新兴学科，紧跟国家安全形势之变，紧扣国家发展之需。根据学科发展规律，一门成熟的学科由一系列分支学科构成，学科的发展既需要纵向开展深入的细化研究，亦需要横向构建和发展更多的分支学科，以不断充实和完备学科体系。鉴于此，国家安全学理应由诸多分支学科（如国家安全战略学、国家安全情报学、国家安全法学及国家安全教育学等）构成，当前项目研究的主要阶段性研究目标和关键成果之一。在此认识引导和本项目研究促使下，近两年，作者带领课题组中的史志勇等同学潜心开展国家安全系统学研究，发表了一些论文，并在此基础上，撰写完成了本书内容。

国家安全系统学是国家安全学和系统科学进行有机融合创新的产物。什么是国家安全系统学？对于一门处于起步阶段、发展中的学科，给它下一个准确的、公认的定义的确比较困难。简单讲，国家安全系统学就是以总体国家安全观为研究哲学观，把整体的系统观作为发现、认识和应对复杂国家安全问题的起点，在复杂系统的层面上对国家安全系统的结构、功能、运行机制、发展演化规律及其与环境的关系等进行理解分析和研究的一门新兴交叉综合学科。国家安全系统学以整个国家安全系统为研究对象，但并非一门凌驾于所有国家安全学分支学科之上的“超级复杂学科”，而是以国家安全学分支学科间的交叉地带作为其主要的研究领域，以国家安全学分支学科间的相互渗透和合作作为其研究方式，它是非线性的国家安全学分支学科整合的结果，是在国家安全学领域具有综合性、集成性和横断性的一门国家安全学分支学科。国家安全系统学具有前所未有的复杂性、高度的交叉综合性和横断性，以及数智化时代的数智性等显著特征。国家安全系统学作为国家安全学的新兴分支学科之一，为国家安全理论界和实践界提供了一种看待国家安全系统的更加具有高度的、宽广的、完整的视角，提出了国家安全学的一种新范式。

本书的撰写初衷或宗旨是什么？作者思考了良久。把国家安全系统学当作一门学科是一次前所未有的创新，需要创新的观念、方法和理论，需要进行长期不懈的研究和探索。近年来，作者及课题组在国家安全系统学领域进行了一些探索性研究，本书就是部分成果集成的体系。但是，由于国家安全系统学是一门初生学科，尚极为稚嫩，再加之它极其宏大而复杂，它的理论和方法远没有达到成熟的程度，因此，本书并不准备全面介绍国家安全系统学学科体系和理论方法，而是从学科高度给国家安全系统学搭建一个具有基础性和整体性的架构，介绍一些具有基础性、整体架构性、导论性、开启性和启迪性的国家安全系统学的关键内容。正因如此，作者将本书定位在国家安全系统学导论层次，这样做的目的是：尽最大可能让读者在了解掌握国家安全系统学相关理论基础、整体架构和关键内容的基础上最大限度地探索所有可能，给可能的创新创造机会和留有余地，而不至于被所谓的已经确定的学科理论体系桎梏。可见，本书是具有开拓性、基础性、开启性、探索性和包容性的一本关于国家安全系统学的专著，本书旨在抛砖引玉、引起关注、激发讨论，以期为推动丰富和完善国家安全系统学理论体系贡献力量。同时，本书不仅是一本学术专著，也可作为国家安全学系统学相关课程的参考教材。

根据本书的上述撰写初衷或宗旨，作者在本书内容设计方面花了很多心思，这里展示自己“良苦用心”的结果，见本书“一体两翼”内容导图。本书内容按照“一体两翼”进行布局和安排。所谓“一体”，是指国家安全系统学这一主体；所谓“两翼”，是指本书介绍的关于国家安全系统学的两大方面关键内容，即国家安全系统学的学科基本架构和所关注的学科关键问题。其中，在国家安全系统学的学科基本架构方面，主要介绍国家安全系统学的学科基本概念与提出、学科理论基础、学科基本问题和学科分支体系。在国家安全系统学所关注的学科关键问题方面，以国家安全复杂性（国家安全系统学的最终目的是解析和应对国家安全复杂性）为中心，在介绍国家安全复杂性的基础上，围绕国家安全复杂性依次延伸展开介绍国家安全复杂性的主要表现和应对国家安全复杂性的系统科学理论方法，主要包括国家安全态势、国家安全体系与国家安全能力（包括国家安全韧性，它是国家安全能力的升华和延伸），以及国家安全体系和能力现代化。上述认识也是作者对国家安全系统学学科知识体系的最新认识。需特别说明的是，部分内容和实践素材根据保密审查的要求进行了删减，可能会影响内容的完整性和实践内容呈现，这也使本书内容侧重于理论性，请读者谅解。

由于国家安全系统学领域宽广，且国家安全学（包括国家安全系统学）是一个快速发展的领域，由于作者水平和经验有限，书中疏漏之处在所难免，恳请各位专家、同仁和读者批评指正与海涵！

在此，作者衷心感谢所指导的研究生史志勇等同学在本书撰写和统稿过程中做出的巨大贡献，感谢在本书的撰写和研究过程中提出宝贵建议和给予支持的各位专家和朋友们，感谢书中引用的相关文献的作者们，感谢家人们的无私奉献和默默支持。同时，感谢国家社会科学基金重大项目（编号：22ZDA121）和中南大学“高端智库”项目（编号：2024znzk01）对本书研究和出版的资助。

作者笃信：

国家安全是永恒的课题，国家安全学是一门永恒学科！

在国家安全学领域，国家安全系统是永恒的存在，国家安全系统学是国家安全学研究与实践的永恒的需求！

国家安全系统学在与时俱进的进程中必会永葆青春活力和旺盛生命力！

国家安全学研究者和实践者应自觉拥抱和不断发展壮大国家安全系统学！

王　秉

2024 年 1 月 1 日

目　录

前言
第一章　绪论 …… 1
※本章导读※ …… 1
第一节　安全与国家安全概念界定 …… 1
第二节　国家安全学核心概念体系 …… 10
第三节　国家安全系统学的研究背景及意义 …… 19
第四节　国家安全系统学的提出 …… 24
※本章小结※ …… 28
第二章　国家安全系统学的学科理论基础 …… 29
※本章导读※ …… 29
第一节　国家安全系统思想 …… 29
第二节　系统科学理论 …… 41
第三节　安全科学与普通安全学理论 …… 57
第四节　国家安全学理论 …… 70
※本章小结※ …… 84
第三章　国家安全系统学的学科基本问题 …… 85
※本章导读※ …… 85
第一节　国家安全系统学的研究对象 …… 85
第二节　国家安全系统学的研究范畴 …… 93
第三节　国家安全系统学的研究内容 …… 95
第四节　国家安全系统学的研究方法 …… 99
※本章小结※ …… 102
第四章　国家安全复杂性 …… 103
※本章导读※ …… 103
第一节　国家安全复杂性研究的缘起、分析工具及思路 …… 103
第二节　认识论：国家安全的本质是复杂巨系统安全 …… 105
第三节　方法论：国家安全学方法论的内在要求是复杂性范式 …… 111
第四节　实践论：国家安全实践的现实路径是复杂系统工程 …… 114

※本章小结※ …… 117

第五章　国家安全态势 …… 119

※本章导读※ …… 119

第一节　国家安全态势的相关概念界定与解析 …… 119

第二节　国家安全态势感知的理论逻辑 …… 126

第三节　国家安全态势感知塑造的基本问题分析 …… 135

第四节　国家安全态势感知塑造模型 …… 143

※本章小结※ …… 150

第六章　国家安全体系 …… 152

※本章导读※ …… 152

第一节　国家安全体系的定义与内涵 …… 152

第二节　国家安全体系的特征 …… 158

第三节　国家安全体系的构成 …… 162

第四节　中国国家安全体系发展历程回顾 …… 164

※本章小结※ …… 167

第七章　国家安全能力 …… 169

※本章导读※ …… 169

第一节　国家安全能力的缘起与内涵 …… 169

第二节　国家安全能力的特征 …… 191

第三节　国家安全能力的构成 …… 195

第四节　中国国家安全能力发展历程回顾 …… 210

※本章小结※ …… 213

第八章　国家安全体系和能力现代化 …… 215

※本章导读※ …… 215

第一节　国家安全体系和能力现代化的内涵与基本逻辑 …… 215

第二节　国家安全体系和能力现代化的基本内容 …… 231

第三节　国家安全体系和能力现代化的推进路径 …… 236

第四节　中国国家安全体系和能力现代化的推进过程 …… 245

※本章小结※ …… 249

第九章　国家安全韧性 …… 251

※本章导读※ …… 251

第一节　国家安全韧性的提出 …… 251

第二节　国家安全韧性的定义与内涵 …… 255

第三节　国家安全韧性理论模型 …… 258

第四节　国家安全韧性提升路径 …… 264
※本章小结※ …… 274
第十章　国家安全系统学的可能分支 …… 275
※本章导读※ …… 275
第一节　国家安全复杂学 …… 275
第二节　国家安全混沌学 …… 283
第三节　比较国家安全学 …… 294
第四节　国家安全体系学 …… 304
第五节　国家安全能力学 …… 317
参考文献 …… 330
后记 …… 347

第一章　绪　论

※本章导读※

本章是本书的开篇，旨在为读者学习本书后面章节内容打好基础。首先，明晰某个研究领域的基本概念是了解、学习和开展这一领域研究的基础和起点，本章重点界定和剖析国家安全系统学研究所涉及的核心概念——安全、国家安全、国家利益、国家重大利益、国家安全事件、威胁、国家安全风险、危险、国家安全状态、国家安全能力、国家安全体系及脆弱性。其次，要开展某一领域的研究，首要的任务是本着严谨的科学态度考察与分析开展这一领域研究的重要性、必要性及意义。本章分别从哲学观、实践与学科三方面出发，深入论述开展国家安全系统学研究的重要性、必要性及意义。最后，论述国家安全系统学创立的可欲与可为，并分析国家安全系统学的定义与内涵，在此基础上，介绍本书的研究思路与内容框架，让读者对本书的撰写思路与内容框架有一个基本了解。

第一节　安全与国家安全概念界定

创立国家安全系统学的根基与动力源于国家安全内禀系统性。为深入理解国家安全的系统性，有必要从系统角度剖析国家安全概念。从概念的包含关系来看，国家安全属于安全概念的范畴。换言之，安全是属概念，国家安全是种概念。因此，需在安全概念基础上了解、认识与洞察国家安全概念。因此，本节先介绍安全概念，然后在此基础上，界定与解读国家安全概念。

一、安全

中文中的“安全”一词是“Safety”与“Security”两个英文词汇的集成体。根据 Safety 与 Security 各自的含义，二者存在一些区别（表 1-1）（王秉，2022a；Piètre-Cambacédès and Chaudet，2010；Young and Leveson，2014；Kriaa et al.，2015）。目前，一般认为，就二者本身的含义而言，它们之间的区别主要体现在安全风险（威胁）的来源差异方面。首先，Safety 侧重强调无意的安全风险（威胁），即侧重预防“好人”无意引发的安全事件，而 Security 侧重强调蓄意的安全风险（威胁），即侧重预防“坏人”有意引发的安全事件。例如，核 Safety 主要指核设施结构、质量与设计安全，预防因核设施缺陷引发的核事故；核 Security 主要指防止出现对核设施和核材料的人为蓄意破坏、损害和盗窃事件。其次，就一个系统而言，Safety 侧重强调来自系统内部的安全风险（威胁），Security 侧重强调来自系统外部的安全风险（威胁）（王秉，2022a）。

表 1-1 Safety 与 Security 的区别

序号	比较维度	Security	Safety
1	安全事件致因	蓄意的因素（主要指蓄意的行为所致的安全事件）	无意的因素（主要指无意的行为所致的安全事件）
		有计划的因素（通常是有计划和有预谋的行为所致的安全事件）	无计划的因素（通常是无计划和无预谋的行为所致的安全事件）
2	安全风险（威胁）	系统外部的威胁，侧重于系统外部安全风险	系统内部的威胁
		威胁具有强隐蔽性，难以察觉和感知	威胁的隐蔽性较弱，易察觉和感知
3	影响与损失的波及范围	影响与损失的波及范围相对大，涉及人员伤亡、财产损失、信息盗取、环境破坏与发展利益等多方面	影响与损失的波及范围相对小，主要涉及人员伤亡与财产损失
4	涉及行业和领域	各行业各领域均涉及	主要是工业和运输业
5	不确定性	高度的不确定性，且对安全威胁的了解程度较低	较低的不确定性
6	安全策略	主要是安全风险（威胁）的防御，侧重于系统自身安全保障能力的强化	安全风险（威胁）的消除、降低及其防御

此外，Safety 和 Security 之间的差异还反映在这两个领域的工具、标准和安全风险（威胁）管理方式的差异上（王秉，2023a）。首先，在安全风险（威胁）识别阶段，Security 方面的安全风险（威胁）的来源通常是较为隐蔽的，对它的识别存在高难度，并且它涵盖了极其广泛的可能场景，而 Safety 方面的安全风险（威胁）的特征更易获得，需考虑的场景数量也相对有限。其次，在安全风险（威胁）评估阶段，Security 方面的安全风险（威胁）涉及众多偏主观的因素（如攻击者背景、技能与动机等），导致 Security 方面的安全风险（威胁）的可预测性较差、不确定性高，这使得评估 Security 方面的安全风险（威胁）难以量化（Aven，2009）。在定量安全风险（威胁）评估方法中，使用概率在 Safety 领域

被广泛采用，但这种方法在 Security 领域并不总是被接受（Aven，2009）。

尽管 Safety 工作和 Security 工作均是两种安全风险（威胁）驱动的活动，但由于二者存在差异，传统上二者是割裂的，是分开处理的（王秉，2023a）。例如，在最初的安全研究阶段，工程技术科学派安全工作者（除信息安全工作者）侧重于关注 Safety［如事故，这是因为“事故”的英文翻译“Accident”一词的形容词为“Accidental”（中文意为“意外的”）］，社会科学派安全工作者侧重于关注 Security（王秉，2022a）。因此，Safety 和 Security 被区分为两个不同的学术或学科团体，每个团体各自制定自己的标准，各自组织自己的学术会议，并在各自的期刊上发表研究成果。

自美国“9·11”恐怖袭击事件和工业控制系统领域的 Stuxnet 蠕虫病毒（超级工厂病毒）事件发生以来，全世界越来越意识到，许多系统（如军事领域的系统与数字工业系统等）必须得到 Safety 和 Security 的同时保证才能正常运行，Safety 和 Security 这两个学科领域不能继续忽视彼此（王秉，2022a；Brunel et al.，2016）。学界和实践界逐渐认识到，严格讲，系统安全风险（威胁）来自 Safety 和 Security 两大方面，且二者相互交织叠加或转化、密不可分，所有系统安全问题实则均是 Safety 与 Security 一体化的安全问题（王秉，2022a，2023a），如图 1-1 所示。

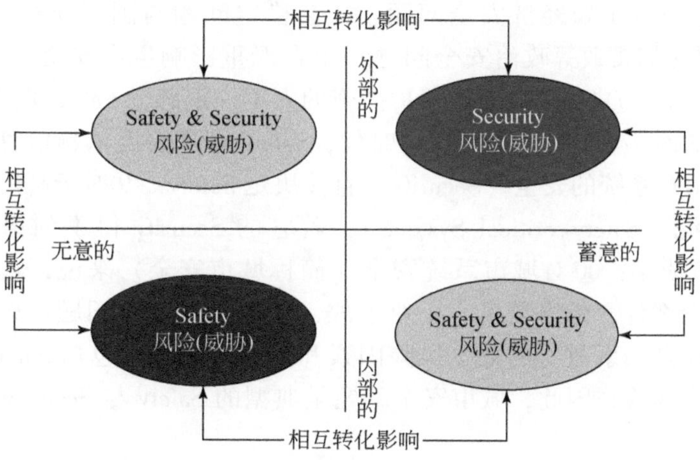

图 1-1　系统安全风险（威胁）来源构成图示

从系统角度看，Safety 与 Security 的目标是一致的，均可视为某一系统免受不利影响，即损害（如人员伤亡或资产损失等）。鉴于此，安全界认为，系统安全科学思维、理论和方法是统一 Safety 和 Security 的切入点（Young and Leveson，2014），并从系统角度提出将 Safety 与 Security 进行统一的安全定义，即“安全

(Safety & Security) 是指系统资产免受不可接受的内外因素不利影响的状态”(王秉和吴超, 2019a; 王秉, 2023a)。由此可见, 系统安全问题是 Safety 与 Security 一体化的安全问题, 如国家安全、社会安全、城市安全、航空安全、化工安全、核安全、食品安全与生物安全等安全问题均是典型的 Safety 与 Security 一体化的安全问题。

Safety 与 Security 一体化的安全问题非常普遍, 具体的例子有 (王秉, 2022a): ①消防安全要同时关注 Safety 方面的意外火灾和 Security 方面的人为纵火; ②航空安全要同时关注 Safety 方面的由系统设计不良与管理失误等引发的空难和 Security 方面的恐怖袭击造成的空难, 如为保障民航安全, 乘客登机前的安全检查 (Security Check) 和乘客登机后的安全指导 (Safety Instructions); ③核安全/化工安全要同时关注 Safety 方面的意外事故 (如意外泄漏和爆炸事故) 和 Security 方面的由人为破坏引发的安全事件 (如恐怖袭击); ④关键设施设备和重大工程安全要同时关注 Safety 方面的由本身质量等引发的意外事故和 Security 方面的由人为破坏引发的安全事件; ⑤生物安全要同时关注农用化学品安全与生物实验室安全等 Safety 问题, 以及生物技术安全、生物恐怖袭击与生物武器威胁等 Security 问题; ⑥对于生产安全而言, 起初业界将它视为单一的 Safety 问题, 但其实它也是 Safety 与 Security 一体化的安全问题, 如严重的生产事故灾难会直接造成 Security 问题 (如经济安全问题、社会稳定问题与国家安全问题等), 且 Security 问题 (如腐败等政治安全问题) 也会严重影响生产安全 (李杰, 2020; 张海波, 2021); ⑦拥有 Security 保护措施的人不一定感觉 Safe, 但无 Security 措施就不存在 Safety; ⑧在当今信息化时代, Safety 管理高度依赖信息系统, 故管理 Safety 的信息系统的安全 (Security) 直接决定 Safety; ⑨对于高度连接的现代安全关键系统 (Safety-critical Systems), 若它的 Security 得不到保障, 那它的 Safety 便无从谈起; ⑩对城市系统安全 (简称城市安全) 来说, 它涉及自然灾害、社会安全案件、恐怖袭击、工业事故、地下管线安全问题、火灾、交通事故、公共场所踩踏事故等的安全风险因素和安全威胁, 这包括 Safety 与 Security 两方面的安全风险, 因此, 城市安全问题是典型的 Safety 与 Security 一体化的安全问题。

从系统安全学视角看, Safety 与 Security 一体化是指系统安全风险涵盖 Safety 与 Security 两方面的安全风险, 系统安全促进要注意对系统全部安全风险的管控, 即要同时重视以上两方面的安全风险 (吴超和王秉, 2018a; 王秉和吴超, 2018a)。其实, 要解决好系统内的 Safety 和 Security 一体化的安全问题, 除了需同时关注系统内的 Safety 和 Security 两大方面的安全风险 (威胁) 外, 还需厘清 Safety 和 Security 之间的相互关系。概括看, 根据 Safety 和 Security 之间的相关程度，它们之间的关系存在相关关系和无相关关系两种。其中，相关关系还可细化为因果关系、正相关关系与负相关关系。具体解释如下（王秉，2023a）。

一是 Safety 和 Security 之间存在因果关系，二者相互依赖：Security 是实现 Safety 的必要条件，反之亦然（Kriaa et al.，2015）。例如，满足铁路信号的 Security 是确保火车的 Safety（Smith et al.，2003）；在关键重要区域发生意外事故（属于 Safety）的情况下，若 Safety 方面的应急处置不及时，会使蓄意行为（属于 Security）借机发起 Security 方面的攻击。

二是 Safety 和 Security 之间存在正相关关系，即二者相互加强：满足 Safety 要求或措施有助于促进 Security，反之亦然。换言之，在某些情况下，Safety 和 Security 是相辅相成的。识别这种情况，有助于优化资源，甚至消除某些不必要的重叠浪费（Kriaa et al.，2015）。例如，可使用消息认证码［Message Authentication Code，MAC（在密码学中，它是一种用于身份验证的 Security 措施）］来取代循环冗余校验［Cyclic Redundancy Check，CRC（它是一种用于传输纠错的 Safety 措施）］，因为 Security 措施可通过抵消数据完整性错误来发挥确保 Safety 的作用，且它在恶意修改方面比循环冗余校验使用了更强的机制（Novak and Treytl，2008）。

三是 Safety 和 Security 之间存在负相关关系，即二者相互对抗：Security 会对 Safety 产生负面影响，反之亦然。简言之，Safety 和 Security 解决方案并不总是相互支持，有时是相互对抗的。例如，①就门（除常闭防火门）而言，考虑到 Safety，为了发生火灾时便于逃生，必须保持门未锁。但为了 Security（如避免潜在的盗窃和袭击等），门必须保持锁着，以防止未经授权的人进入（王秉，2022a；Kriaa et al.，2015）。②有一款汽车的设计有一种 Safety 功能，若汽车发生事故并翻车，车门将自动解锁便于司机和乘客逃生。它设计的基本依据是通过是否在车顶上施加了足够的压力/重量来判断是否发生翻车，但这一 Safety 功能给 Security 带来了隐患，这是因为当人（如小偷）跳上车顶时车门就会解锁（Sun et al.，2009）。③功能安全（Functional Safety）要求尽量避免因变更带来的不确定性，信息安全（Information Security）则要求及时更新以修补漏洞。④就一个紧急关闭信号（如命令立即关闭或停止一个系统）传输而言，出于 Security 原因加密信息会增加传输信息的时间，这可能会将传输时间增加到所需的 Safety 阈值以上。⑤在重大危险源管控方面，Safety 倾向于将重大危险源进行“透明化”处理，以避免由人的无意行为而引发的事故，而 Security 则倾向于将重大危险源进行“隐蔽化”处理，以避免由人的故意行为而造成的破坏。可见，当 Safety 和 Security 相互对抗时，它们不能轻易合并，二者的权衡和协调存在难度，有时很难找到一种最佳解决方案。

四是 Safety 和 Security 之间无相关关系，即二者相互独立：Safety 和 Security 之间没有关联。表面看，就 Safety 和 Security 之间的关系而言，此种类型的关系可能不像上述三种关系那么重要。事实上，准确识别 Safety 和 Security 之间的相互独立关系也是至关重要的，它可防止我们错误地假定 Security 风险评估会“自动”涵盖 Safety 风险，反之亦然（Kriaa et al.，2015）。同时，在某些情况下，系统的 Safety 措施不会对系统的 Security 产生任何影响，识别 Safety 和 Security 之间的相互独立关系，可避免简单地将 Security 视为 Safety 的附加物考虑，反之亦然。

综上，从系统安全角度看，Safety 和 Security 的分离可能会增加实现系统安全的成本和复杂性，并显著降低系统的性能。为确保系统安全，Safety 和 Security 应该被共同对待，以改进和优化系统安全管理。若集成考虑 Safety 和 Security，这将极大影响设计和运维一个安全的系统所需的努力。从经济和效率的角度看，应从一个系统的生命周期起点（即早期设计和开发阶段）开始，就考虑 Safety 和 Security 的集成与协调（王秉，2023a）。这是因为：在系统生命周期中，Safety 和 Security 的集成考虑和实现得越早，协调它们所需的迭代就越少，特别是发现 Safety 和 Security 不一致的时间越晚，由于重复，需要执行的工作就越多。因此，系统的早期设计和开发阶段是对 Safety 和 Security 进行集成分析和协调的最关键阶段（Kriaa et al.，2015）。当然，不仅在系统的早期设计和开发阶段，系统的全生命周期（主要包括设计、运行、维护和退役）都应同时考虑 Safety 和 Security，即关注和解决系统内的 Safety 与 Security 一体化的安全问题。航空航天与核领域是以综合方式统筹解决 Safety 与 Security 风险（威胁）的先驱领域（Kriaa et al.，2015）。目前，在化工安全、生物安全、网络（信息）安全、交通安全、关键设施与重大工程安全、食品安全等领域，Safety 和 Security 的组合术语已获得广泛认可和使用。

在安全科学研究和发展的高级阶段（即系统安全学阶段），随着系统安全学研究的日益深入，学界和实践界逐渐深刻意识到：对一个系统（如企业系统、工业系统、城市系统、社会系统和国家系统等）来说，其安全问题必然会牵扯到来自 Safety 与 Security 两方面的安全风险，且两方面安全风险相互影响、交织和转化，极难分割（吴超和王秉，2018a；王秉和吴超，2018a）。可见，过去单一的 System Safety/System Security 问题与概念已慢慢演化转变成为复合型 System Safety & Security（即安全一体化）（王秉和吴超，2019a）问题与概念。

近年来，Safety 与 Security 一体化研究已成为国际安全领域的研究热点，“Security & Safety Integration”“Safety and Security Co-analyze”“Security and Safety Co-engineering”等相关新概念不断涌现，学术界正在努力推动 Safety 和 Security 两个学科领域的统一和融合。例如（王秉，2023a）：

1）基于 Safety 与 Security 一体化视角的各类安全问题（如生物安全问题、关键设施设备安全问题、重大工程安全问题、核安全问题和社会安全问题等），都受到了广泛重视和研究。

2）学界已创办系列 Safety 与 Security 一体化方面的研究机构，如国际著名安全研究机构——代尔夫特理工大学已将 Safety Group 改名为 Security & Safety Group，2020 年，北京科技大学专门成立大安全科学研究院，这里的“大安全”显然涵盖 Safety 与 Security，以及著者参与推动建立的中南大学安全理论创新与促进研究中心（Safety & Security Theory Innovation and Promotion Center，STIPC）和安全科学与应急管理研究中心（Safety & Security Science and Emergency Management Center，SSEMC）。

3）2017 年，国际知名安全科学学术刊物 *Safety Science* 在它的期刊网站刊登一篇题为 *Editor Security Research Selection* 的征稿信，旨在邀请 Safety 与 Security 一体化方面的研究成果。

4）学界已创办系列 Safety 与 Security 一体化方面的学术期刊，如英文期刊 *Security and Safety*［中文名《一体化安全》，是由中国科技出版传媒股份有限公司（科学出版社）主办的首个专注于网络安全与功能安全交叉领域的英文期刊］、*Journal of Integrated Security and Safety Science*、*Journal of Surveillance*、*Security and Safety* 以及中文期刊《安全》（英文名 *Security & Safety*）等。

与 Safety 和 Security 一体化研究相比，由于实践层面严格的认证和标准化要求需要更长的时间来适应新的发展，Safety 与 Security 一体化实践呈现出相对落后的状态。此外，中文中用“安全”一词来同时表达“Safety”和“Security”，这使得人们在使用“安全”这一术语的过程中更易忽略 Safety 和 Security 之间的差异，也导致缺乏对 Safety 和 Security 融合的仔细考虑。正因如此，相比国际上对 Safety 与 Security 一体化研究和实践的高度关注，国内对它的关注和探讨较少。

二、国家安全

系统安全观是现代安全观中最核心和主流的观点（吴超和王秉，2018a），它主张基于系统视角审视和开展安全问题研究，其优势明显，是目前公认的科学的安全科学研究范式（王秉和吴超，2018a）。从系统安全学视角看，“国家安全”概念实则是“国家系统安全”概念的简称，国家安全研究与管理应将研究对象之“国家”放在“系统”的形式中来考虑和开展。鉴于此，这里根据已有的与国家安全相关的定义（刘跃进，2004，2014a）和系统视角的安全定义——安全是指系统资产免受不可接受的内外因素不利影响的状态（王秉和吴超，2018a，

2019a；王秉，2023a），从系统（国家就是一个典型的复杂巨系统）视角出发，给出现代安全科学视域下的国家安全定义：所谓国家安全，是指国家这一系统的资产免受不可接受的内外因素不利影响的状态（王秉等，2019）。它的逻辑数学表达式为

$$\begin{cases} S=(0,x_0] \\ X=f(x_1,x_2)=f(x_{11}+x_{12},x_{21}+x_{22}) \end{cases} \tag{1-1}$$

式中，S 为国家的安全度；X 为内外因素对国家的不利影响；x_0 为可接受的内外因素对国家重大利益的不利影响的最大值（临界值）；x_1 为蓄意安全风险；x_2 为意外安全风险；x_{11} 为国家内部的蓄意安全风险；x_{12} 为国家外部的蓄意安全风险；x_{21} 为国家内部的意外安全风险；x_{22} 为国家外部的意外安全风险。

其中，“内外因素不利影响的可接受程度”可根据“可接受安全风险”来衡量和判断。也就是说，与安全本身及其他主体、领域或行业的安全一样，国家安全是一个相对概念，即没有绝对的国家安全。同时，不同国家所能接受的国家安全风险大小也存在差异。根据上述国家安全的定义，可得出以下两条重要结论。

1）国家安全的本质：一类典型的复杂巨系统安全问题。国家不仅是一个系统，更是一个复杂巨系统。首先，国家具备显著的“巨系统”特征。“巨系统”的概念是由世界著名科学家钱学森等（1990）首先提出的。一个系统是由若干子系统所组成的，若某一系统的子系统种类或数量非常之大（如几十、上百，甚至成千上万、上百亿、万亿），则称该系统为巨系统（钱学森，1989；赵亚男等，2001）。换言之，“巨系统”概念主要体现系统的子系统种类或数量和规模非常之大。国家作为一个系统，无疑是一个巨系统，甚至是超巨系统，这是因为：国家的子系统数量（如政治、经济、资源、科技与文化等系统）及人口与规模均非常之大，而且层层叠叠的子系统再套子系统。另外，国家具有显著的“复杂系统”特征。钱学森认为，若巨系统中的各子系统之间的关联关系比较简单，则可将这类巨系统称为简单巨系统；若巨系统中的子系统种类或数量非常之多并有层次结构，且它们之间的相互作用和关联关系与方式又高度繁杂，则这类巨系统就是复杂巨系统（钱学森，1989；钱学森等，1990；赵亚男等，2001）。显然，国家是一类典型的复杂巨系统。总之，国家的子系统繁多、子系统之间的相互作用和关联关系与方式高度繁杂，无不具备着复杂巨系统的多要素（子系统）、多主体、多层次、高维性、多尺度、非线性、开放性、动态性等特征。因此，国家安全的本质是一类典型的复杂巨系统安全问题，复杂巨系统安全理论是国家安全学的重要理论基础之一。

2）国家安全的内容：一类典型的大安全（Big Safety & Security）问题（王秉等，2019；邬江兴等，2022）。国家安全风险包括来自 Safety 和 Security 两方面

的安全风险（Safety 方面的国家安全风险一般指来自国家内部的或意外的国家安全风险，而 Security 方面的国家安全风险一般指来自国家外部的或蓄意的国家安全风险）（Piètre-Cambacédès and Chaudet，2010）。因此，国家安全的内容涵盖 Safety 和 Security 两个方面，且一般二者紧密联系、相互影响、相互交织、相互转化、不可分割。例如，国家安全涉及天灾（如洪涝、地震、旱灾与火灾等）与人祸（包括内忧外患，前者如内战内乱、分裂破坏与极端主义等，后者如文化渗透、政治颠覆与军事侵略等）等对国家安全的影响和威胁（刘跃进，2004，2014a）。再如，重大基础设施工程安全、核安全、社会安全与生态安全等是国家安全的重要内容。这些国家安全问题都同时涵盖 Safety 和 Security 内容与范畴的安全风险（Piètre-Cambacédès and Chaudet，2010）。因此，国家安全问题是一类典型的大安全问题（王秉和吴超，2019a）。但是，需明确的是，国家安全涉及的 Security 方面的安全风险更多，也更难防控。

基于此，并结合习近平总书记提出的“总体国家安全观”①，可将国家安全的内容用集合表达式表示为：国家安全（National Security & Safety）= {Security，Safety} = {政治安全，国土安全，军事安全，经济安全，文化安全，社会安全，科技安全，信息安全，生态安全，资源安全，核安全……}。由此可见，国家各子系统（如政治、军事、社会、科技与核系统等）安全才能保证国家系统的整体安全。此外，根据 Piètre-Cambacédès 和 Chaudet（2010）的认识，可提出国家安全的内容框架模型（王秉等，2019），如图 1-2 所示。根据图 1-2，可得出分别针对“Safety”、“Security”和“Security & Safety”的六种国家安全基本方略，即“DSSRCR”（图 1-2 中的六种安全对策的首字母组合），具体为加强“防御”、运用“防范措施”、增强“自我保护”、增强“鲁棒性”、提升“遏制能力”与增强“可靠性”。

三、本节结语

安全与国家安全是国家安全系统学的核心概念，从系统角度分析安全与国家安全概念是创立国家安全系统学的基础和起点。本节主要从系统角度分析安全概念，进而从系统安全角度审视和洞察国家安全概念，明确了国家安全的本质是一类典型的复杂巨系统安全问题，国家安全的内容是一类典型的大安全问题。

---

① 《习近平：坚持总体国家安全观 走中国特色国家安全道路》，http://news.Xinhuanet.com/politics/2014-04/15/c_1110253910.htm(2014-04-15)[2019-07-03].

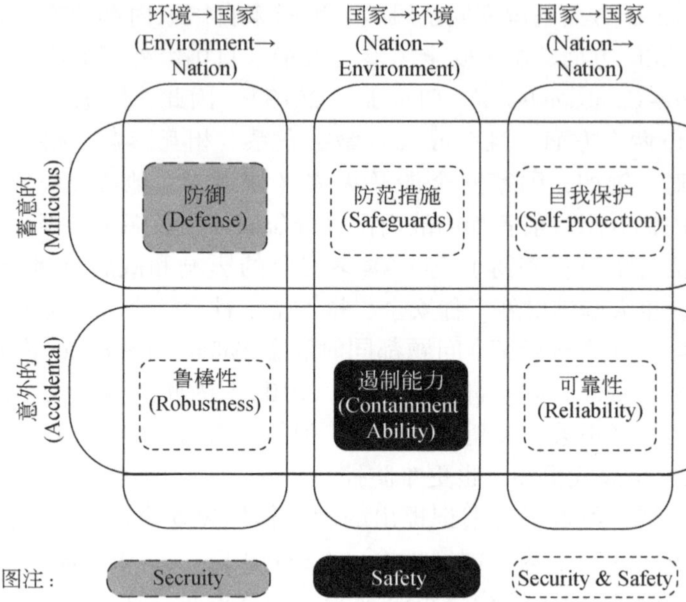

图 1-2 国家安全的内容框架模型

第二节 国家安全学核心概念体系

概念是建构、分析和解决问题的基本依据。为构建统一连贯的学科体系，国家安全系统学核心概念应与其母学科国家安全学的核心概念保持一致的逻辑解释。因此，国家安全系统学问题的建构、分析和解决需依据国家安全学概念切入，以期通过国家安全学概念来寻求建构、分析和解决国家安全系统学问题的逻辑线索与逻辑关系。可见，国家安全系统学理论研究和实践工作离不开对概念的解读与应用，国家安全学概念是开展国家安全系统学理论研究和实践工作的逻辑起点。同时，基础不牢，地动山摇，国家安全学概念作为国家安全学理论体系中最小的单位，国家安全学概念体系既是国家安全学理论体系的核心构成部分，亦是构筑国家安全学和国家安全系统学理论体系的基石。所谓国家安全学概念体系，是指通过界定国家安全学相关概念的内涵外延和概念之间的逻辑关系，将国家安全学相关概念按照一定的秩序和逻辑结合而形成的体系。可见，国家安全学概念体系研究意义重大。

国家安全学作为一门新兴学科，目前，它的学科基础理论尚极为薄弱，特别是国家安全学概念尚未明确界定，这导致国家安全学学科建设、理论研究和实践缺乏最基本的理论支撑，使人们对国家安全学学科建设、理论研究和实践方向、目标和重点有点认识不清、捉摸不透和一头雾水，亦使国家安全学分支学科的建立与研究缺乏牢固根基。尽管学界在国家安全学概念研究方面做了诸多积极努力，但含义确定、逻辑清晰、具有共识的国家安全学概念体系目前仍尚未建立。

鉴于此，本节从国家安全这一国家安全学的元概念出发，主要运用理论思辨与逻辑（包括函数）推导方法，在筛选、界定和解析国家安全学的核心概念基础上，分析国家安全学的核心概念之间的关系（王秉，2023b），以期建立含义确定、逻辑清晰、科学严谨的国家安全学概念体系，从而夯实国家安全学理论根基。

一、国家安全学的核心概念界定与解析

国家安全作为国家安全学的研究对象，是国家安全学的元概念。类似于对安全概念的不同界定（王秉和吴超，2017），仁者见仁，智者见智，对于国家安全概念也有诸多不同界定（谢程远，2022）。对于国家安全概念的界定，学界和实践界已开展广泛讨论（刘跃进，2004；谢程远，2022；孔锋等，2020；李文良，2022；王秉等，2019），本节不再赘述。尽管有多种对国家安全概念的理解和界定，但对国家安全概念的认识也达成了一些重要共识，如“国家安全是一种状态”（李文良，2022；王秉等，2019）。通过综合分析《中华人民共和国国家安全法》等中现有的国家安全概念相关界定发现，要准确理解和界定国家安全概念，须厘清它所涉及的 11 个基本概念，依次为国家利益、国家重大利益、国家安全事件、威胁、国家安全风险、危险、国家安全、国家安全状态、国家安全能力、国家安全体系及脆弱性。换言之，围绕国家安全概念，上述 11 个概念是国家安全学的核心概念，其他国家安全学概念皆可基于上述 11 个概念推导得出。普通安全（General Safety & Security）学是一门适用于所有安全分支学科领域的共性安全学科，也是国家安全学、安全科学与工程、网络空间安全与公安学等安全学科群的上位通用性学科（王秉等，2019），根据普通安全学基本概念（王秉和吴超，2017），亦可推导出上述国家安全学的核心概念，这也间接表明筛选出的上述国家安全学概念属于国家安全学的核心概念。下面，依次界定上述 11 个国家安全学的核心概念并进行相应的逻辑（包括函数）推理和表达。

概念 1 国家利益：对国家具有价值的任何东西（冉克平和谭佐财，2022）。国家利益的范围十分广泛，所有被一个国家赋予了价值并且需要保护的东西（一般指各类资源），皆是国家利益，包括有形国家利益和无形国家利益。价值性（有益性与有用性）是国家利益的本质属性（冉克平和谭佐财，2022），国家利益的价值体现主要是满足国家以生存发展为基础的各方面需要并且对国家在整体上具有益处。从这一角度看，国家安全本身就是一种国家利益（张宇燕和冯维

江，2021）。保护国家利益是国家安全概念的出发点和归宿点，维护国家安全以国家利益至上为准则。国家利益的函数表达式为

$$B=f(w_1,w_2,w_3,\cdots,w_n) \tag{1-2}$$

式中，B 为国家利益；w 为国家利益的价值指标。

概念 2 国家重大利益：价值达到和超出价值临界值的一项或一系列国家利益。其中，价值临界值是人为设定的评价国家利益对于国家的重要性的准则。在国家语境中，国家安全并非关注所有国家利益，它仅关注国家重大利益，即就国家而言重要性达到一定程度的国家利益。国家利益对于国家的重要性可用国家利益的价值来衡量。根据《中华人民共和国国家安全法》中界定的国家安全概念，国家安全语境中的国家利益主要包括国家政权、主权、统一和领土完整、人民福祉、经济社会可持续发展和国家其他重大利益。若国家安全关注所有国家利益，一方面会导致“泛安全化”问题（张超和吴白乙，2022），另一方面，在实际国家安全工作中这也是无法操作和实现的。这主要是因为：安全是相对的，安全资源是有限的（王秉和吴超，2017），不可能关注所有国家利益的安全。由于国家安全关注国家重大利益，因而，国家重大利益拓展到哪里，国家安全边界就要跟进到哪里。可见，识别国家重大利益是界定国家安全边界的基础。根据总体国家安全观，国家安全所关注的国家重大利益涵盖领域十分广泛，涉及政治、军事、国土、经济、金融、文化、社会、科技、网络、粮食、生态、资源、核、海外利益、太空、深海、极地、生物、人工智能、数据等多领域的国家利益，故目前的国家安全范畴也已拓展至上述领域。国家重大利益具有动态性，随着时空变化，目前不属于国家重大利益的国家利益在未来有可能成为国家重大利益（即“安全化”过程），同理，目前属于国家重大利益的国家利益在未来也有可能退出国家重大利益范畴（即“去安全化”过程）。国家重大利益的逻辑表达式为

$$B_V \notin (0,W_0] \Leftrightarrow B_V=[W_0,+\infty) \tag{1-3}$$

式中，B_V 为国家重大利益；W_0 为人为设定的国家利益价值的临界值。

概念 3 国家安全事件：发生的造成国家重大利益损失的事件（这里仅简要论述，第二章第四节将对国家安全事件作详细分析）。在一般语境中，“事件”本身是一个中性词，但在安全领域，人们习惯将“安全事件”理解成不期望发生的具有负面影响的事件，如学界关于“信息安全事件”①、“经济安全事件”②

① 国家市场监督管理总局，国家标准化管理委员会：《信息安全技术　术语》（GB/T 25069—2022），北京：中国标准出版社，2022 年.

② 《中国大百科全书》第三版网络版：经济安全事件，https://www.zgbk.com/ecph/words? SiteID=1&ID=37666&Type=bkzyb&SubID=84923(2022-03-18)[2022-11-29].

与“网络与信息安全事件”[①] 的概念界定都体现了“安全事件”的负面性和危害性。同样，上述国家安全事件的概念界定亦表明国家安全事件特指对国家安全具有负面影响和危害的事件，如《中华人民共和国国家安全法》中提及的影响国家安全和社会稳定的突发事件、危害国家安全的事件、危及国家安全的重大事件与国家安全危机事件等均是典型的国家安全事件。在上述国家安全事件概念界定中，国家重大利益损失是指国家重大利益的价值减少。国家安全事件是造成国家重大利益损失的直接原因。损害性是国家安全事件的主要属性之一，国家安全事件对国家重大利益造成了一定的损害，给国家重大利益造成了一定损失，对国家重大利益产生了严重的负面影响。同时，国家安全事件是指已经发生的事件，它具有现实性，它意味着威胁、危险和国家安全风险从可能性转化为现实性。综上，预防国家安全事件发生是国家安全工作的重点所在。国家安全事件的函数表达式为

$$I=f(L_{B_V}) \tag{1-4}$$

式中，I 为国家安全事件；L_{B_V} 为国家重大利益损失。

概念 4　威胁：可能造成国家安全事件的潜在因素[②]。在国家安全语境中，威胁是造成国家安全事件的原因，是造成国家重大利益损失的潜在原因，分析和应对威胁是预防国家安全事件的关键所在。威胁可通过其属性的不同方面来描述，如威胁源（即威胁主体）及威胁的能力、动机、途径（威胁实现其目的的方法，也称为威胁行为）和后果等（赵刚，2013）。其中，威胁的能力是衡量威胁程度（即威胁能力的大小）的重要指标。根据威胁程度，可将威胁分为高强度威胁和低强度威胁。威胁程度是衡量国家安全与否及国家安全度的重要标志，是指导国家安全体系和能力建设的主要依据。科学预测国家未来可能面临的威胁和及时准确判定威胁程度是维护和塑造国家安全的必要前提，通过降低威胁能力避免安全事件发生是国家安全工作的根本目标。需注意的是，威胁是客观存在的，无论国家如何加大国家安全投入、完善国家安全体系和增强国家安全能力，均不能彻底消除威胁的存在。同时，威胁往往独立于要关注和保护的国家重大利益之外。威胁的函数表达式为

$$T=f(a_1,a_2,a_3,\cdots,a_n) \tag{1-5}$$

式中，T 为威胁；a 为威胁的属性指标。

概念 5　国家安全风险：国家安全事件发生的可能性与后果的乘积。在一般

---

① 《中国大百科全书》第三版网络版：网络与信息安全事件，https://www.zgbk.com/ecph/words?SiteID=1&ID=37673&Type=bkzyb&SubID=84923(2022-01-20)[2022-11-29].

② 国家市场监督管理总局，国家标准化管理委员会：《信息安全技术　术语》(GB/T 25069—2022)，北京：中国标准出版社，2022 年.

语境中，风险一词是中性的，但在国家安全语境中，国家安全风险强调负面影响（即国家安全事件）。直接看，国家安全事件及其后果（国家重大利益损失）是国家安全风险基本构成要素。具体而言，国家安全风险具有威胁、国家安全事件与国家重大利益损失三个构成要素，三个构成要素之间存在因果关系，即威胁引发国家安全事件，而国家安全事件导致国家重大利益损失。与一般风险一样，国家安全风险具有客观性、普遍性、必然性、可识别性与动态性等主要特征。国家安全风险的核心属性是利益属性，它强调风险可能造成国家重大利益损失。从国家安全风险角度看，维护国家安全的核心任务和目标是防范化解国家安全风险。国家安全风险的逻辑表达式为

$$R = P_I \cdot L_I \tag{1-6}$$

式中，R 为国家安全风险度；P_I 为国家安全事件发生的可能性（即概率，$P_I < 1$）；L_I 为国家安全事件的后果。

概念 6 危险：国家安全风险度超出可接受区间的状态（杨冕和吴超，2016）。可见，危险可用国家安全风险度来衡量。危险是有可能发生国家安全事件和遭受国家重大利益损失的境况。从危险的根源看，威胁是产生危险的原因，它使国家利益面临危险。威胁有可能引起危险，危险有可能演变为国家安全事件。危险强调主观上超出了可接受的国家安全风险。国家安全风险是否可被接受，须根据国家安全风险准则来判定。国家安全风险准则一般是基于国家的国家安全目标以及外部环境和内部环境制定的，它可源自国家安全法律、法规、策略和其他要求等。危险的对立面是国家安全。从危险的角度看，国家安全工作的重点是“化险为夷”和“转危为安”。危险的逻辑表达式为

$$D \notin (0, R_0) :\Leftrightarrow D = (R_0, 1) \tag{1-7}$$

式中，D 为危险度；R_0 为国家安全风险临界值。

概念 7 国家安全：国家安全风险度处于可接受区间的状态（王秉等，2019；杨冕和吴超，2016）。第一章第一节已从系统角度对国家安全概念进行了界定，而这里是从国家安全风险角度给出的国家安全的定义，二者的本质实则是一致的。这里用“国家安全风险度”来判断“国家这一系统的资产受到的不可接受的内外因素不利影响”，有助于国家安全研究从定性走向定量。安全具有相对性，国家安全亦是如此（王秉等，2019）。因此，《中华人民共和国国家安全法》中的国家安全概念界定指出，国家安全是指国家政权、主权、统一和领土完整、人民福祉、经济社会可持续发展和国家其他重大利益相对处于没有危险和不受内外威胁的状态，这也强调国家安全的相对性。由于危险度和威胁程度皆可用国家安全风险来衡量，因此，从国家安全风险角度看，国家安全度与国家安全风险度之间呈负相关关系，国家安全是指免除不可接受的国家重大利益损失风险的

状态，国家安全工作的重点是把国家安全风险度控制在可接受区间的状态。国家安全风险视域下的国家安全的逻辑表达式为

$$S \in (0, R_0) \tag{1-8}$$

式中，S 为国家安全度；R_0 为国家安全风险临界值。

概念 8　国家安全状态：现实的国家安全风险情况。国家安全状态是指国家表现出来的实际安全情况，如国家安全现状、国家安全形势和国家安全态势等。国家安全状态可用现实的国家安全风险情况来衡量，它与国家安全风险度之间呈负相关关系，即国家安全风险度越低，则国家安全状态越佳。一般而言，国家安全状态是保持动态变化的，可将它分为三种状态，即国家处于安全状态、临界状态或危险（即不安全）状态。国家安全状态又可称为国家安全态势，它的感知、分析和干预（塑造）是维护和塑造国家安全的关键，重点做到审时度势、因势利导、因势而动和蓄势待发。国家安全状态的函数表达式为

$$S_S = 1 - R \tag{1-9}$$

式中，S_S为国家安全状态；R 为国家安全风险度。当 $S_S = S \in$（0，R_0）时，国家安全状态处于安全水平。

概念 9　国家安全能力：维护和实现国家安全的能力（这里仅简要论述，第七章将对国家安全能力作详细分析）。国家安全能力是指维护国家安全和实现国家安全目标（即通过控制国家安全风险和防范威胁、危险、国家安全事件来使国家重大利益处于安全状态）的能力。简言之，国家安全能力是维护和实现国家安全的能力。可见，不断提升国家安全能力是国家安全工作的出发点和归宿点，国家安全工作需遵循以国家安全能力提升为目标的方法论。国家安全状态与国家安全能力之间呈正相关关系。国家安全能力包括国家安全战略能力、国家安全领导能力、国家安全统筹协调能力、国家安全风险防范化解能力、国家安全情报信息能力、国家安全理论创新能力、国家安全保障能力及全民国家安全素养等（王秉，2023c；李文良，2022；王宏伟，2022）。从威胁或国家安全风险角度看，可将国家安全能力表示为被有效防御的威胁或被有效控制的国家安全风险。那么，国家安全能力的函数表达式为

$$S_S = C/T = C/R \tag{1-10}$$

式中，S_S 为国家安全状态；C 为国家安全能力（可用被有效防御的威胁或被有效控制的国家安全风险来表示）；T 为威胁（国家面临的所有威胁）；R 为国家安全风险度（国家面临的所有国家安全风险）。

概念 10　国家安全体系：由大规模分布与相互协作的独立国家安全系统按一定秩序和内部联系综合集成的用来生成国家安全能力的整体（这里仅简要论述，第六章将对国家安全体系作详细分析）。国家安全工作包含国家安全体系和

国家安全能力双重维度（李文良，2022），国家安全体系与国家安全能力密切相关。国家安全能力是运用国家安全体系来生成维护国家安全的能力，是在一套国家安全体系之下维护国家安全的能量、工具、本领及其成效。从根本上看，国家安全能力实则是国家安全体系的运行和执行能力。可见，用什么东西和如何生成国家安全能力是国家安全体系关注的焦点，国家安全体系和能力是一个有机整体，国家安全体系是国家安全能力的载体，国家安全能力是国家安全体系效能的运用和发挥。对国家安全体系的理解有广义和狭义之分。从广义角度看，国家安全体系包括国家安全领导体制、国家安全理论体系、国家安全法治体系、国家安全战略体系、国家安全政策体系、国家安全制度体系、国家安全人才体系、国家安全情报体系、国家安全教育体系、国家安全文化体系、国家安全技术与装备设施体系、国家安全运行机制及国家安全协同机制等（王秉，2022a，2022b；王宏伟，2022）。从狭义角度看，国家安全体系主要指国家所设立的与国家安全工作相关的组织实体和制度的总和（李文良，2022）。国家安全体系的函数表达式为

$$C=f(Y)=f(y_1,y_2,y_3,\cdots,y_n) \tag{1-11}$$

式中，C 为国家安全能力；Y 为国家安全体系；y 为国家安全体系元素（即国家安全系统）。

概念 11　脆弱性[①]：可能被威胁利用的国家安全体系和能力的弱点和缺陷，即国家安全体系和能力存在的可能造成国家重大利益损失的薄弱之处（赵刚，2013）。国家安全体系和能力用来保护国家重大利益的安全。脆弱性作为国家安全体系和能力方面存在的漏洞，它是国家重大利益面对某种威胁时，易于受到影响和破坏并缺乏抗拒力与恢复力的程度。简言之，脆弱性可被威胁所利用进而对国家重大利益造成损失，脆弱性是用来描述威胁造成国家重大利益损失的容易程度的。脆弱性越低，威胁或国家安全风险可能造成的国家重大利益损失越小，反之则越大。由于国家安全体系和能力对国家重大利益的安全保护不足导致脆弱性，故还可从国家重大利益本身出发衡量脆弱性程度。从国家重大利益角度看，脆弱性与国家重大利益的暴露度、敏感性及适应能力与恢复能力有关。其中，暴露度指可能受威胁影响并产生损失的国家重大利益的种类、数量、价值及时空分布；敏感性指国家重大利益受威胁不利影响的敏感程度，它是国家重大利益自身属性；适应能力指国家重大利益防御、减轻某种程度威胁影响的能力；恢复能力指国家重大利益受到威胁影响后恢复自身结构和价值的能力。适应能力与恢复能力之间并无严格界限，常进行合并分析[①]。

---

① 《中国大百科全书》第三版网络版：脆弱性分析，https://www.zgbk.com/ecph/words?SiteID=1&ID=82870&Type=bkzyb&SubID=69287(2022-01-20)[2022-11-08].

$$\begin{cases} V \notin C \cup Y \\ V = f(E, G, A) \end{cases} \tag{1-12}$$

式中，V 为脆弱性；C 为国家安全能力；Y 为国家安全体系；E 为暴露度；G 为敏感性；A 为适应能力与恢复能力。

二、国家安全学的核心概念之间的关系分析

根据上文对国家利益、国家重大利益、国家安全事件、威胁、国家安全风险、危险、国家安全、国家安全状态、国家安全能力、国家安全体系及脆弱性 11 个国家安全学的核心概念的界定及其函数或逻辑表达［式（1-2）～式（1-12)］，运用逻辑推理方法，构建国家安全学的核心概念逻辑体系（图 1-3），以期明晰国家安全学的核心概念之间的关系。在图 1-3 中，方框表示国家安全学的核心概念，椭圆表示国家安全学的核心概念的属性或解释国家安全学的核心概念之间的关系需使用到的过渡概念。

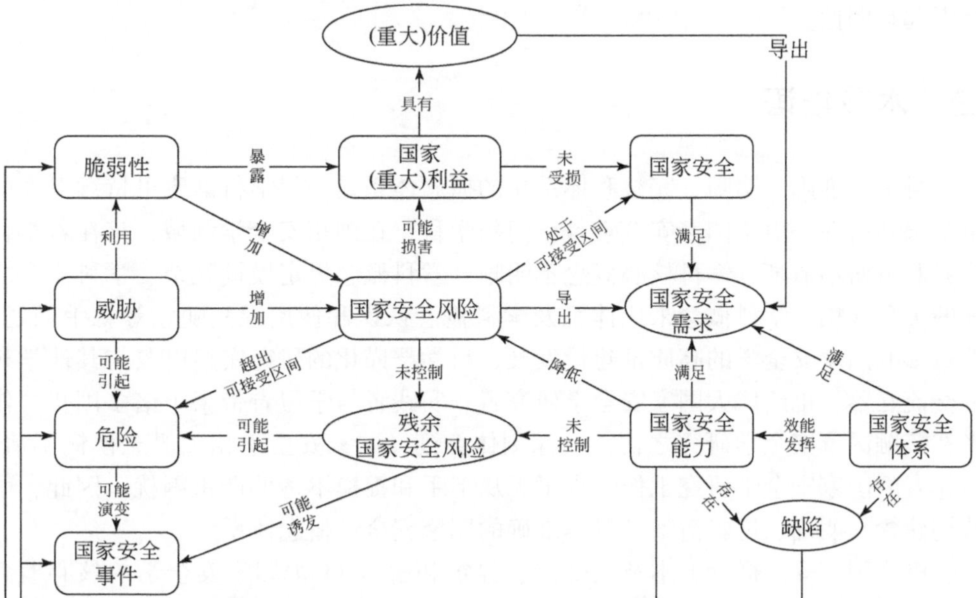

图 1-3　国家安全学的核心概念逻辑体系

“国家安全状态”介于“危险”与“国家安全”之间的状态区间，图中不再标注。

根据图 1-3，国家安全学的核心概念之间的关系为：国家（重大）利益具有（重大）价值，国家（重大）利益的价值越大，则国家安全风险越大；国家安全

风险是由威胁发起的，威胁越大则国家安全风险越大，可能引起危险，同时，危险可能会演变为国家安全事件；脆弱性使国家（重大）利益暴露，威胁通过利用脆弱性造成国家（重大）利益损失，从而形成国家安全风险，脆弱性越大则国家安全风险越大；国家（重大）利益的（重大）价值和国家安全主体的国家安全风险意识则会导出国家安全需求；国家安全需求通过国家安全体系和能力确保国家安全来得到满足；国家安全能力可通过防范威胁、危险和国家安全事件来控制和降低国家安全风险；国家安全风险不可能，也没有必要降至零，在增强和发挥国家安全能力后仍会有残留的国家安全风险（即残余国家安全风险）；部分残余国家安全风险可能源自国家安全能力缺陷，在今后须继续控制这部分国家安全风险，另一部分残余国家安全风险则是在综合权衡考虑了国家安全成本和国家重大利益的价值后有意未去控制的国家安全风险，这部分国家安全风险是可以被接受的；由于残余国家安全风险也有可能在未来诱发新的国家安全事件，故残余国家安全风险应被密切监测预警；国家安全能力是国家安全体系的效能发挥，国家安全能力的生成须依赖于国家安全体系；国家安全体系和能力方面存在的缺陷会引起脆弱性。

三、本节结语

科学、准确、明晰、完整和体系化的概念体系是一门学科健康可持续发展的重要根基所在。由于国家安全学是一门新学科，在国家安全学领域，存在着学科边界和范畴不清晰、学科核心概念不明晰、学科概念界定模糊冗杂、学科概念之间的关系含糊、学科概念未成体系及学科概念认识和使用混乱随意等棘手问题，严重影响国家安全学的高质量建设发展、科学严谨化的研究实践以及与其他学科的交流互鉴，也给广大国家安全学研究者、实践者与学习者带来了诸多困扰。作者在接触国家安全学研究之初，就深刻体会到：国家安全学相关概念模糊不清，给作者的国家安全学研究工作带来了无从下手和捉摸不透的严重困扰。因此，亟待构建含义明确、逻辑清晰、科学准确的国家安全学概念体系。

围绕国家安全概念，本节在筛选、界定和解析 11 个国家安全学的核心概念（即国家利益、国家重大利益、国家安全事件、威胁、国家安全风险、危险、国家安全、国家安全状态、国家安全能力、国家安全体系及脆弱性）的基础上，通过运用逻辑（包括函数）表达方式表达国家安全学的核心概念和分析国家安全学的核心概念之间的关系，提出国家安全学的核心概念逻辑体系。本节建立的国家安全学核心概念体系可为国家安全系统学研究提供基础的国家安全相关概念支撑。

第三节　国家安全系统学的研究背景及意义

一、国家安全系统学的研究背景

国家安全与国家安全工作本身的复杂系统属性及国家安全学本身的系统科学属性为国家安全系统学的创建提供了基本前提和充分可能。

（一）国家安全的复杂系统属性愈加明显

党的二十大报告将国家安全作为独立部分进行系统阐述，把国家安全提到了前所未有的高度①。当前，世界之变、时代之变、历史之变正以前所未有的方式展开，世界百年未有之大变局加速演进，“复杂性”“易变性”“不确定性”等成为这个时代的主旋律，世界进入了乌卡（VUCA，即易变性、不确定性、复杂性和模糊性）时代。在这样的背景下，中国国家安全形势和环境发生历史性深刻变化。“当前我国国家安全内涵和外延比历史上任何时候都要丰富，时空领域比历史上任何时候都要宽广，内外因素比历史上任何时候都要复杂”，2014 年 4 月 15 日，习近平总书记在中央国家安全委员会第一次会议上创造性地提出总体国家安全观时作出的上述经典论断深刻揭示了新时代中国国家安全面临的新形势、新特征与新挑战。

新时代中国国家安全的本质是典型的复杂巨系统安全问题，其内涵外延、时空领域、内外因素具有显著的复杂系统属性（主要包括复杂性、整体性、全面性、联动性和动态性等）。例如，当前我国国家安全内涵和外延比历史上任何时候都要丰富，是一个复杂系统；我国国家安全体系是集政治安全、军事安全、国土安全、经济安全等各领域安全和国家安全体制、国家安全法制、国家安全战略等各方面于一体的复杂系统；国家安全能力是各领域安全能力和国家安全保障能力、国家安全维护能力、国家安全塑造能力等各方面安全能力的集成，是一个复杂系统；国家安全风险是国家各领域重大安全风险及系统性安全风险的综合，是一个复杂系统；国家安全治理是利用国家安全体系，发挥国家安全能力，保障、维护和塑造国家安全的系统工程（蒋华福，2022），亦是一个复杂系统。可见，国家安全是一个涉及各领域、全方位、多层次的复杂巨系统（王秉等，2019），

---

① 习近平：《高举中国特色社会主义伟大旗帜　为全面建设社会主义现代化国家而团结奋斗——在中国共产党第二十次全国代表大会上的报告》，《人民日报》2022 年 10 月 26 日．

国家安全研究与实践需以总体国家安全观为哲学观与实践指引，坚持系统观念，秉承系统思想，掌握系统原理，运用系统方法。

（二）系统思想成为国家安全工作指导思维

世界上任何事物都构成一个个不同的系统，国家安全问题皆是系统问题，国家安全工作是一项极为重要而复杂的系统工程。古人云："不谋万世者，不足谋一时；不谋全局者，不足谋一域。"总体国家安全观关键在"总体"，揭示出国家安全的复杂系统属性和本质，即国家安全是全面的、整体的、综合的安全，是发展的、动态的、可持续的安全，是开放的、共同的、合作的安全，是兼具维护和塑造的安全，它强调的是做好国家安全工作的系统思想、理论和方法。可见，总体国家安全观是系统思想的产物，也是系统思想的出色运用。总体国家安全观要求，国家安全研究者和实践者要坚持系统观念，运用系统思想、理论和方法，才能从整体上更加全面、综合、准确地发现、认识和应对国家安全问题，进而指导各项国家安全工作夺取胜利和不断推进更高水平的国家安全。

在国家安全实践方面，党的十八大以来，党中央着力推进国家安全体系和能力建设，对国家安全工作进行了系统设计与部署：创新国家安全理论，提出总体国家安全观；健全国家安全体制，成立各级国家安全委员会；完善国家安全战略，制定和实施《国家安全战略纲要》；建设国家安全法制，颁布实施以《中华人民共和国国家安全法》为统领的一系列国家安全相关法律；开展国家安全宣传教育，提升全民国家安全素养。国家安全工作的顶层设计、统筹部署与全面落实始终坚持总体国家安全观，系统思想与原理贯穿始终。

（三）国家安全学的系统科学属性愈加突出

在国家安全学建设研究方面，自 2018 年 4 月，《教育部关于加强大中小学国家安全教育的实施意见》① 提出要设立国家安全学一级学科以来，国内掀起国家安全学学科建设发展热潮，学界普遍认为国家安全学是一门交叉综合学科，具有系统属性（刘跃进，2003；肖晞，2022；李文良，2021；王秉等，2019）。2020 年 12 月，《国务院学位委员会 教育部关于设置"交叉学科"门类、"集成电路科学与工程"和"国家安全学"一级学科的通知》② 下发，宣告国家安全学学科正

① 中华人民共和国教育部：《教育部关于加强大中小学国家安全教育的实施意见》，http://www.moe.gov.cn/srcsite/A12/s7060/201804/t20180412_332965.html(2018-04-09)[2022-12-18].

② 中华人民共和国教育部：《国务院学位委员会 教育部关于设置"交叉学科"门类、"集成电路科学与工程"和"国家安全学"一级学科的通知》，http://www.moe.gov.cn/srcsite/A22/yjss_xwgl/xwgl_xwsy/202101/t20210113_509633.html(2020-12-30)[2023-03-20].

式成立，同时再次证明国家安全学是一门交叉综合学科。范维澄等（2022）指出，国家安全学是一个包括多方面内容、涉及多方面问题、具有多方面关联的随机、开放的复杂巨系统，它的特点是跨学科、综合性强，是理工文管等学科的交叉融合。国家安全学的大交叉大综合属性，决定了国家安全学天然就具有跨学科、综合性与横断性的系统科学属性。

此外，总体国家安全观的关键是“总体”，国家安全学作为学科，其基本属性同样是总体性的，这便自然指向整体性和系统性，而非不同安全领域的简单罗列与叠加。作为整体系统的局部、组成部分或复杂性科学研究所谓的“组分系统”，无论是安全领域还是影响因素，都无法通过机械加总而实现总体系统属性，这是由日益复杂的安全领域联动、因素交织和行为体互动所决定的，也是国家安全学成为独立一级学科的理论底色（祁昊天，2023）。

二、国家安全系统学的研究意义

国家安全系统学是总体国家安全观的题中应有之义，是国家安全工作的基础理论源泉，是具有共识的国家安全学的核心分支学科，是国家安全学与系统科学交叉领域势在必建的新学科，国家安全学领域迫切需要开展国家安全系统学研究。

（一）国家安全系统学是总体国家安全观的题中应有之义

总体国家安全观将各领域、各方面和各层次的重大安全问题全部纳入国家安全系统。当前，学界对总体国家安全观所蕴含的系统特征已基本达成共识（袁鹏，2021；刘跃进等，2021；王宏伟，2017；马宝成，2020）。系统特征在总体国家安全观中主要有以下十方面体现（王秉和史志勇，2023）。第一，总体国家安全观立足于国家安全系统和全局，它是在准确把握国家安全形势变化新特点、新趋势基础上提出的（袁鹏，2021）。第二，总体国家安全观明确了国家安全秩序，它明确了国家安全的宗旨、根本、基础、保障和依托。第三，总体国家安全观统筹传统安全与非传统安全。第四，总体国家安全观统筹外部安全和内部安全。第五，总体国家安全观统筹各领域安全，强调构建集政治安全、军事安全、国土安全、经济安全等各领域安全于一体的国家安全体系。第六，总体国家安全观统筹发展与安全，追求发展和安全的动态平衡。第七，贯彻总体国家安全观需坚持统筹协调的方法和原则，“统筹协调”是重要的系统科学方法论（董春岭，2022）。第八，贯彻总体国家安全观强调把国家安全贯穿于党和国家工作各方面全过程，国家安全全方位布局充分体现系统思想。第九，总体国家安全观将国家安全置于更大的全球安全系统，强调以促进国际安全为依托，完善全球安全治理体系，共建普遍安全的人类命运共同体。第十，习近平总书记强调“坚持系统思维，构建大安全格局”，系统思维被明确为总体国家安全观的理论标识（董春岭，2022）。综合看，总体国家安全观蕴含多向度系统思维，要求把国家安全各要素置于“多元一体”的国家安全系统中进行审视（董春岭，2022）。

国家安全学对安全的总体性、领域的统筹性、学科的复合性具有很高要求，需要探索跨学科、融学科甚至超学科的路径。从科学哲学与学科本体论的层面来看，基于总体安全或“大安全”思想的安全体系具有多重来源，如哲学、系统论、控制论、信息论、经济学、管理学和政治学等，不同学理诠释体系偏重于不一样的源头（孔锋等，2020）。考虑到安全主体的多元性、安全领域的多样性和主体间和领域间交叉互动的复杂性，系统论的原理有助于从国家总体安全的动态特征出发，从多尺度、多角度、多过程、多因素研究国家安全系统，建立国家总体安全目标体系，协同认识国家安全系统的要素（孔锋等，2020）。从本体论的角度来看，系统论视角是对总体国家安全观关于总体性的有效回应（祁昊天，2023）。国家安全系统学是对总体国家安全观的践行与深化，总体国家安全观是国家安全系统学的研究哲学观（王秉和史志勇，2023）。

（二）国家安全系统学是国家安全工作的基础理论源泉

当前，世界政治与安全场景的互动主体越来越多元，互动越来越深入，安全领域之间的联动越来越复杂，加之全球化动力改变、科技变迁、地缘政治与经济动荡、全球意识形态结构与趋势不稳定等诸多因素，国家安全工作面临系统性挑战，使得在学理上需要一种能够融合传统各单一领域的安全理论体系，在国家安全工作上需要一种能够统筹各领域的模式（祁昊天，2023）。

理论是实践的基础和先导，理论与实践互动统一。国家安全系统学是国家安全理论在系统科学方面的共性凝练，是国家安全实践（包括国家安全知识生产和国家安全工作）在理论应用层面的重要内容。国家安全工作的主要内容可概括为健全国家安全体系，增强维护国家安全能力，提升国家安全韧性，推进国家安全态势感知塑造，以及应对国家安全风险综合体。其中，国家安全体系、国家安全能力、国家安全韧性、国家安全态势感知塑造及国家安全风险综合体均是国家安全系统学的学科关键问题。因此，国家安全工作需要国家安全系统学提供学科理论支撑，国家安全系统学是国家安全工作的基础理论源泉（王秉和史志勇，2023）。

（三）国家安全系统学是国家安全学的核心分支科学

2020年12月，《国务院学位委员会 教育部关于设置“交叉学科”门类、

“集成电路科学与工程”和“国家安全学”一级学科的通知》[①] 下发，宣告国家安全学学科正式成立，同时证明国家安全学是一门交叉综合学科。国家安全学的交叉学科性质决定了其研究范畴的相对模糊性，由此形成当前国际关系、国际政治、军事学、公共管理、情报学和安全科学等领域学者对国家安全学建设发展的争鸣局面，这对推进国家安全研究具有积极作用（王秉和史志勇，2023）。与此同时，现有诠释体系也存在逻辑性、体系性和自治性良莠不齐的情况。在政策层面，安全领域的划定兼顾了逻辑与政治、体制、政策关切的选择，体现了交叉性，具有政策指导意义。而学理探讨则不能停留在罗列领域，需对总体性进行深入阐述，对融合、整合、复合的特征进行体系化探讨，这样才能完成贯彻总体国家安全观、搭建学理体系的使命（祁昊天，2023）。

总体来看，国家安全学学科体系有两部分内容。第一，国家安全学核心知识体系，如国家安全学原理、结构、特性、体系、发展规律、研究方法和核心分支等。第二，国家安全学与其他学科交叉边缘内容，如国家安全战略学、国家安全法学和国家安全教育学等。由于国家安全学的交叉学科性质，在学科建设中，学科范畴划定和内容划归十分重要。国家安全学学科体系庞大繁杂，判识国家安全学研究范畴，须立足总体国家安全观，以系统思想理顺国家安全这一复杂巨系统的研究内容，进而为国家安全学学科发展提供基础理论支撑（王秉和史志勇，2023）。

国家安全学现有若干分支学科，如国家安全思想与理论、国家安全战略、国家安全治理和国家安全技术等。各分支学科均需国家安全系统学作为基础理论支撑，国家安全系统学是国家安全学各分支学科的上游指导性支撑学科。以国家安全战略为例，其核心内容包括国家安全战略判断、战略布局、战略重点、战略方法和战略部署等主要方面（马宝成，2020），同时，国家安全战略可按领域、地区和层次等划分为若干子系统。可见，国家安全战略系统十分繁杂。因而须借助国家安全系统思想，超越过程、领域、地区和层次等，从国家安全战略系统出发开展研究，其他分支学科亦是如此。同时，国家安全学作为一门独立学科，需自学科知识体系支撑，国家安全系统学作为适配并引领各分支学科的通用性理论，应被视作国家安全学各分支学科的知识共同体、学理基础、研究范式，以及各分支学科间的桥梁与纽带。综合看，国家安全系统学在整个国家安全学学科体系中具有横断属性，若将整个国家安全学学科体系视作一个球体，则国家安全系统学

---

① 中华人民共和国教育部：《国务院学位委员会 教育部关于设置“交叉学科”门类、“集成电路科学与工程”和“国家安全学”一级学科的通知》，http://www.moe.gov.cn/srcsite/A22/yjss_xwgl/xwgl_xwsy/202101/t20210113_509633.html(2020-12-30)[2023-03-20].

为横断面，如图 1-4 所示（王秉和史志勇，2023）。

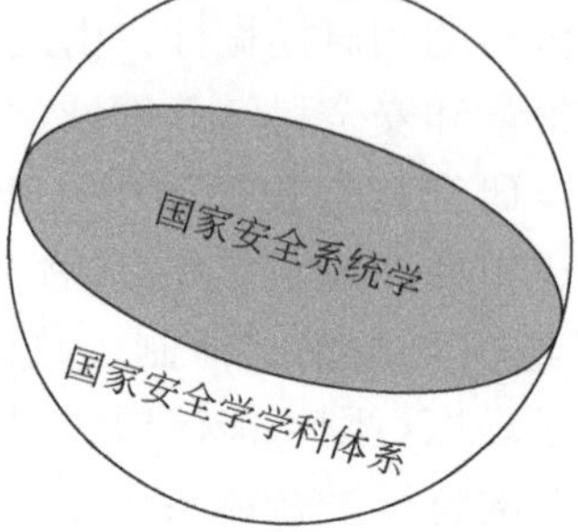

图 1-4　国家安全系统学与国家安全学学科体系的关系示意图

三、本节结语

本节分别从总体国家安全观、国家安全工作实践与国家安全学学科三方面出发，深入论述开展国家安全系统学研究的背景及意义。研究发现，国家安全与国家安全工作本身的复杂系统属性及国家安全学本身的系统科学属性为国家安全系统学的创建提供了基本前提和充分可能。国家安全系统学是总体国家安全观的题中应有之义，是国家安全工作的基础理论源泉，是具有共识的国家安全学的核心分支学科，开展国家安全系统学研究十分必要，具有重大理论与现实意义。

第四节　国家安全系统学的提出

一、国家安全系统学创立的可欲与可为

根据学科发展规律，一门成熟的学科由一系列分支学科构成，学科的发展既需要纵向开展深入的细化研究，亦需要横向构建和发展更多的分支学科，以不断充实和完备学科体系。鉴于此，国家安全学理应由诸多分支学科（如国家安全战略学、国家安全情报学、国家安全法学及国家安全教育学等）构成，当前国家安全学学科初创，其分支学科亟待丰富和发展。根据上一节对国家安全系统学研究背景及意义的分析结果，国家安全系统学是亟待建立的国家安全学分支学科。

从研究内容和目标来看，国家安全系统学可为揭示国家安全的复杂系统特征和规律，为做好基于系统思想、理论和方法的国家安全工作提供专门的学科理论

和方法支撑，它是具有普适性的国家安全学基础理论，是国家安全学的立根之本，是国家安全学学科建设发展的根基和原动力。同时，国家安全系统学是国家安全学与系统科学交叉综合而成的新兴边缘学科。可见，国家安全系统学完全符合国家安全学建设发展的要求，即坚守和夯实国家安全学学科根基的要求，以及在坚持开放扩张和学科交叉中坚守初心目标的要求[①]。

从研究基础方面看，国家安全学与系统科学的现有研究可为国家安全系统学的创建提供重要基础支撑。当前，国家安全学已有一定研究成果，包括国家安全学的研究对象、理论框架、自主知识体系规划和未来发展等（刘跃进，2003；肖晞，2022；李文良，2021；王秉等，2019）。在系统科学方面，系统科学的基本概念、基本原理、研究内容、研究路径和研究方法论等已有大量研究（苗东升，2016；段晓君等，2019；陈忠和盛毅华，2005）。关于国家安全系统学，已有一定研究。例如，刘跃进（2001，2003）提出系统国家安全观，并初步建立了国家安全系统框架；王秉等（2019）从系统角度探讨国家安全学建设；戴开成和李红革（2022）分析总体国家安全观蕴含的系统思维；姚晗（2022）从系统原理出发分析总体国家安全观；祁昊天（2023）提出国家安全系统理论；王秉和史志勇（2023）探讨国家安全系统学的学科基本问题。此外，在学科建设实践方面，2021 年 4 月，北京师范大学成立国家安全与应急管理学院，建设“国家安全学”一级学科，“国家安全系统科学与工程”被列为“国家安全学”一级学科下设学科方向之一。

综合看，国家安全系统学创立符合国家安全学建设发展要求，且已具备一定理论基础，国家安全系统学是势在必建的国家安全学的上游指导性分支学科。

二、国家安全系统学的定义与内涵

国家安全系统学以国家安全系统为研究对象，可将国家安全系统学定义为：国家安全系统学是研究国家安全系统现象及其运动规律的科学。再者，国家安全系统学是系统科学在国家安全领域的应用分支。系统科学是一门研究系统的结构、功能、运行、发展演化规律及其与环境关系等的学科，是一门从事物整体性的角度观察世界、研究事物、认识问题的学问（苗东升，2016；段晓君等，2019；陈忠和盛毅华，2005）。因此，根据系统科学的定义，可将国家安全系统学定义为：国家安全系统学是在复杂系统的层面上对国家安全系统的结构、功

① 王秉：《【“三大体系”建设】从“地瓜理论”谈国家安全学学科建设发展》，https://www.cssn.cn/gjaqx/202306/t20230607_5643296.shtml(2023-06-07)[2023-10-25].

能、运行机制、发展演化规律及其与环境的关系等进行理解分析和研究的一门新兴交叉综合学科。具体而言，国家安全系统学是从国家安全系统性出发，以“国家安全是一个复杂巨系统”为基础依据，以总体国家安全观为研究哲学观，以国家安全系统为研究对象，以基础理论研究与应用实践研究为研究内容，以国家安全学和系统科学为学科基础，以推进国家安全体系和能力建设、实现国家安全体系和能力现代化为研究目标，以防控系统性国家安全风险为基本要求，以维护和塑造国家安全为最终目的的一门新兴交叉综合学科（王秉和史志勇，2023）。根据国家安全系统学的定义，下面进一步阐释它的基本内涵。

1）国家安全系统性是国家安全系统学研究的逻辑起点。国家安全学可作为一门一级学科，说明各领域国家安全问题不是割裂的，而是具有强关联性的，各领域国家安全问题彼此交织、叠加耦合、相互转化、整体贯通，国家安全可视作一个整体，国家安全具有系统属性。鉴于国家安全的系统特性，运用传统还原论的思维难以开展国家安全系统学研究，从国家安全系统性角度切入开展国家安全系统研究是国家安全系统学研究的逻辑起点。

2）国家安全系统是国家安全系统学的研究对象。所谓系统，是由多个部分组成的具有一定结构与功能的有机整体（段晓君等，2019）。据此可将国家安全系统理解为，由关涉国家安全的相互联系、相互作用、相互制约的要素组成的、不断演化且具有一定结构的有机整体，它在与其他要素及国家安全环境的相互关系中体现自己的属性、功能与价值。关于国家安全系统的分析，详见本书第三章第一节。

3）国家安全系统基础理论研究与应用实践研究是国家安全系统学的主要研究内容。一门学科的研究内容包括基础理论研究与应用实践研究。国家安全系统学的研究内容亦可分为基础理论研究与应用实践研究。国家安全系统学的基础理论研究包括国家安全系统学的学科基本架构研究（主要是学科基本问题研究和学科分支体系研究，分别对应本书的第三章和第十章）和学科关键问题研究（包括国家安全复杂性、国家安全体系、国家安全能力、国家安全体系和能力现代化和国家安全韧性等，分别对应本书的第四、六、七、八和九章）。国家安全系统学的应用实践研究，主要是研究国家安全态势的感知、分析、评价、预测、控制、塑造与优化等（对应本书的第五章）。上述国家安全系统学的研究内容是立足本书的内容和结构给出的，关于国家安全系统有待研究的更多内容，详见本书第三章第三节。

4）推进国家安全体系和能力建设，实现国家安全体系和能力现代化是国家安全系统学的研究目标。国家安全系统学是以“国家安全是一个系统”（刘跃进，2001）为理论基础开展的国家安全系统性研究，国家安全体系和能力作为国家安全系统的重要子系统，与国家安全系统学研究同样适配与契合。推进国家安全体系现代化是一项系统工程，具体包括国家安全法治体系、国家安全战略体系、国家安全政策体系、国家安全风险监测预警体系、国家应急管理体系，以及重点领域安全保障体系和重要专项协调指挥体系等（王秉，2022b）。推进国家安全能力现代化亦是一项系统工程，具体包括国家安全战略能力、国家安全领导能力、国家安全统筹协调能力、国家安全风险防范化解能力、国家安全情报信息能力、国家安全理论创新能力、国家安全保障能力和全民国家安全素养等。同时，国家安全体系与国家安全能力二者相辅相成，是一个整体系统。因此，国家安全系统思想贯穿国家安全体系与能力建设，国家安全系统思想应是国家安全体系和能力建设的重要基础支撑（关于国家安全系统思想的论述，详见本书第二章第一节）。

5）防控系统性国家安全风险是国家安全系统学的基本要求。国家安全系统是关涉国家安全的要素共同体，国家威胁作为影响国家安全的要素，其必然属于国家安全系统的基本构成要素。当前，各类国家威胁内外联动、叠加共振，国家安全面临系统性风险挑战。国家安全风险是国家安全系统的基本属性（王宏伟，2017）。系统性国家安全风险指国家安全系统蕴含的系统性风险，即可能影响国家安全的重大安全风险，此类国家安全风险具有系统特性。国家安全系统学以国家安全系统性问题为主要研究内容，系统性国家安全风险作为重要的国家安全系统性问题，对其预防与控制开展研究是国家安全系统学的基本要求。

6）维护和塑造国家安全是国家安全系统学的最终目的。党的二十大报告专门提出要“统筹维护和塑造国家安全”。维护与塑造国家安全须立足国家安全系统，从全局视角擘画。国家安全系统学以国家安全系统性思想、原理与方法开展研究，可为维护国家安全，同时塑造有利于发展的国家安全态势提供基础支撑。

7）交叉综合是国家安全系统学的学科属性。国家安全系统学是系统科学在国家安全领域的具体应用，其介于系统科学和国家安全学的交叉处，属系统科学和国家安全学交叉综合而派生出的边缘性学科。国家安全系统学的发展，一定程度取决于系统科学和国家安全学的理论更新，国家安全系统学的发展亦可充实和完备系统科学和国家安全学理论体系。同时，国家安全学与系统科学同属于交叉综合学科，国家安全系统学研究与实践必然涉及国家安全学的分支学科（如国家安全情报学与国家安全战略学等），国家安全系统学具有高度的综合性。此外，国家安全系统思维是一切国家安全工作的基础，每一门国家安全学的分支学科都离不开国家安全系统学的统领与支撑。可见，国家安全系统学是国家安全学各分支学科交叉融合的产物，是国家安全学各分支学科的媒介学科。

三、本节结语

在中国，国家安全学作为一门新兴学科，紧跟国家安全形势之变，紧扣国家发展之需。在国家安全领域，系统性问题是十分普遍且亟待回应的关键问题，并且目前已有部分系统科学角度的国家安全研究，因此，创立发展国家安全学之分支学科——国家安全系统学可欲且大有可为。此外，本节提出国家安全系统学是在复杂系统的层面上对国家安全系统的结构、功能、运行机制、发展演化规律及其与环境的关系等进行理解分析和研究的一门新兴交叉综合学科。

※本章小结※

国家安全系统学是系统科学和国家安全学交叉融合产生的国家安全学的标志性分支学科。本章梳理界定了国家安全系统学研究涉及的基本概念，明确了这些概念之间的逻辑关联，并详细分析了国家安全系统学的研究背景和研究意义，充分论述了国家安全系统学建立的可欲和可为，最后分析了国家安全系统学的定义与内涵。通过本章学习，主要得到以下六方面认识：①现代安全科学视域下的国家安全是指国家这一系统的资产免受不可接受的内外因素不利影响的状态；②国家安全的本质是一类典型的复杂巨系统安全问题，国家安全的内容是一类典型的大安全问题；③国家安全与国家安全工作本身的复杂系统属性及国家安全学本身的系统科学属性为国家安全系统学的创建提供了基本前提和充分可能；④国家安全系统学是总体国家安全观的题中应有之义，是国家安全工作的基础理论源泉，是具有共识的国家安全学的核心分支学科；⑤国家安全系统学的创立符合国家安全学建设发展要求，且已具备一定理论基础，国家安全系统学是势在必建的国家安全学的上游指导性分支学科；⑥国家安全系统学是在复杂系统的层面上对国家安全系统的结构、功能、运行机制、发展演化规律及其与环境的关系等进行理解、分析和研究的一门新兴交叉综合学科。

第二章　国家安全系统学的学科理论基础

※本章导读※

就研究者而言，要开展国家安全系统学研究，首先需要明确国家安全系统学的理论基础。唯有这样，才能使国家安全系统学拥有坚实牢固的根基和“源头活水”。就读者而言，了解和掌握国家安全系统学的学科理论基础是学习和理解国家安全系统学内容的基础。正因上述缘由，本章主要概述国家安全系统学的学科理论基础——国家安全系统思想、系统科学理论、安全科学与普通安全学理论、国家安全学理论。其中，国家安全系统思想是国家安全系统学的指导思想；系统科学理论和国家安全学理论是国家安全系统学的直接学科理论来源；安全科学与普通安全学理论为国家安全系统学提供安全基础理论支撑。通过本章学习，以期让读者了解国家安全系统学的学科理论来源，明确国家安全系统学建设发展的哲学思想指导和学科理论支撑，从而为学习后续章节做好铺垫和准备。

第一节　国家安全系统思想

当前，国际国内形势发生新变化、经济社会发展进入新阶段、国家安全面临众多新挑战。在此背景下，国家安全系统思想在充分吸纳古今中外相关优秀文化和安全思想、继承历届中央领导集体治国理政经验的基础上逐渐生成（冯维江和张宇燕，2019；刘跃进等，2021）。

一、对国家安全理解的机械还原论、整体论与系统转向

目前，学界对国家安全的理解较为多样，大体可分为机械还原派、整体派和系统派，且机械还原派与整体派有转向系统派的趋势，对国家安全理解的系统转向正逐渐成为学界主流。

机械还原派认为，国家安全是各领域安全、各层次安全、各种国家安全工具和各类国家安全能力的加和，国家安全可还原至各领域安全、各层次安全、各种国家安全工具和各类国家安全能力。例如，从领域维度看，国家安全包括政治安

全、军事安全、国土安全、经济安全、金融安全、文化安全、社会安全、科技安全、网络安全、粮食安全、生态安全、资源安全、核安全、海外利益安全、太空安全、深海安全、极地安全、生物安全、人工智能安全、数据安全等各领域安全；从层次维度看，国家安全包括面向社会公众的公共安全、面向主权实体的国家安全及面向国际社会的世界安全三层次；从工具维度看，国家安全是国家安全领导体制、国家安全理论体系、国家安全法治体系、国家安全战略体系、国家安全政策体系、国家安全制度体系、国家安全人才体系、国家安全情报体系、国家安全教育体系、国家安全文化体系、国家安全技术与装备设施体系、国家安全运行机制、国家安全协同机制等各种国家安全工具综合应用的结果；从能力维度看，国家安全是国家政府层面的国家安全战略能力、国家安全领导能力、国家安全统筹协调能力、国家安全风险防范化解能力、国家安全情报信息能力、国家安全理论创新能力、国家安全保障能力，以及社会层面的全民国家安全素养等各类国家安全能力集成发挥的现实体现。

机械还原派持有机械论和还原论观点。其中，机械论体现在安全领域类属、划分层面，现有方案较多聚焦于对不同安全领域进行排列、组合，对其内在联系的探讨多停留在分类工作本身。传统分类并非不能回答部分的领域类别特征问题，但很难在学科的统筹高度对不同领域给予清晰定位。还原论的体现则是多数诠释倾向于将国家安全分解为独立个体领域，将国家安全视为领域“拼盘”，缺乏融合、集成与复合的整体论视角，缺乏对子领域交叉并延展之后可能形成的融合、迭代、异化与同化进行探索，实则忽略总体性的要求。对于整体与部分的关系而言，机械论与还原论视角使学理建构缺乏对总体安全领域、议题与政策演进过程的把握能力，缺乏从演化视角进行认识和研究方法建构的指导（祁昊天，2023）。

整体派认为，国家安全是一个不可分割还原的整体，具有各部分安全及各部分安全的加和所不具备的整体性安全特征，国家安全是作为整体的国家在安全方面的整体呈现，国家安全不同亦不可还原至构成国家安全的各部分安全。这种观点并不否认各部分安全对于国家整体安全的影响，但整体派强调应从大安全观的格局出发，把各部分的国家安全放在一起作为一个“统一体”来审视。整体派重视作为整体的国家安全的特征、结构及功能，往往忽视微观性、局部性的要素安全及要素安全间的复杂关联，这可能导致对国家安全的理解滑向宏大理论诠释，难以照应与回应实际发生的具体层面的国家安全现象与问题。此外，国家安全整体论侧重分析静止态的国家安全，往往忽略国家安全多元主体互动博弈的复杂演化过程。

从国家安全形势与环境看，在当今国际、国内不同安全场景下，某个特定时间、空间或议题领域出现的不稳定、挑战与复杂情况都有可能发生扩散，生成大范围、动态的影响网络，增大全球体系的不稳定风险。如果将不同安全领域视为封闭环境，则不利于应对这种熵增挑战。面对局部挑战需要从整体着眼，通过对领域、资源和行动主体的集成，实现安全治理的目标（祁昊天，2023）。与此同时，由于政府与社会在资源动员与调配方面各有优势，需对具体安全领域的权责与分工加以细化，避免“沦为泛化的安全话语，无法成为治理内容”（杨华锋，2020a）。因此，对国家安全理解的机械还原论与整体论存在较大缺陷，与实际国家安全形势和环境有一定偏离，难以为国家安全实践提供支撑与指导。

不同于现有国家安全诠释体系的机械还原论将整体切割为基本组元，也不同于极端强调整体而忽略组元的整体论，系统派基于系统视角弥合这两种路径，从要素及整体的关联性出发探讨作为复杂系统的国家安全。具体而言，这些讨论包括以下几种类型（祁昊天，2023）。

第一，强调横向连接性。例如，李文良（2020）提出，国家安全具有横切延伸性，以国家安全问题为边界横切政治、军事、社会、文化、信息、经济、金融、生态、生物、资源、战略、管理、法律、公安、工程和技术等领域时，就会形成独特的横切延伸断面，构成国家安全学的研究对象，即国家安全问题及与之相关联的国家安全现象和规律。王宏伟（2017）指出，在后工业社会，各种风险都有可能升级或与其他风险交织在一起，沿着非线性路径演进，威胁国家政权、主权、统一和领土完整、人民福祉、经济社会可持续发展，以及国家其他重大利益，形成国家安全风险，甚至是巨大的系统性风险。系统性风险难以按照还原主义的思维进行解析，因为复杂系统构成部分之间存在着相互依赖、相互促动的关系。在后工业社会，必须以整体思维审视系统性国家安全风险，摒弃还原主义思维。

第二，强调纵向联通性。例如，马振超①认为，大安全格局的形成并非单纯依靠政府高层意志和顶层设计来实现，而是需要由上而下各层面的共同建设。钟开斌（2018）提出，国家安全体系是一个由国家安全问题相关因素构成的具有特定功能的有机整体，从层次结构来看，国家安全体系已发展成为包括面向社会公众的公共安全、面向主权实体的国家安全、面向国际社会的世界安全三层结构在内的综合系统。他指出，中华人民共和国成立以来，中国的国家安全体系先后经历了基于传统国家安全的单层结构、国家安全向公共安全“下沉”和世界安全“上移”的过渡型结构、基于总体国家安全的三层结构的演化过程，最终形成了以总体国家安全观为指导，公共安全、国家安全、世界安全相互交融、相互补

① 马振超：《坚持系统思维，构建大安全格局》，《人民日报》2021 年 1 月 18 日 .

充、相互促进的多层次复合型国家安全体系。

第三，强调整体性与个体性的统一。例如，刘跃进（2022a）指出，在国家安全众多要素组成的同心圆中，人民安全居于这个同心圆的中心位置。国家安全体系中人民安全的核心地位，是习近平总书记关于“以人民为中心”在国家安全领域的体现。把“以人民为中心”贯彻落实到国家安全领域，就必然把“人民安全”置于整个国家安全的核心地位。由此，从总体国家安全观的人民性和总体性来看，国家安全的核心是人民安全。杨华锋（2020a）强调，要铭记整体主义与个体主义的交互与辩证、对话与交融，既要避免片面强调国家安全的整体性而忽略作为个体的人民安全的价值，也要避免非传统安全所集中彰显人的安全价值所造成的国家安全虚位。

第四，强调世界观、认识论、方法论和实践论的系统性。例如，冯维江和张宇燕（2019）指出，从世界观层面看，国家安全是整体的而不是割裂的、动态的而不是静态的、开放的而不是封闭的、相对的而不是绝对的、共同的而不是孤立的；在认识论层面，国家安全是人民安全、政治安全和国家利益至上的有机统一；在方法论层面，国家安全工作需要推进对发展与安全的统筹、对防范风险与处置风险的统筹、对维护安全和塑造安全的统筹。王秉等（2023a）指出，根据复杂性科学原理，从认识论角度看，国家安全的本质是复杂巨系统安全；从方法论角度看，国家安全研究方法论的内在要求是复杂性范式；从实践论角度看，国家安全实践的现实路径是复杂系统工程。

综合看，系统派认为，国家安全涉及各领域、全方位、多层次，但国家安全不等于多种安全的简单相加，而是更加强调各类型、各层次安全问题的相互交织、相互联系、相互促动以及由此可能出现的整体涌现效应。国家安全问题的出现绝不是受某一单一要素之影响，国家安全问题的解决自然也不能以线性的思维方式由一因导向一果，而是要充分认识到国家安全的系统性特征，充分运用整体的、联系的、发展的观点与方法去看待并解决国家安全问题（姚晗，2022）。对国家安全理解的系统转向对突破机械还原论和整体论的影响至关重要。在国家安全系统思想指引下，国家安全学科的学理建构可继续推动从自发向自觉的系统转向，进一步深挖国家安全的总体性所必然要求的非机械和非还原逻辑。对新安全格局所强调的融合性、对传统学科接合部真空的填补和多安全领域统筹来说，系统视角提供了一种方案（祁昊天，2023）。

二、国家安全系统思想的世界观与方法论结晶——总体国家安全观

2014 年 4 月 15 日，习近平主持召开中央国家安全委员会第一次会议，首次

提出总体国家安全观[①]。总体国家安全观归纳起来就是“五大要素”和“五个统筹”。其中，“五大要素”是“以人民安全为宗旨，以政治安全为根本，以经济安全为基础，以军事科技文化社会安全为保障，以促进国际安全为依托”；“五个统筹”是“统筹外部安全和内部安全，统筹国土安全和国民安全，统筹传统安全和非传统安全，统筹自身安全和共同安全，统筹维护和塑造国家安全”。党的十九大将坚持总体国家安全观纳入新时代坚持和发展中国特色社会主义的基本方略，并写入党章，反映了全党全国人民的共同意志。总体国家安全观是国家安全系统思想的世界观与方法论结晶，是我党历史上第一个被确立为国家安全工作指导思想的重大战略思想，是习近平新时代中国特色社会主义思想的重要组成部分，是新时代国家安全工作的根本遵循和行动指南，是中国贡献给人类和平与发展事业的一大智慧。

（一）总体国家安全观的国家安全系统思想体现

总体国家安全观将各领域、各方面和各层次的重大安全问题全部纳入国家安全系统。国家安全系统思想在总体国家安全观中主要有以下十方面体现（王秉和史志勇，2023）。

第一，总体国家安全观立足于国家安全系统和全局，它是在准确把握国家安全形势变化新特点新趋势基础上提出的（袁鹏，2021）。党的十八大以来，习近平总书记从人类发展大潮流、世界变化大格局、中国发展大历史的高度和视野，深刻指出世界百年未有之大变局进入加速演变期、中华民族伟大复兴进入关键时期；随着我国社会主要矛盾变化和国际力量对比深刻调整，我国发展面临的内外部风险空前上升；国家安全内涵和外延比历史上任何时候都要丰富，时空领域比历史上任何时候都要宽广，内外因素比历史上任何时候都要复杂。习近平总书记的重要论述指明了新时代我国国家安全所处的历史方位，为我们从党和国家工作全局上认识国家安全、定位国家安全、把握国家安全提供了根本指导，是我们在新征程上准确识变、科学应变、主动求变的基本坐标和依据。在准确把握国家安全形势变化新特点新趋势的基础上，以习近平同志为核心的党中央创新国家安全理念，统揽国家安全全局，创造性提出总体国家安全观。总体国家安全观把我们党对国家安全的认识提升到了新的高度和境界，为破解我国国家安全面临的难题、推进新时代国家安全工作提供了基本遵循。

第二，总体国家安全观明确了国家安全秩序，它明确了国家安全的宗旨、根

---

① 中国政府网：《中央国家安全委员会第一次会议召开　习近平发表重要讲话》，https://www.gov.cn/xinwen/2014-04/15/content_2659641.htm(2014-04-15)[2023-10-13].

本、基础、保障和依托。总体国家安全观明确指出，以人民安全为宗旨，以政治安全为根本，以经济安全为基础，以军事科技文化社会安全为保障，以促进国际安全为依托。姚晗（2022）提出，可将总体国家安全观的系统层次描述为以人民安全为系统目标的目标层，以政治安全为系统根本和以经济安全为系统基础的核心层，以军事科技文化社会安全以及国际安全为保障和依托的环绕层，此三层结构共同构成总体国家安全观的复合类行星系统结构。

第三，总体国家安全观统筹传统安全与非传统安全。刘跃进（2014b）指出，总体国家安全观既与传统国家安全观相对，又与低级形态的非传统安全观及低级形态的非传统国家安全观不同，体现出对国家安全领域传统与非传统两方面众多问题的全面性、综合性、系统性、辩证性观察、认识和处理，具有系统的非传统思维和丰富的非传统内容。同时，总体国家安全观在论及丰富的非传统国家安全问题时，也论及各种传统国家安全问题。总体国家安全观之所以“非传统”，是因为它关注和强调了各种非传统国家安全问题；总体国家安全观之所以“总体”，是因为它兼顾了传统与非传统两方面国家安全问题；总体国家安全观之所以“高级”，是因为它用非传统思维统合了传统与非传统两方面的国家安全问题。因此，要重视总体国家安全观阐述的各种传统国家安全问题，更要重视总体国家安全观阐述的各种非传统国家安全问题；要全面兼顾总体国家安全观对传统与非传统两个方面国家安全问题的论述，更要重点研究总体国家安全观中涉及的各种过去长期没有受到足够重视的非传统内容；要重视总体国家安全观包括的各种非传统国家安全内容，更要重视总体国家安全观内含的非传统安全思维。

第四，总体国家安全观统筹外部安全和内部安全。总体国家安全观克服了只讲外部安全不讲内部安全的局限，明确要求“必须既重视外部安全，又重视内部安全，对内求发展、求变革、求稳定、建设平安中国，对外求和平、求合作、求共赢、建设和谐世界”。随着全球化进程的不断深入，安全问题的国际化趋势正不断加深，内部安全与外部安全要素之间的相互转化与相互影响十分常见，正如马克思主义所讲的内因和外因的辩证关系，任何安全问题的产生已经不能单一归因于外部因素或内部因素的影响，任何安全问题的解决也无法通过单一的外部手段或内部手段加以解决。例如，恐怖主义威胁这类境内与境外安全威胁相交织的问题，就是当代主权国家所面临的典型全球性安全问题，单独考虑国内手段或国际手段都无法解决这类全球性安全问题，必须坚持外部安全与内部安全的有机统一，也就是要运用系统辩证的思维，通盘考虑国内、国际两个大局，运用系统性的思维加以整体解决（姚晗，2022）。

第五，总体国家安全观统筹国家安全各领域，强调构建集政治安全、军事安全、国土安全、经济安全等各领域安全于一体的国家安全体系。总体国家安全观的关键是“总体”，强调大安全理念。在总体国家安全观指引下，现代国家安全体系是一个涵盖所有领域、所有方面、所有层级、所有保障要素的总体性国家安全体系，总体化是中国国家安全体系现代化的最本质和最显著特征。从现代国家安全体系的领域看，国家安全所涉及的领域范围在不断扩展。国家安全体系涵盖领域十分广泛，包括政治、军事、国土、经济、金融、文化、社会、科技、网络、粮食、生态、资源、核、海外利益、太空、深海、极地、生物、人工智能、数据等诸多大领域，且目前的国家安全领域已进一步延伸至交通、消防、生产等诸多小领域。同时，随着新兴领域安全风险不断出现和国家安全形势的发展变化，现代国家安全体系所涉及的领域也将不断动态调整，未来将有更多领域的国家安全子体系被纳入现代国家安全体系（王秉，2022b）。

第六，总体国家安全观统筹发展与安全，追求发展与安全的动态平衡。2020 年 12 月 11 日，中共中央政治局就切实做好国家安全工作举行第二十六次集体学习，中共中央总书记习近平在主持学习时提出，贯彻总体国家安全观需“坚持统筹发展和安全，坚持发展和安全并重，实现高质量发展和高水平安全的良性互动，既通过发展提升国家安全实力，又深入推进国家安全思路、体制、手段创新，营造有利于经济社会发展的安全环境，在发展中更多考虑安全因素，努力实现发展和安全的动态平衡，全面提高国家安全工作能力和水平”①。统筹发展和安全，是坚持以马克思主义唯物史观和辩证法为指导，贯彻新发展理念和总体国家安全观相统一、相融合，协同共进的根本方略。坚持统筹发展和安全，就要把立足新发展阶段、贯彻新发展理念、构建新发展格局与贯彻总体国家安全观、构建大安全格局结合并统一起来，实现发展和安全的互促共建、共融共生②。

第七，贯彻总体国家安全观需坚持统筹协调的方法和原则，“统筹协调”是重要的系统科学方法论（董春岭，2022）。总体国家安全观蕴含的系统观和系统方法论集中体现为《中共中央关于党的百年奋斗重大成就和历史经验的决议》提出的“五个统筹”，即统筹发展和安全、统筹开放和安全、统筹传统安全和非传统安全、统筹自身安全和共同安全、统筹维护国家安全和塑造国家安全。其中，统筹发展和安全是引领新时代国家安全事业的总体要求；统筹开放和安全切实反映我国进入新发展阶段后国家安全的突出矛盾、重大关切；统筹传统安全和

① 中国政府网：《习近平主持中央政治局第二十六次集体学习并讲话》，https://www.gov.cn/xinwen/2020-12/12/content_5569074.htm? eqid=f1a0cfb50001387a00000006645cbfdb(2020-12-12)[2023-10-14].

② 宇文利：《把维护国家安全贯穿党和国家工作各方面全过程》，《中国教育报》2022 年 12 月 1 日.

非传统安全、统筹自身安全和共同安全要求牢牢把握国家安全的内在规律、现实特征，做到综合施策、内外兼修；统筹维护国家安全和塑造国家安全要求加快推进国家安全体系和能力建设，完善国家安全法治体系、国家安全战略体系和国家安全政策体系，丰富斗争手段，提升斗争本领。

第八，贯彻总体国家安全观强调把国家安全贯穿于党和国家工作各方面全过程，国家安全全方位布局充分体现系统思维。党的二十大报告提出，“必须坚定不移贯彻总体国家安全观，把维护国家安全贯穿党和国家工作各方面全过程，确保国家安全和社会稳定”①。在新时代新征程上，“把维护国家安全贯穿党和国家工作各方面全过程”，必须站在战略和全局高度，充分运用系统思维来把握国家安全。其中，“各方面”意即方方面面，其表征着把维护国家安全贯穿党和国家工作的广度。进入新时代，我国国家安全的内涵外延更加丰富，时空领域更加宽广，内外因素更加复杂，各种可以预料和难以预料的风险挑战接踵而至，其严峻性、复杂性前所未有，这些都影响着国家安全的“广度”。通过从思想到实践层面的系统认知、协调推进，方能把维护国家安全贯穿党和国家工作各方面。所谓“全过程”，既是一个典型的时间概念，也内在地包含着空间与流程问题，如果说“各方面”更多是讲“横到边”，那么“全过程”则是“纵到底”问题，其更多涉及国家安全的“深度”。把维护国家安全贯穿党和国家工作全过程，通过总体国家安全观指引制度机制创新，使新时代国家安全工作实现从分散到集中、从迟缓到高效、从被动到主动的历史性变革得以充分展现②。

第九，总体国家安全观将国家安全置于更大的全球安全系统，强调以促进国际安全为依托，完善全球安全治理体系，共建普遍安全的人类命运共同体。“零和博弈”意味着国与国之间只存在竞争关系，一方得益必然导致另一方受损，最终总和归零。在狭隘的零和式安全观影响下，一国往往只追求自身安全，忽视共同安全；笃信绝对安全，忽略相对安全。不同于西方的零和式安全观，总体国家安全观强调要“以促进国际安全为依托”，要“统筹自身安全和共同安全”，认为安全应该是普遍、平等、包容的，正如习近平总书记所指出的“世界上不存在绝对安全的孤岛，普遍安全才是真正的安全”“国际安全不可分割，牺牲别国利益、谋求自身绝对安全，最终会伤及自身”。基于这些深刻的辩证认识，我国坚持推进国际共同安全，推动树立共同、综合、合作、可持续的全球安全观，加强

---

① 习近平：《高举中国特色社会主义伟大旗帜 为全面建设社会主义现代化国家而团结奋斗——在中国共产党第二十次全国代表大会上的报告》，《人民日报》2022 年 10 月 26 日．

② 谢波：《把维护国家安全贯穿党和国家工作各方面全过程的时代意蕴》，https://www.cssn.cn/gjaqx/202305/t20230510_5637251.shtml(2023-05-10)[2023-10-14].

多边协调，完善全球安全治理体系，共同构建普遍安全的人类命运共同体①。

第十，习近平总书记强调“坚持系统思维，构建大安全格局”，国家安全系统思想被明确为总体国家安全观的理论标识。系统思想是将认识对象视为一个系统，通过揭示系统与环境、系统与要素、要素与要素之间的内在关联与外在联系，形成对事物整体性认识的一种思维方式，它要求我们全面、普遍、联系地观察事物，妥善处理好各种重大关系。国家安全所涉及的重点领域很多，不同的安全领域既相互独立又密切联系，组成了一个有机整体，这个整体就是“总体”国家安全。总体国家安全观要求我们把不同的安全要素放在“多元一体”的有机体中进行审视，要求我们在认识和研究任何一个要素和子系统的时候都从“总体”出发、服从“总体”需求，根据“总体”的目标与功能去谋划设计子系统的功能，坚持总体思考、总体布局、总体推进，确保“全国一盘棋”，同时，充分调动各个子系统的力量去实现大系统的功能。总体国家安全观是国家安全系统思想的集中体现，为我们掌握和运用国家安全系统思想提供了操作指南和方法路径（董春岭，2022）。

（二）国家安全系统思想在总体国家安全观中的价值彰显

国家安全系统思想在总体国家安全观中的价值彰显突出表现为总体国家安全世界观和总体国家安全方法论。总体国家安全世界观的本质和核心是系统观，总体国家安全方法论的本质和核心是系统方法论。

国家安全系统观强调，国家安全是全面的、整体的、系统的安全，是发展的、动态的安全，是开放的、共同的安全。国家安全系统观要求超越国家安全是某一领域、单一部门职责的狭隘思维，真正将国家安全贯穿到党和国家工作的各方面、全过程中进行思考和把握，切实将安全置于和发展同等重要的地位，同步决策部署、同样积极落实。“总体”意味着大局观、整体观，要求我们进一步强化系统思维，把国家安全的各个要素放在一个“多元一体”的有机整体中进行审视，把影响中国国家安全的各类风险放在两个大局（即中华民族伟大复兴战略全局和世界百年未有之大变局）中进行观察和认识。“总体”意味着统筹协调，平衡把握，闪耀着马克思主义唯物辩证法的思想光辉，要求我们“缺什么补什么”，充分认识当前阶段国家安全面临的新形势、新任务、新要求，充分认识安全需求的增长与国家安全能力、意识相对滞后的矛盾，充分认识生物、生态、网络、数据等非传统安全的重要性，不断补齐安全短板，不断增强对新型安全风险的防范化解和处置能力，使全党全军全国人民真正树立起全面加强国家安全的战

① 谢波：《把握新发展理念与总体国家安全观的五个“契合点”》，https://www.ccpph.com.cn/bwyc/202310/t20231012_369651.html(2023-10-12)[2023-10-14].

略共识和战略自觉，不断巩固走好强国时代中国特色国家安全道路的思想基础（韩立群等，2022）。

国家安全系统方法论强调，既立足当前又着眼长远，既整体推进又突出重点，既重维护又重塑造，既讲原则性又讲策略性，既讲需求又讲能力，充分调动各方面积极性，着力构建集各领域安全于一体的国家安全体系。“统筹”是总体国家安全方法论的精华所在，要求我们辩证地看问题，注重不同对象之间的有机联系，强调不能“一刀切”，不能顾此失彼，不能厚此薄彼，不能机械照搬，要实事求是、因地制宜、因时制宜、因势而动，根据形势的发展变化与时俱进地动态调整。党的十八大以来，以习近平同志为核心的党中央站在新的历史方位和新的战略高度，明确将“统筹发展和安全”提升为我国经济社会发展的指导思想，我们既要坚持以发展为中心，坚定维护改革发展稳定大局；又要从问题导向和忧患意识出发把握新发展理念，牢牢守住安全发展的底线。《中共中央关于党的百年奋斗重大成就和历史经验的决议》进一步提出了“五个统筹”的新要求，这“五个统筹”构成了以高水平安全护航高质量发展的基本框架，为加快构建与新发展格局相适应的新安全格局指明了方向（韩立群等，2022）。

总体国家安全观既是对当前我国国家安全的现实反映，也是指导我国国家安全实践的科学理论。2018 年 4 月召开的十九届中央国家安全委员会第一次会议上，习近平总书记总结指出：“中央国家安全委员会成立 4 年来，坚持党的全面领导，按照总体国家安全观的要求，初步构建了国家安全体系主体框架，形成了国家安全理论体系，完善了国家安全战略体系，建立了国家安全工作协调机制，解决了许多长期想解决而没有解决的难题，办成了许多过去想办而没有办成的大事，国家安全工作得到全面加强，牢牢掌握了维护国家安全的全局性主动。”刘跃进等（2021）指出，近年来，在总体国家安全观的指导下，我国总体性国家安全制度体系不断完善，总体性国家安全法治体系逐渐健全，总体性国家安全方略谋划得以确立，总体性国家安全治理进展显著，总体性国家安全教育成果突出。

三、国家安全系统思想推动国家安全学建设发展

国家安全学作为一门交叉学科，应把握交叉学科特色，从不同学科视角、不同侧重点深入研究国家安全问题。王秉和史志勇（2023）指出，国家安全学是一个动态开放的系统，是一个多元主体互动研究的公共平台，是广交叉大综合远延伸的“学术涟漪”而非“学术高阁”，其涉及多领域、多层次、全过程、全周期、全空间。这并非意味着国家安全学“泛安全”和“无边界”，国

家安全系统之边界即为国家安全系统学之边界和国家安全学之边界。国家安全系统思想指引下的国家安全学建设发展，应加强学科之间的融通，打破传统安全与非传统安全等学术分野，把国家安全的各个要素放在多元一体的有机体中进行审视，以更加宏观的视角把握国家安全的根本性、全局性问题，更加全面地看待国家安全问题，完善和优化学科布局，在综合吸收借鉴政治学、经济学、法学、管理学、军事学等多学科知识体系的基础上，运用系统观念和统筹方法，整合不同学科领域涉及国家安全的思想、理论、方法，推动构建国家安全学学科体系。

坚持系统观念，是贯穿习近平新时代中国特色社会主义思想的重要立场观点方法，鲜明体现在国家安全学的建设之中。建设中国特色国家安全学，需要以总体国家安全观作为政治基础、理论基础，以其中蕴含的系统观念作为方法论指导，更好推动学科体系、学术体系和话语体系建设。汪明指出，国家安全各领域（如国土安全、军事安全、经济安全等）自身有着丰富的内涵，且在其自身发展过程中创造出自成体系的学科方向。然而，通过梳理我国 110 个一级学科发现，虽然有 46 个学科的简介中能够找到与国家安全领域有一定联系的内容，但是，除公安学外几乎没有学科将国家安全明确作为主要研究对象。应从大安全观的格局出发，把各领域的国家安全放在一起作为一个“统一体”来审视，才是国家安全学研究最直接的内容①。祁昊天（2023）认为，国家安全学和国家安全学理构建的一个重要使命是对传统安全领域之间的真空进行填补，有着鲜明的问题导向和天然的系统要求。从自发到自觉，国家安全系统思想推动国家安全学建设发展，国家安全学是国家安全系统思想的学科建设实践成果。

系统观是国家安全系统思想的认识论呈现，要求辩证、统一、系统地认识和理解国家安全及国家安全学。就国家安全而言，当前，我国国家安全的内涵和外延比历史上任何时候都要丰富，时空领域比历史上任何时候都要宽广，内外因素比历史上任何时候都要复杂。面临的各类安全风险点多面广，新的安全问题层出不穷，国家内部安全和外部安全之间、不同领域之间的安全问题相互交织、相互转化，国家安全已经远远超出了单一部门、单一领域、单一学科的认识论范畴。就国家安全学而言，将国家安全学设立于交叉学科门类，充分考虑了国家安全问题的综合性、跨域性和战略性等特点。国家安全作为一种维度，国家安全学强调的是对传统领域在国家安全风险防控和可持续发展方面的保障，安全连通而非替代传统领域，也不会将传统学科或议题统统安全化。国家安全交叉学科的设立旨

① 汪明：《构建国家安全学学科体系重在“总体”》，《光明日报》2022 年 5 月 24 日．

在填补不同安全领域间的真空地带，是对既有学科藩篱的突破，是作为系统其内外环境场景中的因素互动，是系统视角下这一学科的开放性，也是基于传统学科的成长和创新性体现（祁昊天，2023）。

统筹论是国家安全系统思想的方法论呈现，要求着重解决非平衡的问题，既要根据环境的变化及时动态调整布局，因地制宜、因时制宜；又要实事求是、及时补足短板弱项。董春岭指出，现阶段，可以着力在两个方面加强统筹、推动融合①。一是适应统筹发展和安全、统筹传统安全与非传统安全的要求，加快政治安全和经济安全领域研究的融合。以马克思主义政治经济学的基本原理为理论指导，以在推进改革开放和社会主义现代化建设中形成的重要理论成果为参考，以服务中国特色国家安全学理论构建为主要目标，更加深入地总结不同历史阶段世界主要国家发展和安全的基本经验，研究百年变局下世界经济与国际政治演进的基本逻辑与互动过程，思考世界主要大国的发展道路与安全道路，从历史经验得失与现实成效中总结提炼大国兴衰与国家安全的一般规律。二是适应统筹内部安全和外部安全、统筹自身安全和共同安全的要求，加快国际关系研究和国家安全研究的融合。从人民安全、共同安全、内部安全与外部安全、相对安全与绝对安全等视角出发思考和发展有中国特色的国家安全学理论。从国家安全的现实需求出发研究国际问题，推动国际问题研究更好地服务国家安全实践。依托现有的国际问题研究队伍，培养国家安全研究队伍，通过人才队伍转化与培养带动学科建设，在学科融合中实现相互激荡、相互促进，共同为新时代中国实现更为安全的发展提供更有力的智力支撑。

唐永胜指出，国家安全学作为新兴学科，要注重让不同角度的交叉研究有所聚焦，实现相互对话、相互协同、相互促进，增强学科创新发展的系统性②。国家安全学学科要在运用其他学科知识体系的交叉研究中走向成熟，就要聚焦解释和解决我国国家安全重大问题，从统筹发展和安全的视角进行理论探索、学术研究，在国家安全系统思想指引下，运用系统观念和统筹方法，实现对传统国家安全认识论、方法论的超越，形成具有中国特色的国家安全理论和话语，扎根维护和塑造国家安全的实践，构建起自主的国家安全学知识体系。

四、本节结语

国家安全系统思想是国家安全系统学建设发展的指导性思想，本节主要概述

① 董春岭：《以系统观念更好推动学科建设》，《人民日报》2023 年 9 月 18 日.

② 唐永胜：《加快推进国家安全学创新发展》，《人民日报》2023 年 9 月 18 日.

了国家安全系统思想的缘起、内涵、理论成果与学科发展指导。国家安全系统思想基于系统视角弥合了机械还原论与整体论对国家安全的理解思路，强调从要素和整体的关联性出发探讨作为复杂系统的国家安全，强调国家安全的横向连接性与纵向联通性，强调整体性与个体性的统一，强调国家安全世界观、认识论、方法论和实践论的系统性。总体国家安全观是国家安全系统思想的世界观与方法论结晶。总体国家安全世界观的本质和核心是系统观，总体国家安全方法论的本质和核心是系统方法论，总体国家安全世界观和方法论是国家安全系统思想的理论成果。在学科发展指导方面，国家安全系统思想是推动国家安全学建设发展的重要思想理论源泉。作为国家安全系统思想的直接学科成果，国家安全系统学建设发展必将需要以国家安全系统思想为学科指导思想。

第二节　系统科学理论

系统科学是一个学科互涉的学科群，也是一个方法论的集合，其发展大体分三个阶段：一是系统理论阶段，兴起于20世纪40年代，包括系统论、信息论和控制论（俗称“老三论”，SCI论）。该阶段的系统科学研究系统的结构与功能，揭示既存系统如何通过信息反馈来控制系统，维持系统整体稳定，确定了“整体性”的研究方向和方法论。二是非线性理论阶段，确立于20世纪70年代，包括耗散结构论、协同论、突变论（俗称“新三论”，DSC论），以及超循环论。该阶段通过开展系统结构如何组织起来的研究，揭示了性质迥异的各种系统在诞生过程中所遵循的共同规律，第一次在生命与非生命之间、物理学与生物学之间、科学与人文之间架设起了沟通的桥梁，形成进化式的整体论。三是复杂性科学阶段，20世纪80年代中期，随着对非线性科学研究的深入，在世界上又兴起了对复杂现象、复杂性、复杂系统的研究热潮。美国圣塔菲研究所（Santa Fe Institute）成为世界研究复杂性科学的发祥地和研究中心。虽然复杂性科学还处在初创期，但是由于复杂性、复杂系统、复杂性科学涉及学科、领域范围之广，其正在成为不同领域科学工作者关注的热点问题，并已取得许多研究成果。

此外，20世纪末，随着信息与网络技术的飞速发展，越来越多的系统在网络环境中诞生与发展、演化与消亡，传统系统科学方法面对众多系统在网络环境中的集成与交互、演化与发展越来越显得无能为力。21世纪初，一个在20世纪末备受争议、旨在解决多系统集成与交互问题的概念——体系被科学家广泛接受和认可，形成一个新的研究领域和方向。

一、系统理论

（一）系统理论的起源及其发展

1. 一般系统论的建立及其基本思想

人类对于系统不断深化的认识是一个漫长的历程，直至20世纪30年代左右才初步形成了一般系统论。现代意义上的系统思维最早出现在1921年建立的格式塔心理学当中，而一般系统论则来源于生物学中的机体论，诞生于复杂的生命系统的研究实践中。

系统论的形成有两条线索（闫怀志，2019）。第一条线索，是具有重大实践意义的系统分析和系统工程。古有中国北宋丁谓“一举三得”重建皇宫，战国李冰父子主持修建的都江堰水利工程，近有20世纪40年代美国贝尔公司设计巨大工程项目明确使用的“系统工程”概念等，都在不同程度上促进了系统思维在工程领域的应用，反过来又为系统科学的建立提供了宝贵的智慧源泉。20世纪60年代后期，系统思想及系统工程的应用逐渐从传统工程扩展到更加广阔的经济系统和社会系统等领域，系统工程也进入解决各种复杂技术问题和经济系统的最优控制与管理的阶段。1969年，美国阿波罗登月计划获得成功，成为公认的系统工程实践成功的典型例证。

在从近代科学到现代科学的发展进程中，主要采用从定性到定量的研究方法，使得自然科学成为一种“精密科学”。20世纪初，牛顿力学和热力学这两个经典科学分支的基本观点，在科学思想领域占据了统治地位。牛顿力学具有机械决定论的世界观和线性思维方式，极力推崇对事物进行分解的还原式研究方法。热力学则强调受控于热力学第二定律的世界无序化离散化趋势，认识事物受对事物的大数统计所限。还原论方法在此方法中发挥了重要作用，取得了很大成功。物理学得以在夸克层次研究物质结构，而生命科学对生命的研究也达到了基因层次。但是，即使认识了物质的最基本粒子，也无法实现对大物质构造的理想解释，同样地，认识了生物基因也无法完美解释生命现象。这些不胜枚举的例子，日益暴露出还原论的先天缺陷。还原论将研究对象由整体向下逐步分解，粒度不可谓不精细，然而，反过来却缺乏有效的自下至上的综合通道，仅凭局部细节无法处理整体性和高层次的问题，也就是说，仅考虑系统的组成部分，无法解决系统的“涌现”问题。现实问题要求人们必须将事物的微观和宏观二者相结合统一起来，研究微观如何涌现出宏观的问题。

贝塔朗菲最早在研究生物体的过程中意识到这个问题，他认为，严格的机械决定论的自然观及其方法，追求从分离的、零散的部分或因素来研究事物，而忽视了系统的整体本质。贝塔朗菲认识到，“今天的基本问题是有组织的复杂事物”“现代科学提出的一个基本问题是关于组织的一般理论”。类似的问题在当时的生命科学、行为科学以及社会科学等领域屡见不鲜。为此，贝塔朗菲 20 世纪 20 年代在其著作中表达了一般系统论的思想。这是系统论得以形成的更为重要的另一条线索。贝塔朗菲基于生物学研究提出了有机体的概念，将有机体视作整体，认为只有如此方可揭示不同层次上的组织原理。随后，贝塔朗菲又采用数学模型来研究生物学和机体系统，并引入了协调、有序、目的性等概念，继而形成了研究生命体的系统观、动态观和层次观这三个基本观点。随后几十年间，贝塔朗菲多次提出并阐述了一般系统论的概念和思想，他认为，无论系统的具体种类、组成部分的性质及其相互之间关系如何，总存在着适用于综合系统或子系统的一般模式、原则和规律，一般系统论的目的就是确立这些模式、原则和规律。虽然一般系统论几乎与控制论、信息论同时出现，但一直未受到人们的重视。直至 1968 年贝塔朗菲在其专著《一般系统论——基础发展和应用》中总结一般系统论的概念、方法和应用，并在 1972 年发表的《一般系统论的历史和现状》一文中重新定义一般系统论，其才被世人所真正重视。至此，系统论发展的两条线索就融为一体，也标志着系统论作为一门学科理论的初步形成。

2. 系统论的发展

系统论经过长期的发展，显现出了巨大的生命力，也具备了若干新的发展趋势和特点：一是，系统论与控制论、信息论逐渐融合，而系统论是这种融合的基础；二是，系统论与运筹学、系统工程、信息技术等学科日益相互渗透、紧密结合；三是，耗散结构理论、协同论、突变论等新的系统科学理论，既发端于系统论，又从诸多方面深刻地丰富和发展了系统论的内容，并共同成为系统科学的基础科学理论。

以钱学森为代表的中国系统科学学派，从多年研究并实践的系统工程出发，致力于创建统一的系统科学体系，使系统论的中国学派以崭新的面貌屹立于国际系统科学之林。钱学森提出，系统论是整体论与还原论二者的辩证统一。系统论介于哲学与科学之间，是连接系统科学与辩证唯物主义哲学的桥梁。辩证唯物主义通过系统论来指导系统科学的研究，系统科学通过系统论的提炼，反过来又实现了对辩证唯物主义哲学的丰富和发展。进一步地，钱学森将还原论方法与整体论方法二者辩证统一起来，形成了系统论方法，即运用系统论的具体方式和方法。应用系统论方法时，需要从整体的角度出发来“分解”系统，然后综合集成到系统整体，从而实现系统的整体涌现，最终从整体上来研究和解决问题。也就是说，系统论方法是对还原论方法和整体论方法进行取长补短，实现了对还原论方法的超越与对整体论方法的发展，这就是将系统整体与组成部分辩证统一起来研究和解决系统问题的系统方法论。采用这种思想来解决系统问题，既着眼于系统整体，又关注系统组成部分，将整体和部分二者辩证统一起来，体现了系统论的显著优势（闫怀志，2019）。

（二）系统的内涵及其辩证关系

1. 系统的内涵

“System”（系统）一词源于古代希腊文“systεmα”，意为“部分组成的整体”。从传统科学的视野看，不同的学科分属不同的科学领域，但从现代科学的角度看，它们却以各自的方式拥有一个共同的研究对象，即“系统”。因此，对系统进行定义，必须包含一切系统的共有特性。贝塔朗菲认为，系统是相互联系、相互作用的各个元素的综合体。这个源自一般系统论的定义，强调了系统内各元素之间的相互作用以及系统对元素的整合作用。若对象集 S 满足：S 中包含不低于两个不同的元素，且这些元素按照一定的方式相互联系，则称 S 为一个系统，S 的元素为系统的组分。该定义表明，系统具有三个特性：①多元性，即系统是多样性的统一、差异性的统一；②相关性，在系统中，并无孤立元素组分存在，全部的元素或组分之间存在相互依存、作用与制约的关系；③整体性，全部元素构成复合统一整体方为系统。钱学森认为，系统是相互作用和相互联系的若干组成部分结合形成的具有特定功能的有机整体。综上，可将系统定义为“存在于一定环境之中，由相互联系、相互作用、相互制约的若干要素结合在一起组成的具有特定功能的有机整体”（闫怀志，2019）。不难看出，加和性复合体是堆积物而不是系统，非加和性复合体才成为系统，因此，是否具有加和性是非系统与系统的基本区别。

2. 系统的要素、结构、功能及其辩证关系

所有系统均有特定的结构与功能，结构与功能是系统的基本属性。因此，讨论系统，首要的就是讨论系统的要素、结构、功能及其辩证关系。系统的结构揭示了系统内部各要素的秩序，而系统的功能则体现了系统对外部作用过程的秩序。要素与系统是相互依存的关系。有些系统的结构虽然相同，但是要素不同，就体现出不同的功能（行为、能力或效用），而另外一些系统的要素虽然相同，但是由于结构不同，也体现出不同的功能（行为、能力或效用），即所谓的同素异构现象。还有一些系统，虽然其要素不同、结构不同，却体现出相同的功能。再者，系统的同一结构通常还体现出多种功能。由此不难看出，结构作为功能的基础，蕴藏于系统之内；而功能则是要素与结构的表现，显现于系统之外。结构相对稳定，而功能则易于变化，系统结构的合理性，对外通过特定功能来表现。

系统的结构与功能二者相互制约：结构决定了功能，而功能又对结构具有能动的反作用。另外，系统的层次性也决定了系统功能与结构划分的相对性，也就是说，在一定条件下，系统的功能与结构可以实现相互转化。

认识系统，必须把握上述辩证关系，而这种辩证关系又为改造系统提供了重要的原则和方法。在科研和生产实践中，既可根据已知系统的内部结构来推断其功能，也可根据已知系统的功能来推断其内部结构，这样一来，就能够按照需要来模拟和改变系统的结构及功能，进而实现对客观世界的充分利用与有效改造。

（三）系统理论的基本原理

1. 整体性原理

整体性概念是一般系统论的核心。系统绝不是简单地等同于各个组成部分的组合，其原因在于，系统不仅反映了客观事物的整体，更反映了整体与部分、层次、结构以及环境的关系，系统对于事物整体性特征的揭示，反映在上述关系上。若干要素未经组织综合也可以构成整体，但是这种无组织状态无法构成系统，系统所具有的整体性必然是在一定的要素、层次、结构、环境基础上的整体性。任何要素一旦脱离系统整体，将不再具有它在该系统中所能发挥的作用和功能。整体性原理的方法论意义在于，在处理系统问题时应重点考察系统的要素与层次、结构、功能和环境的关系，重视提高系统的整体功能与性能（陈忠和盛毅华，2005）。

2. 关联性原理

关联性是指系统与其要素（或子系统）之间、系统内部各要素（或子系统）之间以及系统与环境之间的相互作用、相互依存和相互制约等关系。系统所遵循的规律既与要素所遵循的规律不同，也非要素所遵循的规律总和。因此，脱离了关联性，就无法揭示系统的本质。不过，系统又与其要素相统一：系统由要素组成，系统的性质基于要素的性质，系统的规律也必然需要通过要素之间的关系来体现。简而言之，系统就是各要素的有机集合。

3. 层次性原理

层次性是指系统组织在地位和作用、结构和功能等方面表现出具有本质区别的等级秩序。系统在其不同层次上的运动具有其特殊性，原因在于各个层次具有差异性。系统的发展演化，既可能发生在某一特定层次上（即层内进化），也可能发生在不同层次间（即层间演化）。从系统结构的视角来看，层内进化就是系统从简单结构向复杂结构的进化，层内进化过程所能形成的稳定有序结构有四种：平衡有序结构、准平衡有序结构、耗散结构和混沌结构。系统在各个层次上的进化，均为这四种稳定有序结构的依次转变，系统最终通过混沌阶段实现系统的层间演化。而系统的层间演化又分为耦合模式和内生模式。耦合模式是指若干低层次系统可以通过耦合生成高层次系统；内生模式则是指低层次系统在其自身内部发展中可以转化成高层次系统。系统完成层间演化后，又开始在新的层内进化，层内进化和层间演化交替出现，使系统进化全过程呈现出周期性的特点。层次性原理的方法论意义在于，在处理复杂系统问题时应从层次划分出发，考虑该系统所处的纵向层次和横向层间的关系。

4. 动态开放性原理

系统需要与外界环境不断进行物质、能量或信息交换，作为系统演化的前提和系统稳定的条件，这种性质和功能就体现为系统对外界环境的开放性。无论是系统内部的有机关联，还是系统与外部环境的交换，均为动态的而非静态的。因为系统内部的结构状态是随时间而变的，而系统与外部环境必定通过边界进行物质、能量或信息的交换。贝塔朗菲甚至认为，实际存在的系统均为开放系统，动态是开放系统的必然表现。

5. 自组织原理

自组织原理指出，系统的结构、层次及其动态的方向性具有有序性（陈忠和盛毅华，2005）。系统在一定范围内必然表现为某种有序状态，完全无序就意味着系统的解体。开放系统可通过自我调节来保持和恢复系统原有的有序状态，其功能和结构具有一定的自我稳定能力。由于复杂的非线性作用，开放系统的微涨落可放大为巨涨落，在更大范围内引发更为强烈的长程相关，系统内部各要素会自发组织起来，使系统从无序趋向有序，从低级有序趋向高级有序。系统越趋向有序，其组织程度越高、稳定性越强。反之，系统若从有序趋向无序，其稳定性必然相应降低。系统失稳导致状态变化，这种突变过程是系统发展过程中的基本质变形式之一。系统出现分岔现象以及突变方式的多样性，决定了系统质变和发展的多样性。

二、混沌理论

复杂性理论最重要的普及者詹姆斯·格莱克（James Gleick）认为，20 世纪有三大理论必须铭记：相对论、量子力学和混沌理论。这几个理论的出现共同引发了一场现代科学上本质的革命性转变，使得“科学家们必须放弃构成牛顿式世界观的机械和决定论假设，转而接受一种在认知关系和不确定性中更具整体性的观念”。其中，混沌理论的研究对传统学科的研究产生了深远的影响，并启示了复杂性理论的相关研究。

(一) 混沌理论的起源及其发展

混沌是一个由非线性效应引起的相当独特的现象，具有对初值的敏感性、无周期性、长期不可预测性，以及分形性和普适性等特点。混沌理论则是研究这一类典型现象的理论，是系统从有序突然变为无序状态的一种演化理论，是对确定性系统中出现的内在“随机过程”形成的途径、机制的研讨。

混沌理论最先是在物理学和数学领域产生的。一般认为它是由气象学家爱德华·洛伦茨（Edward Lorenz）在使用计算机模型模拟大气流动时发现初始条件的微小差异会导致完全不同的结果——促使他针对这一现象开展深入研究。1963年洛伦茨率先提出了混沌的概念（吴祥兴等，1996）。

混沌理论主要描述了不稳定的状态，在这种状态下，小小的变化会演化成越来越大的变化甚至产生巨大的、长远的影响。洛伦茨在他发表的研究成果中指出：在混沌状态下，仍然存在着相当程度的有序。他以英国的天气为例，即使英格兰的天气以变化无常而闻名于世，但它不遭受严重的干旱、季风或频繁飓风的侵害，一般情况天气的变化还是在一定的范围之内。接下来的几十年中，许多不同学科的研究者发现了类似的结论。对数学、化学、生物以及管理中复杂系统行为的研究发现，尽管这些系统具有不可预测的特性，但仍可能用几个简单的方程进行描述，即在许多情况下，不可预测和复杂情况是由不稳定造成的，但这种不可预测又可以看上去是由相当大的有序程度来支配的。

混沌理论认为复杂性来自混沌的边缘，混沌是一种复杂的、高级的有序。混沌理论促使人们更加深刻地认识无序和有序的相互转化，确定性和随机性的统一，稳定性和不稳定性（易变性）的结合，以及自组织过程的复杂性。

混沌现象的复杂性在于，用确定性方程描述的系统未必是确定性的。我们过去认为，用数学公式建模经常是进行了很多抽象和简化，将一个复杂系统的行为用一些近似的数学关系进行描述，消除了复杂性，从而得到一个简单系统。我们还习惯认为，除非数学模型中加入了随机变量，否则系统演化不存在不确定性。但情况并不总是这样，复杂性还是出现了。从另一个视角看，数学公式建模的方法并不会自动消除系统本质的复杂性。

混沌的发现为我们纠正了对因果律的认识，即原因与结果关系的一个根本性的错误认识。我们过去认为，简单的原因必定产生简单的结果，复杂的结果必然有复杂的原因。但现在我们知道了，简单的原因可以产生复杂的结果。我们也认识到，认识事物的规律不等于能够预测未来的行为。

混沌研究对于现代科学的影响，不仅限于自然科学，还涉及经济学、社会学、哲学及诸多人文科学，可以说几乎覆盖了一切学科领域。凡是涉及动力学过程的研究领域，大多都会发现混沌，都需要应用混沌动力学的研究成果。在传统的经典科学领域，若按混沌观点重新考察，就会发现新现象、提出新问题、建立新原理；而在一些非经典科学领域，运用混沌理论则可以解释以往无法解释的现象，可以处理历来无法处理的数据，甚至形成一批新的学科分支。

混沌研究对于现代科学更深刻的影响，主要还在于在广阔的科学领域里推翻了经典理论的一些基本假设，改变了那些领域的研究方法，这最终将可能孕育成一场科学大革命。《混沌：开创新科学》的作者詹姆斯·格莱克（1990）认为，混沌“正在改变着整个科学建筑的结构”，郝柏林院士则断定，混沌学“正在促使整个现代知识体系成为新科学”。

（二）混沌的定义与特征

目前，学界对混沌的概念尚没有通用的一致定义，一般认为混沌是由确定性的非线性动力学系统产生的一种貌似无规则的、类似随机的现象。洛伦茨所提出的混沌状态中的混沌并不意味着无序，也不是有序的对立面，而是有序的“前兆和伙伴”，是包含于无序中的有序模式，即随机出现但却包含着有序的隐蔽结构和模式，混沌中隐含着局部随机、整体稳定。更确切地讲，混沌是决定性系统的伪随机性，混沌不是简单的无序，而是没有明显的周期和对称，却具有丰富的内部层次的有序结构。混沌只能在非线性系统中产生，它是非线性系统中的一种新的存在形式。

尽管学界对混沌概念尚无通用定义，但一般认为混沌系统具有随机性、敏感性、普适性及标度律。

1）随机性：系统处于混沌状态是由系统内部动力学随机性产生的不规则性行为，常称之为内随机性。这种随机性自发地产生于系统内部，与外随机性有完全不同的来源与机制，显然是确定性系统内部一种内在随机性和机制作用。系统内的局部不稳定是内随机性的特点，也是初值敏感性的原因所在。

2）敏感性：系统的混沌运动，无论是离散的还是连续的，低维的还是高维的，保守的还是耗散的，时间演化的还是空间分布的，均具有一个基本特征，即系统的运动轨道对初值的极度敏感性。这种敏感性，一方面反映出在非线性动力学系统内，随机性系统运动趋势的强烈影响；另一方面也将导致系统长期行为的不可预测性。气象学家洛伦茨提出的所谓“蝴蝶效应”就是对这种敏感性的突出而形象的说明。

3）普适性：当系统趋于混沌时，所表现出来的特征具有普适意义。其特征不因具体系统的不同和系统运动方程的差异而变化。这类系统都与费根鲍姆常数相联系。

4）标度律：混沌现象是一种无周期性的有序态，具有无穷层次的自相似结构，存在无标度区域。只要数值计算的精度或实验的分辨率足够高，则可以从中发现小尺寸混沌的有序运动，所以具有标度律性质。从层次关系上看，混沌系统具有结构的自相似，具备标度变换下的结构不变性，从而表现出有序性。

（三）混沌理论的哲学思想

第一，混沌是确定性和随机性的对立统一。在混沌被发现之前，现代科学已认识到，随机性可以起源于大数现象和群体效应。但人们长期以为，确定性系统排斥随机性。随机性只是某些复杂系统的属性。然而混沌研究表明：一些完全确定性的系统，不外加任何随机因素，初始条件也是确定的，但系统自身会内在地产生随机行为，而且，即使是非常简单的确定性系统，同样具有内在随机性。例如，具有最简单的非线性关系的抛物线函数，可以导致内涵极其丰富的一维映射，可以成为自然界一大类演化现象的数学模型。在简单的确定性系统中，混沌运动不涉及大量微观粒子和无法了解的影响，内在随机性的根源于系统自身的非线性作用，即系统内无穷多样的伸缩与折叠变换。自然界和人类社会绝大部分的系统，都具有这种非线性特性，因此，随机性是客观世界的普遍属性。混沌学揭示的随机性存在于确定性之中这一科学事实，最有力地说明客观实体可以兼有确定性和随机性（李士勇等，2006）。

第二，混沌是有序和无序的对立统一。世界是有序的还是无序的？从牛顿到爱因斯坦，他们都认为世界在本质上是有序的，有序等于有规律，无序就是无规律，系统的有序有律和无序无律是截然对立的。这个单纯由有序构成的世界图像，有序排斥无序的观点，几个世纪来一直为人们所赞同。但是混沌现象的发现，向这个单一图像提出了挑战，经典理论所描述的纯粹的有序实际上只是一个数学的抽象，现实世界中被认为有序的事物都包含着无序的因素。混沌学研究表明，自然界虽然存在一类确定性动力系统，它们只有周期运动，但它们只是测度为零的罕见情形，绝大多数非线性动力系统，既有周期运动，又有混沌运动，虽然并非所有的非线性动力系统都有混沌运动，但事实表明混沌是非线性系统的普遍行为。混沌既包含无序又包含有序，混沌既不是具有周期性和其他明显对称性的有序态，也不是绝对的无序，可以认为是必须用奇怪吸引子来刻画的复杂有序，是一种蕴涵在无序中的有序。

第三，混沌是可预见性与不可预见性的对立统一。简单性科学把可预见性和不可预见性当成绝对对立的范畴，一个系统的行为要么可预见，要么不可预见。在系统预测问题上应用还原论，意味着把一个完整的过程分解为若干时段，把对整个过程的预测变为对各个时段预测之加和。这里隐含着一个假设：短期行为可以预测的系统，其长期行为也可以预测；长期行为不可预测的系统，其短期行为也不可预测。非线性动力学的进展表明，这是简单性科学的预测观，混沌恰好不满足这一假设。混沌系统是用确定性动力学方程描述的，确定性系统的短期行为无疑能够精确预测，但这并不意味着长期行为也可以预测。恰好相反，当系统进入控制空间的混沌区之后，长期行为呈现出非加和性，不再能够预测，把对每一个短期行为的预测加和起来，不等于对长期行为的预测。混沌是可预见性和不可预见性的奇妙结合，它既否定了拉普拉斯的“可预见性狂想”，又在某些方面增强了人的预见能力。

当混沌的发现与研究进行了数十年后，虽然研究混沌仍是热门，但“混沌之树”上的果子却被科学家们采摘得差不多了。1984 年成立的美国圣塔菲研究所正在持续推动一场新的科学运动。美国圣塔菲研究所的科学家们逐渐拓展了自己的研究领域——从混沌走向了混沌边缘。他们在思考混沌是怎样发生的，是由什么状态过渡到了混沌。这就是所谓的混沌边缘的复杂、调整和涌现。他们相信在混沌的边缘肯定还会有许多东西存在，并等待他们去发现。他们进行多学科的交叉融合研究，追寻源头，刨根问底，终于协作创立了一门新的科学——复杂性科学。

三、复杂性科学理论

（一）复杂性科学的起源及其发展

1984 年，在美国新墨西哥成立的圣塔菲研究所，集中了一批不同领域、不同学科、富于创新的年轻科学家，开展跨学科的交叉研究，试图在生命系统、免疫系统、人脑系统、经济系统等不同的复杂系统之间找出共性——复杂性。他们认为，事实上，所有复杂系统都有一种能力，能使秩序及混乱达到某种特别的平衡，在这个我们称之为“混沌边缘”的平衡点上，系统的组分从来不会真正锁定在一个位置上，但也不会分解开来融入混乱之中。由圣塔菲研究所的重要成员、“遗传算法之父”约翰·霍兰（John Holland）教授创立的“复杂适应系统（Complex Adaptive System，CAS）理论”就是一项重要理论成果。他们相信，“圣塔菲研究所正在架构的理论是第一个能替代牛顿以来，主宰科学的线性、简化论想法的严谨方案，而且这个方案能够充分解释今日世界的种种问题。”圣塔菲研究所的科学家们称之为复杂性科学，圣塔菲研究所创办人乔治·考恩（George Cowan）认为，他们正在开创 21 世纪的新科学（李士勇等，2006）。

与此同时，中国在著名科学家钱学森的倡导和组织下，开展了系统科学、思维科学、人体科学及地理科学等多学科的交叉研究，并提出了开放的复杂巨系统的新概念及其特征。后来，钱学森等提出了解决开放的复杂巨系统问题的“从定性到定量综合集成研讨厅”方法体系（钱学森等，1990；李耀东等，2004），这是中国科学家为创立复杂性科学理论所作出的重要贡献。

20 世纪 90 年代以来，美国圣塔菲研究所从 1994 年开始每年举办一次展示复杂性研究成果的乌拉姆讲座；建立了公用的复杂系统建模软件平台 SWARM；每年举办暑假学校培养人才；出版了 *Complexity*（《复杂性》）杂志和多种出版物及专著。

目前，复杂性科学理论已应用至经济学、管理学、教育学、社会学、哲学、生物学和安全科学等诸多学科领域，并发展出应用层面的系列复杂性科学分支学科（如复杂经济学、复杂系统管理、复杂性教育学、复杂社会学、复杂系统哲学、复杂系统生物学及安全复杂学等）（王秉等，2023a）。

（二）复杂系统及复杂性

复杂性科学是探究复杂系统的复杂性来源与表现，研究在构成复杂系统的众多子系统之间及其与环境之间的相互作用下，复杂系统演化产生整体涌现特性、行为与功能等的机理和一般规律的科学。复杂系统和复杂性是复杂性科学的基本概念，下面简要论述复杂系统和复杂性的内涵。

1. 复杂系统的定义与特征

复杂性科学的研究对象是各式各样的复杂系统。所谓复杂系统，是由大量组分系统组成的网络，不存在中央控制，可以通过简单运作规则产生出复杂的集体行为和复杂的信息处理，并通过学习和进化产生适应性。系统之所以“复杂”，是因为在这些相互作用中会产生如非线性、涌现、自发秩序、适应性以及反馈回路等特殊性质。作为一个跨学科的研究领域，复杂系统吸收了许多其他领域的研究理论，如借鉴物理学对自组织的研究，社会科学对自发秩序的研究，数学对混沌的研究，生物学对适应性的研究。因此“复杂系统”是一个宽泛的术语，涵盖了不同领域的研究方法，包括统计物理学、信息论、非线性动力学、人类学、计算机科学、气象学、社会学、经济学、心理学和生物学等。

复杂系统可能具有以下特征。

1）级联失效。由于复杂系统中组成部分之间的强耦合性，一个或多个组成部分的失效可能导致级联失效，这可能对系统的运行造成灾难性的后果（Buldyrev et al.，2010）。局部攻击可能导致空间网络的级联失效或突然崩溃（Berezin et al.，2015）。

2）开放系统。复杂系统通常是开放系统，即存在热力学梯度和耗散能量。

换言之，复杂系统通常远离能量平衡态，但尽管存在这种变动，仍然可能存在稳定模式。

3）系统演化。复杂系统是随着时间演化的动力系统，历史状态可能对当前状态有影响。复杂系统往往表现出自发故障、恢复以及迟滞。当延迟的负反馈导致振荡或其他复杂动力学变弱时，系统状态空间中的“临界减速方向”可能预示着系统在这种“临界转换”之后的未来状态。

4）系统嵌套。复杂系统的组成部分也可能是一个复杂系统。例如，一个经济体是由组织构成的，这些组织是由人构成的，这些人是由细胞构成的——而所有这些（经济体、组织、人、细胞）都可以看作是复杂系统。

5）涌现现象。复杂系统的很多行为都是涌现的，虽然复杂系统行为可能由系统的基本组成部分的活动决定，但它们需要从更高的层次进行研究分析。所谓涌现，是指复杂系统在宏观所展现出来的无法归约到微观的特性或规律。

6）非线性关系。复杂系统通常具有非线性行为，意味着输入相同的状态和内容，系统可能会作出不同的回应。复杂系统中存在非线性意味着一个小的扰动可能会引发大的效应（蝴蝶效应）。

7）反馈循环。在复杂系统中，经常会存在负反馈和正反馈。元素行为的影响以元素本身被改变的方式反馈到系统中。

2. 复杂性的定义

复杂性是一个具有隐喻性的术语。科学研究中的复杂性指的是与混沌、分形、非线性相关联的一系列概念，并非我们常识中的混乱或混杂的意思。既有研究对复杂性作出了各种各样的定义和解释。普里戈津对复杂性的定义限于自组织；巴克同样把复杂性理解为自组织临界性；霍兰提出了复杂适应系统概念，认为复杂性同等于“隐秩序”和涌现，个体的适应性是造就复杂性的原因；莫兰认为复杂性是分离与结合的辩证法的统一，他提出了“两重性原则”，认为在某个现象里，秩序、无序和组织性同时存在，互相矛盾、竞争和补充；张江提出，复杂性是灵活性与秩序性兼备的状态……

尽管复杂性的概念在现代科学和社会中非常重要和普遍存在，但目前还没有一种普遍的、广泛接受的方法来衡量一个物理对象、系统或过程的复杂性。缺乏普遍的衡量标准，可能反映了我们对复杂系统的理解处于初始阶段，缺乏一个贯穿所有自然科学和社会科学的普遍的统一框架。虽然目前为止，一般性的衡量标准仍然难以捉摸，但是，我们拥有许多适用于具体类型的系统或问题领域的复杂性衡量标准。尽管在定义和测量复杂性方面存在各种不同的方法，但有一种信念仍然坚持认为所有复杂系统都有共同的特性，而且新的定义和度量正在不断地被一个由物理学家、生物学家、数学家、计算机科学家、经济学家和社会理论家组成的跨学科团体提出和检验①。

（三）几种经典的复杂性科学理论

1. 复杂网络理论

复杂网络（Complex Network），是指具有自组织、自相似、吸引子、小世界、无标度中部分或全部性质的网络。复杂网络简而言之即呈现高度复杂性的网络。其复杂性主要表现在以下几个方面。①结构复杂的主要表现为节点数目巨大，网络结构呈现多种不同特征；②网络进化的主要表现为节点或连接的产生与消失；③连接多样性：节点之间的连接权重存在差异，且有可能存在方向性；④动力学复杂性：节点集可能属于非线性动力学系统，如节点状态随时间发生复杂变化；⑤节点多样性：复杂网络中的节点可以代表任何事物，如国际关系网组成的复杂网络节点可以表示不同国家或地区；⑥多重复杂性融合：即以上多重复杂性相互影响，导致更为难以预料的结果。

小世界和无标度是复杂网络理论中的重要概念。在小世界网络中，绝大多数节点之间并不相邻，但任一给定节点的邻近节点却很可能彼此相邻，并且大多数任意节点，都可以用较少的步或跳跃访问到其他节点。小世界以简单的措辞描述了大多数网络尽管规模很大但是任意两个节点间却有一条相当短的路径的事实。以日常语言看，它反映的是相互关系的数目可以很小但却能够连接世界的事实。无标度网络是指度分布服从幂律分布的网络。无标度网络中各节点之间的连接状况（度数）具有严重的不均匀分布性：网络中少数称为 Hub 点的节点拥有极其多的连接，而大多数节点只有很少量的连接。少数 Hub 点对无标度网络的运行起着主导的作用。

2. 协同理论

协同理论是由德国学者赫尔曼·哈肯（Hermann Haken）创立的。协同理论主要研究远离平衡态的开放系统在与外界有物质或能量交换的情况下，如何通过内部协同作用，自发地出现时间、空间和功能上的有序结构。协同论是研究不同事物共同特征及其协同机理的新兴学科，是近十几年来获得发展并被广泛应用的综合性学科。它着重探讨各种系统从无序变为有序时的相似性。协同理论的创始人哈肯说过，他把这个学科称为“协同学”，一方面是由于我们所研究的对象是许多子系统的联合作用，以产生宏观尺度上的结构和功能；另一方面，它又是由许多不同的学科进行合作，来发现自组织系统的一般原理。协同理论认为，千差

---

① 集智百科：《复杂性》，https://wiki.swarma.org/index.php/%E5%A4%8D%E6%9D%82%E6%80%A7(2021-10-19)[2023-10-24].

万别的系统，尽管其属性不同，但在整个环境中，各个系统间存在着相互影响而又相互合作的关系。应用协同理论方法，可以把已经取得的研究成果，类比扩展于其他学科，为探索未知领域提供有效手段，还可以用于找出影响系统变化的控制因素，进而发挥系统内子系统间的协同作用。

3. 复杂适应系统理论

复杂适应系统（CAS）理论是约翰·霍兰教授于1994年在圣塔菲研究所成立十周年时正式提出的。CAS理论的提出为人们认识、理解、控制、管理复杂系统提供了新的思路。CAS理论包括微观和宏观两个方面：在微观方面，CAS理论的最基本的概念是具有适应能力的、主动的个体，简称主体。这种主体在与环境的交互作用中遵循一般的刺激——反应模型，所谓适应能力表现在它能够根据行为的效果修改自己的行为规则，以便更好地在客观环境中生存。在宏观方面，由这样的主体组成的系统，将在主体之间以及主体与环境的相互作用中发展，表现出宏观系统中的分化、涌现等种种复杂的演化过程。CAS理论把系统的成员看作是具有自身目的与主动性的、积极的主体。更重要的是，CAS理论认为，这种主动性以及它与环境的反复的、相互的作用正是系统发展和进化的基本动因。宏观的变化和个体分化都可以从个体的行为规律中找到根源。霍兰把个体与环境之间这种主动的、反复的交互作用用“适应”一词加以概括。这就是CAS理论的基本思想——适应产生复杂性。CAS理论虽然提出不久，但是由于其思想新颖和富有启发，它已经在许多领域得到了应用，推动着人们对复杂系统的行为规律进行深入研究。

4. 耗散结构理论

耗散结构理论是普戈高津于20世纪六七十年代创立的。由于对非平衡热力学尤其是建立耗散结构理论方面的贡献，普戈高津荣获1977年诺贝尔化学奖。耗散结构理论可概括为：一个远离平衡态的非线性开放系统（不管是物理的、化学的、生物的乃至社会的、经济的系统）通过不断地与外界交换物质和能量，在系统内部某个参量的变化达到一定的阈值时，通过涨落，系统可能发生突变即非平衡相变，由原来的混沌无序状态转变为一种在时间上、空间上或功能上的有序状态。这种在远离平衡的非线性区形成的新的稳定的宏观有序结构，需要不断与外界交换物质或能量才能维持，因此称之为“耗散结构”。

四、体系理论

（一）体系理论的起源及其发展

进入21世纪后，我们的世界成为一个复杂的社会技术体系（Chappin and

Dijkema，2007）。特别是迈入信息时代以来，随着各类新兴技术特别是信息技术在人类生产、生活中的普遍应用，各类自然或人造系统之间的关联和交互程度日益增强。在信息时代，多个系统之间的联系和交互主要以信息为介质，以网络为载体，通过互联、互通或互操作达到诸多系统间的联系、交互与协作，旨在实现各个系统的共同目标与使命（谭跃进等，2017）。同时，在充满高度不确定性的今天，许多特定目标（如维护网络安全）大多需要若干系统协作完成（闫怀志，2010）。在这一背景下，在传统系统科学理论基础上，学界和实践界提出了体系理论。目前，无论在自然科学（如数学与信息科学等）与工程技术科学（如交通、军事与航空航天等）学科领域，还是在社会科学领域及国家安全学等交叉学科领域，体系概念和思想均已广泛应用并融入上述领域并逐渐发展成为各个领域的新热点（谭跃进等，2017）。同时，目前体系工程已发展成为系统科学与工程领域的热点领域。

（二）体系的定义与特征

关于体系的定义，目前尚未达成共识。总体看，各种关于体系的定义大同小异。目前，对体系的最普遍认识和定义是：体系是指“系统的系统”（System of Systems，SoS）（谭跃进等，2017；闫怀志，2010；Maier，1998）。所谓SoS，是指一系列组件的一个集合，这些组件可被单独视为系统（Maier，1998）。可见，体系是由多个系统或复杂系统组合而成的集合体。更具体地讲，体系是一组地理上分布广泛且具有独立功能的系统集成的能完成单个系统所无法完成的特定目标的新的更大的系统（谭跃进等，2017），是多个系统之间交互协作并产生整体能力大于部分能力之和的涌现行为。其中，组成体系的系统一般被称为“组分系统”或“成员系统”，为了统一，将其称为“组分系统”。就组成体系的组分系统而言，具有两个区别于一般系统的特性，即运作的自主性与管理的自主性（Maier，1998）。关于体系概念的理解和认识，除了SoS，其他类似的提法还有“系统内的系统”（Systems within Systems）、“系统家族”（Family-of-Systems）、“系统联邦”（Federation of Systems）、“超大规模系统”（Ultra-Scale Systems）与“超系统”（Super-Systems）等（谭跃进等，2017）。

由上所述可知，体系理论源自系统理论，是系统科学的新发展、新延伸和新拓展，但其理论和方法又高于系统科学理论和方法（顾基发，2018）。从构成要素视角看，系统是体系的子集，即体系包含系统。但是，根据系统的定义，从本质上看，体系实则也隶属系统范畴，是有别于一般系统的构成要素及其相互关系的一类超级系统，即体系是由诸多具有共同目标的彼此独立但又相互作用的系统构成的。由此可见，体系与系统之间既存在相同之处（如二者均有“整体大于部分之和”及鲁棒性、可靠性等特点)，亦存在差异之处。与一般系统相比，体系所具有的特征主要体现在以下八大方面（谭跃进等，2017；Boardman and Sauser，2006)：第一，组分系统分布广泛，彼此通过网络连接，一般只交换信息，不交换物质或能量，且组分系统本身就是复杂系统。第二，组分系统可独立运行（即使体系解散了，组分系统依然能独立运行且能发挥自身的功能）和独立管理（组分系统有自己的所有权和管理权)，具有独立的功能，完成目标时相互依赖、可同时执行和互操作，组分系统之间呈松耦合关系。第三，规模巨大，结构高度复杂，由相互协作的组分系统集成。第四，边界比较模糊或者不确定。第五，具备涌现性，具有大量组分系统完全没有的特征或属性，可涌现出新功能或新行为，这恰恰是体系设计的目的所在。第六，目标是满足某种能力，可动态配置资源以适应不同任务需求。第七，开发、实施过程中实行集中管理和规划，并不断演化发展和更新（即体系的目标和功能会持续变化，故体系不会显示出完成的形式，会持续进化)。第八，重视统筹不同组分系统完成共同目标的能力。

（三）体系理论的核心观点

体系理论不同于系统理论（赵青松等，2013；张维明等，2010)，它注重系统的集成和统筹，注重如何根据目标的指引，建立满意的体系结构来完成任务（赵青松等，2013)。概括看，体系理论的核心观点体现在以下四大方面（张维明等，2010)：第一，在优化分析设计思想方面，注重权衡或平衡，即追求局部性能指标最优与全局最优的平衡、静态性能最优与动态演化性能的平衡。第二，在解决问题的表现方面，注重组分系统之间的交互，而非重叠，注重涌现性（体系整体涌现出的行为或功能不来自于任何单一组分系统)。第三，在基础框架设计思路方面，注重根据环境变化的需求对基础框架进行重组或重构。第四，在宗旨方面，注重针对使命需求与能力空间范围内的匹配进行体系问题的分析。

五、本节结语

系统科学是国家安全系统学的母学科，系统科学理论是国家安全系统学的直接思想理论源泉。本节主要介绍了系统科学发展演化过程中形成的四大理论——系统理论、混沌理论、复杂性科学理论和体系理论。其中，系统理论是系统科学的核心基础理论；混沌理论是传统系统理论在非线性系统领域的创新发展；复杂性科学理论是系统科学中研究复杂系统和复杂性的专门理论；体系理论是在大规模系统建设规划、多系统综合集成与改造实践中，在传统系统科学理论基础上形成的关于系统集成、统筹、互操作与能力生成的专门理论。

第三节　安全科学与普通安全学理论

从“+安全”与“安全+”的视角看，“国家安全”这一概念是“国家+安全”的产物，同样，国家安全学亦是“+安全”的安全科学产物。因此，从安全科学角度看，国家安全学是安全科学的一片广袤的应用实践天地，是安全科学应用层面的学科分支。国家安全学工作者的核心任务是把“安全+”（即具有普适性的安全科学理论、方法与技术等）的输入转化为“+（国家）安全”（即国家安全学理论、方法与技术等）的输出。也就是说，安全科学与普通安全学是国家安全学和国家安全系统学的基础学科和一般知识与理论来源，国家安全学工作者应充分利用安全科学与普通安全学指导国家安全研究与实践工作。鉴于此，本节主要介绍安全科学与普通安全学理论。

一、安全科学的发展过程及内涵概述

安全作为人类的基本需求之一，是人类生产、生活及发展最不可或缺的保障，是一个有着深厚内涵与巨大探索空间的科学领域，是一个蓄势待发的朝阳行业。其实，安全是一个古老而永恒的话题，从 Swuste 等对 20 世纪欧美国家安全科学理论的系统综述可以看出，工业安全（生产安全）问题真正得到研究始于工业革命时期。但从科学的层面将安全作为一门科学来研究，至今仍很难准确说出始于何时。研究表明，从 20 世纪 70 年代中期开始，安全科学问题在学界才成为一个专门的研究领域，也可以说是安全研究步入科学殿堂的初始时期。特别是从 20 世纪 80 年代开始，安全科学得到了快速发展与广泛研究及关注。经过近半个世纪的发展，安全科学已基本形成了自身特定的研究对象、研究领域与研究范式等，随之逐渐成为一门独立的新学科，为社会安全发展与科学技术进步做出巨大贡献（Wang et al.，2018）。

据考证，安全科学滥觞于工业领域（更具体地讲，应是“工业安全问题”），安全科学随着工业发展而变革（吴超和王秉，2018a）。从世界工业化发展的视角看，18 世纪以来，人类社会发展史可以说是一部工业化的发展史，安全科学与工业相伴相生，并随着工业的发展逐渐变革。根据人们对工业发展阶段的划分（王飞跃，2015），即“工业 1.0”、“工业 2.0”、“工业 3.0”、“工业 4.0”及“工业 5.0”，如图 2-1 所示（王秉和吴超，2018a；Wang，2021），近代安全科学发展先后经历了四次大变革，即安全 1.0——经验安全科学（18 世纪末至 20 世纪初）、安全 2.0——技术安全科学（20 世纪初至 70 年代）、安全 3.0——系统安全科学（20 世纪 70 年代至 21 世纪初）与安全 4. 0——计算安全科学（21 世纪初至今），如图 2-1 所示。图 2-1 具体描述了近代安全科学发展各阶段的典型特征。

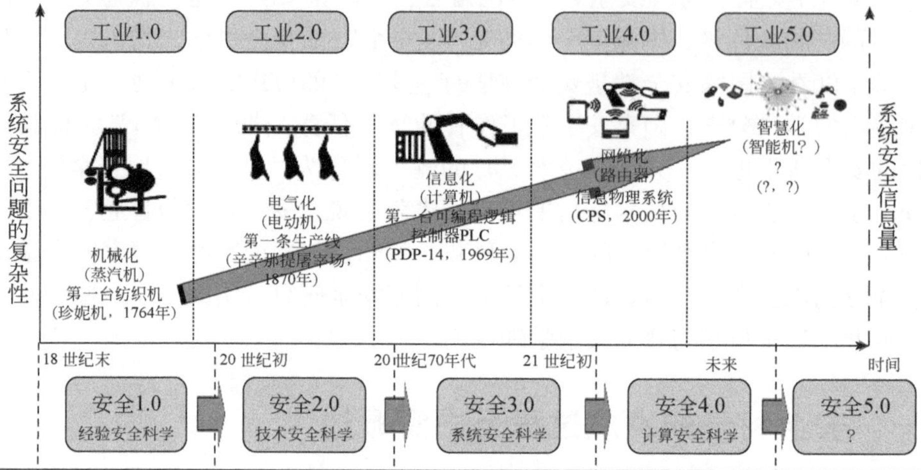

	安全1.0	安全2.0	安全3.0	安全4.0	安全5.0
学科突出特点	经验化	技术化	系统化与信息化	耦合化与智能化	?
学科聚焦对象	事故灾难/自然灾害	突发事件	Safety 或 Security	Safety & Security	?
安全管理重心	基于经验的随机控制	基于技术的重点防控	基于“4E+C”手段的全面防控	基于情报的智慧防控	?
学科模式	事后	事前+事中	全周期、全过程、全方位	6P 安全科学模式	?
管理方法	“经验”导向	“问题”导向	“风险+信息”导向	情报主导	?
学科方法论	“+安全”		“安全+”&“+安全”		?
学科发展动力	倒逼型		主动型		?

图 2-1　近代安全科学发展过程

“4E+C”手段是指安全强制（Enforcement）、安全教育（Education）、安全工程技术（Engineering）、安全经济（Economics）与安全文化（Culture）5 种安全管理手段；6P 安全科学模式是指集预见性（Predictive）、预防性（Preventive）、个性化（Personalized）、参与性（Participatory）、精准性（Precision）与公共性（Public）6 种特征、要求与目标于一体的一种安全科学模式

具体看，安全 1. 0（经验安全科学）主要以“经验化”（模糊的个人或团体安全经验）为学科突出特点，以事故灾难/自然灾害为学科聚焦对象，以基于经验的随机控制为安全管理重心，以“事后”被动防控为主要学科模式，以“经验”导向为核心安全管理方法（王秉和吴超，2018a；Wang，2021）。在安全 1. 0 阶段，普通人主要以自身安全经验防控事故，而安全管理者或安全管理组织主要以自身的安全管理实践经验、资深安全管理者的指导及零散的安全科学研究文献资料为依据来发现与处理各种安全问题。

随着安全科学与自然科学（如物理学、化学与信息科学等学科）及工程技术科学的交叉与融合，产生了诸多先进的安全技术与相应的安全设施设备（安全监测检测技术、安全预测预警技术、安全决策技术、安全信息技术、安全防护技

术、检测与报警设施设备、安全防护设施、劳动防护用品和装备及应急救援设施等)，上述安全技术的应用使安全科学发生了革命性变化，进而促使安全科学进入至安全 2.0（技术安全科学）阶段（王秉和吴超，2018a；Wang，2021）。

安全 2.0 主要以“技术化”为学科突出特点，以突发事件为学科聚焦对象，以基于技术的重点防控为安全管理重心，以“事前+事中”防控为主要学科模式，以“问题”导向为核心安全管理方法。在安全 2.0 阶段，多种现代化安全技术手段的运用，拓展了安全信息的来源，并一定程度上提升了人们获取、分析与利用安全信息的能力，从而促进了安全管理的信息化程度，使安全科学领域的不确定性（安全信息缺失程度）有所改观。正因如此，在这一阶段，人们的安全预测与决策能力也得到了显著提升，且安全科学逐渐趋于一门真正意义上的科学（王秉和吴超，2018a；Wang，2021）。

进入 21 世纪，随着全球人口不断膨胀，地区发展更加不平衡，人类贫富差距矛盾加剧；自然环境不断恶化，自然灾害频发，不可再生资源越来越少，市场竞争日趋激烈；科技不断创新和发展，人造工程不断复杂化和巨型化，信息爆炸和网络传播技术飞速发展，人们生活方式在不断改变；传统文化逐渐弱化，社会文化更加多元化和新潮化；系统越来越趋于复杂化，牵一发而动全身，各部门互相依赖性极强。因此，安全的内涵、范畴、外延等发生了诸多变化，安全的新问题、新动态、新领域等不断出现，安全科学研究除了继续解决第一、第二次工业化变革所带来的安全问题之外，其研究的侧重点将逐渐转向反社会行为、信息化安全、生命科学和人工智能等关系人类未来命运的新安全问题，而上述问题将使安全科学发展迎来第三次大变革。

当面对同时受多种因素影响的各种复杂多变的安全问题时，人们发现，单纯地运用安全技术手段并不能从根本上解决绝大多数安全问题。由此，安全研究与实践人员开始运用“系统、整体、相互联系以及发展”的观点看待安全问题，强调综合考虑各类安全影响因素，进而提出应运用系统论方法指导安全科学研究与实践。随之，安全科学进入安全 3.0（系统安全科学）阶段（王秉和吴超，2018a；Wang，2021）。

安全 3.0 阶段以现代系统论的理论、原则与方法为指导，在科学与实践层面同时实现了新突破：①在科学层面，逐渐探索提出安全科学发展的新型模式，即“自然—生命—技术—社会”系统安全科学模式；②在实践层面，提倡运用集安全“4E+C”手段，即安全强制（Enforcement）、安全教育（Education）、安全工程技术（Engineering）、安全经济（Economics）与安全文化（Culture）五种管理手段于一体的综合安全对策解决安全问题（王秉和吴超，2018a；Wang，2021）。

在安全 3.0 阶段，由于安全信息可统一与整合所有系统安全影响因素（具体包括安全物质因素、安全能量因素与安全行为因素三大类)，故系统安全管理失败的根本原因可统一归为安全信息缺失。在这种情况下，安全信息及安全管理信息化就显得尤为重要。正因如此，在系统安全科学阶段，安全管理信息化是系统安全科学的基础设施与主要表现形式，亦是系统安全科学的最显著特点之一（王秉和吴超，2018a）。概括而言，安全 3.0 主要以“系统化与信息化”为学科突出特点，以 Safety 或 Security（多将 Safety 和 Security 作为两个相互对立的研究对象）为学科聚焦对象，以基于“4E+C”手段的全面防控为安全管理重心，以“全周期、全过程、全方位”防控为主要学科模式，以“风险+信息”导向为核心安全管理方法。

2010 年以来，信息技术、人工智能技术、大数据技术与认知技术等逐渐催生了一系列新的安全技术，进而促使安全管理逐步趋向智能化。例如，在社会治安方面，人工智能技术的应用将无处不在，这些安全技术包括可以检测到指向一个潜在犯罪的异常现象的监控摄像机、无人机和预测警务设备等。可见，智能化是信息化的高级阶段，更加强调信息与知识的价值。当前，人类社会已从信息化时代迈向智能化时代。在智能化时代，新的安全科学学科模式，即安全 4.0（计算安全科学）正式诞生。

与安全 3.0（系统安全科学）相比，安全 4.0（计算安全科学）更加强调安全信息（包括安全数据与安全知识）的价值，更加强调安全管理的智能化和耦合化。为最大限度发挥安全信息的价值，智能化时代的安全科学（安全 4.0）具有以下 3 个显著特征与趋向。

1）在思维层面，强调 7 融合安全思维，即对策融合、过程融合、内涵融合（Safety 与 Security 二者内涵的融合）、信息融合、知识融合、大数据融合与智能融合。

2）在实践层面，积极践行以“情报”导向为核心安全管理理念，充分运用各种基于信息（包括数据与知识）与信息技术的手段开展基于安全情报的安全实践。这些手段主要有 8 种，即安全管理信息系统（Safety & Security Management Information System，SMIS）、安全决策支持系统（Safety & Security Decision Support System，SDSS）、安全虚拟现实（Safety & Security Virtual Reality，SVR）、安全管理路径（Safety & Security Management Pathway，SMP）、循证安全（Evidence-Based Safety & Security，EBS）、安全知识管理（Safety & Security Knowledge Management，SKM）、安全事件模式识别（Safety & Security Event Pattern Recognition，SEPR）与计算机辅助安全（Computer-Aided Safety & Security，CAS）（王秉和吴超，2018a；Wang，2021）。

3）强调安全情报的重要性（王秉和吴超，2018b，2019b）。安全情报是安全信息（包括安全数据）经分析和处理（主要依赖于计算方法）获得的，它能够直接影响安全决策，是实现智能安全管理的基础。因此，安全4.0（计算安全科学）阶段的智能化的实现，必须重点关注和利用安全情报。

正因如此，智能化时代催生了系统安全科学的高级阶段，即以安全信息（包括安全数据与安全知识）为基础，以计算方法为主要工具方法，以情报为主导的安全4.0（计算安全科学）阶段，如图2-2所示（王秉和吴超，2018a）。

图2-2　智能化时代（安全4.0阶段）的6P安全科学模式示意图

由图2-2可知，6P安全科学模式是集预见性（Predictive）、预防性（Preventive）、个性化（Personalized）、参与性（Participatory）、精准性（Precision）与公共性（Public）6种特征、要求与目标于一体的一种全新的安全科学体系，是系统安全科学的高级阶段，是智能化时代主流的安全科学范式（王秉和吴超，2018a）。6P安全科学模式对安全管理信息化工作提出了更高的要求，这是因为其所强调的安全实践的6种特征、要求与目标均需依赖于安全管理领域的高度信息化。若从安全信息的最原始形式，即安全数据角度出发看6P安全科学模式，其是指通过飞速发展的信息技术，快速科学地收集各类安全数据，构成每一个系统的安全数据云，利用尖端的数据分析技术与安全数据平台将这些复杂安全数据进行有效归纳分析、精准安全预测预警和安全干预，提供个性化系统安全方案。这一理念注重安全管理的高度信息化，提倡全员参与，体现安全共享，实现安全管理手段的创新与安全管理决策的最优化，从而为系统带来更便捷、更有效、更透明、更完善的全流程安全管理。

概括而言，安全4.0（计算安全科学）主要以“耦合化与智能化”为学科突出特点，以Safety & Security为学科聚焦对象，以基于情报的智慧防控为安全管理重心，以6P安全科学模式为主要学科模式，以“情报”导向为核心安全管理方法。

综上，近代安全科学发展与演化具有三大趋势：①从系统安全角度看，系统安全问题的复杂程度逐渐增加；②从安全信息角度看，系统所产生的安全信息量逐渐增加，安全科学的信息化程度日益凸显；③从安全科学角度看，安全科学的科学化程度日益深化。

就安全科学的学科内涵而言，21 世纪的安全科学将从“安全事件型安全科学”（其以安全事件防控为安全科学研究实践的终极目标）向“安全（Safety & Security）型安全科学”发展，从“重事后与事中控制”的安全管理模式向“重事前预防”的“全周期、全过程、全方位”安全管理模式发展，最终形成以“耦合化与智能化”为显著特征的 6P 安全科学模式。现代安全科学（Safety & Security Science）的学科基本问题如表 2-1 所示（吴超和王秉，2018a；王秉和吴超，2018a）。

表 2-1　现代安全科学（Safety & Security Science）的学科基本问题

序号	基本问题	简要释义
1	基本概念	安全科学的学科基本概念包括 3 个，即安全、安全事件与安全风险
2	学科定义	安全科学是研究安全促进（包括安全事件防控）的科学
3	研究对象	安全（Safety & Security）
4	研究目的	安全促进（包括安全事件防控）
5	方法论	“‘+安全’ & ‘安全+’”及“‘正向（即从安全出发）’ & ‘逆向（即从安全事件出发）’”研究方法
6	研究内容	安全（包括安全事件）发生发展的规律，以及安全促进（包括安全事件防控）手段
7	学科属性	大交叉大综合与行业横断
8	研究范围	系统（所有组织皆为系统，子组织即为子系统）；Safety & Security
9	核心理论	安全促进理论（包括安全事件致因理论）
10	学科边界	凡直接以安全促进（包括安全事件防控）为目的的内容均属于安全科学，否则不是

二、普通安全学的诞生：安全科学研究范式从“+安全”到“安全+”的转变

近年来，学界和实践界越来越重视安全，促使安全领域取得了长足发展。目前，安全已发展成为一个相对独立的学科领域，但是，安全仍是充满争议的学科领域之一（王秉，2022c）。首先，安全具有多元性（多样性）、复杂性、巨大的时空性和一定的主观性等属性（王秉，2022c；吴超，2021），这导致人们对安全的理解和认识很难达成共识。这一问题在安全学科领域的突出表现是学界和实践

界对安全学科基本概念无共识。其次，传统的安全研究分散于多个学科领域，且主要集中在具体安全分支领域的应用研究，这导致在安全学科领域至今尚未形成具有普适性和通用性的安全学科基础理论体系。上述问题的存在，严重制约安全学科研究、建设和发展。一方面，上述问题暴露出安全学科领域尚未真正形成属于自己的学科基础理论体系，它的学科理论基础尚极为薄弱，安全成为一门独立学科领域的理论根基是不牢的；另一方面，过去分散在多个学科领域的安全研究者和实践者之间由于缺乏共识很难实现对话和交流，这导致安全学科共同体的建立和形成困难重重。

学科方法论是对学科研究进行规范和指导的理论体系和方法体系，能够帮助研究者更好地开展学科研究工作，提高研究的科学性和有效性。因此，这里从学科方法论的高度分析安全科学研究实践的基本进路。“+安全”和“安全+”是安全科学的两条重要方法论，是安全科学研究实践的两条元进路，它们的基本含义分别如下。

1）“+安全”是以其他学科或领域为主体，并附加安全或安全科学的一种研究实践模式。在“+安全”中，安全科学不是主导者，而是附属体，主要体现安全本身的依附性以及安全科学的应用性，其着力点是从其他学科或领域开始，旨在服务于其他学科或领域的发展和优化（安全发展）。在这个过程中，安全科学起到的只是工具的作用。显然，“+安全”很难产生具有普适性的安全科学理论、方法与技术等。

2）“安全+”是将安全科学作为主体和引擎的一种研究实践模式，其着力点是安全科学领域，旨在运用其他学科或领域的理论与方法等服务于安全科学发展。它的本质是把其他学科或领域的理论与方法等彻底实现“安全化”，把“+安全”的输入转化为“安全+”的输出。显然，“安全+”是安全科学发展成一门独立学科，是形成具有普适性安全科学理论、方法与技术等的根本思维和手段。

根据二者的基本含义，可发现它们的共同和差异之处（图2-3）。二者的相同点是：二者的本质都是安全科学与其他学科或领域的交叉融合。二者的不同点是：二者的站位、主导者和对安全科学发展的优势不同。细言之，“安全+”更多强调逆袭发展安全科学，即以发展和服务安全科学为导向，把其他学科或领域的理论、方法与技术等直接改造为安全科学的理论、方法与技术，实现安全科学的爆发式发展；而“+安全”则更多强调顺势发展安全科学，即以发展和服务其他学科或领域为导向，主要是以其他学科或领域的既有理论、方法与技术等为基础，利用安全科学的理论、方法与技术等，稍加改造或优化其他学科或领域，保障其他学科或领域安全发展。

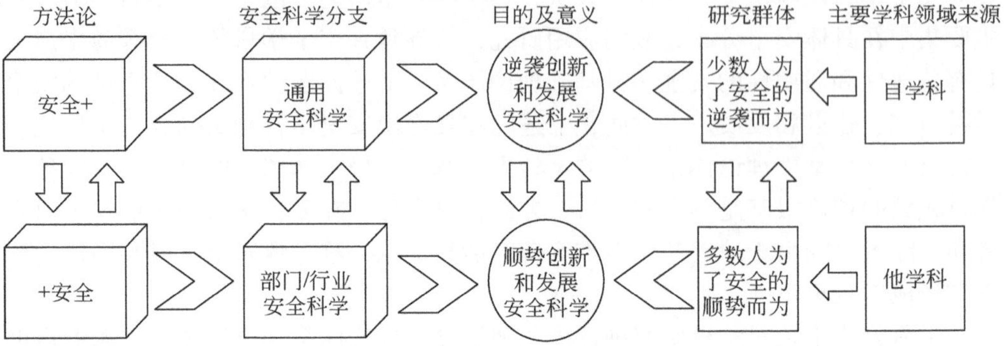

图 2-3 “+安全”和“安全+”的比较

由图 2-3 可知，从学科方法论角度看，安全科学的发展过程是“‘+安全’→‘安全+’→‘+安全’&‘安全+’”，科学的安全科学发展之路应是“安全+”与“+安全”二者并存，实现二者的相互转化和促进①。安全科学基础理论研究的方法论是把“+安全”的输入转化为“安全+”的输出，而安全科学应用实践研究的方法论是把“安全+”的输入转化为“+安全”的输出。

综上可见，为夯实安全学科研究根基，同时推动安全研究和实践从分散走向统一，安全科学研究范式亟待从“+安全”转向“安全+”。特别是在当今系统安全科学和计算安全科学时代，愈加需要具有普适性和通用性的安全基础理论提供支撑。为解决上述问题，近年来，受“普通化学”“普通心理学”“普通教育学”等学科启发，著者越发觉得极有必要建立“普通安全学”（General Safety & Security Science），并积极进行尝试。例如，著者出版的《安全信息学》（王秉和吴超，2021）与《安全情报学导论》（王秉和吴超，2022）两部著作都旨在建立普通安全信息学和普通安全情报学的学科理论体系；此外，著者还专门撰写《普通安全学：面向大安全寻找普适性安全规律》（王秉，2023a）一文，重点探讨了普通安全学的问题指向、研究对象与场域面向，旨在为普通安全学研究、建设与发展提供一定的理论支撑和思路参考。

普通安全学作为一门研究一般安全规律的学科，所论述的关于安全的一般原理具有普适性，适用于大安全所关涉的方方面面。可见，开展普通安全学（即获取一般安全规律）的基本路径是：面向大安全，通过综合集成和总结提炼，获取适用于各个分支领域安全学（如 Safety 学、Security 学、国家安全学、核安全学、

① 王秉：《安全科学总体方法论/思维：“+安全” VS “安全+”》，http://blog.sciencenet.cn/home.php? mod=space&uid=1953670&do=blog&id=1153195(2018-12-23)[2019-07-03].

公安学与信息安全学等）的普适性安全规律，从而实现安全研究从“+安全”（表示各个分支领域安全学）向“安全+”（表示普通安全学）的升华。因此，普通安全学是各个分支领域安全学的基础学科。通俗讲，树高千尺，一棵树的树枝可以长得很繁杂，但它的营养还是在根部和主干。若把各个分支领域的安全学比作一棵树的各个树枝，那么普通安全学就犹如这棵树的根部和主干，如图 2-4 所示。安全学科的发展过程就如同一棵树的生长过程，树枝（分支领域安全学）的延伸扩展，发力点始终是在根部和主干（普通安全学），在于本固根深，始终与根部和主干相连。安全学科建设发展需打好“+安全”和“安全+”的组合拳。

图 2-4　普通安全学与分支领域安全学之间的关系

安全是一个大的学科专业门类（颜烨，2019），具有庞大的学科群（如安全科学技术、国家安全学、公安学、信息安全学、网络空间安全学、核安全学、生物安全学与应急管理等）与专业群（如安全科学与工程专业、网络空间安全专业、信息安全专业、国家安全专业与应急管理专业等）。形象地讲，可把整个安全学科/专业群看成一个球体，那么，普通安全学就是这个球体上的一个横剖面，普通安全学在整个安全学科/专业群中具有基础性和横断综合性，如图 2-5 所示。

三、普通安全学的内涵

“普通安全学”术语中的“普通”具有“一般的、普遍的”的含义。所谓“普通安全学”，或称“一般安全学”，是以“一般或普遍意义上的安全”而不是“这种或那种安全”为研究对象，旨在获取适用于各个分支领域安全学（如 Safety 学、Security 学、国家安全学、核安全学、公安学与信息安全学等）的普适

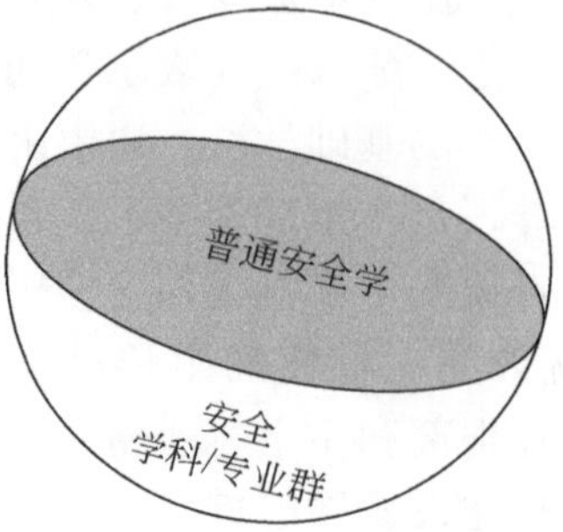

图 2-5　普通安全学在安全学科/专业群中的属性与地位

性安全规律，从而建立一般性的安全基础理论（王秉，2023a）。也就是说，普通安全学是各个分支领域安全学的一般知识和理论基础，是各个分支领域安全学的基础学科，同样，普通安全学也是国家安全学的基础学科和一般知识与理论来源。下面结合所从事的文理跨学科交叉领域的普通安全学基础理论研究的相关经验，重点介绍普通安全学的研究对象与场域面向，以期明确普通安全学的内涵，为国家安全系统学研究、建设与发展提供一定的理论支撑和思路参考。

（一）普通安全学的研究对象：普通安全

安全是安全科学的元概念，是开展安全研究与实践的基础概念。从理论角度看，提出一个具有普适性的安全概念（即统一 Safety 和 Security 两个概念的安全概念）是认识与解决 Safety 和 Security 一体化问题的根本所在。简单讲，具有普适性的安全概念就是“普通安全”概念（王秉，2023a）。“普通安全”概念中的“普通”具有“一般的、普遍的”的含义，等同于“普通化学”“普通心理学”“普通教育学”等学科术语中“普通”的含义。对于安全概念的理解和界定，在不同的文化背景或学科领域中存在巨大差异。与英语不同，汉语、德语、西班牙语和挪威语等语言仅用一个词来表达安全。可见，若用一个词来表达安全，严格讲，那这个词便是普通安全的含义。换言之，汉语中的“安全”一词是统一 Safety 和 Security 两个概念的一个概念。

近年来，学界为了统一 Safety 和 Security 两个概念提出界定普通安全概念的基本进路，那就是从系统角度出发。这里的“系统”可指代任何安全的主体，它可以是一个车间、企业、城市、国家和地区等“实体”系统，也可以是政治、资源与文化等“软”系统。首先，所有系统安全问题本质上均是 Safety 和 Security 一体化问题，系统安全研究与实践需统筹协调 Safety 和 Security 两大方面。其次，从系统角度看，Safety 和 Security 存在高度相似性（王秉，2022c；Kriaa et al.，2015）：①Safety 和 Security 都是系统的属性，它们允许系统在面临安全风险（威胁）的情况下执行其任务或关键功能；②Safety 和 Security 的总体目标是一致的，即保护系统内有价值的资产免受损害；③Safety 和 Security 都是处理安全风险（威胁），产生约束，涉及保护措施，并产生要求（Eames and Moffett，1999）。实际上，近年来在安全领域兴起的系统韧性概念就同时涵盖 Safety 和 Security 两大方面。

基于系统视角，著者曾尝试统一 Safety 和 Security 两个概念并提出普通安全概念，即“安全（Safety & Security）是指系统免受不可接受的内外因素不利影响的状态”（王秉和吴超，2019a）。重新审视和反思对普通安全概念的上述界定，其还是存在一点明显不足：安全的目标指向是模糊的，不够明确，仅是笼统地说“安全是为了使系统免受不可接受的内外因素不利影响”，但尚未具体明确“安全是为了使系统的什么免受不可接受的内外因素不利影响”。这里，将普通安全概念的上述界定修正为：安全是指系统内的资产免受不可接受的内外因素不利影响的状态（王秉，2023a）。从广义的角度看，资产是指对个人、组织或政府具有价值的任何东西①。鉴于此，就系统而言，资产是指对系统具有价值的任何东西。系统资产的范围十分广泛，所有被一个系统赋予了价值并且需要保护的东西（一般指各类资源）皆为系统资产（包括有形资产和无形资产）。价值性（有益性与有用性）是资产的本质属性，系统资产的价值主要体现在满足系统运行和功能发挥等方面，它需要并且对系统优化完善具有益处。可见，从系统角度看，保护系统资产是安全概念的出发点和归宿点。

基于此，本节提出系统视域下的普通安全三要素，即系统资产、安全风险（威胁）与安全措施，三者之间的关系如图 2-6 所示（王秉，2023a）。其中，安

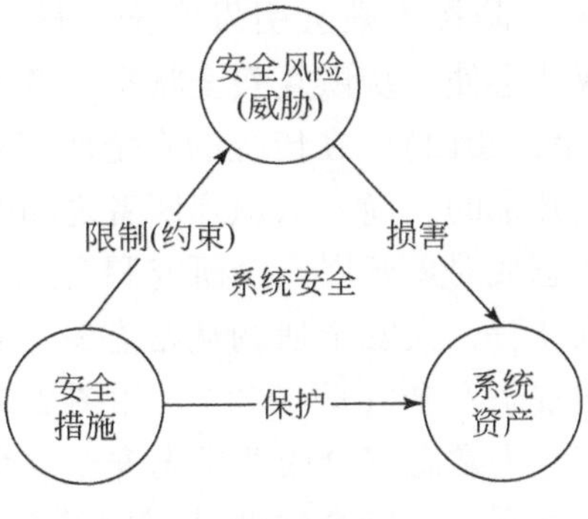

图 2-6　普通安全三要素模型

① 国家市场监督管理总局，国家标准化管理委员会：《信息安全技术　术语》（GB/T 25069—2022），北京：中国标准出版社，2022 年.

全风险（威胁）有可能对系统资产造成损害，安全措施用来限制（约束）安全风险（威胁），保护系统资产免受安全风险（威胁）的损害。

（二）普通安全学的场域面向：大安全

随着安全研究和实践的不断发展，安全概念在不断演进。总体看，安全概念的总体演进趋势是从分化到综合，逐步从小安全概念演化至当前的大安全概念。所谓“大安全”，是指以人为核心的所有安全问题，是指最普遍、最广泛意义上的安全，其关注的是所有可能对人造成各种威胁或伤害的不安全因素，是高度综合性的安全（王秉和吴超，2019c）。就大安全概念而言，它是一个开放和不断发展的宏大概念，具有丰富的内涵和外延，可以从不同维度出发来认识和解读。

第一，从安全含义（即安全一词的本身含义）维度看，大安全强调从 Safety 或 Security 到 Safety 与 Security 一体化，它同时涵盖 Safety 和 Security 两个层面的安全含义（王秉和吴超，2019a，2019b）。关于 Safety 和 Security 的区别与联系及 Safety 与 Security 一体化的内涵，详见本书第一章第一节。

第二，从安全领域维度看，大安全强调从局部安全（即具体领域的安全）到总体安全（即所有领域的安全），它是一种覆盖全域的安全观，囊括各个领域的安全（王秉和吴超，2019a，2019b）。

第三，从安全状态或对象维度看，大安全强调从单安全状态或对象到综合安全状态或对象（王秉，2022c）。从系统角度看，安全、安全风险（威胁）、安全事件（包括突发事件与灾害等）与危机是安全研究和实践所面临的四种不同状态或对象，如图 2-7 所示。其中，降低安全风险（威胁）使其处于可接受的水平是安全，安全风险（威胁）防控失败会引发安全事件，安全事件应急处置失败会导致危机，危机化解成功会使系统恢复安全状态，危机化解失败则会导致系统消亡（王秉，2022c；童星，2012）。在传统的安全研究和实践中，一般是将上述四种不同状态或对象割裂开来的，尚未认识到四者之间的一体化关系，大安全强调要综合上述四种安全状态或对象开展安全研究和实践。

第四，从安全环节维度看，大安全强调从常态安全或非常态安全（即应急）到同时兼具常态安全和非常态安全（即应急）。如图 2-7 所示，以安全事件发生为临界点，可将安全环节分为常态安全或非常态安全（即应急）(王秉，2022c)。

第五，从安全因素维度看，大安全强调从物因等简单安全因素到囊括物因、人因、管理因素与环境因素等的复杂综合安全因素。

第六，从安全策略维度看，大安全强调从以安全技术对策为主导的单一策略到“安全技术对策—安全法治对策—安全文化（教育）对策—安全经济对策”的综合施策。

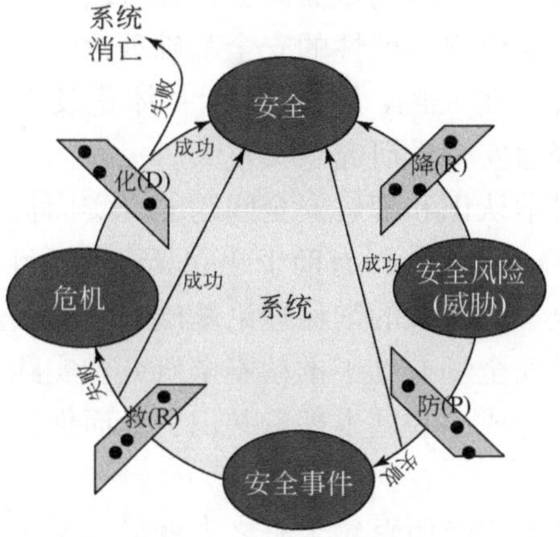

图 2-7　普通安全全对象/全状态/全环节模型

降（Reduce，R）——降低威胁；防（Prevent，P）——预防威胁；救（Rescue，R）——应急处置；化（Defuse，D）——化解危机；●——缺陷（Defect）；威胁=危险，是客观存在的 4 种安全措施：降、防、救与化；安全管理=常态安全管理（降+防）+应急管理（救+化）

第七，从安全空间维度看，大安全强调从二元空间（物理空间与社会空间）安全到三元空间（物理空间、社会空间与信息空间）安全，从一个国家、地区等的安全到世界安全。

第八，从安全动力维度看，大安全强调从被动安全到主被动安全一体化融合，从单一维护安全到同时兼具维护安全和塑造安全。

同时，大安全强调各类安全元素的综合集成，统筹协调是大安全的主要方法论。从系统安全角度看，大安全强调的统筹协调至少要做到以下几点：①统筹协调系统自身和系统所处环境；②统筹协调推进各领域的系统安全；③统筹协调系统发展和安全；④统筹协调系统开放和安全；⑤统筹协调系统内的传统安全和非传统安全；⑥统筹协调自身安全和共同安全；⑦统筹协调维护系统安全和塑造系统安全；⑧统筹协调把系统安全工作贯穿系统全生命周期和系统工作各方面全过程；⑨统筹协调系统的 Safety 和 Security；⑩统筹协调系统的常态安全和非常态安全；⑪统筹协调系统安全体系和能力建设。

四、本节结语

安全科学与普通安全学理论是国家安全系统学的安全基础理论来源。本节主要概述了安全科学的发展过程及内涵，在此基础上分析了安全科学研究范式从“+安全”到“安全+”的转变推动普通安全学的诞生，并提出普通安全学是以普通安全为研究对象，以大安全为场域面向，旨在获取适用于各个分支领域安全学的普适性安全规律，从而建立一般性的安全基础理论。

就普通安全学而言，在 Safety 与 Security 一体化及大安全、国家安全、总体国家安全观背景下，普通安全学研究意义重大。一方面，普通安全学有助于帮助安全研究者和实践者科学认识和理解安全问题的真实面目（即系统安全问题实则是 Safety 与 Security 一体化问题），有助于建立具有普适性和通用性的安全基础理论体系，从而夯实安全学科领域的学科理论基础，推动安全学科领域健康可持续发展；另一方面，普通安全学有助于推动安全研究和实践从分散走向统一，使安全相关研究者和实践者达成一些基本理论共识，从而促进安全学科共同体的形成和发展。

与此同时，当今世界正经历百年未有之大变局，不确定性明显增强，随着各种新的安全风险和安全问题的不断出现，新的安全热点和新的分支领域安全学也不断出现。那么，安全学科的关键就是要“以不变应万变”，保持安全学科的定力。在安全学科领域，不变的定力是什么？答案是具有基础性和通用性的普通安全学理论。无论是“这安全”还是“那安全”，反正都是安全，那就一定有共性的东西，普通安全学就关注和研究所有分支安全学领域的共性安全理论。因此，在不确定中如何保持安全学科定力，那就应做到：咬定普安（普通安全学）不放松，立根原在共性中。千变万变还坚定，任尔东西南北风。目前，普通安全学尚处于起步阶段，普通安全学研究任重而道远，在此呼吁各位同仁一起来发展和壮大普通安全学。

第四节　国家安全学理论

国家安全学是国家安全系统学的母学科，国家安全系统学建设发展应牢牢扎根在国家安全学研究阵地。国家安全学理论可为国家安全系统学建设发展提供思路指引、理论支撑和路径指导。因此，本节主要探寻安全科学视域下的国家安全学的由来，明确国家安全学的学科基本问题，并梳理国家安全理论模型，以期使读者了解和掌握国家安全学是什么，进而为学习探索国家安全系统学奠定理论基础。

一、安全科学视域下的国家安全学的由来

从近代安全科学发展阶段（图 2-1）看，国家安全学是安全科学发展至安全 3.0（系统安全科学）与安全 4.0（计算安全科学）阶段的学科产物。具体分析

如下。

1）国家安全学与安全 3.0。随着安全科学研究和发展步入高级阶段之安全 3.0（系统安全科学）阶段，人们逐渐深刻认识到，其实，所有安全问题都隶属于某一系统（如国家系统、社会系统、企业系统、生产系统、城市系统、科技系统、资源系统、文化系统与生态系统等），都可限定在某一系统中来讨论（吴超和王秉，2018a；王秉和吴超，2018a）。由此，系统安全科学随之产生，它强调运用系统的观点与方法来认识和解决安全问题，即从整体和全局出发，对有可能对人造成伤害或威胁的各种安全风险因素给予全面、系统的防控。换言之，系统安全科学以系统安全为出发点和归宿点，以系统（所有组织皆为系统，子组织即为子系统）为研究范围，旨在研究所有系统的共性安全现象与规律等。而针对一些具体系统的安全研究，又会产生一系列安全科学（系统安全科学）的子学科。例如，国家作为一个系统，若以这一系统的安全作为研究对象，就可形成国家安全学这门学科（王秉和吴超，2019b）。其他诸如社会安全学、生产安全学、资源安全学与生态安全学等安全科学学科分支的形成亦是如此。从这个意义上，国家安全学可视为安全科学发展至安全 3.0 阶段的产物。

2）国家安全学与安全 4.0。根据图 2-1，随着系统安全问题的日益复杂化，以及系统安全信息量的逐渐增加，安全科学的聚焦对象沿着“事故灾难/自然灾害→突发事件（主要包括自然灾害、事故灾难、公共卫生事件与社会安全事件）→Safety 或 Security→Safety & Security”不断发展，安全科学的内涵与外延亦日益变得更加丰富（吴超和王秉，2018a；王秉和吴超，2018a）。汉语中的“安全”一词包含两层含义，即是两个英文词汇“Safety”和“Security”含义的组合。在安全 4.0 阶段，安全界普遍认为，所有系统的安全难免会涉及来自“Safety”和“Security”两方面的安全风险，且二者互相影响，互相交织，互相转化，难以分割（王秉和吴超，2018b，2019b；吴超和王秉，2018a），关于 Safety 和 Security 的关系和安全一体化问题的分析详见第一章第一节，这里不再赘述。由此，安全科学工作者意识到，大安全（Big Safety & Security）时代已经到来。大安全观应是安全 4.0 阶段的现代安全科学（Safety & Security Science）研究与实践的新的哲学观，大安全应是现代安全科学的研究对象（王秉和吴超，2019a）。

在大安全背景下，现代安全学科具有庞大的“学科群”（如安全科学技术、国家安全学、信息安全学、网络空间安全学、核安全学与应急管理等）、“专业群”（如安全科学与工程专业、网络空间安全专业、信息安全专业、国家安全专业与应急管理专业等）和“领域群”（如军事安全、经济安全、文化安全、社会安全、科技安全、信息安全、生态安全、资源安全与核安全等）。显然，“国家安全”中的“安全”概念的完整准确含义是“Security & Safety”，

“国家安全”的准确完整的英文翻译应是“National Safety & Security”。此外，在安全4.0阶段，情报主导的安全管理已成为主流的安全管理理念和方法（王秉和吴超，2018b，2019a，2019b）。同样，情报主导的国家安全战略将必是现代核心的国家安全战略之一，安全情报学（包括国家安全情报学）研究将大有可为。由此观之，国家安全学可视为安全科学发展至安全3.0与安全4.0阶段的产物。

二、国家安全学的学科基本问题

（一）国家安全学的学科定义

关于国家安全学的具有代表性的定义有：国家安全学是一门以国家生存与发展的根本性、全局性安全问题及应对为研究对象，从国家生存与发展的全局和战略高度研究国家安全的重大理论和现实问题，探索国家安全发生、发展及其实现的内在规律和可行途径，服务总体国家安全观的综合性、交叉性核心支撑学科（范维澄等，2022）；国家安全学是综合运用多学科理论、知识和方法，系统研究维护国家长治久安和可持续发展规律的科学，是致力于提高国家安全治理体系和治理能力现代化的交叉学科（程琳，2022）；国家安全学是从总体上研究国家安全、影响国家安全的因素、危害国家安全的因素以及国家安全保障问题等方面的基本现象，揭示国家安全及其相关方面的本质和规律，探寻合理的国家安全观和国家安全战略，最终服务于国家安全现实的综合性实用型政治科学（刘跃进，2004）；国家安全学是一门专门研究影响国家安全的自然与人为、国家内部与外部等各种因素及其相互作用，揭示国家安全的本质和规律，探索保障国家安全能力建设的独立学科（季志业，2022）；国家安全学是一门探究国家安全的组成、结构、功能、动态发展及其应对机制的集理论和应用于一体的学科（孔锋等，2020）。

这里给出现代安全科学视域下的国家安全学定义：国家安全学是研究国家系统（包括各子系统）的安全状态及其运动规律的科学（王秉等，2019）。换言之，国家安全学是研究实现和维护国家系统安全过程中普遍规律的一门学科。细言之，国家安全学以“国家安全是一类典型的复杂巨系统安全问题”与“国家安全是一类典型的大安全问题”为总体指导，以保障国家系统（包括各子系统）安全运行为出发点和归宿点，以国家系统安全为研究对象，以安全科学（特别是复杂巨系统安全）理论为基础，以国家系统安全分析、评价、预测、决策、控制与优化等为主要研究内容，以期为国家安全工作提供有效服务的一门新兴交叉综合应用性科学。根据此定义和前文所述，以及国家安全学与安全科学的相似性，可提炼出国家安全学的五方面的主要内涵：一是，建立国家安全学的主要理论依据是系统安全观与安全科学的“+安全”方法论；二是，国家安全学的研究对象是国家系统及其子系统的安全；三是，国家安全学学科基础主要涉及安全科学（特别是复杂巨系统安全）的理论、方法与技术手段，同时还需其他学科的理论与方法；四是，国家安全学的研究指向是面向国家安全管理；五是，国家安全学的显著学科属性是：国家安全学是一门交叉综合科学，是一门横断科学，是一门思维科学，是一门应用科学，是一门管理科学。

（二）国家安全学的研究路径

安全科学的研究进路包括逆向路径（即立足安全事件角度的路径）与正向路径（即立足安全角度的路径）（王秉等，2019；吴超，2016）。需说明的是，在安全语境中，安全事件一般具有负面性和危害性，一般指不期望发生的具有负面影响的事件。根据安全科学的上述两条基本研究路径，可提出两条国家安全学的研究路径，依次为立足国家安全事件角度的路径与立足国家安全角度的路径（孔锋等，2020）。

从国家安全事件角度出发看，国家安全学是一门研究国家安全事件的学科，即研究国家安全事件的本质、发生发展规律及其防控手段的学科。国家安全事件是指可能发生的损害国家重大利益（即造成国家重大利益的价值损失）的事件（王秉，2023a）（关于国家安全事件的解析，详见本书第一章第二节，这里不再赘述）。就国家安全事件防控研究而言，要重点研究国家安全事件的本质及孕育、形成、发生、发展或突变的演化规律，并在此基础上提出国家安全事件防控的手段措施。国家安全学是一门兼具理论性和应用性的学科，前者研究内容体现国家安全学的理论性，后者研究内容体现国家安全学的应用性。综合看，国家安全事件角度的国家安全学研究可为认识国家安全事件本质与机理、预防国家安全事件发生和降低国家安全事件影响（即国家安全事件应急）提供直接的科学基础支撑和方法手段指导。

从国家安全角度出发看，国家安全学是一门研究国家安全的学科，即研究国家安全的本质、变化规律及实现、维护与促进国家安全的手段的学科。国家安全的本质、变化规律研究体现国家安全学的理论性，国家安全的实现、维护与促进手段体现国家安全学的应用性。国家安全角度的国家安全学研究可为认识国家安全的本质与实现机理、提升国家安全水平提供直接的科学基础支撑和方法手段指导。

（三）国家安全学的研究目标

党的二十大报告将国家安全置于突出位置，专章强调“推进国家安全体系和能力现代化，坚决维护国家安全和社会稳定”。这将推进国家安全体系和能力现代化上升到国家战略的高度，使之成为新时代国家安全工作高质量发展的一项重要任务。推进国家安全体系和能力现代化是新时代推动我国国家安全工作发展的重大理论和实践命题。国家安全学作为一门专门研究国家安全的学科，它是推进国家安全体系和能力现代化的学科根基和理论动力源泉，推进国家安全体系和能力现代化离不开国家安全学理论的支撑和引领。可见，国家安全学承担着推进国家安全体系和能力现代化的重要学科使命，国家安全学的直接研究任务和目标是弥补国家安全体系和能力缺陷，健全国家安全体系和增强国家安全能力，它的终极目标是防控国家安全事件，实现、维护与促进国家安全。

（四）国家安全学的学科方法论

习近平（2007）在《之江新语》中谈到的“地瓜理论”：“地瓜的藤蔓向四面八方延伸，为的是汲取更多的阳光、雨露和养分，但它的块茎始终是在根基部，藤蔓的延伸扩张最终为的是块茎能长得更加粗壮硕大”。藤蔓隐喻着扩大开放的方法论，而块茎则代表着一种立足根基的目的论。没有藤蔓的延伸，块茎就会缺少营养；没有块茎的坚守，藤蔓就会失去动力和方向。习近平总书记用藤蔓与块茎的关系，生动揭示出“地瓜理论”所蕴含的哲学智慧：藤蔓的延伸是一种开放的手段，块茎能长得更加粗壮硕大则是开放所要达到的目标。

“地瓜理论”给国家安全学学科建设发展带来深刻启示和提供借鉴。国家安全学学科建设发展过程就如同地瓜的生长过程一样，需要不断夯实国家安全学的根基（块茎），即具有普适性的国家安全学基础理论，培土拔节，并立足国家安全学本身的大交叉学科属性和优势，不断延伸扩展国家安全学藤蔓从其他学科汲取营养，以期在坚实的国家安全学基础理论根基上不断发展壮大国家安全学①。概括看，没有藤蔓的延伸到更大空间（表示国家安全学通过不断扩张延伸至其他学科领域汲取国家安全学建设发展的营养和资源），块茎（具有普适性的国家安全学基础理论）就会缺少营养；没有块茎的坚守，藤蔓也会失去发展的意义和根本动力。

基础不牢，地动山摇，地瓜藤蔓的延伸扩展，发力点始终是在根基部（即块茎），在于本固根深，始终与块茎相连。就国家安全学而言，尽管目前在我国，国家安全学已发展成为一门独立的一级学科，但由于国家安全学是一门新学科，再加之传统的国家安全研究分散在多个学科领域，且主要集中在具体国家安全分

---

① 中国社会科学网：《【“三大体系”建设】从“地瓜理论”谈国家安全学学科建设发展》，https://www.cssn.cn/gjaqx/202306/t20230607_5643296.shtml（2023-06-07）[2023-10-25].

支领域的应用研究，这导致至今尚未真正建立具有普适性的国家安全学基础理论体系，这表明国家安全学的学科理论基础尚极为薄弱，国家安全学成为一门独立学科领域的理论根基是不牢的。上述问题的存在，严重制约国家安全学研究和学科建设发展。可见，国家安全学学科建设发展要始终立足国家安全学的根基（即具有普适性的国家安全学基础理论），脱离国家安全学根基的国家安全学建设发展犹如无源之水、无本之木，是不可持续和走不长久的。

地瓜长得又快又好，离不开藤蔓的延伸扩展，接受阳光雨露，将营养输送到块茎。这启示国家安全学学科建设发展要坚持开放扩张和学科交叉，即“跳出国家安全学建设发展国家安全学、立足其他学科建设发展国家安全学”，开放扩张和交叉融合最终为的是国家安全学得到更大发展。国家安全学是一门典型的大交叉学科，这要求国家安全学学科建设发展要坚持开放包容和学科交叉，要跳出国家安全学本身所在的局限，要学会从其他学科寻找发展壮大国家安全学的途径和方法，善于把其他学科的理论方法通过赋予国家安全学自身内涵和意义改造为国家安全学的理论方法，这是在更大的范围汲取国家安全学学科建设发展的营养和资源、在更大的空间实现国家安全学学科发展壮大的需要，是“跳出国家安全学建设发展国家安全学、立足其他学科建设发展国家安全学”的需要。

需要特别强调的是，藤蔓的延伸是一种开放的手段，块茎能长得更加粗壮硕大则是开放所要达到的目标。“跳出国家安全学建设发展国家安全学、立足其他学科建设发展国家安全学”就像地瓜向四面八方延伸的藤蔓一样，最终是为了“建设发展国家安全学”，“跳出国家安全学”和“立足其他学科”不是“外流”，而是“外扩”，是为了把国家安全学建设发展得更好。换言之，国家安全学学科建设发展要在坚持开放扩张（即跳出国家安全学建设发展国家安全学、立足其他学科建设发展国家安全学）中坚守初心目标（即服务和建设发展国家安全学自身）。

根据“地瓜理论”可以得到“国家安全+”和“+国家安全”两条国家安全学的重要方法论，“国家安全+”和“+国家安全”是国家安全学研究实践和学科建设发展的两条基本进路（王秉等，2019），它们的基本含义如下。

第一，“+国家安全”（如文化安全、政治安全、资源安全、科技安全与核安全等）是以其他学科为主体，并附加国家安全或国家安全学的一种国家安全学研究实践和学科建设发展模式。在“+国家安全”中，国家安全学不是主导者，而是附属体，主要体现国家安全本身的依附性、学科交叉性以及国家安全学的应用性，其着力点是从其他学科开始，旨在服务于其他学科的发展和优化（解决其他学科领域的国家安全问题）。在这个过程中，国家安全学起到的只是工具的作用。显然，“+国家安全”很难产生具有普适性的国家安全学理论方法。

第二，“国家安全+”（如国家安全思想与理论、国家安全战略学、国家安全系统学与国家安全情报学等）是将国家安全学作为主体和引擎的一种国家安全学研究实践和学科建设发展模式，其着力点是国家安全学，旨在运用其他学科的理论方法等服务于国家安全学建设发展。它的本质是把其他学科的理论方法等彻底实现“国家安全化”，把“+国家安全”的输入转化为“国家安全+”的输出。显然，“国家安全+”是国家安全学发展成一门独立学科，形成具有普适性国家安全学理论的必需思维和路径。

综上可知，“国家安全+”更多强调逆袭建设发展国家安全学，旨在把其他学科的理论方法彻底改造为具有普适性的国家安全学理论方法，从而使国家安全学的根基（块茎）长得更加粗壮硕大；而“+国家安全”类似于地瓜的藤蔓延伸扩展，表示国家安全学在其他学科的交叉应用和向其他学科领域的扩张，它更多强调顺势建设发展国家安全学，即主要是以其他学科的既有理论方法为基础，利用国家安全学的理论方法，服务解决其他学科领域发展所面临的国家安全问题。具有普适性的国家安全学基础理论研究的方法论是把“+国家安全”的输入转化为“国家安全+”的输出，而国家安全学应用实践的方法论是把“国家安全+”的输入转化为“+国家安全”的输出。科学、健康的国家安全学建设发展之路应是“国家安全+”和“+国家安全”二者并存，实现二者的相互转化和促进。因此，国家安全学建设发展要打好“国家安全+”和“+国家安全”的组合拳，两者不可偏废。

（五）国家安全学的总体学科体系架构

从安全科学学理角度看，若要在国家安全学一级学科下设置二级学科，可根据“理论（学科中上游）—应用（学科下游）”的基本思路①，设立“国家安全学基础学科”（强调通用性与基础性）与“国家安全学应用学科”（强调专业性与领域性）两个二级学科。国家安全学的总体学科体系框架如图2-8所示（王秉等，2019）。

由图2-8可知，根据基础性的差异，可将国家安全学基础学科划分为第一层次（即国家安全学上游研究之学科基础理论）与第二层次（即国家安全学中游研究之应用基础理论）两个层次。显然，各国家安全学基础学科分支是它们的母学科，即所对应的安全科学基础学科分支（如安全哲学、安全科学原理、安全科学方法论、安全系统学、安全史、安全治理学、安全情报学、比较安全学、安全

① 吴超：《国家安全学一级学科建设及研究生教育的刍议》，http://blog.sciencenet.cn/home.php?mod=space&uid=532981&do=blog&id=1143706(2018-10-31)[2019-07-03].

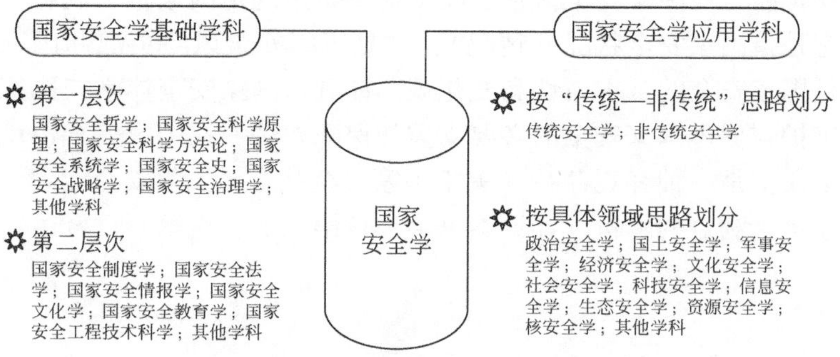

图 2-8　国家安全学的总体学科体系框架

文化学与安全教育学等，它们已有相应的学术专著或教材，其中著者就撰写了《安全科学原理》《安全文化学》《安全教育学教程》《安全信息学》《安全情报学导论》等多部学术专著或教材）的衍生。当然，根据一些安全科学新分支，如著者出版的《安全科学新分支》（吴超和王秉，2018b）一书中提出的数十门安全科学新分支，还可提出并发展形成其他新的国家安全学基础学科分支。同样，根据不同分类依据，亦可将国家安全学应用学科划分为不同具体学科分支。例如，①根据“传统—非传统”思路划分，国家安全学应用学科包括传统安全学与非传统安全学；②根据习近平总书记提出的“总体国家安全观”所涉及的领域划分，国家安全学应用学科包括政治安全学、国土安全学、文化安全学与经济安全学等（图 2-8）。

三、国家安全理论模型

模型是用以表征客体的某种本质特征（如原型的结构、功能、属性、关系、过程等）的物质形式或思维形式。从科学原理层面来理解，国家安全理论模型是国家安全学理论研究和实践的基础，是国家安全学理论的主要组成部分。是否建模和有没有成熟的国家安全理论模型，是衡量国家安全学的科学性和成熟性的重要标志。下面主要介绍四个国家安全理论模型——国家安全三角形（国家安全系统）模型、国家安全事件三要素（国家安全事件系统）模型、国家安全蝴蝶结模型和国家安全风险评估模型。

（一）国家安全三角形（国家安全系统）模型

国家安全的基本框架可用一个三角形来表征，即国家安全三角形（国家安全系统）模型，如图 2-9 所示。国家安全三角形模型的三条边分别是国家安全状态、国家安全能力与国家安全体系，联结这三条边的是国家重大利益。其中，国家安全状态是指国家安全状况（情况），它是国家安全风险情况和国家安全水平的表征，是国家安全的基本属性和变化规律体现；国家安全体系与国家安全能力是实现、维护与促进国家安全的必要支撑和保障条件；在国家安全语境中，国家重大利益本质上是一种客观存在（关于国家安全状态、国家安全能力、国家安全体系与国家重大利益的解析，详见本书第一章第二节，这里不再赘述）。

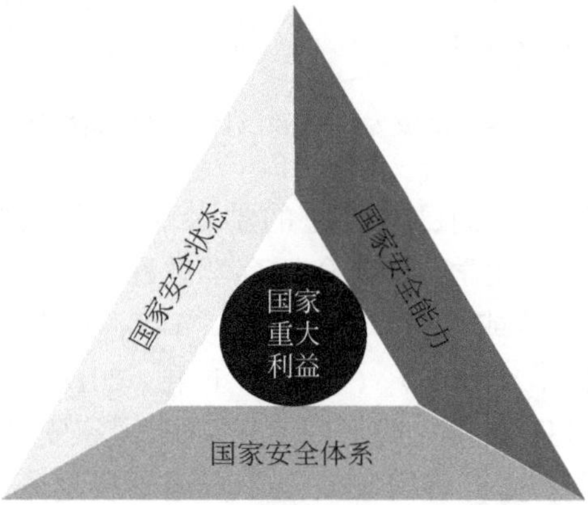

图 2-9　国家安全三角形（国家安全系统）模型

在图 2-9 中，国家安全状态、国家安全能力、国家安全体系和国家重大利益之间相互作用和影响，共同构成国家安全系统。以国家重大利益为中心，国家安全体系和国家安全能力是确保国家重大利益安全的支撑和手段（充分条件），国家重大利益是国家安全体系和国家安全能力的保护对象，国家安全状态是国家重大利益受国家安全体系和国家安全能力保护的实际情况的表征（国家重大利益是国家安全状态的承载体）。可见，国家安全状态是国家重大利益、国家安全能力与国家安全体系综合作用的产物。其中，就国家安全状态、国家安全能力与国家安全体系三者而言，国家安全状态受国家安全体系与国家安全能力的影响，国家安全状态等级与国家安全体系与国家安全能力水平呈正相关关系；国家安全体系是国家安全能力的载体和国家安全能力生成的条件，国家安全能力是国家安全体系运行后所发挥出的效能的体现（王秉，2023a）。

国家安全体系和国家安全能力水平决定国家安全状态等级，国家安全体系和国家安全能力共同影响国家安全状态，即国家安全状态是国家安全体系和国家安全能力的函数。可见，通过改变国家安全体系和国家安全能力可实现对国家安全状态的干预和调控，通过健全国家安全体系和增强国家安全能力可改善优化和塑造国家安全状态，从而实现、维护与促进国家安全。因此，国家安全促进的出发点和落脚点是健全国家安全体系和增强国家安全能力。也就是说，健全国家安全体系和增强国家安全能力是实现、维护与促进国家安全的关键，是国家安全学的核心研究内容和主要目标。党的二十大报告也提出要“健全国家安全体系”和“增强维护国家安全能力”，这与上述观点相吻合，也表明上述观点的科学性和正确性。

健全国家安全体系和增强国家安全能力能够提升国家安全状态水平，可为实现、维护与促进国家安全提供科学支撑和手段。健全国家安全体系和增强国家安全能力可从两大方面入手。首先，根据国家安全系统模型，健全国家安全体系和增强国家安全能力离不开对国家安全状态的掌握和判断，应立足国家安全状态，通过国家安全状态感知、分析与评估确定国家安全促进任务和目标，并根据国家安全促进任务和目标分析推导得出健全国家安全体系和增强国家安全能力的着力点，进而基于此健全国家安全体系和增强国家安全能力。同时，还可基于国家安全状态监测预警实时对国家安全体系和国家安全能力进行调整优化，从而健全国家安全体系和增强国家安全能力。其次，健全国家安全体系和增强国家安全能力还可立足国家安全体系和国家安全能力本身开展。一方面，针对国家安全体系，主要研究如何通过健全国家安全体系来确保国家安全能力的有效生成和效能最大化发挥以及改善优化国家安全状态（王秉，2023b）。另一方面，针对国家安全能力，主要研究如何通过增强国家安全能力来改善优化国家安全状态（王秉，2023b）。

（二）国家安全事件三要素（国家安全事件系统）模型

从国家安全事件角度出发看，国家安全学是一门研究国家安全事件的学科，即研究国家安全事件的本质、发生发展规律及其防控手段的学科。任何国家安全事件的发生都预示着国家重大利益遭受损害，都有一个由国家重大利益未遭受损害状态转向遭受损害状态的过程，这一过程的发生必须具备三个基本要素条件，即威胁、脆弱国家重大利益及国家安全体系和能力缺陷，如图 2-10 所示（王秉，2023d）。其中，威胁是指可能引发国家安全事件的潜在因素（王秉，2023b），也就是说，威胁是有可能损害国家重大利益的潜在因素；脆弱国家重大利益是指暴露在威胁之中并可能被威胁损害的国家重大利益；国家安全体系和能力缺陷是指可能被威胁利用来损害国家重大利益的国家安全体系和能力弱点或不足之处（国家安全事件、威胁、脆弱性、国家重大利益、国家安全体系和国家安全能力等概念的界定，详见本书第一章第二节，这里不再赘述）。

在图 2-10 中，威胁、脆弱国家重大利益及国家安全体系和能力缺陷三者之间相互联系和作用。其中，国家重大利益是对国家具有重大价值的利益，它既是

图 2-10　国家安全事件三要素（国家安全事件系统）模型

国家安全体系和能力的保护对象，亦是威胁的损害对象。国家安全体系和能力是防御威胁来保护国家重大利益免受威胁损害。脆弱国家重大利益的成因是国家安全体系和能力对国家重大利益的保护存在缺陷而使国家重大利益暴露在威胁之中。国家安全体系和能力对国家重大利益的保护存在缺陷会致使国家重大利益变得脆弱，国家重大利益的脆弱性与国家安全体系和能力缺陷程度呈正相关关系。同时，威胁程度也与国家安全体系和能力缺陷程度呈正相关关系。威胁、脆弱国家重大利益及国家安全体系和能力缺陷本质上是一种客观存在，威胁程度、脆弱国家重大利益的脆弱性与国家安全体系和能力缺陷程度超过一定的临界值或遇到一定的触发条件就可能导致国家安全事件，在未超过临界值或未被触发前并不会引发国家安全事件。

综上可知，威胁、脆弱国家重大利益及国家安全体系和能力缺陷是发生国家安全事件必须具备的三个基本要素。换言之，威胁、脆弱国家重大利益及国家安全体系和能力缺陷构成了一个国家安全事件系统（王秉，2023d）。根据国家安全事件三要素模型（图 2-10），当三者在某一时空以适当的形式同时交叉出现时，才能引发国家安全事件，反之，若取走其中任何一个因素，国家安全事件则不能发生和维持。因此，上述三个要素是发生国家安全事件的必要条件。为便于理解国家安全事件三要素模型的内涵，经比较，国家安全事件三要素模型与火灾三要素模型具有高度相似性。其中，脆弱国家重大利益相当于可燃物（二者的性质类似，可燃物是可燃烧的物质，脆弱国家重大利益是易被损害的国家重大利益），威胁相当于火源，国家安全体系和能力缺陷或弱点相当于助燃物，国家安全事件相当于火灾。根据国家安全事件三要素模型，只要让脆弱国家重大利益、威胁及国家安全体系和能力缺陷三个要素条件不同时具备，就可预防国家安全事件的发生。同时，发生国家安全事件后，若及时采取相关措施，通过干预和控制国家安全事件三要素来限制国家安全事件发展，国家安全事件便会得到控制，国家安全事件所造成的国家重大利益损失就会减少。

根据国家安全事件三要素之间的关系，在国家安全事件三要素中，国家安全体系和能力缺陷程度决定威胁程度、脆弱国家重大利益的脆弱性，国家安全体系和能力缺陷是威胁和脆弱国家重大利益的共性影响因素。也就是说，在国家安全事件三要素中，国家安全体系和能力缺陷是牵一发而动全身的要素，通过改变国家安全体系和能力缺陷可同时实现国家安全事件三要素的改变，通过改变国家安全体系和能力缺陷可破坏国家安全事件三要素从而实现国家安全事件防控。因此，国家安全事件防控应着眼于国家安全体系和能力缺陷，弥补国家安全体系和能力缺陷是预防国家安全事件的关键，是国家安全学的重点研究内容和目标（王秉，2023d）。

弥补国家安全体系和能力缺陷可预防或减轻国家安全事件及其引起的危害。以国家安全事件发生为界限，国家安全体系和能力包括两大方面（王秉，2023d）：一是国家安全事件发生前的常态国家安全体系和能力；二是国家安全事件发生之中与之后的非常态国家安全体系和能力，即国家应急管理体系和能力。弥补常态国家安全体系和能力缺陷，旨在减少国家安全事件的发生。一方面，可针对脆弱国家重大利益实施，通过弥补国家安全体系和能力缺陷来降低脆弱国家重大利益的脆弱性（即增强脆弱国家重大利益的韧性），使脆弱国家重大利益变为非脆弱国家重大利益。另一方面，可针对威胁实施，通过弥补国家安全体系和能力缺陷来抗衡和抵御威胁，从而使大威胁变为小威胁，即降低威胁程度。对于弥补非常态国家安全体系和能力（即国家应急管理体系和能力）缺陷而言，可直接针对国家安全事件实施，即通过弥补国家应急管理体系和能力缺陷，降低国家安全事件发生后所造成的国家重大利益损失。

识别和分析国家安全体系和能力缺陷是弥补国家安全体系和能力缺陷的基础（王秉，2023d）。一方面，可立足国家安全体系和能力本身来识别、分析和弥补国家安全体系和能力缺陷。例如，通过对某一国家的国家安全体系和能力与其他国家的国家安全体系和能力进行比较，识别、分析和弥补某一国家的国家安全体系和能力缺陷。另一方面，还可分别立足脆弱国家重大利益和威胁来识别、分析和弥补国家安全体系和能力缺陷。首先，立足脆弱国家重大利益，通过研究脆弱国家重大利益的特征、脆弱性及有可能被损害的机理、形式与程度等规律，分析推导出国家安全体系和能力对国家重大利益保护所存在的缺陷，并对其进行弥补，以期最大限度降低脆弱国家重大利益的脆弱性和保护国家重大利益免受损害。其次，立足威胁，通过研究威胁源及威胁的能力、动机、途径、被激活或触发机理和后果等规律，分析推导出国家安全体系和能力在抵御和应对威胁方面所存在的缺陷，并对其进行弥补，以期弱化威胁要素及其可能带来的国家重大利益损害。

（三）国家安全蝴蝶结模型

国家安全蝴蝶结模型（图2-11）（王秉，2023b）可表征威胁、危险、国家安全风险、国家安全事件、国家安全体系和能力及国家重大利益损失之间的关系，它是国家安全工作的一种指导工具，旨在通过建设国家安全体系和能力来达到降低国家安全事件发生的概率或国家重大利益损失的严重程度。根据图2-11，威胁和危险可统一用国家安全风险来表征，它们可能会导致国家安全事件，国家安全事件又会造成国家重大利益损失。在国家安全风险（威胁/危险）与国家安全事件之间，可通过部署国家安全体系和能力（主要指国家安全事件发生前的常态国家安全体系和能力）来预防国家安全事件的发生。同时，国家安全体系和能力（主要指国家安全事件发生之中和之后的非常态国家安全体系和能力，即国家应急管理体系和能力，党的二十大报告将国家应急管理体系正式纳入国家安全体系范畴）也可置于国家安全事件与国家重大利益损失之间来尽最大可能降低国家重大利益损失。需说明的是，这里所说的国家应急管理体系和能力并非与我国的应急管理部职责相对应，而是大应急的范畴。概括看，常态国家安全体系和能力及非常态国家安全体系和能力（即国家应急管理体系和能力）共同构成国家安全屏障。

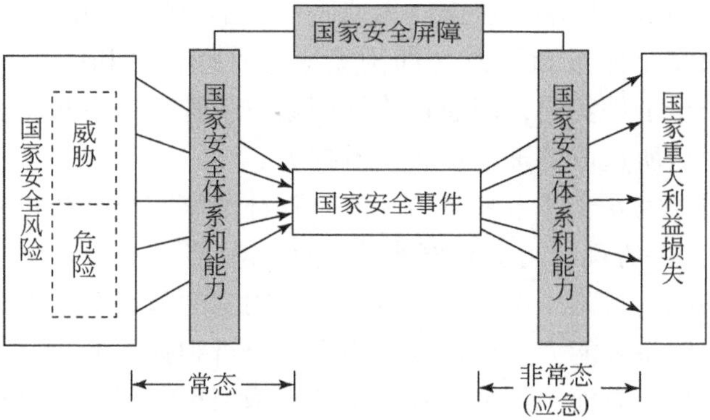

图2-11　国家安全蝴蝶结模型

如图2-11所示，国家安全蝴蝶结模型是一种根据国家安全事件形成及演化过程构建的基于国家安全体系和能力屏障作用的国家安全模型，它清晰地展示了国家安全风险（威胁/危险）、国家安全事件、国家安全体系和能力以及国家重大利益损失之间的关系，并示范如何通过建设国家安全体系和能力来对国家安全风险（威胁/危险）、国家安全事件和国家重大利益损失加以控制，对指导国家安全工作开展具有重要意义（王秉，2023b）。

（四）国家安全风险评估模型

国家安全风险评估（包括国家安全风险识别、分析与评价）是防范化解国家安全风险的基础。鉴于此，借鉴一般风险评估原理（赵刚，2013），构建国家安全风险评估模型，如图 2-12 所示。由图 2-12 可知，国家安全风险分析的主要内容如表 2-2 所示。

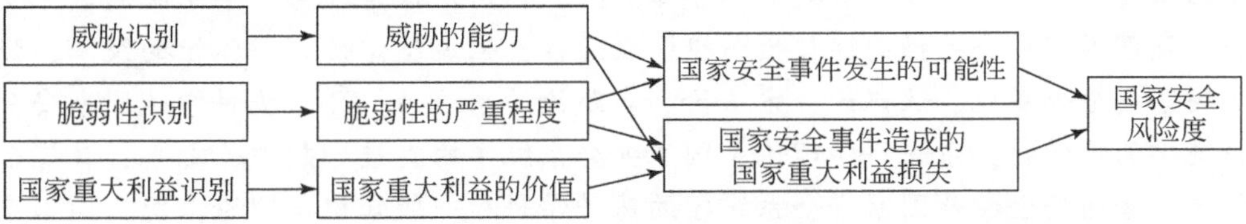

图 2-12　国家安全风险评估模型

表 2-2　国家安全风险评估的主要内容

序号	具体解释
1	对国家重大利益进行识别，并对国家重大利益的价值进行判断和赋值
2	对威胁进行识别，描述威胁的属性，并对威胁的能力进行判断和赋值
3	对脆弱性进行识别，并对脆弱性的严重程度进行判断和赋值
4	根据威胁的能力及威胁利用弱点的难易程度（即脆弱性的严重程度）对国家安全事件发生的可能性进行判断和赋值
5	根据威胁的能力、脆弱性的严重程度及国家安全事件所影响的国家重大利益的价值对国家安全事件造成的国家重大利益损失进行判断和赋值
6	根据国家安全事件发生的可能性和国家安全事件造成的国家重大利益损失，判断和计算国家安全事件一旦发生对国家的影响，即国家安全风险度

四、本节结语

本节主要梳理探索国家安全学理论，以期为国家安全系统学建设发展提供基础理论和指导。首先，从安全科学角度分析了国家安全学的由来，提出了国家安全学是安全科学发展至安全 3.0 与安全 4.0 阶段的产物。其次，分析了国家安全学的学科基本问题，概述了国家安全学的学科定义、研究路径、研究目标、学科方法论和总体学科体系架构。最后，介绍了四个国家安全理论模型——国家安全三角形（国家安全系统）模型、国家安全事件三要素（国家安全事件系统）模型、国家安全蝴蝶结模型和国家安全风险评估模型。

※本章小结※

为夯实国家安全系统学的理论根基，为国家安全系统学建设和发展提供思想理论源泉，同时为读者学习后续章节奠定理论基础，本章主要介绍了国家安全系统学四方面的学科理论基础——国家安全系统思想、系统科学理论、安全科学与普通安全学理论及国家安全学理论。通过本章学习，主要得到以下七方面认识：①国家安全系统思想强调从要素和整体的关联性出发探讨作为复杂系统的国家安全，强调国家安全的横向连接性与纵向联通性，强调整体性与个体性的统一，强调国家安全世界观、认识论、方法论和实践论的系统性；②系统科学是国家安全系统学的母学科，系统科学理论是国家安全系统学的直接思想理论源泉；③安全科学与普通安全学是国家安全系统学的基础学科和一般知识与理论来源，国家安全系统学研究与实践需要充分吸纳和利用安全科学与普通安全学理论；④国家安全学是安全科学发展至安全3.0与安全4.0阶段的产物，亦是“+安全”的安全科学产物；⑤现代安全科学视域下的国家安全学定义：国家安全学是研究国家系统（包括各子系统）的安全状态及其运动规律的科学；⑥国家安全学学科建设发展应坚守和夯实国家安全学的学科根基，在坚持开放扩张和学科交叉中坚守初心目标，打好“国家安全+”和“+国家安全”的组合拳；⑦国家安全理论模型是国家安全学理论研究和实践的基础，是国家安全学理论的主要组成部分，可为国家安全系统学研究提供基础理论支撑。

第三章　国家安全系统学的学科基本问题

※本章导读※

一般而言，判断一门学科形成的基本依据和建设一门学科的基点是明确该学科的基本问题（如学科定义、学科研究对象与学科研究内容等）。因此，确立国家安全系统学学科地位的首要任务是：明确国家安全系统学的学科基本问题。但遗憾的是，当前国家安全系统学作为一门科学还正处于初步探索和发展之中，特别是尚未明确国家安全系统学的学科基本问题，导致国家安全系统学学科建设缺乏最基本的理论依据和框架指导，严重阻碍国家安全系统学学科建设、研究和发展。鉴于此，本章主要分析国家安全系统学的四大学科基本问题——研究对象、研究范畴、研究内容和研究方法，以期搭建国家安全系统学的“四梁八柱”，为读者学习和研究国家安全系统学提供框架性指导。

第一节　国家安全系统学的研究对象

一门新学科唯有确定自身明确而特有的研究对象，才可确定其理论体系、研究内容和研究方法等，才能够在整个科学体系中占据应有的地位。顾名思义，国家安全系统学的研究对象是国家安全系统。本节以国家安全系统思想为指导，分析国家安全系统的内涵、结构和属性，以期为国家安全系统学奠定基础。

一、国家安全系统的内涵

在国家安全系统概念中，系统是认识与研究国家安全的视角和对国家安全的总体性概括，国家安全是系统的种类描述和系统的承载对象。此外，国家安全事件与国家安全相对，国家安全事件可帮助理解国家安全系统。因此，可以从系统、国家安全事件和国家安全三个角度出发分析国家安全系统的内涵。本书第二章第四节已提出国家安全角度的国家安全系统的内涵和国家安全事件角度的国家安全事件系统的内涵，这里仅论述系统角度的国家安全系统的内涵。所谓系统，是由多个部分组成的具有一定结构与功能的有机整体（段晓君等，2019）。根据系统的定义，可将国家安全系统理解为，由关涉国家安全的相互联系、相互作用、相互制约的要素组成的，不断演化且具有一定结构的有机整体，它在与其他要素及国家安全环境的相互关系中体现自己的属性、功能与价值（王秉和史志勇，2023）。国家安全系统涉及各领域、各层次与各方面关涉国家安全的要素，国家安全系统的各领域、各层次、各方面间呈非线性关系。因此，国家安全不是国家安全系统各要素的简单相加，而是国家安全系统各要素的整体涌现。

为统合上述三个角度的分析，形成对国家安全系统的多维度全面理解，构建国家安全堤坝模型，如图 3-1 所示。根据图 3-1，国家安全堤坝模型由国家重大利益、国家安全体系和能力、国家安全风险（威胁/危险）三个基本要素构成。在防洪工程中，堤坝的功能是防水拦水，以保障堤内资产安全。类比防洪工程中堤内资产、堤坝和水患三者之间的关系，可用堤坝模型来形象表达国家重大利益、国家安全体系和能力及国家安全风险（威胁/危险）之间的关系。

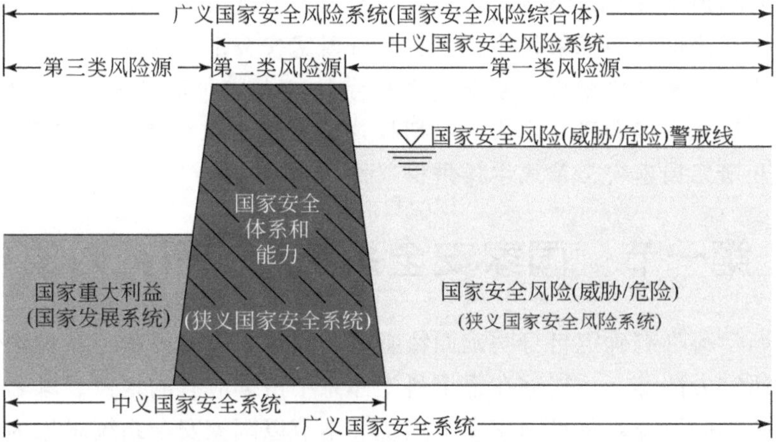

图 3-1　国家安全堤坝模型

根据国家安全堤坝模型，堤坝（国家安全体系和能力）发挥抵御国家安全风险（威胁/危险）以保障国家重大利益安全的作用。堤坝（国家安全体系和能力）抵御国家安全风险（威胁/危险）的能力存在极限，当国家安全风险（威胁/危险）超出国家安全风险（威胁/危险）警戒线时，堤坝（国家安全体系和能力）则难以防范化解国家安全风险（威胁/危险），此时堤内资产（国家重大利益）将可能受损。从防范化解国家安全风险（威胁/危险）角度看，国家安全体系和能力是防范化解国家安全风险（威胁/危险）的主要工具，因此可将国家安全体系和能力视作狭义国家安全系统。从国家安全角度看，国家重大利益安全是国家安全的重要内容，国家安全体系和能力为维护和保障国家安全的主要工具，因此可将国家重大利益及国家安全体系和能力共同视作中义国家安全系统。从系统角度看，可将关涉国家安全的一切要素视作国家安全系统要素，国家安全风险（威胁/危险）对国家安全有负面影响，其亦可被视作国家安全系统要素，因此可将由国家重大利益、国家安全体系和能力、国家安全风险（威胁/危险）三个要素相互关联构成的统一体视作广义国家安全系统。

此外，国家安全堤坝模型还可用于表征国家安全风险源和国家安全风险系统。第一类风险源是国家安全风险（威胁/危险），第二类风险源是国家安全体系和能力缺陷，第三类风险源是脆弱国家重大利益。其中，可将国家安全风险（威胁/危险）视作狭义国家安全风险系统，可将国家安全风险（威胁/危险）及国家安全体系和能力缺陷视作中义国家安全风险系统。此外，脆弱国家重大利益亦是重要的国家安全风险源，因此可将由国家安全风险（威胁/危险）、国家安全体系和能力缺陷及脆弱国家重大利益三个要素相互关联构成的统一体视作广义国家安全风险系统，即国家安全风险综合体。

二、国家安全系统的结构

国家安全系统的结构是国家安全系统元素间相对稳定的关联所形成的整体架构，国家安全系统的结构对国家安全系统的属性和功能等起着决定性的作用。如前所述，国家安全系统有狭义、中义和广义之分，这三类的区别与联系在前文“一、国家安全系统的内涵”一节中已充分论述，下面主要分析狭义国家安全系统的结构。

狭义国家安全系统为国家安全体系和能力，其中，国家安全能力蕴含于国家安全体系之中，因此下面主要分析国家安全体系的结构。国家安全体系是一系列组分系统的综合集成，国家安全体系的组分系统包括国家安全领导体制、国家安全责任制、国家安全工作机制、国家安全工具、具体领域安全保障体系和具体区域安全防护体系等。国家安全体系的组分系统衍生自国家其他工作方式体系，如国家安全领导体制衍生自国家领导体制（李文良，2020）。国家安全体系的内容如图 3-2 所示。

这里从领域和工具两个维度（王秉，2022b）出发，对国家安全体系的结构作进一步解析。首先，从领域维度看，国家安全体系是政治安全、军事安全、国土安全、经济安全、金融安全、文化安全、社会安全、科技安全、网络安全、粮食安全、生态安全、资源安全、核安全、海外利益安全、太空安全、深海安全、极地安全、生物安全、人工智能安全、数据安全等各领域安全的交织耦合与联动融汇。其次，从工具维度看，国家安全体系是国家安全法治体系、国家安全战略

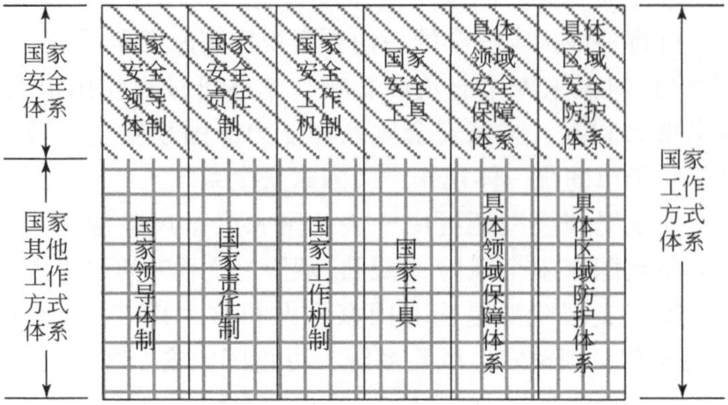

图 3-2　国家安全体系的内容定位

体系、国家安全政策体系等各种国家安全工具的迭代升级和综合集成。

国家安全体系的总体架构是一个包括组分系统架构、组织架构、工作架构、信息架构和技术架构等在内的多视图的体系结构。其中，组分系统架构是国家安全体系的核心架构。这里，将国家安全体系的组分系统架构分为上游、中游和下游三层次。国家安全体系上游为国家安全领导体制和国家安全责任制；国家安全体系中游为国家安全工作机制和国家安全工具；国家安全体系下游为具体领域安全保障体系和具体区域安全防护体系。国家安全体系的上游、中游和下游三层次组分系统架构如图 3-3 所示。

在国家安全体系的上游—中游—下游三层次架构中，国家安全体系上游的国家安全领导体制和国家安全责任制具有全局性、普适性和统筹性，可为国家安全工作提供领导体制和责任制保障。国家安全体系中游的国家安全工作机制面向具体国家安全工作内容，国家安全工具则具有针对性和特异性。国家安全工作机制和国家安全工具的运转使用受国家安全体系上游的国家安全领导体制和国家安全责任制的统筹协调和责任压实，可为具体领域和具体区域提供机制和工具保障。国家安全体系下游的具体领域安全保障体系面向国家安全各具体领域，具体区域安全防护体系则旨在构建全域联动、立体高效的国家安全防护体系。具体领域和具体区域安全工作需受国家安全体系上游的国家安全领导体制和国家安全责任制的统筹协调和责任压实，可根据实际需要综合运用各种国家安全工作机制和国家安全工具。

三、国家安全系统的属性

人民性、整体性、全面性、多元性、交互性、关联性、开放性、动态性、统

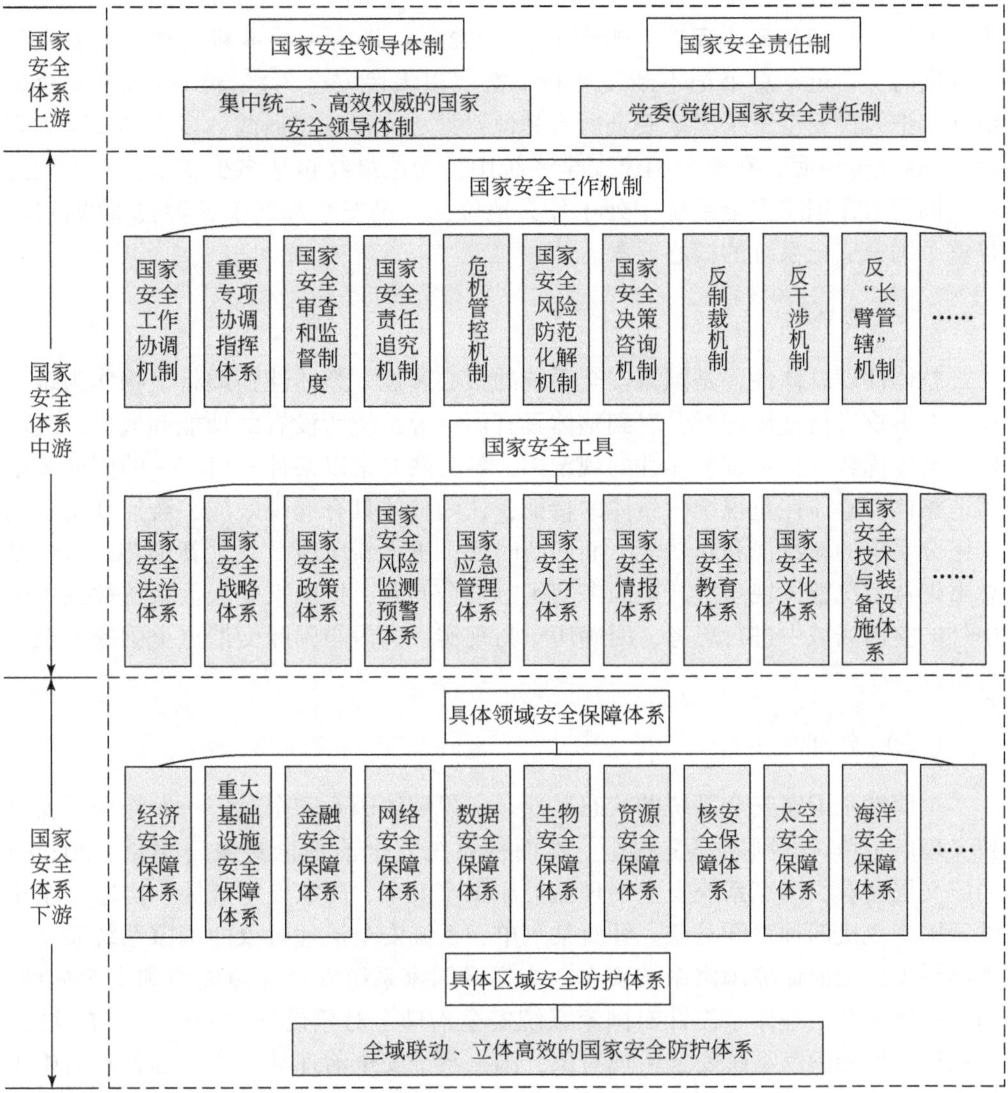

图 3-3 国家安全体系的上游—中游—下游三层次架构

筹性和复杂性是国家安全系统的主要属性，下面从这十个维度出发，解析国家安全系统的丰富属性。

（一）人民性

人民性是总体国家安全观和国家安全系统的本质属性。2014 年首次提出总体国家安全观时，习近平总书记就将“人民安全”置于包括政治安全在内的所有国家安全要素的首位，强调国家安全工作要“以人民安全为宗旨”，要“一切为了人民、一切依靠人民”。刘跃进等（2022a）指出，在不断丰富国家安全要素的同时，习近平总书记不断发展和丰富“以人民安全为宗旨”的国家安全价值观。把人民安全置于国家安全所有其他要素之前，首先强调“以人民安全为宗旨”，这充分说明，在整个国家安全系统中，无论最终包括多少要素，也无论这些不同要素在国家安全系统中处于什么地位，人民安全都处于各种要素的首位，是整个国家安全系统的核心要素。

（二）整体性

整体性即总体性，是国家安全系统的核心属性。整体性强调将事物作为统一体，对事物进行整体把握，看到整体具有而组分系统所没有的功能和属性，进而发挥整体优势。在系统整体性的规定中，各关联要素以某种有机统一的同向关系塑造整体。整体性重视统一整体的特征，认为整体具有涌现效应，会涌现出不同于组分系统的新特征和新功能。面向新时代，进入新阶段，立足新形势，习近平总书记从系统整体视角重新全面考察国家安全问题，把国家安全大系统放到古今中外的整体场域中进行思考，明确历史与现实、国内与国际交汇点上国家安全新特点。

（三）全面性

全面性是国家安全系统的状态属性。常规阐述国家安全时，一般将国家安全狭义理解为单一的国家安全状态。然而从系统安全治理全对象（王秉，2022c）的广义层面看，国家系统安全治理需关注国家安全、国家安全威胁、国家安全事件及国家危机四种不同对象。针对某一单一系统安全治理对象的国家系统安全治理体系无法全面保障国家系统安全。为提升国家系统安全保障能力和安全韧性，国家系统安全治理体系需针对国家系统安全治理全对象设计和实施。唯有这样，无论出现何种国家系统安全治理对象，国家系统安全治理都有相应准备和措施来保障国家系统安全，才能实现全环节、全天候、全方位与全覆盖的国家系统安全治理。近年来，涉及国家系统安全治理多对象的安全问题频发，同时，随着新领域、新业态等的不断出现，各类新型国家安全威胁（国家安全风险）、新型国家安全事件、新型国家危机不断涌现，国家系统安全治理对象不断多元化，涉及国家系统安全治理多对象的安全问题会日益增多。

（四）多元性

多元性是国家安全系统的要素属性。一方面，多元性强调不断扩大系统内涵，兼顾各种要素，推进整体协调发展。例如，刘跃进等（2021）认为，这种多元性思维下的“国家安全”，是构成国家安全所有要素的安全，指向的是国家所有国民、所有领域、所有方面、所有层级的安全。另一方面，在系统多元性的规定中，系统要素不是1+1+1之类的机械相加，而是有重点、有主次地有机统一。习近平总书记提出的总体国家安全观赋予国家安全多元性内涵，兼顾国家安全系统各要素，并有重点、有主次地把握各要素在系统内的地位和作用，其系统思维符合马克思主义唯物辩证法的基本要求，表现在坚持“重点论”和“两点论”的“全面性”上。马克思主义唯物辩证法“重点论”强调在认识复杂事物的发展过程中，要着重抓住主要矛盾，在研究某一矛盾时，要着重抓住主要矛盾的主要方面，防止出现“均衡论”；“两点论”强调在认识复杂事物的发展过程中，要在抓主要矛盾的同时，不忽略次要矛盾，在抓主要矛盾的主要方面的时候，不忽略次要方面，防止陷入“一点论”。习近平总书记提出的总体国家安全观全面包含各关联要素，并有重点地推进，纠正了以往国家安全观单线式、平面式、“均衡论”和“一点论”思维的偏差（戴开成和李红革，2022）。

（五）交互性

交互性是国家安全系统的空间属性。从空间理论的历史演进脉络看，空间理论经历了从物理空间到社会空间再到信息空间，从一元空间到二元空间再到三元空间的多维度多向度辐射演化。当前，传统“物理–社会”二元空间已在信息化的催化作用下演变为“物理–社会–信息”三元空间。在三元空间融合时代，国家安全问题正逐渐演变为三元空间交互的安全问题。例如，核安全问题就是典型的三元空间交互的安全问题，核安全需同时确保三元空间的安全。一是物理空间的安全：确保核燃料、运行过程中产生的放射性物质和机器设备设施等的安全；二是社会空间的安全：确保核工作人员的行为安全，并有效防控恐怖活动等社会蓄意破坏行为的影响；三是信息空间的安全：在当前高度信息化的时代，核安全管理主要依赖于信息系统，若信息系统本身的安全无法得到保障，一旦信息系统瘫痪，就可能引发系统性安全风险（王秉，2022c）。

（六）关联性

关联性是国家安全系统的结构属性。关联性是系统思维的一个重要外在特征，强调用联系的观点看待问题，用联系的方法组织实施和解决问题。在系统思维中，系统内各要素、系统与系统、系统与要素彼此在某种维度上相互关联，共同塑造系统的整体功能。系统要素的关联性是形成要素协调、行动合力的基础性保障，以要素合力促推系统总体性发展，须首先找准各关联要素及要素的相互关联性。习近平总书记提出的总体国家安全观超越以往隔绝地看待各领域安全问题的思维方式，从国际与国内、国家与社会、国土与国民等多个维度的整体性和同一性出发，认识到各种安全问题的交织性、联动性、共振性，从而提出以系统要素形成协调行动的合力，共同推进国家安全建设（戴开成和李红革，2022）。

（七）开放性

开放性是国家安全系统的边界属性。国家安全系统的要素范畴不是静止的、稳定的、恒定不变的，而是伴随自身实际和环境变化，在“安全化”（非国家安全系统要素转化为国家安全系统要素）和“去安全化”（国家安全系统要素转化为非国家安全系统要素）双重机制影响下演化迭代的。例如，水安全，某一池塘的水安全显然不属于国家安全，但长江、黄河这类流域巨大、影响深远的水域，或澜沧江这类国际河流的安全，则可“安全化”为国家安全系统要素。从时间尺度看，过去隶属于国家安全系统的要素，可能由于技术进步、环境变化等“去安全化”为非国家安全系统要素；过去不存在或不干涉国家安全的因素可能由于形势和环境的发展而“安全化”为国家安全系统要素。例如，网络安全在互联网诞生前并不存在，而如今却是国家安全系统中的关键要素之一（王秉和史志勇，2023）。

（八）动态性

动态性是国家安全系统的变化属性。不同于开放性强调国家安全系统边界的开放，动态性突出的是国家安全系统要素的消长变化关系。在系统动态性的规定中，随着时间、环境等各因素变化，一个良性系统的内部结构会随之发生变化，并且系统与其他系统、外在环境的联系也在动态变化。习近平总书记深刻把握系统思维的科学内涵，在构建国家安全体系时，以动态性思维考量系统及各要素的现状、范畴和边界，一手抓当前，一手谋长远，形成了立足现实、着眼长远的动态的总体国家安全观（戴开成和李红革，2022）。

（九）统筹性

统筹性是国家安全系统的运行属性。习近平总书记提出的总体国家安全观，先后涉及国家安全领域七大关系的“七个统筹”，分别是“统筹发展和安全”“统筹开放和安全”“统筹外部安全和内部安全”“统筹国土安全和国民安全”“统筹传统安全和非传统安全”“统筹自身安全和共同安全”“统筹维护国家安全和塑造国家安全”（刘跃进，2022b）。这“七个统筹”是总体国家安全观不可分割的重要组成部分，其中蕴含的统筹思想亦是国家安全系统思想在实践方法指导层面的重要内容，统筹性成为国家安全系统的运行属性。

（十）复杂性

复杂性是国家安全系统在复杂性科学视域下的综合属性。国家安全系统的复杂性包括国家安全系统的内禀复杂性和国家安全系统在实践中遇到的复杂性问题。国家安全系统的内禀复杂性，包括国家安全主体的复杂性、国家安全体系和能力的复杂性、国家重大利益的复杂性、国家安全关系的复杂性和国家安全环境的复杂性。国家安全系统在实践中遇到的复杂性问题，包括复杂协同问题、复杂适应问题和复杂风险问题。其中，复杂协同问题是在国家安全实践中国家安全系统要素的协同问题；复杂适应问题是国家安全系统对复杂性风险的适应问题；复杂风险问题是国家安全风险的耦合联动与级联传导问题（王秉等，2023b）。

四、本节结语

对于国家安全这类典型的交叉研究领域，研究极易偏离学科研究对象，导致“耕了别人家的地，荒了自己家的田”。因此，对于国家安全系统学这一典型的交叉研究领域而言，明确研究对象就显得尤为重要。本节提出国家安全系统学的研究对象是国家安全系统，并论述了国家安全系统的内涵、结构和属性。本节研究可为国家安全系统学“锚定初心”，为国家安全系统学建设和发展提供最基础的“路标”，使国家安全系统学研究始终紧紧围绕国家安全系统这一研究对象展开。

第二节　国家安全系统学的研究范畴

国家安全系统学的研究对象为国家安全系统，这是清晰明确的，但国家安全系统学的研究范畴，即国家安全系统的边界、要素和结构，具有一定模糊性和复杂性。下面分析国家安全系统学研究范畴的主要特征，以逐渐明晰国家安全系统学的研究范畴（王秉和史志勇，2023）。

一、研究范畴的动态开放性

国家安全学是一个动态开放的系统（刘跃进，2003），是一个多元主体互动研究的公共平台，是广交叉大综合远延伸的“学术涟漪”而非“学术高阁”，其涉及多领域、多层次、全过程、全周期、全空间。这并非意味着国家安全学“泛安全”和“无边界”，国家安全系统之边界即为国家安全系统学之边界和国家安全学之边界。国家安全系统具有动态开放特性。

从动态看，国家安全系统要素不是静止的、稳定的、恒定不变的，而是伴随环境变化，在“安全化”（非国家安全系统要素转化为国家安全系统要素）和“去安全化”（国家安全系统要素转化为非国家安全系统要素）双重机制影响下动态迭代。例如，水安全，某一池塘的水安全显然不属于国家安全，但长江、黄河这类流域巨大、影响深远的水域，或澜沧江这类国际河流的安全，则可“安全化”为国家安全系统要素。

从时间尺度看，过去隶属于国家安全系统的要素，可能由于技术进步、环境变化等“去安全化”为非国家安全系统要素。国家安全系统要素随国家安全主体及时空预设而客观动态变化，国家安全系统学研究范畴划定时需立足动态视域，统筹“安全化”和“去安全化”两种机制，如图 3-4 所示。

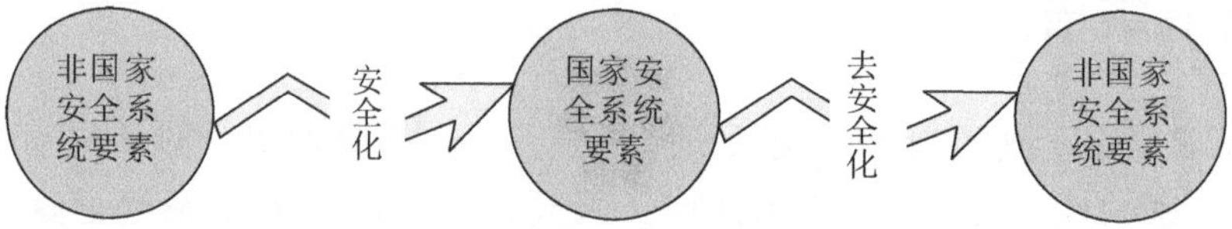

图 3-4　国家安全系统的动态开放特性示意图

二、研究范畴的复杂关联性

就国家安全系统自身而言，国家安全系统不是一维的、单层的、封闭的，而是多维的、多层的、开放的，是一个连续谱。国家安全系统内含多领域、多层次、多要素，各领域间、各层次间、各要素间并非割裂、完全独立，而是具有或显性或隐性的密切连接。国家安全系统要素将国家安全风险向其他要素辐射蔓延，各要素间安全风险叠加耦合，形成国家安全系统涟漪，如图 3-5 所示。因此，在国家安全系统思维统合指导下，每一领域都应“+国家安全”（王秉等，2019），这不是“威胁论”与“泛安全”，而是安全本质与安全回归，正如党的二十大报告强调“把维护国家安全贯穿党和国家工作各方面全过程”和“夯实国家安全和社会稳定基层基础”①。由此可见，国家安全系统学研究应遵循普遍联系的原理，统合关涉国家安全的各方面全过程。

① 习近平：《高举中国特色社会主义伟大旗帜　为全面建设社会主义现代化国家而团结奋斗——在中国共产党第二十次全国代表大会上的报告》，《人民日报》2022 年 10 月 26 日．

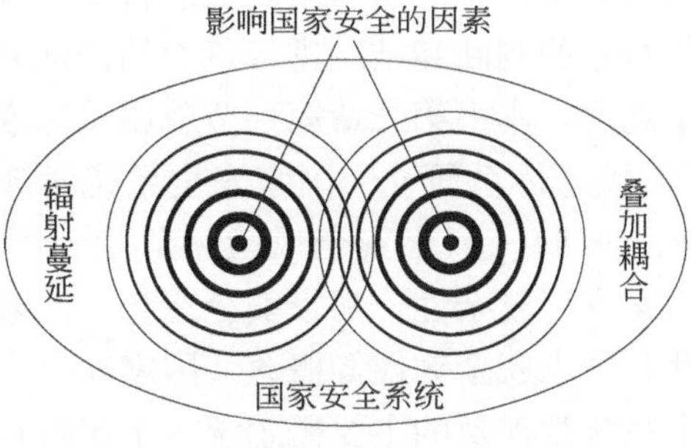

图 3-5　国家安全系统涟漪模型

三、本节结语

本节主要通过分析国家安全系统学研究范畴的特征来探讨国家安全系统学的研究范畴。概括而言，国家安全系统学的研究范畴具有动态开放性和复杂关联性。国家安全系统要素随国家安全主体及时空预设而客观动态变化，国家安全系统学研究范畴划定时需立足动态视域，统筹“安全化”和“去安全化”两种机制。同时，国家安全系统内的各领域间、各层次间和各要素间具有或显性或隐性的相互关联，因此国家安全系统学研究应遵循普遍联系的原理，统合关涉国家安全的各方面全过程。

第三节　国家安全系统学的研究内容

研究内容是重要的学科基本问题之一。厘清一门学科的研究内容体系能够为这门学科的后续研究提供可能的问题导向、课题选择、研究前景和学科发展思路。国家安全系统学的研究内容可分为国家安全系统基础理论研究、国家安全复杂系统理论研究、国家安全体系和能力理论研究、国家安全系统技术与方法及其应用研究四部分。

一、国家安全系统基础理论研究

国家安全系统学中的国家安全系统基础理论对应于系统科学中的一般系统论或系统科学概论（陈忠和盛毅华，2005）。国家安全系统基础理论研究主要包括以下研究内容。

1）国家安全系统思想研究。研究什么是国家安全系统思想，国家安全系统思想包括哪些基本方面或基本内容。这里涉及系统哲学层次的内容。要从科学的角度加以研究，就必须对它的判断和结论进行科学的论证和检验，以证明国家安全系统思想是一种科学观念。本书第二章第一节就属于国家安全系统思想研究。

2）国家安全系统学概念体系研究。国家安全系统学涉及国家利益、国家重大利益、国家安全事件、威胁、国家安全风险、危险、国家安全、国家安全状态、国家安全系统、国家安全复杂性、国家安全态势、国家安全体系、国家安全能力、国家安全脆弱性及国家安全韧性等概念。国家安全系统学概念体系研究要做的工作是把国家安全系统学涉及的主要概念统一于逻辑自洽的体系之中。本书第一章第二节就属于国家安全系统学概念体系研究的核心内容。

3）国家安全系统原理规律研究。国家安全系统原理规律研究，包括国家安全系统的要素、秩序、结构、性态、特征、价值、发展演化规律及其与环境关系等的研究（王秉和史志勇，2023）。系统是由多个部分组成的整体，并以整体的形式存在于环境之中，与环境发生相互作用，从中表现出各种各样的属性。因此，国家安全系统原理规律研究可以从三方面展开：①研究国家安全系统内部的要素、秩序和结构；②研究国家安全系统外部表现出的性态、特征及价值；③研究国家安全系统在时空中的发展演化规律及其与环境的关系。本书第三章第一节就属于国家安全系统原理规律研究。

二、国家安全复杂系统理论研究

国家安全系统是一类典型的复杂系统。国家安全复杂系统理论研究包括两方面研究内容。

1）国家安全复杂系统的复杂性现象和复杂运动规律研究。研究内容包括国家安全主体的复杂性研究、国家安全体系和能力的复杂性研究、国家安全关系的复杂性研究、国家重大利益的复杂性研究、国家安全环境的复杂性研究、国家安全问题（包括国家安全风险）的复杂性研究、国家安全治理的复杂性研究和国家安全系统的复杂性演化（包括突变、耗散、湮灭、混沌和自组织等）研究，以及国家安全的复杂性测度研究等（王秉等，2023b）。本书第四章将专门论述国家安全复杂性。

2）国家安全复杂系统的复杂性治理研究。国家安全复杂系统的复杂性治理研究，包括国家安全复杂系统的内部复杂性治理研究与环境复杂性治理研究。其中，国家安全复杂系统的内部复杂性治理研究，试图从国家安全复杂系统内部的复杂性现象与复杂运动中寻找规律性，探索国家安全复杂系统内部复杂性问题的应对机理与路径；国家安全复杂系统的环境复杂性治理研究，主要研究国家安全复杂系统环境中的复杂性风险的防范化解机理与路径，以及从国家安全复杂系统自身出发的应对不确定风险挑战考验的国家安全复杂适应系统建构机理与路径（王秉等，2023b）。本书第九章将面向国家安全复杂系统的复杂性治理，探索研究国家安全韧性。

三、国家安全体系和能力理论研究

国家安全体系和能力是国家安全系统学的主要研究内容之一。国家安全体系和能力理论研究包括两方面研究内容。

1）国家安全体系和能力基础理论研究。在国家安全体系方面，研究国家安全体系的定义、内涵、特征、构成和发展历程，以及国家安全体系的需求分析、架构设计、集成构建、能力生成、发展演化、分析评价与改进优化等的原理与规律。在国家安全能力方面，研究国家安全能力的缘起、内涵、特征、构成和发展历程，以及国家安全能力的集成建设、统筹协调、效能转化和发展演化等的原理与规律。在国家安全体系和能力方面，研究国家安全体系和能力的内涵及其相互关系。本书第六章和第七章将专门论述国家安全体系和能力。

2）面向国家安全体系和能力现代化的应用基础理论研究。首先，面向国家安全体系现代化，围绕健全国家安全体系开展系列研究，主要研究议题包括：第一，坚持党中央对国家安全工作的集中统一领导，完善高效权威的国家安全领导体制；第二，强化国家安全工作机制（如国家安全工作协调机制、国家安全风险防范化解机制、反制裁机制、反干涉机制、反“长臂管辖”机制等）体系与国家安全工具（如国家安全法治体系、国家安全战略体系、国家安全政策体系、国家安全风险监测预警体系、国家应急管理体系、国家安全人才体系、国家安全情报体系、国家安全教育体系、国家安全文化体系、国家安全技术与装备设施体系等）体系建设；第三，完善具体领域安全保障体系（如经济安全保障体系、重大基础设施安全保障体系、金融安全保障体系、网络安全保障体系等）与具体区域安全防护体系，构建全域联动、立体高效的国家安全防护体系。其次，面向国家安全能力现代化，围绕增强维护国家安全能力开展系列研究，主要研究议题包括重点领域安全能力建设、海外安全保障能力建设、防范化解重大风险能力、各级领导干部统筹发展和安全能力及全民国家安全意识和素养等。最后，围绕国家安全体系和能力现代化开展总体研究，如明确国家安全体系（现代化）与国家安全能力（现代化）之间的相互关系，探讨国家安全体系和能力现代化的内涵、基本逻辑、基本内容和推进路径等（王秉等，2023c）。本书第八章将专门论述国家安全体系和能力现代化。

四、国家安全系统技术与方法及其应用研究

国家安全系统工程是架设在国家安全系统思想理论与实际应用之间的桥梁，国家安全系统工程需要综合运用各种国家安全系统技术与方法，因此，国家安全系统技术与方法及国家安全系统工程是国家安全系统学必不可少的基本研究内容。

1）国家安全系统技术研究。国家安全系统技术所要解决的是不同类型系统相对具体的问题，其中包括国家安全系统控制中的技术问题（国家安全系统控制论），国家安全系统信息连接中的技术问题（国家安全系统信息论），以及国家安全系统建构中的预测、决策、规划、计划等问题（国家安全系统运筹学）。

2）国家安全系统方法研究。国家安全系统方法研究包括三个层次：第一，系统观念层次的方法研究，以系统观、系统概念为核心，为研究各类国家安全系统提供一般的思路和原则。第二，系统理论层次的方法研究，以系统观为指导，为研究国家安全复杂系统提供可参考的模型和原理等。第三，专门的具体方法研究，针对国家安全系统研究与实践面临的特殊情况或特殊问题而研究专门方法。本书第五章将探索研究国家安全态势感知塑造方法与技术。

3）国家安全系统工程研究。国家安全系统工程研究，主要研究国家安全系统工程方法、逻辑思路、工作程序、数学模型等。国家安全系统工程是最接近实际应用的一个层次，从逻辑上讲，它应该处在国家安全系统学的最底层，是最基础的层次。国家安全系统工程所要解决的问题比技术与方法问题更为具体，它所针对的不是一类对象而是某个具体的对象。每个对象都有自己不同于其他对象的特殊属性和特殊环境。解决工程问题需要考虑特定的时机、具体性质、工作对象和工作主体不同的目的等。

五、本节结语

本节根据一般学科的研究内容划分思路，提出国家安全系统学的四层次研究内容：国家安全系统基础理论研究、国家安全复杂系统理论研究、国家安全体系和能力理论研究、国家安全系统技术与方法及其应用研究。其中，国家安全系统基础理论研究主要包括国家安全系统思想研究、国家安全系统学概念体系研究和国家安全系统原理规律研究；国家安全复杂系统理论研究主要包括国家安全复杂系统的复杂性现象和复杂运动规律研究、国家安全复杂系统的复杂性治理研究；国家安全体系和能力理论研究主要包括国家安全体系和能力基础理论研究、面向

国家安全体系和能力现代化的应用基础理论研究；国家安全系统技术与方法及其应用研究主要包括国家安全系统技术研究、国家安全系统方法研究及国家安全系统工程研究。本节研究可为国家安全系统学的后续研究提供可能的问题导向、课题选择、研究前景和学科发展思路。

第四节　国家安全系统学的研究方法

由于国家安全系统学具有特有的研究对象及研究范畴，尤其是国家安全系统学在国家安全学学科体系中所具有的基础性、普遍性与媒介性，决定了国家安全系统学必然要形成具有自身特色的研究思路和研究方法体系（王秉和史志勇，2023）。

一、国家安全系统学的研究思路

逻辑起点和思路决定研究方法。将系统科学思想运用于国家安全领域，可得到“国家系统安全思维”和“国家安全系统思维”两种研究思路（王秉和史志勇，2023）。

所谓国家系统安全思维，是指运用系统工程原理、方法和技术，甄别、分析与评价国家系统及各级子系统面临的威胁，并采取相应安全维护策略，进而防控国家安全事件。运用国家系统安全思维研究国家安全，是先将国家系统按一定方式划分为若干子系统，进而从各子系统出发研究国家安全问题。例如，按照领域，可将国家系统划分为政治、军事、国土、经济、金融、文化、社会、科技、网络、粮食、生态、资源、核、海外利益、太空、深海、极地、生物、人工智能、数据等领域，从各领域出发分别研究各领域蕴含的国家安全问题，如政治、军事、国土、经济等各领域安全问题。这种研究思路以各领域安全事件防控为目标，从局部安全出发，各层级叠加形成国家安全系统，带有“减损”的负向维护性质。

所谓国家安全系统思维，是指将国家安全自身作为相对独立系统，以国家安全系统为研究对象，以优化国家安全系统和国家安全促进为目的，从国家安全本源出发，探析国家安全系统的本质属性与运行规律。这种研究思路以国家安全促进为目标，从国家安全系统出发，推进国家安全体系和能力建设，带有“增益”的正向塑造性质，是更高层次更具前瞻性的国家安全维护。

上述两种研究思路彼此关联，相辅相成。其中，国家系统安全思维的应用实践需依托国家安全系统思维从安全本身出发，提供更高层次的理论支撑；基于国家安全系统思维而形成的国家安全基础理论需借助国家系统安全思维进行落地实践。国家安全系统学应统合上述“国家系统安全思维”和“国家安全系统思维”两种研究思路，统筹维护国家安全和塑造国家安全目标，既从各领域出发，发展各领域国家安全维护之法，又从国家安全系统自身出发，探索国家安全系统塑造之道。

综合看，国家安全系统学研究可分为国家安全系统思维和国家系统安全思维两条研究进路。第一，国家安全系统思维进路。国家安全系统学研究与实践，需先探析国家安全系统的本质安全属性，即基于系统视角，探究国家安全系统的要素、秩序、结构、性态、基本特征、价值、发展演化规律及其与环境的关系等基础理论。第二，国家系统安全思维进路。在基于国家安全系统思维建立的国家安全系统基础理论基础上，开展国家安全复杂系统理论研究、国家安全体系和能力理论研究、国家安全系统技术与方法及其应用研究等。

二、国家安全系统学的研究方法体系

系统科学作为国家安全系统学的学科支撑，其研究方法可为国家安全系统学研究提供方法支撑。当前，系统科学界已对系统科学研究方法开展大量研究（苗东升，2016；段晓君等，2019；陈忠和盛毅华，2005），这里提出国家安全系统学研究方法体系，包含国家安全系统整体性研究、国家安全系统横断研究与国家安全系统分解研究三层次，如表 3-1 所示（王秉和史志勇，2023）。其中，国家安全系统整体性研究是国家安全系统学研究方法体系的核心，也是系统科学的底层逻辑。国家安全系统要素繁多且具有复杂关联，若仅聚焦国家安全系统局部，则无法理解国家安全系统整体的结构、秩序、功能、价值和演化，更无法统筹协调国家安全系统各要素以实现国家安全系统安全性的整体提升。国家安全系统横断研究是从国家安全系统的某一视角切入开展研究，例如，运用比较研究法、相似研究法，研究国家安全子系统间或国家安全学分支学科间的关联。由于国家安全系统涵盖范围极广，包含各领域、各层次和各方面，因此，除需开展国家安全系统整体性研究与横断研究外，还可按一定规则将国家安全系统分解为若干子系统，针对国家安全系统的子系统开展研究。

三、本节结语

本节主要阐述了国家安全系统学的研究思路和研究方法体系。在研究思路方面，提出国家安全系统学研究应统合“国家系统安全思维”和“国家安全系统思维”两种研究思路：首先探析国家安全系统的本质安全属性，即基于系统视角，探究国家安全系统基础理论；其次，在基于国家安全系统思维建立的国家安全系统基础理论基础上，开展国家安全复杂系统理论研究、国家安全体系和能力理论研究、国家安全系统技术与方法及其应用研究等。在研究方法体系方面，提出包含国家安全系统整体性研究、国家安全系统横断研究与国家安全系统分解研究三层次的研究方法体系。本节研究为国家安全系统学研究提供了可资借鉴的研究思路和方法。

表 3-1 国家安全系统学研究方法体系

层次名称	方法名称	具体释义
国家安全系统整体性研究	辩证唯物法	辩证唯物法要求国家安全系统学研究要坚持实事求是的原则，实事求是地认识、分析和研究国家安全系统；坚持对立统一规律，统筹国家重大利益与国家安全威胁、国家安全损害与国家安全防护、国家安全冲击与国家安全韧性，抓主要矛盾与矛盾的主要方面；坚持量变质变规律，尊重国家安全系统演化的客观规律，根据可能发生突变的阈值，防范系统性国家安全风险；坚持否定之否定规律，破除绝对安全神话，在运动中不断优化国家安全系统
	综合集成法	综合集成法以“系统之上的系统”为研究视域，它是对各种综合的集成和各种集成的综合的统合，是对不同层次、不同领域的国家安全信息和知识进行综合集成，以实现对国家安全系统的定性定量认识（孙东川等，2019）。综合集成法是对还原论与整体论、定性与定量、宏观与微观、确定与不确定、自组织与他组织，以及各种国家安全观念、理论、模型、方法和技术等的统合
	系统建模法	将国家安全系统进行抽象和简化，根据其要素、关联、结构、秩序、功能与价值，建立概念模型、理论模型、逻辑模型、数学模型，甚至在此基础上，借助数智技术构建国家安全系统的数字孪生体
国家安全系统横断研究	层次分析法	与一般系统同理，国家安全系统具有多层次结构。例如，国际安全-国家安全-公共安全、国家安全-城市安全-社区安全、国家安全-省域安全-市域安全-县域安全、农业安全-农村安全-农民安全等。对国家安全系统问题进行层次分析，可使复杂系统问题条理化，帮助厘清国家安全系统各层级关联，提升国家安全系统整体性认知
	比较研究法	运用比较安全学思维与方法（曹莹莹和吴超，2013），通过对同一发展阶段的不同国家安全系统、不同发展阶段的同一国家安全系统或国家安全系统中各领域、各方面和各层次的国家安全系统要素进行比较分析，揭示国家安全系统间和国家安全系统要素间的共同点和差异点，进而归纳国家安全系统特性，提出普适性的国家安全系统优化策略。比较研究法以某一层面为切入点，将不同系统或系统的不同要素进行纵向、横向比较，从整体与横断两个维度实现对国家安全系统的综合分析

续表

层次名称	方法名称	具体释义
国家安全系统横断研究	相似研究法	相似研究法是根据国家安全系统内部和国家安全系统间的相似特征，研究相似系统的结构、功能、演化、协同和控制等的一般规律，进而对国家安全系统开展相似分析、相似评价、相似治理、相似规划、相似设计、相似决策与相似优化等，以实现国家安全系统的协同联动与高效运行（吴超和贾楠，2016）
国家安全系统分解研究	分解研究法	将国家安全系统按一定规则分解为若干子系统，针对国家安全系统的子系统开展研究。例如，将国家安全系统按领域分为政治安全系统、军事安全系统、经济安全系统等，按手段分为国家安全法律系统、国家安全政策系统、国家安全情报系统等，按能力分为国家安全态势感知系统、国家安全风险控制系统、国家安全韧性系统等

※本章小结※

为明晰国家安全系统学的学科基本问题，给国家安全系统学建设和发展提供基本研究框架，同时也给读者提供国家安全系统学的整体概貌，本章主要分析了国家安全系统学的四个学科基本问题——研究对象、研究范畴、研究内容和研究方法。通过本章学习，主要得到以下六方面认识：①国家安全系统学以国家安全系统为研究对象；②国家安全系统具有人民性、整体性、全面性、多元性、交互性、关联性、开放性、动态性、统筹性和复杂性等特征；③国家安全系统学的研究范畴具有动态开放性和复杂关联性，这决定了国家安全系统学研究需要立足动态视域，统筹“安全化”和“去安全化”两种机制，应遵循普遍联系的原理，统合关涉国家安全的各方面全过程；④国家安全系统学的研究内容可分为国家安全系统基础理论研究、国家安全复杂系统理论研究、国家安全体系和能力理论研究、国家安全系统技术与方法及其应用研究四部分；⑤国家安全系统学研究应统合“国家系统安全思维”和“国家安全系统思维”两种研究思路，既从各领域出发，发展各领域国家安全维护之法，又从国家安全系统自身出发，探索国家安全系统塑造之道；⑥国家安全系统学研究方法体系包含国家安全系统整体性研究、国家安全系统横断研究与国家安全系统分解研究三层次。

第四章　国家安全复杂性

※本章导读※

国家安全系统学重点关注国家安全复杂性、国家安全态势感知塑造、国家安全体系、国家安全能力（包括国家安全韧性，它是国家安全能力的升华和延伸）、国家安全体系和能力现代化五大学科关键问题。国家安全系统学所关注的五个学科关键问题中，国家安全复杂性是研究出发点和落脚点（国家安全系统学的最终目的是解析和应对国家安全复杂性），国家安全态势感知塑造、国家安全体系、国家安全能力，以及国家安全体系和能力现代化是围绕应对国家安全复杂性的系统科学理论方法。可见，国家安全复杂性是国家安全系统学的关键基础性问题。鉴于此，本章主要探究国家安全复杂性研究的缘起、分析工具及思路，在此基础上，以复杂性科学视角，从认识论、方法论和实践论三方面出发分析国家安全复杂性，以期为读者学习、认识和研究国家安全复杂性奠定基础。

第一节　国家安全复杂性研究的缘起、分析工具及思路

复杂性是国家安全系统的固有属性，国家安全复杂性是国家安全系统学的学科关键问题之一。探究和回应国家安全复杂性这一学科关键问题的逻辑起点在于梳理国家安全复杂性研究的缘起，找寻国家安全复杂性研究的分析工具，在此基础上厘清国家安全复杂性研究思路。鉴于此，下面主要论述国家安全复杂性研究的缘起、分析工具及思路，以期为国家安全复杂性研究奠定基础。

一、国家安全复杂性研究的缘起

党的二十大报告设置专章对“推进国家安全体系和能力现代化”作出总体

部署，强调“必须坚定不移贯彻总体国家安全观”①。总体国家安全观是国家安全研究与实践工作的指导思想，其精要之处在于“总体”二字，“总体”意指国家安全具有显著的复杂性（包括广泛性与系统性等）特征（袁鹏，2021）。总体国家安全观自提出以来，它的内容和涉及的领域不断扩充和丰富，并且一直在动态调整（刘跃进，2022b）。国家安全的构成要素庞杂、内容丰富、关系多样，具有高度的复杂性，是一类典型的复杂巨系统安全问题（范维澄等，2022；刘跃进，2003；王秉等，2019）。2015 年 5 月 6 ~ 8 日，国家自然科学基金委员会管理科学部、信息科学部和政策局联合召开了主题为“国家安全管理中的重大基础科学问题”的第 134 期双清论坛。在本次论坛中，范维澄等（2015）指出国家安全复杂系统与管理体系是国家安全管理中的基础科学问题，并提出包括国家安全复杂开放巨系统特征与动力学在内的一系列国家安全复杂系统与管理体系研究涉及的研究议题。可见，国家安全的复杂性对国家安全研究与实践提出了新要求和新挑战，国家安全研究与实践必须适应复杂性，国家安全复杂性研究亟待开展。

二、国家安全复杂性研究的分析工具：复杂性科学

复杂性科学是专门研究复杂性现象和问题的学科，可为国家安全的复杂性研究提供跨学科的研究视角和工具。当前，已有一些复杂性科学视域下的国家安全方面的初步探索性讨论。例如，范如国（2017）提出风险社会治理的复杂性范式；基于复杂性科学视角，毛征兵等（2018）分析了系统性经济安全风险；张海涛等（2021）认为，重大突发事件是一类动态复杂系统；王秉等（2019）提出，国家安全的本质是一类典型的复杂巨系统安全；祁昊天（2023）从复杂适应系统理论角度出发审思国家安全。已有研究均提出国家安全问题的复杂性，但尚未从复杂性科学角度充分深入论证国家安全的复杂性。

在复杂性科学学界，尽管对复杂性的定义众说纷纭，但对复杂性的来源和表征已基本达成共识（张涛，2016；齐磊磊，2017），并已形成复杂性诱因分析工具和诸多复杂性表征分析工具。首先是复杂性诱因分析工具，在复杂性科学学界，一般认为，复杂性有三大来源（叶桂平，2018）：一是客观世界本身存在的不能用简单性思维和方法解决的复杂性问题；二是学科研究方法本身的复杂性问题；三是学科实践中涌现的复杂性问题。其次是诸多复杂性表征分析工具，复杂性科学研究者提出诸多术语和概念，如小世界、无标度、混沌、分形、兼具灵活

① 习近平：《高举中国特色社会主义伟大旗帜 为全面建设社会主义现代化国家而团结奋斗——在中国共产党第二十次全国代表大会上的报告》，《人民日报》2022 年 10 月 26 日．

性与秩序性、多要素、非线性、涌现性、适应性、协同和自组织等，这些术语和概念的背后都有一整套分析工具。

综合看，复杂性科学是国家安全复杂性研究的支柱学科，能够为国家安全复杂性研究提供一系列的分析工具。开展国家安全复杂性研究应积极拥抱和运用复杂性科学领域的诸多复杂性分析工具，以期为国家安全复杂性分析提供基本的分析工具。

三、国家安全复杂性研究的思路

国家安全学是国家安全认识（需认识论指导）、国家安全研究（需方法论指导）与国家安全实践（需实践论指导）三方面的统一体。根据复杂性科学原理，从认识论角度看，国家安全的本质是复杂巨系统安全；从方法论角度看，国家安全学方法论的内在要求是复杂性范式；从实践论角度看，国家安全实践的现实路径是复杂系统工程（王秉等，2023b）。可见，国家安全复杂性分析可从认识论、方法论和实践论三方面出发。本章第二至第四节将从上述三方面出发，围绕国家安全复杂性展开详细讨论。

四、本节结语

本节主要提出国家安全系统学的学科关键问题之国家安全复杂性，论述了国家安全复杂性研究的缘起、分析工具及思路。复杂性是国家安全的固有属性，研究国家安全复杂性需要复杂性科学提供复杂性分析工具。复杂性科学领域的小世界、无标度、混沌、分形、兼具灵活性与秩序性、多要素、非线性、涌现性、适应性、协同和自组织等术语和概念的背后都有一整套分析工具，能够为国家安全复杂性研究提供基本的分析工具。分析国家安全复杂性可从国家安全认识论、方法论和实践论三方面出发，后续小节将围绕这三方面展开详细论述。

第二节　认识论：国家安全的本质是复杂巨系统安全

社会存在决定社会意识是历史唯物主义认识论的基本原理。在国家安全领域，社会意识即为总体国家安全观，社会存在即为国家安全实践（姚晗，2022）。国家安全实践决定与汇聚总体国家安全观，总体国家安全观则反映与塑造着国家安全实践。总体国家安全观的内涵丰富、外延广阔，具有复杂性，对国家安全实践具有重要的指导意义。国家安全实践则是指国家安全实践主体在国家安全实践环境条件下，利用国家安全体系，发挥国家安全能力，统筹协调国家安全关系，维护国家重大利益的过程。

国家安全实践是国家安全实践主体、国家安全实践媒介、国家安全实践客体和国家安全实践环境的统一体。其中，国家安全实践主体是国家（高奇琦和张蓥文，2023）。根据《中华人民共和国国家安全法》，中华人民共和国公民、一切国家机关和武装力量、各政党和各人民团体、企业事业组织和其他社会组织，都有维护国家安全的责任和义务。国家安全实践媒介是国家安全体系和能力。国家安全实践客体是国家安全关系与国家重大利益，其中，国家安全关系包括各领域、各方面安全间的相互关系，以及国家安全与其他领域的相互关系。根据《中华人民共和国国家安全法》，国家重大利益包括国家政权、主权、统一和领土完整、人民福祉、经济社会可持续发展和国家其他重大利益。国家重大利益拓展到哪里，国家安全实践就延伸至哪里，国家安全实践环境也随之扩大，当前的国家安全实践环境是“物理-社会-信息”三元空间（下文简称三元空间）。综合看，可以将国家安全实践主体、国家安全体系、国家安全能力、国家安全关系和国家重大利益统称为国家安全系统五要素，国家安全实践环境则属于国家安全系统环境。

国家安全实践主体、国家安全体系、国家安全能力、国家安全关系、国家重大利益和国家安全实践环境是国家安全实践的六要素。下面从这六个要素出发，分别论述国家安全实践主体、国家安全实践媒介（即国家安全体系和能力）、国家安全实践客体（包括国家安全关系与国家重大利益）以及国家安全实践环境的复杂性，从而揭示国家安全的本质是复杂巨系统安全（图 4-1）（王秉等，2023b）。

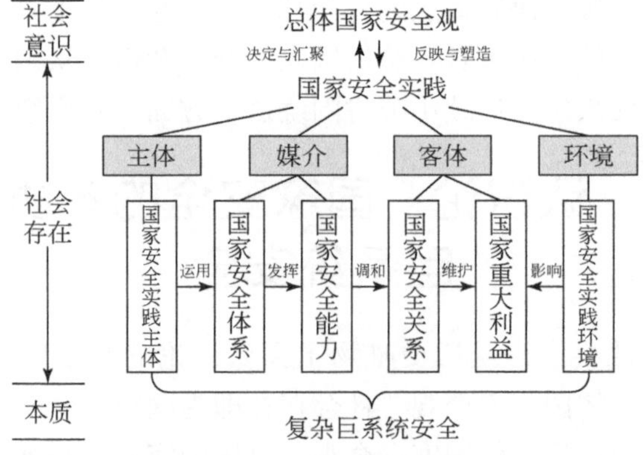

图 4-1　基于认识论的国家安全的复杂性解构

一、国家安全实践主体是小世界和无标度的复杂巨系统

首先，国家安全实践主体具有小世界特征（范如国，2014）。在国家安全实践的主体集中，国家安全实践主体间是近邻连接与间越连接（又称隧道连接）并存的连接结构①。国家安全实践主体间的近邻连接，是指国家安全实践主体间的相互影响遵循层级原则和涟漪效应，受时空制约。国家安全实践主体间的间越连接，则是指国家安全实践主体间的相互影响可跨越层级，不受时空制约。在当前全球化和数智化时代，时空高度压缩，国家安全实践主体逐渐摆脱时空制约，国家安全实践主体间的相互关联模式从近邻连接模式逐渐向间越连接模式转化过渡，这显著增加了国家安全实践主体集内部关联结构的复杂性。

其次，国家安全实践主体具有无标度特征（Watts，1999）。国家安全实践主体的无标度特征是指国家安全实践主体集要素多元，少量国家安全实践主体拥有大量连接，多数国家安全实践主体则拥有少量连接的幂律分布现象②。在中国，国家安全实践主体是多元的。其中，中央国家安全领导机构是国家安全实践主体集中的核心主体，居于全面统筹协调的主导地位；中央国家机关各部门负责管理和指导本系统、本领域国家安全工作；地方各级人民政府负责管理和指导本行政区域内的国家安全工作；国家公民、一切国家机关和武装力量、各政党和各人民团体、企业事业组织和其他社会组织，都有维护国家安全的责任和义务③。综上可见，国家安全实践主体集要素多元、关联复杂，是一个具有小世界和无标度特征的复杂巨系统。

二、国家安全体系是确定与随机、混沌与分形伴生的复杂巨系统

国家安全体系是由大规模分布与相互协作的独立国家安全系统按一定秩序和内部联系综合集成的用来生成国家安全能力的整体。从狭义角度看，国家安

① 在复杂性科学中，复杂系统的连接模式可分为近邻连接模式和间越连接模式，间越连接模式越多、复杂系统的内部关联结构则越复杂。关于复杂系统连接模式的具体介绍，参见 Watts 和 Strogatz（1998）和 Amaral 等（2000）。

② 统计物理学家习惯于把服从幂律分布的现象称为无标度现象。幂律分布就是通常所称的长尾分布。关于无标度现象的具体介绍，参见 Barabasi 和 Bonabeau（2003）。

③ 中国政府网：《中华人民共和国国家安全法》，https://www.gov.cn/zhengce/2015-07/01/content_2893902.htm(2015-07-01)[2023-03-20].

全体系是国家安全各领域的国家安全组织、机制和制度的总和（李文良，2022；王秉，2022a）。通常意义上的国家安全体系具有相对稳定性，在一定时期内具有相对确定性。但是，国家安全体系又具有随机性。国家安全体系的随机性主要体现为：一方面，国家安全体系在运行中可能因某环节执行偏差而产生连锁扩大效应；另一方面，为应对复杂性国家安全风险挑战与偶发性国家安全事件，国家安全体系中需要有不断调整的涨落力量，使国家安全体系适时优化调整和完善，以避免"一潭死水"。可见，国家安全体系是确定与随机伴生的复杂巨系统。

此外，国家安全体系内存在多重分形现象。例如，国家安全领导体制和国家安全法治体系是国家安全体系中的两类分形体，中央国家安全委员会和《中华人民共和国国家安全法》为分形生成元（即生成分形体的基本单元），地方各级国家安全机构和其他国家安全相关法律法规为相应的分形结构拓展①。整个国家安全体系是一个具有多重分形的复杂精细结构。这类复杂精细结构的脆弱性在于某一枢纽型节点的偶发性微小扰动可能随复杂分形网络蔓延，进而诱发"蝴蝶效应"，造成国家安全体系的混沌运动，使整个国家安全体系产生震荡。因此，国家安全体系是混沌与分形伴生的复杂巨系统。

三、国家安全能力是灵活性与秩序性兼备的复杂巨系统

国家安全能力是通过维护国家安全来保障国家持续安全状态的能力总和，是一系列国家安全相关能力要素构成的国家安全能力要素集（李文良，2022；苏彧和魏松，2019；张宇燕和冯维江，2021；王秉，2023b）。国家安全与否是国家安全综合能力的体现，各类国家安全能力要素的目标一致，且它们之间需要统筹协调，共同指向维护国家安全这一目标。因此，在国家安全工作中，一方面，各类国家安全能力要素需对齐目标，遵循既定要求，体现精准性与秩序性，考验单一国家安全能力要素的执行力；另一方面，各类国家安全能力要素亦需适时调整、统筹协调，体现动态性与灵活性，考验各类国家安全能力要素间的协同。综上可见，为应对复杂易变的国家安全形势和环境，国家安全能力应是灵活性与秩序性兼备的复杂巨系统。

---

① 分形体为分形理论中的概念，它是指构成要素之间及部分与整体之间具有相似性的复杂精细体系，生成分形体的基本单元称为分形生成元。关于分形理论的更多研究可参见李士勇等（2006）。

四、国家安全关系是多种关系交织的复杂巨系统

国家安全实践需要贯彻落实总体国家安全观，总体国家安全观强调统筹各种关系。第一，总体国家安全观厘定了国家安全的宗旨、根本、基础、保障和依托，明确了国家安全秩序。第二，总体国家安全观强调统筹发展和安全、统筹开放和安全、统筹外部安全和内部安全、统筹国土安全和国民安全、统筹传统安全和非传统安全、统筹自身安全和共同安全，以及统筹维护国家安全和塑造国家安全（刘跃进，2022b）。其中，发展和安全、开放和安全是国家战略层面的重要关系；外部安全和内部安全、国土安全和国民安全、传统安全和非传统安全是国家安全本身存在的重要关系；自身安全和共同安全是本国安全与他国安全之间的关系；维护国家安全和塑造国家安全是国家安全工作的两种密不可分的重要手段。第三，总体国家安全观要求统筹各领域安全，强调构建集各领域安全于一体的国家安全体系。第四，总体国家安全观要求统筹国家安全工作与党和国家的各方面工作，要求把国家安全贯穿于党和国家工作各方面全过程。综上可见，国家安全关系是多种关系交织的复杂巨系统。

在这里，将总体国家安全观中包含的各种关系通过船舶表示，以构建国家安全关系船舶模型。如图 4-2 所示，人民是中华巨轮上的乘客，人民安全是中华巨轮的宗旨所在；中国共产党是舵手，政治安全是中华巨轮行稳致远的根本；经济是发动机，经济安全是中华巨轮奋楫前行的动力基础；军事科技文化社会是船体，军事科技文化社会安全是中华巨轮劈波斩浪的坚强保障；国际环境是海洋，国际安全是中华巨轮持续运转的安全环境依托；上述讨论的总体国家安全观中的

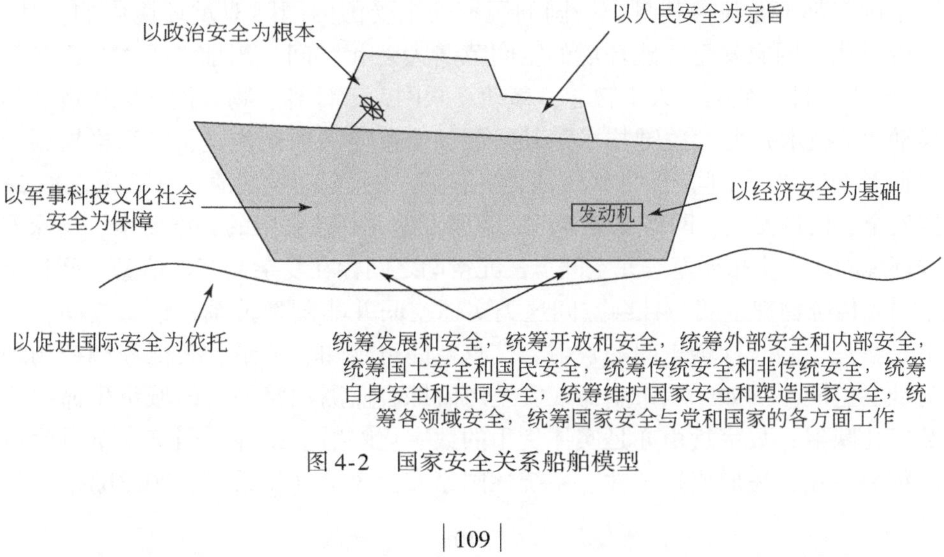

图 4-2　国家安全关系船舶模型

多种关系是驱动中华巨轮的双轮，统筹协调各种关系是维持中华巨轮持久平衡永不倾覆的关键。

五、国家重大利益是多要素关联耦合的复杂巨系统

根据《中华人民共和国国家安全法》，国家重大利益包括国家政权、主权、统一和领土完整、人民福祉、经济社会可持续发展和国家其他重大利益。根据总体国家安全观，国家安全所关注的国家重大利益的涵盖领域十分广泛，涉及政治、军事、国土、经济、金融、文化、社会、科技、网络、粮食、生态、资源、核、海外利益、太空、深海、极地、生物、人工智能、数据等多领域。同时，国家安全所关注的国家重大利益的形式多样。例如，从利益的有形与无形角度看，国家重大利益既包括有形利益（如资源安全），又包括无形利益（如文化安全）；从利益的空间布局看，国家重大利益既包括内部利益，又包括外部利益（如海外利益安全）；从利益的变化性角度看，国家重大利益既包括领土这类相对刚性和稳定的利益，又包括科学技术这类发展演化的动态利益；等等。综上可见，国家重大利益集的要素庞杂且要素间的关联复杂，国家重大利益是多要素关联耦合的复杂巨系统（王秉等，2023b）。

六、国家安全实践环境是国内国际环境叠加下的三元空间交互的复杂巨系统

首先，国家安全实践面临国内环境与国际环境叠加的形势。在全球化时代，每一个国家都不能独善其身，一国的国家安全受国内国际双重环境影响。其次，在数智时代，国家安全实践环境的空间范畴为三元空间。当前，“‘大智移云物区’+5G”（即大数据、人工智能、移动互联网、云计算、物联网、区块链和第五代移动通信技术）七大关键技术蓬勃发展，信息空间加速构建，空间格局逐步从“物理–社会”二元空间向“物理–社会–信息”三元空间发展演化（王秉，2022c）。数据安全、信息安全、网络安全等已成为国家重大利益集中的关键要素，国家安全实践环境随之逐步拓展至三元空间。三元空间之间存在复杂交互。信息空间这类虚拟空间、传统物理空间与社会空间这类实体空间并非割裂关系，信息空间一定程度上是物理空间与社会空间的映射，信息空间可感知、记录、表征和调控物理空间与社会空间。例如，城市生命线安全风险综合监测预警平台即城市生命线工程的数字化映射；数字货币亦是实体货币的数字化映射。此外，国家安全风险可跨空间传导转化，易形成复杂性、系统性国家安全风险（王秉等，2023b）。

七、本节结语

本节基于认识论维度，从国家安全实践主体、国家安全体系、国家安全能力、国家安全关系、国家重大利益和国家安全实践环境六方面出发，分析国家安全的复杂性，提出国家安全实践主体是小世界和无标度的复杂巨系统，国家安全体系是确定与随机、混沌与分形伴生的复杂巨系统，国家安全能力是灵活性与秩序性兼备的复杂巨系统，国家安全关系是多种关系交织的复杂巨系统，国家重大利益是多要素关联耦合的复杂巨系统，国家安全实践环境是国内国际环境叠加下的三元空间交互的复杂巨系统，进而可以认为国家安全的本质是复杂巨系统安全。

第三节　方法论：国家安全学方法论的内在要求是复杂性范式

方法论生发于认识论，是工具化的认识论，是面向实践论的思维模型与战略选择（王志纲，2021）。“认识问题—解决问题—最终目标”是方法论的基本逻辑。回应和解决国家安全的复杂性问题是国家安全研究和实践的出发点和落脚点。在国家安全学领域，国家安全的复杂性特征决定了国家安全学应重视国家安全方面的复杂性问题（范如国，2017；时和兴，2012；殷杰和王亚男，2016）。复杂性范式（张涛，2016）是国家安全复杂性治理的原点和旨归，是国家安全学方法论的内在要求。基于方法论的国家安全研究与实践的复杂性解构如图 4-3 所示（王秉等，2023b）。

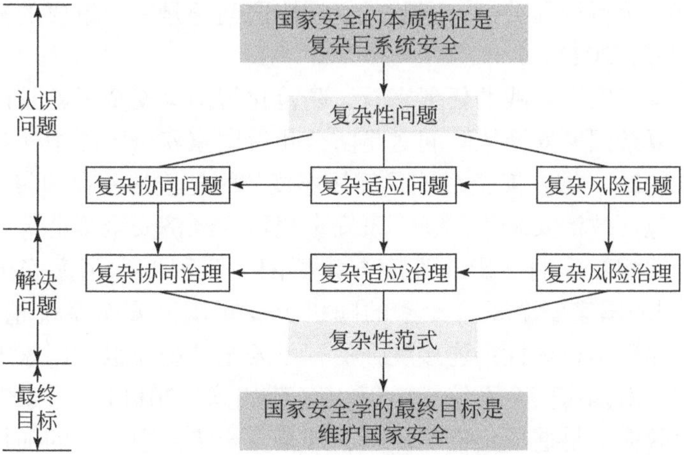

图 4-3　基于方法论的国家安全研究与实践的复杂性解构

一、复杂性国家安全问题分析

这里，从国家安全实践的工具、过程及任务三方面出发，论析三大复杂性国家安全问题（王秉等，2023b）。

第一，从国家安全实践的工具来看，国家安全体系和能力作为国家安全实践媒介，是直面国家安全威胁、维护国家安全的关键因素，因而国家安全体系和能力问题是国家安全学的核心问题。从负向来看，国家安全体系和能力问题的具体表现为脆弱性（适应性的反面），即国家安全体系和能力可能造成国家重大利益损失的薄弱之处。从正向来看，国家安全体系和能力应具有适应性，即国家重大利益在受到国家安全威胁影响时，国家安全体系产生的维护国家重大利益处于安全状态的应变、适应与恢复能力。因此，复杂适应问题是重要的复杂性国家安全问题之一。

第二，从国家安全实践的过程来看，国家安全实践是国家安全实践主体在国家安全实践环境条件下，利用国家安全体系，发挥国家安全能力，统筹协调国家安全关系，维护国家重大利益的过程。国家安全实践要素协同，包括国家安全实践主体协同（任何单一国家安全实践主体都无法具备应对国家安全问题所需的全部信息、知识、资源和能力）、国家安全体系协同（国家安全体系的子系统间协同）、国家安全能力协同（国家安全能力要素间协同）、国家安全关系协同（各领域各方面安全间的统筹协调）、国家重大利益协同（如国家发展利益与国家安全利益间协同）、国家安全实践环境协同（“物理-社会-信息”三元空间协同）以及国家安全实践六要素协同。协同是国家安全实践六要素凝结为安全共同体以实现维护国家安全目标的关键。因此，复杂协同问题是一个重要的复杂性国家安全问题（杨华锋，2022）。

第三，从国家安全实践的任务来看，防范化解国家安全风险是国家安全实践的重要任务，复杂国家安全风险问题是防范化解国家安全风险中遇到的关键问题（范维澄等，2022）。国家安全系统是近邻连接与间越连接并存的集群结构，如国家安全系统中包含政治安全集群、军事安全集群、经济安全集群等，集群内部连接密切，集群间相互影响（影响强度与集群间关联强度和国家安全威胁强度有关）。连接度弱的国家安全系统元素的随机突变对国家安全系统整体影响较弱，国家安全系统体现出鲁棒性；连接度强的国家安全系统元素在国家安全系统中起关键支配作用，对国家安全系统影响巨大（范如国，2014）。国家安全风险具有择优连接集聚效应，易造成集群型风险，即某安全集群中产生的随机震荡容易蔓延影响整个安全集群。同时，因国家安全集群间相互关联，国家安全风险可跨集群传导形成复杂性国家安全风险（王宏伟，2017），如生态安全风险可能影响粮食安全，粮食安全风险可能影响政治安全。因此，国家安全风险具有复杂性，这是制约国家安全实践效益的关键因素，复杂风险问题是重要的复杂性国家安全问题之一（王宏伟，2019）。

二、国家安全学应重视复杂性问题

国家安全学应遵循问题导向原则。由于国家安全的本质是复杂巨系统安全，国家安全面临复杂性国家安全风险的挑战和考验，因此复杂性问题是重要的国家安全学问题。根据上述分析，复杂性问题包括复杂协同问题、复杂适应问题和复杂风险问题。其中复杂协同问题是在国家安全实践中国家安全实践六要素的协同问题；复杂适应问题是国家安全系统对复杂性风险的适应问题；复杂风险问题是国家安全风险的耦合联动与级联传导效应（魏玖长，2019）。

事实上，根据复杂性科学原理，上述三类复杂性问题存在密切关联。第一，国家安全的适应性属于国家安全系统在国家安全系统环境中的宏观表征；国家安全实践要素的协同性是国家安全实践要素相互作用产生的整体效应，属于国家安全系统的中观表征；国家安全系统的微观表征是国家安全实践六要素的复杂相互作用。第二，国家安全实践六要素间的相互作用并非存在一成不变的互动规则，而是处于适应性动态变化中，不断变化的互动规则导致国家安全的复杂性。因此，根据复杂性科学中的复杂适应系统原理（陈忠和盛毅华，2005），从宏观动态层面看，国家安全的适应性造就了国家安全的复杂性，国家安全是一类复杂适应系统。第三，从目标指向看，复杂协同问题和复杂适应问题均是为防范化解复杂风险问题中涌现出的复杂性问题。

三、国家安全学应重视复杂性范式

如前所述，立足复杂性科学中的复杂适应系统理论，国家安全学的关键科学问题是如何塑造国家安全复杂适应系统，应对复杂性问题以维护国家安全。塑造国家安全复杂适应系统和应对复杂性问题需要复杂性范式，这要求在复杂性问题应对中直面并认真审思国家安全的复杂性特征，探索国家安全的复杂性机理与复杂性治理机制（范如国，2017；Luis et al.，2007）。可见，从方法论层面看，国家安全学应重视复杂性范式。

复杂性范式源自复杂性科学。复杂性范式是为应对复杂性问题而用于指导国家安全研究与实践的一组复杂性理论方法（包括复杂协同理论方法、复杂适应理论方法与复杂风险治理理论方法等）的总和。复杂性范式具有三重含义：第一，复杂性范式要求正视国家安全的复杂性问题，承认复杂性无法避免或消除，复杂性是国家安全自身的固有属性。第二，复杂性范式要求塑造国家安全系统的复杂性适应协同机制，以形成自组织、自适应的有序结构，进而提升国家安全系统应对系统内部不确定涨落和混沌运动的能力。第三，复杂性范式要求提升国家安全系统应对国家安全环境变化的复杂性适应协同能力和水平，以防范化解复杂性国家安全风险（普罗斯，2018；米歇尔，2018）。

四、本节结语

本节基于方法论维度，从国家安全实践的工具、过程及任务三方面出发，论析三大复杂性国家安全问题，即复杂协同问题、复杂适应问题和复杂风险问题，在此基础上提出国家安全学应重视复杂性问题和复杂性范式，进而可以认为复杂性范式是国家安全复杂性治理的原点和旨归，是国家安全学方法论的内在要求。

第四节　实践论：国家安全实践的现实路径是复杂系统工程

实践论是在认识论和方法论的基础上，用来指导实践的理论，是对实践的战略引领与路径导向。从实践论角度看，国家安全实践需要在异质性国家安全实践主体间形成目标共识与价值共识的基础上，构建由政府主导，多主体、多层级参与的“多中心”实践体系（范如国，2015），需要促进国家安全资源整合和国家安全关系统筹协调，建立国家重大利益识别保护机制和有效防范化解国家安全风险机制，预防系统性、复杂性国家安全风险。在国家安全实践中，任何决策的制定、机制的创建、治理行为的推行，都可能对国家安全实践产生推动或阻滞效应。因此，各类国家安全实践相关的体制、机制、行为均需有机联系形成统一的复杂系统工程，进行全盘谋划、统一部署、一体推进。通过这一复杂系统工程，国家安全复杂性范式才能有望推进，并在不断优化国家安全的实践方案中，促进国家安全系统的结构和谐与韧性提升。

国家安全实践具有复杂性，国家安全实践的现实路径在充分认识国家安全的复杂巨系统安全特征的基础上，通过践行复杂系统工程的原理与方法，推进国家安全系统的复杂性适应协同机制的建设与发展，以期最终实现维护国家安全的目标（刘跃进，2001；肖晞，2022）。复杂系统工程原理与方法是国家安全实践的基本遵循。基于复杂系统工程原理与方法的国家安全实践是对复杂性国家安全问题的科学回应，它使国家安全实践具有从国家安全理论认识到方法认识，最后到工程性实践的完整程式。同时，国家安全实践不是“认识→方法→实践”的单向过程，而是理论与实践的交互式循环与迭代升级过程，在此过程中不断优化国家安全系统（图4-4）。

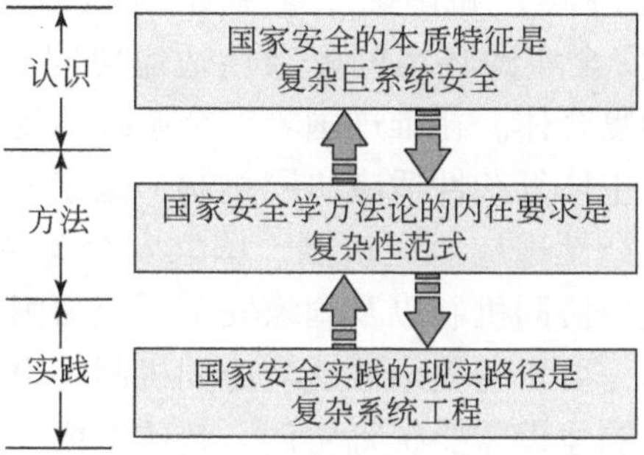

图4-4 基于实践论的国家安全实践的复杂性解构

一、国家安全实践是国家安全实践六要素及其相互关系构成的复杂巨系统

复杂巨系统是指由众多拥有共同目标的要素组成的超系统。国家安全实践要素的共同目标是维护国家安全；各个国家安全实践要素均为相对独立但又相互关联的子系统；国家安全实践过程动态变化、高度不确定；国家安全实践系统高度复杂，不断演化。因此，根据复杂巨系统基本原理，国家安全实践要素集是一类典型的复杂巨系统，它是国家安全实践主体、国家安全体系、国家安全能力、国家安全关系、国家重大利益和国家安全实践环境六要素相互作用形成的开放的复杂巨系统。国家安全实践要素间的相互作用，是国家安全实践复杂巨系统实现维护国家安全目标的关键。国家安全实践要素间的相互作用类型包括国家安全实践主体对国家安全体系的运用作用、国家安全体系对国家安全能力的生成作用、国家安全体系和能力对国家安全关系的统筹协调作用、国家安全体系和能力对国家重大利益的维护作用，以及国家安全实践环境对国家安全实践主体、媒介和客体的影响作用等。可见，国家安全实践要素多元且要素间相互作用形式多样，国家安全实践是由多要素综合集成的面向实现维护国家安全目标的复杂巨系统。国家安全实践的复杂巨系统特性，要求复杂性科学为国家安全实践体系建设和国家安全实践工作推进赋能助力。

二、以复杂性范式推进国家安全实践是一项复杂系统工程

复杂性范式分为国家安全系统内复杂性范式（国家安全实践主体、媒介和客体及三者间复杂性适应协同）和国家安全系统与国家安全环境间复杂性范式（国家安全系统与国家安全实践环境间复杂性适应协同）。可见，复杂性范式是多重复杂性适应协同的复合体。在推进国家安全系统的复杂性范式建设中，需要同时考量国家安全实践主体复杂性适应协同机制、国家安全体系复杂性适应协同机制、国家安全能力复杂性适应协同机制、国家安全关系复杂性适应协同机制、国家重大利益复杂性适应协同机制以及国家安全系统与国家安全环境间复杂性适应协同机制等建设。单一要素的复杂性适应协同机制建设具有相对独立性，各要素的复杂性适应协同机制建设需要统筹协调，整体形成一个复杂系统。因此，以复杂性范式推进国家安全实践是一项复杂系统工程。

三、国家安全“认识—方法—实践”循环是一项复杂系统工程

国家安全实践不是“认识→方法→实践”的单向过程，而是理论与实践的交互式循环和迭代升级过程，在此过程中不断优化国家安全系统。国家安全实践过程中积累的实践经验与教训，能够不断印证与校正国家安全理论认识与国家安全实践方法，进而为优化国家安全系统提供实践经验基础。国家安全实践中暴露出的问题需反馈至相关国家安全实践主体，国家安全实践主体推动国家安全体系和能力的优化改进。因此，国家安全“认识—方法—实践”循环亦是国家安全系统要素“复制—变异—选择”的适应性进化过程，这是一项复杂系统工程。

四、复杂系统工程原理与方法是国家安全实践的基本遵循

从国家安全实践的构成看，国家安全实践是国家安全实践六要素及其相互关系构成的一个复杂巨系统；从国家安全实践的推进看，以复杂性范式推进国家安全实践是一项复杂系统工程；从国家安全实践的周期看，国家安全的“认识—方法—实践”循环是一项复杂系统工程。复杂系统工程是专门运用复杂性科学、系统科学、管理科学与工程等多学科理论与方法解决复杂巨系统相关问题以实现所需目标的过程（张维明等，2010）。因此，鉴于国家安全实践的复杂性、系统性、工程性和动态循环性，国家安全实践体系构建与国家安全实践推进亟须复杂系统

工程原理与方法为之提供基础支撑。

复杂系统工程原理与方法是国家安全实践的基本遵循。例如，根据复杂系统建设原理，国家安全实践体系构建需要关注五个方面，包括国家安全实践体系的整体架构、建设标准、技术支撑、演化规律以及协同治理。根据复杂适应系统原理，国家安全实践需要关注国家安全实践要素间的相互作用，在国家安全风险防范化解中，通过调节要素间的相互作用关系，不断优化国家安全实践体系，提升国家安全实践效能。根据复杂系统工程推进过程，国家安全实践体系建设发展是包括规划、设计、部署、执行、建立、运行、反馈、评价和改进等阶段的周期性循环过程；防范化解国家安全风险的国家安全实践是国家安全态势感知、国家安全敏捷反应、国家安全威胁防御、国家安全事件缓冲、国家安全状态适应、国家安全状态恢复、国家安全学习免疫、国家安全辐射提升和国家安全持续改进九大阶段的周期性循环过程。此外，复杂系统工程基础理论、建模方法和分析技术等都可为国家安全实践助力。

五、本节结语

本节基于实践论维度，分析国家安全实践的复杂性，提出国家安全实践是国家安全实践六要素及其相互关系构成的复杂巨系统、以复杂性范式推进国家安全实践是一项复杂系统工程、国家安全“认识—方法—实践”循环是一项复杂系统工程，在此基础上得出，国家安全实践是在充分认识国家安全的复杂巨系统安全特征的基础上，通过践行复杂系统工程的原理与方法，推进国家安全系统的复杂性适应协同机制的建设与发展，以期最终实现维护国家安全目标的过程。因此，复杂系统工程原理与方法是国家安全实践的基本遵循，基于复杂系统工程原理与方法的国家安全实践是对复杂性国家安全问题的科学回应，国家安全实践的现实路径是复杂系统工程。

※本章小结※

国家安全复杂性是国家安全系统学的学科关键问题之一。为探索国家安全复杂性，明晰何为国家安全复杂性、国家安全复杂性在哪里及如何应对国家安全复杂性，为国家安全复杂性研究与实践提供基础理论与方法支撑，同时为读者揭开国家安全复杂性的“面纱”，本章主要探究国家安全复杂性研究的缘起、分析工具及思路，在此基础上，以复杂性科学视角，从认识论、方法论和实践论三方面出发分析国家安全复杂性。通过本章学习，主要得到以下六方面认识。①复杂性科学是国家安全复杂性研究的支柱学科，能够为国家安全复杂性研究提供跨学科的研究视角和工具。②根据复杂性科学原理，从认识论角度看，国家安全的本质是复杂巨系统安全；从方法论角度看，国家安全学方法论的内在要求是复杂性范式；从实践论角度看，国家安全实践的现实路径是复杂系统工程。③国家安全实践是指国家安全实践主体在国家安全实践环境条件下，利用国家安全体系，发挥国家安全能力，统筹协调国家安全关系，维护国家重大利益的过程。④国家安全实践主体是小世界和无标度的复杂巨系统，国家安全体系是确定与随机、混沌与分形伴生的复杂巨系统，国家安全能力是灵活性与秩序性兼备的复杂巨系统，国家安全关系是多种关系交织的复杂巨系统，国家重大利益是多要素关联耦合的复杂巨系统，国家安全实践环境是国内国际环境叠加下的三元空间交互的复杂巨系统。⑤复杂性范式是国家安全复杂性治理的原点和旨归，是国家安全学方法论的内在要求。⑥复杂系统工程原理与方法是国家安全实践的基本遵循，基于复杂系统工程原理与方法的国家安全实践是对复杂性国家安全问题的科学回应。

第五章　国家安全态势

※本章导读※

“善弈者谋势，不善弈者谋子”。在总体国家安全观理论体系指引下，国家安全研究与实践的关键在于，在综合感知国家安全态势的基础上，因势而谋、因势而动、因势利导、顺势而为，科学设计和全面塑造有利于发展的国家安全态势，从而为实现中华民族伟大复兴提供坚强安全保障。可见，国家安全态势是一切国家安全研究与实践工作必须面对和回应的基本问题，国家安全态势感知和国家安全态势塑造是新时代维护和塑造国家安全的思路指引和有力武器。鉴于此，本章首先界定和解析国家安全态势的相关概念，包括国家安全态势、态势感知、国家安全态势感知和国家安全态势感知塑造。其次，厘清国家安全态势感知的理论逻辑。在此基础上，耦合国家安全态势感知和国家安全态势塑造，分析国家安全态势感知塑造的属性、定位、要素和层次等基本问题。最后，构建并解析国家安全态势感知塑造模型。本章研究可为增强国家安全态势感知塑造能力，进而更好维护和塑造国家安全提供一定依据和启示。

第一节　国家安全态势的相关概念界定与解析

概念界定是对某个或一组概念进行明确和准确的定义与说明，以便于在具体讨论和研究中统一理解和使用。概念界定是研究和讨论的基础，是一个学科或专门研究的核心要素。本节主要分析国家安全态势的相关概念——国家安全态势、态势感知、国家安全态势感知和国家安全态势感知塑造，以期为国家安全态势研究奠定扎实基础。

一、国家安全态势

顾名思义，态势是系统当前状态与未来发展趋势的总称，国家安全态势则是当前国家安全状态和未来国家安全发展趋势的总称。其中，国家安全状态是指国家表现出来的实际安全情况。国家安全状态可用现实的国家安全风险情况来衡量，它与国家安全风险度之间呈负相关关系，即国家安全风险度越低，则国家安全状态越佳。一般而言，国家安全状态是保持动态变化的，可分为三种状态，即国家处于安全状态、临界状态或危险（即不安全）状态。国家安全发展趋势是指国家安全状态在时间维度的延展，是根据历史国家安全态势对未来国家安全状态的前瞻性预测。国家安全发展趋势是基于历史国家安全态势进行预测的，可用未来可能的国家安全风险情况来衡量，它与历史国家安全风险度走势之间呈正相关关系，即历史国家安全风险度降低趋势越明显，则国家安全发展趋势越佳。同样，国家安全发展趋势亦动态变化，可分为三种趋势，即国家安全发展趋势良好、平稳或恶化。国家安全状态和国家安全发展趋势二者相比较而言，二者彼此依赖、互为依据，国家安全状态是瞬时的、可评估的，是历史国家安全发展趋势的延展，是未来国家安全发展趋势预测的依据；国家安全发展趋势是历时性的、可预测的，是对历史各国家安全状态点的历时连续描述和趋势呈现，是根据历史国家安全状态对未来可能的国家安全状态的前瞻性预测。

综合国家安全状态和国家安全发展趋势看，国家安全态势是国家安全状态和国家安全发展趋势的统一体，国家安全态势可用来描述和呈现历史、当前及未来的国家安全状态和发展趋势。进言之，鉴于国家安全的复杂巨系统属性，国家安全态势包括政治、军事、国土、经济、金融、文化、社会、科技、网络、粮食、生态、资源、核、海外利益、太空、深海、极地、生物、人工智能、数据等各领域安全态势。同时，国家安全态势不仅是外部威胁的可能性和强度的描述，而且必然与一国的国家安全体系和能力的现代化程度及国家重大利益的脆弱性有关。换言之，国家安全态势是国家安全威胁、国家安全体系和能力及国家重大利益相互作用过程的整体描述和呈现。就国家安全态势研究与实践而言，国家安全态势的感知、分析和干预（塑造）是维护和塑造国家安全的基础和关键，是国家安全态势研究与实践的重点关注和重大课题。

二、态势感知

从态势感知的应用领域看，“态势感知”一词最早源于军事安全领域，而后用于航空安全、网络安全等领域。“态势感知”在不同的领域有其特定的含义。在人因工程领域，Endsley（1988）把态势感知描述为决策者对周遭环境的内在理解过程，他指出，态势感知是对环境中要素在一定时间和空间内的感知，是对其意义的理解，是对其未来状态的预测。他将态势感知划分为认知、理解和预测三个层次，将态势感知的对象确定为环境要素。在军事安全领域，White（1987）从功能角度，给出了态势感知的定义，即态势感知是构建关于作战活动、事件、时间、位置和兵力等要素融合的视图。《美国陆军野战手册》从信息角度出发，给出了态势感知的定义，即态势感知是对信息的洞察能力和技巧，以快速确定发展中的众多事件的背景及事件相关性。该定义将态势感知定位在军事安全领域，认为态势感知的对象是“发展中的众多事件”，态势感知的基础是数据信息。在20世纪90年代末，Bass（1999）将态势感知引入网络安全领域中，提出了基于异构传感器的网络安全态势感知功能模型。韩永刚提出，态势感知是一种基于环境的、动态、整体地洞悉安全风险的能力，它以安全大数据为基础，从全局视角提升对安全威胁的发现识别、理解分析、响应处置能力，最终是为了决策与行动（即安全能力的落地）①。该定义将态势感知定位在网络安全领域，指出安全态势感知的基础是安全大数据，安全态势感知的功用导向是“决策与行动”。当前，态势感知已逐步推广应用于生物安全、极端天气安全、生态安全、城市安全和太空安全等众多领域，用于感知系统当前安全状态与未来安全发展趋势，最终服务于系统安全维护。总体来看，态势感知研究呈现多领域交叉、多主题扩散趋势。

从态势感知的工具或手段看，态势感知理论、方法与技术的演进过程与机器革命、制造革命、工业革命等的发展密切相关。工业1.0时代，又被称为“机器时代”，标志性产物是蒸汽机，这一阶段资本主义生产完成了从工场手工业向机器大工业的过渡。机器的诞生与推广产生了巨大的生产效能，但同时机械事故也给机械化带来了血的教训。在这一时期，人们从生产实践中开始总结提炼安全经验，逐渐发展安全规章制度。因此，这一阶段可被称为态势感知1.0时代，即经验态势感知阶段。工业2.0时代，又被称为“电气时代”，标志性产物是电动机，电动机的发明带来了新的工业增长点。这一时期，流水线生产引发了新的伤害事故。同时，人们也开始制造简单的传感器用于安全检测，以避免伤害事故。因此，这一阶段可被称为态势感知2.0时代，即基于传感器的态势感知阶段。工业3.0时代，又被称为“信息时代”，标志性产物是计算机。信息技术使生产力蓬勃发展，同时也深刻改变了人们的生活方式。被称为信息技术三大支柱之一的传感器网络在这一阶段开始发展，其对安全领域产生了重要助推作用。传统固定式单一传感器仅有极为简单的安全检测功能，而传感器网络技术可实现大规模传感器的集成应用，安全信息量呈指数型增长。因此，这一阶段可被称为态势感知3.0时代，即基于传感器网络的态势感知阶段。工业4.0时代，又被称为“智能时代”，标志性产物是信息物理系统。特别是当前的新一代智能制造和人工智能2.0，推动物理空间、社会空间与信息空间交互融合。与此同时，信息风险也加

---

① 辛闻：《安全能力落地最重要，态势感知不是“地图炮”》，http://news.china.com.cn/txt/2017-03/29/content_40521635.htm(2017-03-29)[2023-03-20].

速而深刻影响着人们的生产生活。因此，这一阶段可被称为态势感知 4.0 时代，即基于三元空间融合的态势感知阶段。综上所述，绘制态势感知的演进过程，如图 5-1 所示。

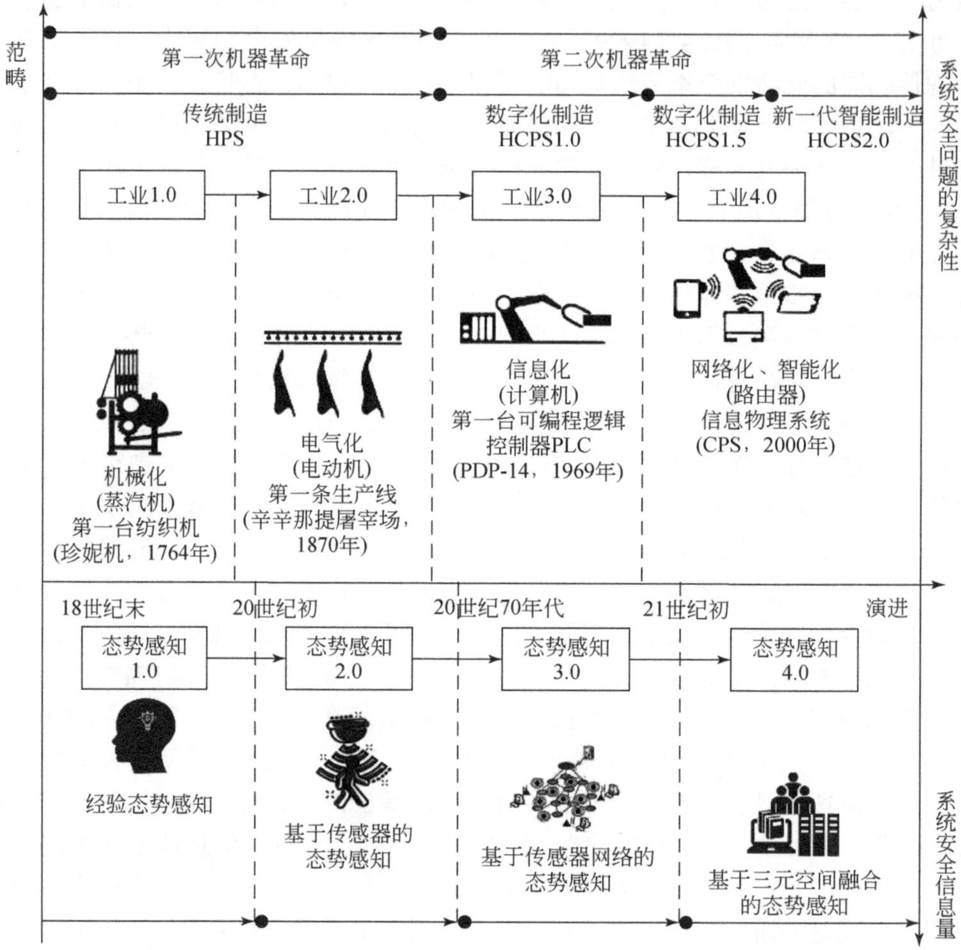

图 5-1 态势感知的演进与展望

HPS：人–物理系统；HCPS 1.0：人–信息–物理系统 1.0；HCPS 1.5：人–信息–物理系统 1.5；HCPS 2.0：人–信息–物理系统 2.0（周济等，2019）

三、国家安全态势感知

2021 年 11 月，党的十九届六中全会通过的《中共中央关于党的百年奋斗重大成就和历史经验的决议》指出，“进入新时代，我国面临更为严峻的国家安全形势，外部压力前所未有，传统安全威胁和非传统安全威胁相互交织，‘黑天鹅’、‘灰犀牛’事件时有发生”①。2023年5月30日，二十届中央国家安全委员会第一次会议对目前的国家安全形势作了最新判断，指出“当前我们所面临的国家安全问题的复杂程度、艰巨程度明显加大”“要坚持底线思维和极限思维，准备经受风高浪急甚至惊涛骇浪的重大考验”②。可见，当前，我国国家安全态势十分严峻，亟须构建跨领域、全方位的国家安全态势感知系统，推动提升国家安全态势感知能力，以全面掌握国家安全态势。

从态势感知角度看，国家安全态势感知是指对现实世界中的国家安全状态及其可能出现的变化的感知。具体而言，国家安全态势感知的对象主要包括“态”和“势”两方面，其中，“态”即国家安全本身的表象，而“势”则是国家安全表象背后的机理，由“态”到“势”是一个由浅到深、由表及里、由静态到动态的过程（王明程和李勇男，2024）。据此。可将国家安全态势感知理解为一个循序渐进的过程，即通过国家安全态势察觉对国家安全态势数据进行获取，在此基础上推动国家安全态势理解，进而对未来国家安全态势进行预测，最终推动国家安全维护的过程。

从情报角度看，国家安全态势感知是将不确定的国家安全信息转化上升为可感知与可应用的确定性国家安全态势情报的一套理论、方法与技术。从理论视角看，国家安全态势感知理论是国家安全情报学学科理论体系的重要分支理论；从方法视角看，国家安全态势感知方法是国家安全信息转化为国家安全情报的重要方法；从技术视角看，国家安全态势感知技术是融合物联网、大数据、云计算、边缘计算和机器学习等多种技术的多领域交叉技术（王秉和史志勇，2022）。

综合上述从态势感知角度和情报角度的分析，可将国家安全态势感知理解为：国家安全态势感知是指综合运用数据采集、数据分析、模型建构与评估评价等多种技术手段，获取、处理、分析表征国家安全态势的数据，实现对威胁、国家安全体系和能力缺陷及国家重大利益脆弱性的甄别描述与预测，实现对威胁、国家安全体系和能力及国家重大利益相互作用过程的动态的、整体的评估描述与预测，从而探知历史国家安全态势和当前国家安全状态，在此基础上预测未来国家安全状态发展趋势并推动国家安全态势情报应用于支撑和指导国家安全工作的一套理论、方法与技术。国家安全态势感知本质上是一种对国家安全历史和现实

① 中国政府网：《中共中央关于党的百年奋斗重大成就和历史经验的决议（全文）》，http://www.gov.cn/zhengce/2021-11/16/content_5651269.htm(2021-11-16)[2022-05-06].

② 中国政府网：《习近平主持召开二十届中央国家安全委员会第一次会议》，https://www.gov.cn/govweb/yaowen/liebiao/202305/content_6883803.htm(2023-05-30)[2023-10-31].

的映射及对国家安全未来发展的可能推断，其目的在于生成用于支撑和指导国家安全工作的国家安全态势情报。

鉴于国家安全态势具有不确定性、复杂性和系统性等特征，国家安全态势感知需要全面、系统和客观地表征国家安全状态及演变规律，从而能够服务于支撑实现实时、精准和高效地介入国家安全工作。可见，国家安全态势感知应当具备全时空、系统化和客观性等特征（王明程和李勇男，2024）。其中，全时空是时间维度的表征，即国家安全态势感知贯穿过去、现在和未来；系统化是内容维度的表征，要求国家安全态势感知能够全面、动态地感知各领域安全风险，有效应对国家安全决策过程中的信息不完备问题；客观性是应用维度的表征，要求国家安全态势感知为国家安全决策提供客观、准确的国家安全情报支撑。

四、国家安全态势感知塑造

党的二十大报告在继承和发展总体国家安全观对“五个统筹”的系列表述基础上，进一步突出了“统筹维护和塑造国家安全”的重要地位。党的二十大报告将“五个统筹”表述为“统筹外部安全和内部安全、国土安全和国民安全、传统安全和非传统安全、自身安全和共同安全，统筹维护和塑造国家安全”①，通过逗号隔开的方式凸显出对“统筹维护和塑造国家安全”的格外重视。党的二十大报告的这一表述调整并非偶然，而是与习近平总书记关于总体国家安全观的论述有着一脉相承的关系（张杨，2023）。早在2018年4月十九届中央国家安全委员会第一次会议上，习近平总书记就提出，“坚持维护和塑造国家安全，塑造是更高层次更具前瞻性的维护”②。2020年12月，中共中央总书记习近平在中央政治局第二十六次集体学习时就贯彻总体国家安全观提出10点要求，其中第九点强调“不断增强塑造国家安全态势的能力”③。

当前，国际国内各种挑战风险的累积叠加效应，给我国的国家安全和社会稳定带来了极为复杂和严峻的挑战，国家安全和社会稳定不能仅仅停留在“被动”维护层面，而要贯彻总体国家安全观，统筹维护和塑造国家安全，坚持未雨绸

---

① 习近平：《高举中国特色社会主义伟大旗帜　为全面建设社会主义现代化国家而团结奋斗——在中国共产党第二十次全国代表大会上的报告》，《人民日报》2022年10月26日.

② 中国政府网：《习近平主持召开十九届中央国家安全委员会第一次会议并发表重要讲话》，http://www.gov.cn/xinwen/2018-04/17/content_5283445.htm(2018-04-17)[2023-10-29].

③ 央视网：《习近平在中央政治局第二十六次集体学习时强调　坚持系统思维构建大安全格局　为建设社会主义现代化国家提供坚强保障》，http://news.cctv.com/2020/12/12/ARTIlby73YzUTkFRHge3tIkM201212.shtml(2020-12-12)[2023-10-29].

缪、主动出击，积极塑造保障中国式现代化的有利国家安全态势。维护国家安全和塑造国家安全是统一的，既要具备维护国家安全的能力，更要增强塑造国家安全态势的能力，通过塑造实现更高层次、更具前瞻性的维护，不断形成总体有利的国家安全战略态势。面对风高浪急甚至惊涛骇浪的风险挑战，当务之急是从理论层面对国家安全态势塑造进行概念阐释，从而为贯彻党的二十大精神和总体国家安全观、更好塑造国家安全态势提供一定启示。

实际上，国家安全态势塑造以国家安全态势感知为基础和前提，国家安全态势塑造离不开国家安全态势感知的支撑，国家安全态势感知和国家安全态势塑造二者是连续统一体。然而，目前，学界尚未将国家安全态势感知塑造作为一个整体术语进行阐释。为探明国家安全态势感知塑造的内涵，需先明确国家安全态势感知和国家安全态势塑造各自的含义。其中，国家安全态势感知的内涵前文已进行详细阐释，因此这里重点分析国家安全态势塑造的内涵。就国家安全态势塑造而言，其尚未有明确定义。根据国家安全态势（包含国家安全状态与国家安全发展趋势）与态势塑造（包含态势认识、构建、推广、维护和调整等环节的系统过程）（金正昆和徐庆超，2010）的含义，可将国家安全态势塑造理解为：以国家安全态势感知为基础，以保障国家安全为目标，通过生成并应用国家安全工作策略，调控国家安全态势的过程。国家安全态势塑造具有主动性、前瞻性、系统性和实践性。

综合国家安全态势感知与国家安全态势塑造的内涵，可将国家安全态势感知塑造理解为：基于国家安全态势感知能力，依据国家安全工作目标要求，生成并应用国家安全工作策略，对国家安全态势进行调控的过程。国家安全态势感知与国家安全态势塑造是逻辑上顺承、结构上一体的，二者有深刻的内在逻辑关联，国家安全态势感知是国家安全态势塑造的基础和前提，国家安全态势塑造是国家安全态势感知结果的实践应用。国家安全态势感知塑造的对象是国家安全系统，国家安全态势感知塑造的复杂性和难度主要由国家安全系统的层次结构与功能集成决定。当前，学界普遍认为系统空间已演变为“物理–社会–信息”三元空间（李纲等，2022；王秉，2022c），因此，国家安全态势感知塑造的逻辑起点应为国家“物理–社会–信息”三元空间系统。

从国家安全情报和国家安全角度看，国家安全态势感知塑造以保障国家“物理–社会–信息”三元空间系统安全为目标，以“洞悉国家安全态势→生成国家安全态势情报→生成国家安全工作策略情报→应用国家安全工作策略情报调控国家安全态势”为基本逻辑过程，如图 5-2 所示。

根据图 5-2，从国家安全情报角度看，国家安全态势感知塑造是通过国家“物理–社会–信息”三元空间系统安全态势感知，生成国家“物理–社会–信息”

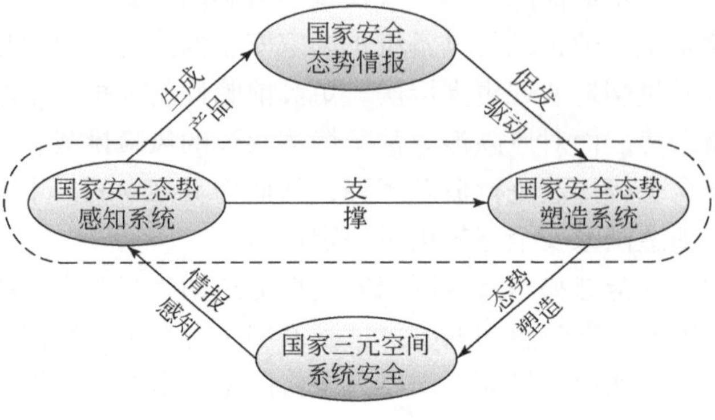

图 5-2　国家安全态势感知塑造概念框架

三元空间安全态势情报，分析国家安全态势，在此基础上，制定并执行国家安全策略情报，进而推动国家安全态势演变的过程。同时，国家安全态势感知塑造是以国家安全工作需求为牵引，以国家安全态势情报为驱动，以国家安全态势感知与国家安全态势塑造理论、方法与技术为基本要素的统一体。此外，国家安全态势感知塑造是国家安全态势感知与国家安全态势塑造进行关联和耦合的产物，是国家安全态势情报生成路径与应用范式的综合。

五、本节结语

本节主要解析了国家安全态势、态势感知、国家安全态势感知和国家安全态势感知塑造这四个国家安全态势相关概念。通过本节学习发现，国家安全态势是国家安全状态和国家安全发展趋势的统一体；态势感知理论、方法和技术可用于感知系统当前安全状态与未来安全发展趋势，它可作为国家安全态势感知研究与实践的重要支撑；国家安全态势感知本质上是一种对国家安全历史和现实的映射及对国家安全未来发展的可能推断，其目的在于生成用于支撑和指导国家安全工作的国家安全态势情报；国家安全态势感知塑造是基于国家安全态势感知能力，依据国家安全工作目标要求，生成并应用国家安全工作策略，对国家安全态势进行调控的过程。

第二节　国家安全态势感知的理论逻辑

国家安全态势可表征当前国家安全状态与未来国家安全状态发展趋势，国家安全态势感知是分析、预测和解决国家安全问题，以及塑造国家安全态势的关键。在当今信息化和万物互联时代，传统的“物理-社会”二元空间已迭代为“物理-社会-信息”三元空间（方东平等，2017）。在国家安全领域，邬江兴等（2022）指出，国家安全涉及人类生存的不同空间，包括基于物理、生物体系构成的看得见、摸得着的实体物理空间，基于人类社会系统构成的人类社会空间，基于网络信息系统构成的逻辑信息空间，以及三类空间相互交织形成的叠加带，这三类空间及其依存的体系，都是国家安全研究的对象。三元空间安全风险复杂耦合、交织叠加，三元空间交互的国家安全问题已成为当前乃至未来的重大国家安全研究课题（王秉，2022c），国家安全态势感知亟须从传统的“物理-社会”二元空间国家安全态势感知升级至面向“物理-社会-信息”三元空间国家安全态势感知。因此，研究面向三元空间的国家安全态势感知具有重要的意义。

目前，学术界围绕态势感知已开展一些研究。例如，Little 和 Frueh（2019）探讨物理空间安全态势感知传感器的任务；Martin 等（2013）提出针对社会空间的共享安全态势感知方法；管磊等（2016）提出信息空间安全态势感知平台的建设思路；杜志成（2017）构建融合物理空间与社会空间的生态安全态势感知模型；王施运等（2021）提出从三元空间视角构建国家安全事件综合态势感知与分析实验平台；李纲等（2021a）开展面向态势感知的国家安全事件图谱构建研究。综合分析发现，已有态势感知研究主要呈现出 3 方面不足：①主要聚焦在具体安全领域，鲜有面向总体国家安全的态势感知研究；②主要针对单一空间或二元空间，缺乏面向三元空间的国家安全态势感知研究；③仅有的国家安全态势感知研究主要面向突发事件，面向国家安全事件全周期的国家安全态势感知研究不足。

鉴于此，本节立足理论层面，面向总体国家安全领域，拟分析面向三元空间的国家安全态势感知的内涵，并构建和解析面向三元空间的国家安全态势感知的理论逻辑（王秉等，2023a），从而进一步丰富和发展国家安全态势感知理论。

一、面向三元空间的国家安全态势感知的内涵分析

根据国家安全态势感知的内涵，面向三元空间的国家安全态势感知将感知的对象确定为国家三元空间系统，即国家三元空间系统是国家安全信息获取的空间场域。所谓国家三元空间系统，是指以“物理-社会-信息”三元空间的视角和思维理解国家系统，将国家系统视作“物理-社会-信息”三元空间的耦合体。可见，所谓面向三元空间的国家安全态势感知，是将从国家三元空间系统获取的国家安全信息转化上升为三元空间国家安全态势情报的一套理论、方法与技术。具体而言，面向三元空间的国家安全态势感知是针对物理空间、社会空间和信息空间单一独立空间内部及三元空间之间的交互关系，综合运用数据采集、数据融

合、模型建构与评估评价等多种技术手段，实现对国家安全系统进行动态的、整体的三元空间国家安全态势的评估描述与预测，实现对三元空间国家安全威胁的甄别描述与预测，进而帮助指导面向三元空间的国家安全工作的一套理论、方法与技术。

根据上述面向三元空间的国家安全态势感知的内涵，从空间视角看，面向三元空间的国家安全态势感知是对传统态势感知理论的延拓与整合；从国家安全视角看，面向三元空间的国家安全态势感知是对国家安全多元性与空间性的揭示与初探，是以国家安全空间化的思维对国家安全问题的重新解构；从技术视角看，面向三元空间的国家安全态势感知是融合物理、社会和信息领域技术的多领域交叉技术。

二、面向三元空间的国家安全态势感知的理论逻辑构建

根据前述面向三元空间的国家安全态势感知的内涵，面向三元空间的国家安全态势感知的对象为物理空间、社会空间和信息空间单一独立空间内部及三元空间之间的交互关系。因此，需明确三元空间之间的交互作用机制。在当今三元空间融合时代，三元空间之间通过物质、能量、信息等要素流密切连接，融为一体（李纲等，2022）。由于三元空间相互连接愈加紧密，国家安全风险极易跨域传递，进而发生跨空间国家安全事件，形成三元空间国家安全事件链（王秉等，2023d）。三元空间具有差异化特性，三元空间之间存在交互界面，国家安全风险、国家安全事件跨域传播中，势必经由交互界面（卢琳琳等，2015）。因此，三元空间交互界面感知是国家安全态势感知的必要环节。在数智时代，物理空间与社会空间的国家安全态势感知将告别经验判断，逐渐转向数智赋能国家安全态势感知。物理空间与社会空间中链入信息空间的国家安全信息指数型增加，在新一代智能算法与机器学习支持下，三元空间国家安全信息融合的国家安全态势感知将逐渐走向成熟。

综上，面向三元空间的国家安全态势感知应统筹流感知、链感知、面感知和域感知 4 个方面。据此构建面向三元空间的国家安全态势感知的理论逻辑，如图 5-3 所示，该模型由流感知、链感知、面感知和域感知 4 部分组成，具体解释见表 5-1。

需说明，面向三元空间的国家安全态势感知还应考虑协同性，即协同感知。协同感知包含 3 层内涵。①流–链–面–域协同感知。国家安全态势感知的功用导向是生成国家安全态势情报，国家安全态势情报是国家安全工作的具体抓手。但在国家安全态势感知过程中同样面临感知对象纷繁复杂的状况。因此，国家安全

态势感知需统筹流感知、链感知、面感知和域感知 4 个方面，实现流–链–面–域协同感知。②三元空间协同感知。在三元空间交互情境下，系统要素跨空间耦合，信息的量和质交织而成的信息迷雾问题十分突出。因此，国家安全态势感知需奠基于三元空间协同感知，即物理空间感知、社会空间感知与信息空间感知相互协同。③精准–全面协同感知。当今世界，风险普遍存在，国家安全态势全面感知是多元共治和国家安全的内在要求。同时，在国家安全工作实践中常出现因国家安全情报模糊而缺乏抓手的情况。此时，国家安全态势精准感知、时空范围细颗粒感知是精准治理和国家精准安全的根本保障。因此，精准–全面协同感知是国家安全态势感知的应有之义。

表 5-1　面向三元空间的国家安全态势感知的四大基本逻辑概述

基本逻辑	具体解释
流感知	基于三元空间国家安全“六流”的国家安全态势感知。通过感知国家安全系统演化中国家安全物质流、国家安全能量流、国家安全信息流、国家安全情报流、国家安全行为流和国家安全文化流及国家安全“六流”间相互影响机制，实现国家安全态势感知，生成国家安全态势情报助力国家安全工作
链感知	基于三元空间国家安全事件链的国家安全态势感知。通过感知国家安全事件链 5 要素，即威胁感知、国家安全体系和能力感知、国家重大利益感知、国家安全系统环境感知与相互作用感知，生成国家安全事件全链条感知图景，包含三元空间国家安全事件链演变状态感知、蔓延趋势感知和应急恢复感知
面感知	基于三元空间交互界面的国家安全态势感知。通过感知三元空间交互界面，即感知物理空间–信息空间交互界面、社会空间–物理空间交互界面、社会空间–信息空间交互界面自身国家安全态势和国家安全要素跨界面传导、转化机制，形成三元空间枢纽型国家安全态势感知图景
域感知	基于三元空间国家安全信息融合的国家安全态势感知。国家安全信息可统一表征物理空间、社会空间与信息空间。在此基础上，对三元空间国家安全数据、信息和知识等进行关联、融合与分析，最终生成三元空间国家安全态势情报

三、面向三元空间的国家安全态势感知的理论逻辑解析

根据面向三元空间的国家安全态势感知的理论逻辑图示，对流感知、链感知、面感知和域感知的基本逻辑进行具体阐释。

（一）流感知的基本逻辑

黄浪等（2019）提出，系统安全演变机制是物质流、能量流、行为流和信息

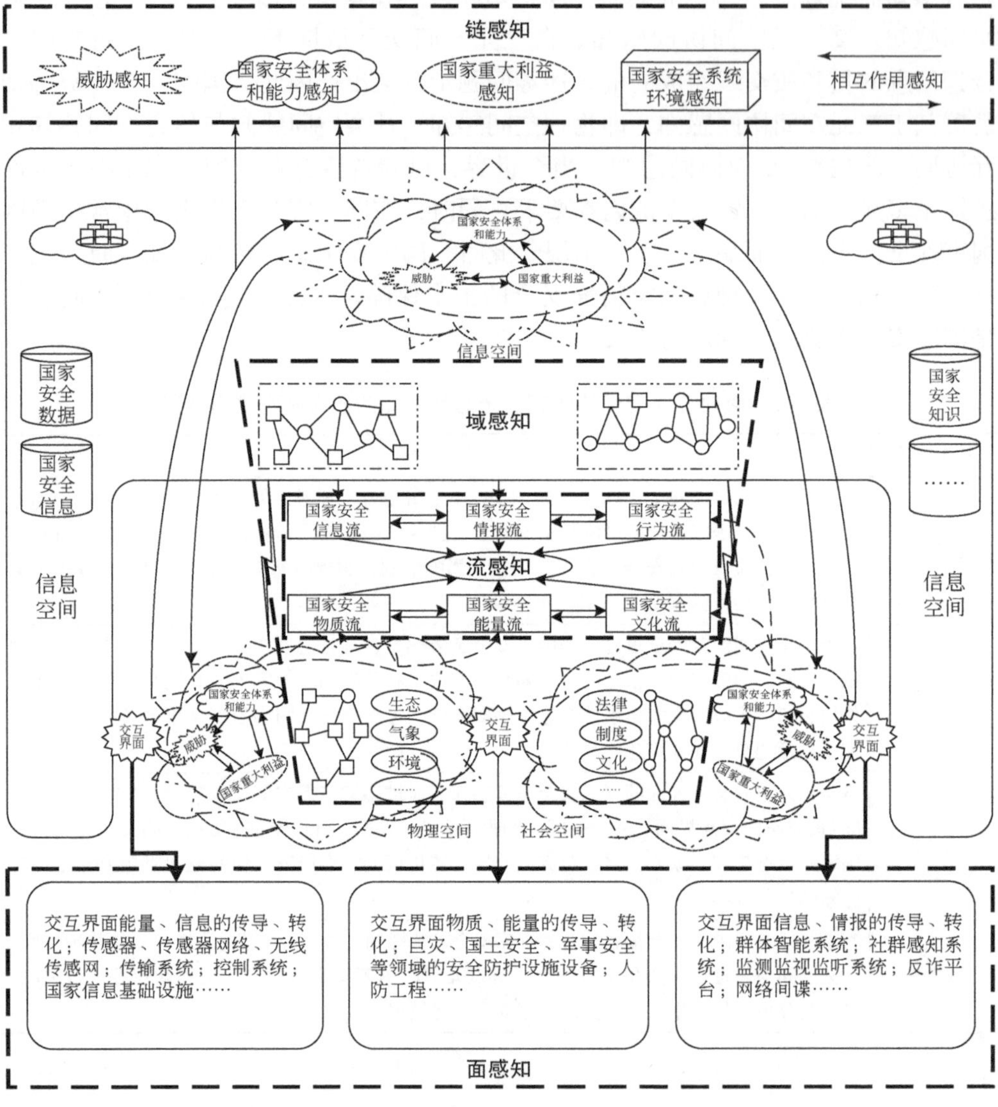

图 5-3　面向三元空间的国家安全态势感知的理论逻辑图示

流协同衍化的结果。张海涛等（2022）论证了国家安全事件全周期演化中国家安全情报流的作用与价值。王秉和吴超（2019c）提出安全文化（包括国家安全文化）是确保系统安全的重要保障。综合发现，国家安全要素至少有 6 种，包括国家安全物质、国家安全能量、国家安全信息、国家安全行为、国家安全情报和国家安全文化。物质、能量和信息是客观世界的三大构成要素。因此，国家安全物质、国家安全能量和国家安全信息是国家安全三大自然要素。国家安全的最终目的是保障国家这一主体的安全。因此，国家安全演变中还需考虑国家安全行为（如国家安全风险监测、国家安全治理和国家安全决策等）和国家安全文化（如国家安全物质文化、国家安全制度文化和国家安全观念文化等）。国家安全情报是国家安全信息被有意识地劳动加工后的产物，国家安全情报具有社会性（张惠娜等，2017）。因此，国家安全行为、国家安全文化和国家安全情报是国家安全三大社会要素。综上，国家安全物质、国家安全能量和国家安全信息是国家安全的自然要素，是国家安全工作的自然基础；国家安全行为、国家安全文化和国家安全情报是国家安全的社会要素，是国家安全工作的社会基础。

国家安全六要素在流通中形成具有一定结构和功能的国家安全“六流”，即国家安全物质流、国家安全能量流、国家安全信息流、国家安全行为流、国家安全情报流和国家安全文化流。物理空间产生国家安全物质流与国家安全能量流，信息空间产生国家安全信息流与国家安全情报流，社会空间产生国家安全行为流与国家安全文化流，面向三元空间的国家安全态势感知应从国家安全“六流”切入，如图5-4所示。

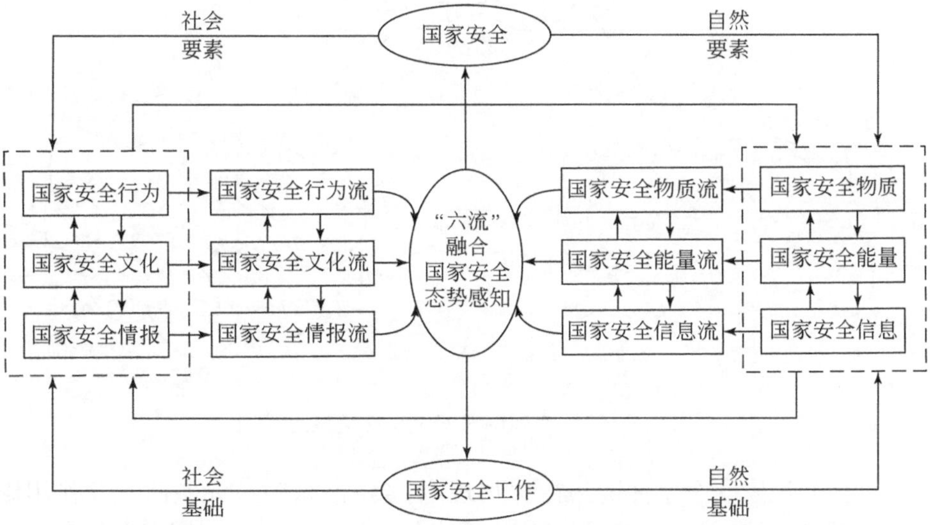

图5-4　基于三元空间国家安全“六流”的国家安全态势感知

（二）链感知的基本逻辑

从国家安全事件的角度看，在三元空间交互的国家安全问题愈加凸显的背景下，国家三元空间系统安全风险交织叠加，跨空间蔓延的国家安全事件屡见不鲜。由此，立足宏观视角，将物理空间、社会空间和信息空间本身视作跨空间国家安全事件的威胁、国家安全体系和能力、国家重大利益或国家安全系统环境，将三元空间交互关系视作威胁、国家安全体系和能力与国家重大利益间相互作用形式。基于三元空间视域，可将三元空间国家安全事件链理解为：在国家单一空间（物理空间、社会空间或信息空间）或三元空间范围内，因威胁、国家安全体系和能力、国家重大利益及国家安全系统环境间不合理匹配而形成的由初始安全事件诱发一系列跨空间次生、衍生安全事件的国家安全事件系统（关于国家安全事件系统，已在第二章第四节中进行详细阐述，这里不再赘述）。根据吴超（2021）提出的复杂系统模型，绘制三元空间国家安全事件链概念模型，如图 5-5 所示。

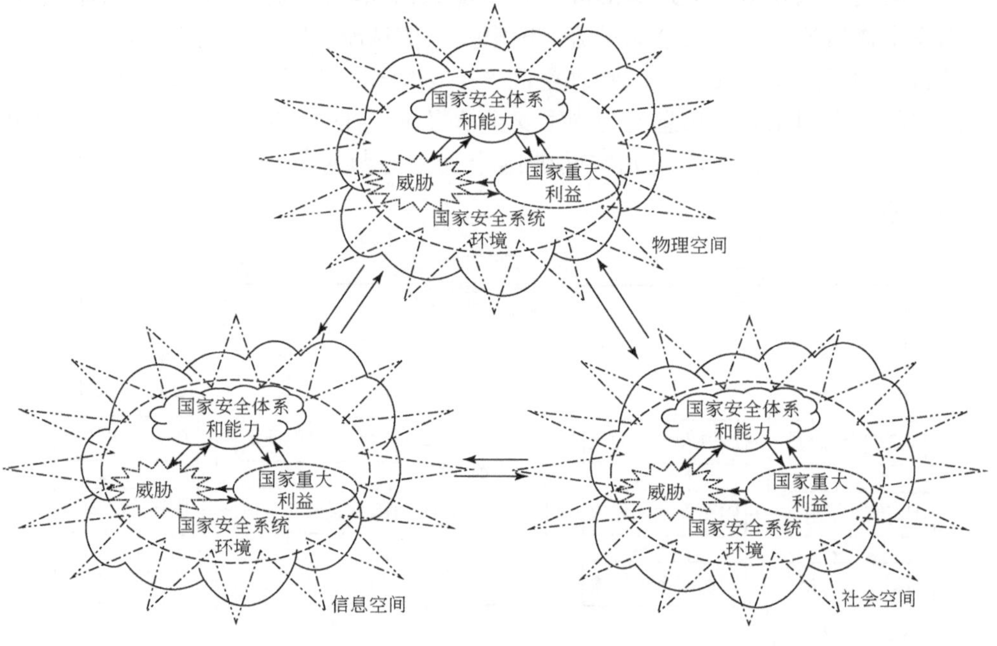

图 5-5　三元空间国家安全事件链概念模型

三元空间国家安全事件链是在“物理-社会-信息”三元空间交互作用影响下的一个复杂系统，是三元空间国家安全事件的统一体，是国家安全信息的综合表征源。因此，在非常态（应急态）获取国家安全态势情报可基于三元空间国家安全事件链进行国家安全态势感知，包括威胁感知（感知威胁危险性）、国家安全体系和能力感知（感知国家安全体系和能力的抗御能力）、国家重大利益感知（感知国家重大利益安全韧性）、国家安全系统环境感知（感知国家安全系统环境稳定性）与相互作用感知（感知威胁、国家安全体系和能力、国家重大利益与国家安全系统环境间时空耦合关联）。

（三）面感知的基本逻辑

在三元空间视域下，物理空间、社会空间与信息空间三者交互连接、紧密耦合，交互依赖于交互界面而存在，如信息空间国家安全风险跨越信息空间与物理空间交互界面向物理空间蔓延，跨越信息空间与社会空间交互界面，向社会空间弥散。三元空间交互过程伴随国家安全信息传递，常规国家安全态势感知主要聚焦信源感知与信宿感知，往往忽视信道感知与信馈感知。根据系统观点，国家三元空间交互系统的安全态势是由系统中关涉国家安全的要素（安全信源、安全信道、安全信宿与安全信馈）（吴超，2017）的耦合作用塑造的。安全信道与安全信馈需经由三元空间交互界面。因此，三元空间交互界面感知（物理空间-信息空间交互界面感知、社会空间-物理空间交互界面感知、社会空间-信息空间交互界面感知）是国家安全态势感知的必要环节。通过感知三元空间交互界面自身安全态势及国家安全要素跨界面传导、转化机制，形成三元空间枢纽型国家安全态势感知图景。

（四）域感知的基本逻辑

当前，国家安全信息在助力智慧国家安全工作的同时，也会提高物理空间和社会空间脆弱性，对国家安全系统平稳运行造成一定影响。信息空间安全促进因素可提高物理空间与社会空间安全性，信息空间风险也可向物理空间与社会空间传递，引发次生国家安全事件。信息空间本身依赖于物理空间实体构建的通信网络，并服务于社会空间。因此，三元空间紧密连接。在物理-信息-社会融合系统中，国家安全信息是连接物理空间、社会空间与信息空间的重要媒介（王秉，2022c），国家安全信息可统一表征物理空间和社会空间，如图5-6所示。

根据图5-6，对基于三元空间国家安全信息融合的国家安全态势感知作具体解析。

1）传感网络可实现物理空间的信息化映射。随着传感技术、通信技术、边缘计算、分布式计算等技术的迭代升级，传感网络得到迅猛发展，物联感知、视频感知、航空感知、卫星感知等多种感知技术手段逐渐发展与应用。传感网络可将物理空间映射于信息空间，实现物理空间与信息空间融合交互，拓展了人类感知世界的维度。目前，传感网络已成为物理空间安全态势感知的主要工具。

2）群智感知与互联网可实现社会空间的信息化映射。群智感知是将系统中人员使用的手机、平板、智能安全穿戴等移动设备设施作为基本感知单元，通过移动互联网进行协作，实现国家安全态势感知任务分发与国家安全态势数据收集利用，最终完成大规模、复杂社会空间国家安全态势感知任务（于瑞云等，2017）。群智感知实现了国家安全信源感知数量的指数型增长，突破以往对物理

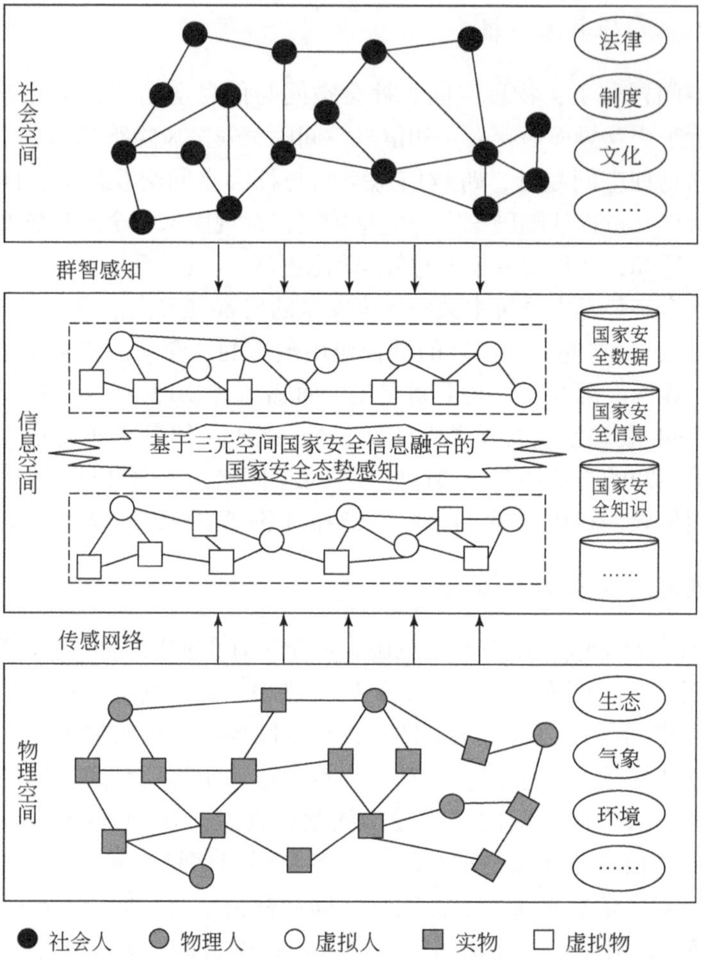

图 5-6　基于三元空间国家安全信息融合的国家安全态势感知

空间国家安全信息的感知，实现以人为中心的感知。该模式克服难组网、高成本、覆盖不全面等局限性，大大提高感知效率。群智感知已成为社会空间国家安全态势感知的主要工具。

3）物理空间与社会空间的国家安全数据信息利用传感网络和群智感知等技术，通过网络传输到信息空间，在信息空间实现物理空间与社会空间的信息化映射。在此基础上，信息空间对从物理空间与社会空间映射的国家安全信息进行清理、去噪与修正，并与信息空间原有数据、信息和知识等进行关联、融合与分析，最终生成国家安全态势情报，用以反向指导物理空间和社会空间国家安全工作。具体的基于三元空间国家安全信息融合的国家安全态势感知技术与方法主要有：三元空间大数据网络关联表征、知识指导与数据驱动协同的三元空间网络表征、自动化三元空间网络表征、基于自适应元学习的三元空间大数据网络表征、可解释可推理的三元空间大数据网络表征、以事件为中心的多源情报协同感知机制和基于“时间–空间–主题”模型的多维态势分析方法等（朱文武和王鑫，2021；王施运等，2021）。三元空间既是重要的国家安全信源，也是国家安全态势情报的应用场景，三元空间相互耦合，形成有机整体。同时，三元空间彼此相对独立，信息空间形成从国家安全信息获取、国家安全信息组织、三元空间国家安全信息融合到国家安全态势情报生成的内循环，物理空间和社会空间则是与信息空间关联的外部实体和国家安全态势情报产品的应用场景。

四、本节结语

本节主要分析面向三元空间的国家安全态势感知的内涵，并提出面向三元空间的国家安全态势感知的理论逻辑。通过本节学习发现，面向三元空间的国家安全态势感知是将从三元空间获取的国家安全信息转化上升为三元空间国家安全态势情报的一套理论、方法与技术。面向三元空间的国家安全态势感知是对传统国家安全态势感知理论的延拓与整合，是对国家安全多元性与空间性的揭示与初探，是以国家安全空间化的思维对国家安全问题的重新解构。面向三元空间的国家安全态势感知的理论逻辑是三元空间协同感知与全周期感知的统一体，是流感知、链感知、面感知和域感知 4 个方面的综合。

第三节　国家安全态势感知塑造的基本问题分析

国家安全态势感知塑造是保障和实现国家安全的基础和有效手段。例如，张海涛等（2021）指出，国家安全态势感知对筑牢国家安全屏障、有效应对各类风险挑战具有重要意义。贯彻总体国家安全观的 10 点要求之一是“坚持推进国家安全体系和能力现代化”，该要求明确强调“不断增强塑造国家安全态势的能力”①。面对错综复杂的国家安全形势和环境，如何敏捷、充分地获取海量、多样、迭变的国家安全相关数据，全面感知国内外涉及国家安全的有价值信息；面对跨领域、跨模态、跨时空的多源数据和信息，如何及时预见国家安全风险，准确分析当前国家安全状态，科学预测未来国家安全发展趋势，深度研判并预警；

① 中国政府网：《习近平主持中央政治局第二十六次集体学习并讲话》，https://www.gov.cn/xinwen/2020-12/12/content_5569074.htm(2020-12-12)[2023-06-19].

面对涉及国家安全的各种安全风险和危机态势，如何高效开展基于综合情报的战略谋划和部署，统筹各种力量并协调行动……这些国家安全态势感知塑造相关研究课题都是当前国家安全在理论、战略、治理、技术等方面所面临的重大挑战（范维澄等，2022）。因此，开展国家安全态势感知塑造研究意义重大。

当前，在国家安全态势感知塑造研究方面，尚未有将国家安全态势感知与国家安全态势塑造作为一个整体研究对象的研究（即国家安全态势感知塑造一体化研究），仅有分别针对国家安全态势感知与国家安全态势塑造的研究。在国家安全态势感知研究方面，研究成果较多，呈现多领域扩散趋势，主要分散在网络安全（Huang and Wang，2018）、军事安全（Jo et al.，2020）、太空安全（Donath et al.，2010）、生态安全（杜志成，2017）和国家安全（王施运等，2021；李纲等，2021b；张海涛等，2021）等领域。在国家安全态势塑造研究方面，研究成果罕见，仅有部分研究简单提及国家安全态势塑造问题（高金虎，2020；张杨，2023），但尚未开展专门的深入研究。二者相比较而言，国家安全态势感知研究较多且日渐深入，而国家安全态势塑造目前仍是一个新兴领域。近年来，基于国家安全情报视角的国家安全态势感知塑造研究得到学界关注。例如，王秉等（2023e）提出安全情报视域下的安全态势感知与塑造模型；高金虎（2020）认为，国家安全情报工作的基本功能是研判国家安全战略形势和塑造国家安全态势。国家安全态势感知是国家安全态势塑造的基础，国家安全态势塑造离不开国家安全态势感知的支撑（王秉等，2023e）。因此，亟待开展国家安全态势感知塑造一体化研究。

鉴于此，本节面向国家安全领域，结合国家安全学、国家安全情报学、态势感知和态势塑造相关理论，分析国家安全情报视域下的国家安全态势感知塑造的基本问题，包括国家安全态势感知塑造的属性、定位、要素和层次（王秉和史志勇，2022），以期为国家安全情报视域下的国家安全态势感知塑造研究和实践提供一定理论支撑。

一、国家安全态势感知塑造的属性

1）整体性。国家安全态势感知塑造针对的国家安全问题包含 Safety（强调国家安全系统受到的无意威胁）和 Security（强调国家安全系统受到的蓄意威胁）两个层面，即 Security 层面的国家安全系统对环境的蓄意威胁态势感知、国家安全系统对其他国家安全系统的蓄意威胁态势感知、环境对国家安全系统的蓄意威胁态势感知，以及 Safety 层面的国家安全系统对环境的意外威胁态势感知、国家安全系统对其他国家安全系统的意外威胁态势感知和环境对国家安全系统的意外威胁态势感知，如图 5-7 所示。由于国家安全态势感知塑造的范畴和应用场景为国家安全，故国家安全态势感知塑造的任务域应面向国家安全工作，包含 Safety 和 Security 两个层面，囊括国家安全系统和环境两个主体，统筹传统安全与非传统安全，覆盖常态安全与非常态安全，涵盖总体国家安全的全领域、全过程与全要素。

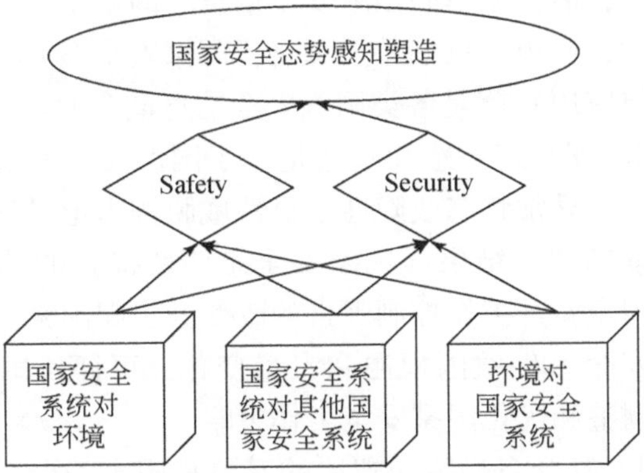

图 5-7　系统视域下国家安全态势感知塑造的范畴

2）可视性。国家安全态势感知塑造是国家安全情报导向的，它的生成产品是国家安全态势情报。为便于感知结果的直观获取，国家安全态势情报需通过国家安全态势图、国家安全等级、国家安全风险等级等可视化形式呈现。此外，为便于进行国家安全信息采集有效性判断、感知过程检查控制、国家安全态势情报可靠性判断和国家安全态势感知塑造方法迭代等，国家安全态势感知塑造的过程环节也应在一定程度上实现可视化。

3）可调性。国家安全情报包括静态国家安全情报和动态国家安全情报。国家安全系统要素及其相互间的关系是呈动态变化的，国家安全态势随之动态变化。因此，国家安全态势感知塑造应根据实时获取的国家安全信息进行动态调整、实时感知。在非常态国家安全管理（即国家应急管理）中，国家安全态势瞬息万变，实时高效、动态可调的国家安全态势感知塑造至关重要。在长周期、慢变化的稳态国家安全系统中，国家安全态势相对稳定，对国家安全态势情报的生成速度要求较低，但对国家安全态势情报的可靠性要求较高。因此，国家安全态势感知塑造需针对不同应用场景调节它的可靠性、及时性。同时，国家安全态势感知塑造还应具有反馈调节机制（即国家安全态势感知塑造系统可根据国家安全情报应用情况和国家安全工作结果进行新一轮国家安全态势感知塑造），它有助于实现国家安全态势感知塑造系统的螺旋上升式自适应、自迭代。

4）耦合性。国家安全态势是各类国家安全事件致因因素耦合的结果。根据国家安全工作的实际需求与国家安全事件致因因素的耦合程度，国家安全态势情报可分为宏观概述型国家安全态势情报（用以整体把控国家安全态势）、细观描述型国家安全态势情报（用以明晰各类国家安全事件致因因素）和微观参量型国家安全态势情报（用以对国家安全事件致因条件追踪溯源）。在国家安全态势情报加工及存储环节，需挖掘不同国家安全信息间的联系，这有利于增加国家安全信息联系的全局性，避免信息偏差。可见，国家安全态势感知塑造（国家安全态势情报产品生产与应用）就是各类国家安全信息耦合的过程。

5）溯源性。国家安全态势感知塑造是基于国家安全系统的全要素、全生命周期的实时动态监测。异常状态或隐性、显性威胁按需记录保存，可随时追踪溯源。国家安全态势感知塑造结果（国家安全态势情报）的功用导向是服务和支持国家安全工作。国家安全工作控制因素的改变会引起国家安全系统参量动态变化。通过追溯国家安全事件致因根源和参量变化，可评价国家安全工作的有效性，从而帮助动态调整和优化国家安全工作策略。

6）嵌套性。国家安全态势感知塑造的对象是国家安全系统。一般而言，国家安全系统具有一定复杂性，它包含若干子系统，且子系统间非割裂关系，而是具有千丝万缕的紧密连接。特别是国家安全系统属于典型的复杂巨系统，具有显著的复杂性（王秉等，2023b），其内部的层次关联复杂多样。因此，在国家安全态势感知塑造过程中，势必需根据国家安全态势感知塑造对象自身的层次关系，进行国家安全系统划分，并考虑各子系统间的有机关联，灵活切换具体分析对象，并通过分析综合最终呈现嵌套型国家安全态势感知塑造图景。

二、国家安全态势感知塑造的定位

随着国家安全情报学研究的逐步推进，国家安全情报愈加受到国家安全专业人员的关注。就国家安全工作而言，国家安全信息被“激活”转化为国家安全情报，才会对国家安全工作产生影响。国家安全态势感知塑造正起到“激活”国家安全信息的作用。因此，国家安全信息与国家安全情报间的转化桥梁搭建是国家安全信息与国家安全情报领域共同的重要研究议题。国家安全态势（即国家安全状态与国家安全发展趋势）作为重要的国家安全情报，国家安全态势感知塑造应被视作国家安全信息转化上升为国家安全情报的重要路径之一。为明确国家安全态势感知塑造的概念定位，构建国家安全态势感知塑造三角双锥模型（图5-8）。

根据图5-8，对国家安全态势感知塑造三角双锥模型进行具体解释，具体

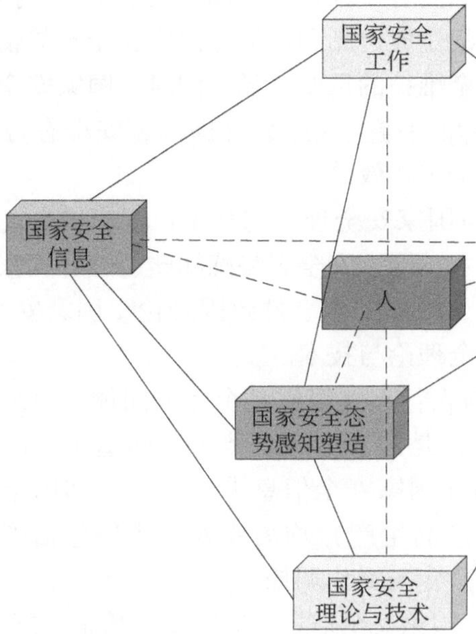

图 5-8　国家安全态势感知塑造三角双锥模型

如下。

1）国家安全态势感知塑造与国家安全信息：国家安全信息是国家安全态势感知塑造的基础。当前，国家安全信息化工作如火如荼，国家安全信息日趋受到重视，但若国家安全信息化工作认识仅停留在国家安全信息层面，那只能形成国家安全信息资源库空壳，国家安全工作真正需要的是对国家安全态势的掌控，以期保障国家安全。

2）国家安全态势感知塑造与国家安全情报：国家安全态势情报是国家安全态势感知塑造的生成产品与依据。国家安全态势感知塑造仅是将国家安全信息转化为国家安全情报并指向国家安全情报应用的一种路径，这是因为除国家安全态势情报外，还有其他类型的国家安全情报（如国家安全方案情报、国家安全资源情报等）。当然，国家安全情报的呈现形式亦可以是安全信息（王秉和吴超，2019b），故国家安全情报既可直接用于国家安全工作，亦可作为国家安全信息输入国家安全态势感知塑造系统，最终生成国家安全态势情报。

3）国家安全态势感知塑造与国家安全态势感知塑造系统：国家安全态势感知塑造功能的实现依托国家安全态势感知塑造系统，国家安全态势感知塑造系统是进行国家安全态势感知塑造的平台。

4）国家安全态势感知塑造与国家安全工作：国家安全态势感知塑造是实现

国家安全维护和塑造的重要手段和内容。细言之，国家安全工作的抓手是国家安全情报，国家安全态势感知塑造的生成产品和依据是国家安全态势情报，故国家安全态势感知塑造是实现国家安全维护的重要路径。同时，国家安全态势感知塑造工作成效影响国家安全态势感知塑造生成产品（即国家安全态势情报）的可靠性及应用性，进而影响国家安全工作效果。

5）国家安全态势感知塑造与国家安全理论与技术：国家安全态势感知塑造的基本支撑是国家安全理论与技术，国家安全态势感知塑造融合国家安全信息情报技术、国家安全检测监测技术、国家安全事件致因理论、国家安全促进理论、国家安全分析评价方法等国家安全理论与技术。

6）国家安全态势感知塑造与人：人（可以是个体或团体、组织）是国家安全态势感知塑造服务的终极对象，是国家安全态势感知塑造工作的必要参与因素，国家安全态势感知塑造前端（国家安全信息采集汇总）和国家安全态势感知塑造后端（国家安全态势情报产品生产）均需要人（主要包括国家安全信息情报人员和国家安全管理人员等）参与操作调控。

7）国家安全态势感知塑造、国家安全信息、国家安全情报、国家安全工作、国家安全理论技术和人之间的相互关系：保障国家安全的基础是国家安全信息，抓手是国家安全情报，途径是国家安全理论与技术和国家安全工作，国家安全信息、国家安全情报和国家安全态势感知塑造依赖于国家安全相关技术和国家安全专业人员。

三、国家安全态势感知塑造的要素

国家安全态势感知塑造的要素包括理论（旨在揭示国家安全态势感知塑造的本质，指导国家安全态势感知塑造实践）、技术（旨在为国家安全态势感知塑造提供方法和手段支撑）、知识（旨在为国家安全态势判识和预测提供对标对象）、设施设备（旨在监测国家安全系统与环境，从而获取国家安全信息）和人员（旨在操作调控国家安全态势感知塑造全过程）。其中，理论是指导国家安全态势感知塑造的路标，是使国家安全态势感知塑造标准化、统一化、普及化的前提；技术是支撑国家安全态势感知塑造的基石，是使国家安全态势感知塑造从理论走向实践应用的关键；知识是国家安全态势感知塑造的对标对象，国家安全态势的判识和预测离不开科学完备的知识体系；设施设备是国家安全信息采集获取的必要依托实体；人员（国家安全信息人员、国家安全情报人员和其他人员）是国家安全态势感知塑造中连接理论、技术、知识、信息，并使国家安全态势感知塑造系统持续运行的核心要素。基于此，构建国家安全态势感知塑造要素的

“五位一体”结构，如图5-9所示。

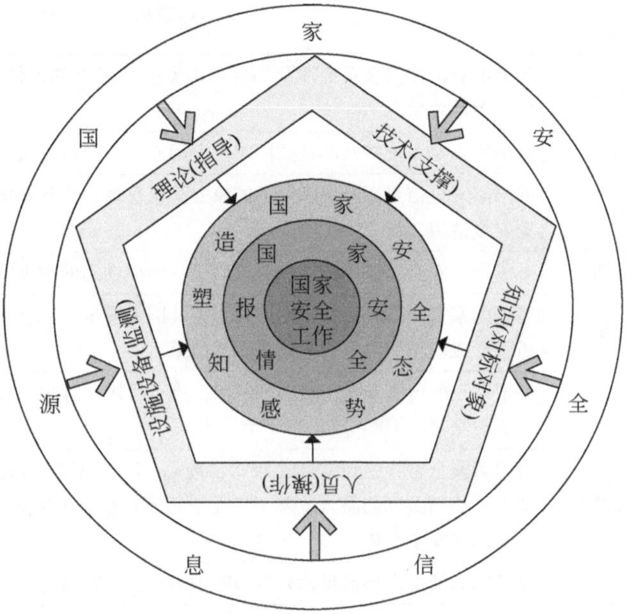

图5-9　国家安全态势感知塑造要素的“五位一体”结构

四、国家安全态势感知塑造的层次

基于国家安全态势感知塑造的定义、属性、定位和要素，国家安全态势感知塑造包括十四层次。十四层次依次为国家安全对象感知、国家安全预置感知、国家安全信息感知、国家安全情报感知、国家安全状态感知、国家安全趋势感知、国家安全情报交付、国家安全态势情报融合、国家安全态势分析、国家安全策略制定、国家安全策略试行、国家安全策略情报、国家安全策略执行和国家安全态势演变，具体解释见表5-2。

表5-2　国家安全态势感知塑造十四层次的具体解释

国家安全态势感知塑造的层次	具体解析
国家安全对象感知	基于“宏观-介观-微观”说划分国家安全系统与环境及各级子系统边界，明晰并建立国家安全系统与环境间及子系统间的连接

续表

国家安全态势感知塑造的层次	具体解析
国家安全预置感知	归类汇总国家安全系统涉及的各类国家安全因素的评估标准、规范、公式、模型等前置信息
国家安全信息感知	对国家安全系统涉及的各类国家安全因素进行全过程实时监测监控
国家安全情报感知	除国家安全信息感知层获取的国家安全信息外，从其他渠道获取各种各类国家安全情报
国家安全状态感知	基于国家安全态势感知塑造前置因子，形成动态的国家安全状态感知结果
国家安全趋势感知	基于国家安全态势感知塑造前置因子及国家安全状态感知结果，进行时序分析，形成动态的国家安全趋势感知结果
国家安全情报交付	基于动态的国家安全态势感知结果，进行可视化等多种方式的国家安全情报生成与交付
国家安全态势情报融合	将国家安全态势感知结果（即“物理-社会-信息”三元空间国家安全态势情报）进行关联与融合，基于三元空间国家安全交互关系，揭示国家安全特征与国家安全态势
国家安全态势分析	基于国家安全态势情报，分析当前国家安全面临的优势、劣势、机会和挑战
国家安全策略制定	根据动态国家安全态势情报和国家安全态势分析结果，国家安全工作者借助人工智能和机器学习等技术手段，制定国家安全态势塑造策略
国家安全策略试行	仅有预测性信息尚不足以直接启动国家安全态势塑造策略执行程序，需将国家安全态势塑造策略在真实或虚拟情境中试运行
国家安全策略情报	基于国家安全态势塑造策略试运行中感知到的国家安全态势情报，动态调整国家安全策略情报，直至试运行结果符合期望
国家安全策略执行	执行国家安全策略情报，并根据动态国家安全态势感知结果和国家安全态势分析结果，适时调整国家安全策略，同时在实际执行中需快速反应、灵活应对
国家安全态势演变	基于国家安全态势塑造支撑因子和国家安全态势塑造过程，最终呈现国家安全态势塑造结果

五、本节结语

国家安全态势感知塑造可洞悉国家安全态势，生成国家安全态势情报产品，进而助力国家安全工作。本节主要分析国家安全态势感知塑造的属性、定位、要素和层次。通过本节学习发现，国家安全态势感知塑造具有整体性、可视性、可调性、耦合性、溯源性和嵌套性。国家安全态势感知塑造是国家安全对象感知、国家安全预置感知、国家安全信息感知、国家安全情报感知、国家安全状态感知、国家安全趋势感知、国家安全情报交付、国家安全态势情报融合、国家安全态势分析、国家安全策略制定、国家安全策略试行、国家安全策略情报、国家安全策略执行和国家安全态势演变的综合。

第四节 国家安全态势感知塑造模型

近年来，随着国家安全领域的学科交叉研究的逐步推进，国家安全情报学得到了长足发展，它可为国家安全态势感知塑造研究提供重要理论基础。本节主要从国家安全情报角度出发，分析国家安全态势感知塑造的国家安全情报路径，并构建与解析国家安全情报视域下的国家安全态势感知塑造模型，以期建立国家安全情报视域下的国家安全态势感知塑造理论。

一、国家安全态势感知塑造的国家安全情报路径分析

国家安全态势情报是国家安全态势感知的生成产品（王秉和史志勇，2022），是国家安全态势塑造的基础和依据。因此，国家安全态势情报是国家安全态势感知与国家安全态势塑造的中枢与纽带。国家安全态势感知生成的国家安全态势情报驱动塑造国家安全态势。国家安全情报工作程序贯穿国家安全态势感知塑造全过程。本节将国家安全情报嵌入国家安全态势感知塑造过程，探究面向国家“物理-社会-信息”三元空间系统的国家安全态势感知塑造的国家安全情报路径。

“物理-社会-信息”三元空间具有差异化要素和特性（李纲等，2022；王秉，2022c），这对国家安全态势感知塑造构成挑战。因此，有必要探究“物理-社会-信息”三元空间国家安全要素的统一表征。目前，已有大量针对系统空间要素的研究成果。黄浪等（2019）提出，系统安全演变机制是物质流、能量流、行为流和信息流协同演化的结果。张海涛等（2022）论证了国家安全事件全周期演化中国家安全情报流的作用与价值。王秉和吴超（2018c）探讨了安全文化对系统安全的影响和塑造作用。综合发现，国家安全要素至少有六种，包括国家安全物质、国家安全能量、国家安全信息、国家安全行为、国家安全情报和国家安全文化。国家安全六要素在运动流通中形成国家安全“六流”。物理空间产生国家安全物质流和国家安全能量流，信息空间产生国家安全信息流和国家安全情报流，社会空间产生国家安全文化流和国家安全行为流。通过互联网、物联网、群智感知、社群感知和多源数据融合等技术，从“物理-社会-信息”三元空间国家安全“六流”中获取三元空间国家安全态势情报，实现三元空间国家安全情

报融合的国家安全态势感知，如图 5-10 所示。三元空间国家安全情报统一表征是实现三元空间国家安全要素集成，进而感知与塑造国家安全态势的关键。

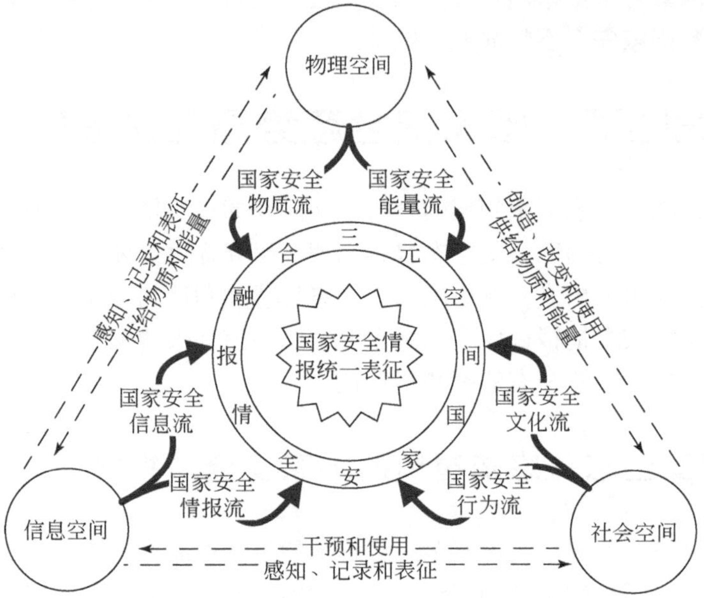

图 5-10　三元空间国家安全情报统一表征

大数据的应用为国家安全情报工作提供了全数据支撑。但全数据中存在大量的噪声和干扰数据，这无疑增加了国家安全态势感知塑造的复杂性和难度。因此，精准确定国家安全要素极为关键。基于“物理–社会–信息”三元空间视角，国家安全要素可分为物理空间国家安全要素、社会空间国家安全要素和信息空间国家安全要素。物理空间国家安全要素为物理空间中关涉国家安全的物质和环境要素及其交互关系；社会空间国家安全要素为人类群体内部和人类群体之间的关涉国家安全的结构性组织与交互性关系；信息空间国家安全要素为赛博空间中关涉国家安全的信息要素和物理空间与社会空间国家安全要素的信息化映射。通过传感器网络等技术，定位与感知“物理–社会–信息”三元空间国家安全要素，生成三元空间国家安全信息，再运用多源数据融合、机器学习、共现分析及人工智能分析等技术，借助国家安全评估模型和国家安全发展趋势预测模型生成国家安全指数、国家安全韧性、国家威胁指数和时序动态等国家安全态势情报（王秉和史志勇，2022），由此实现“国家安全要素→国家安全信息→国家安全情报”的升级转化，如图 5-11 所示。

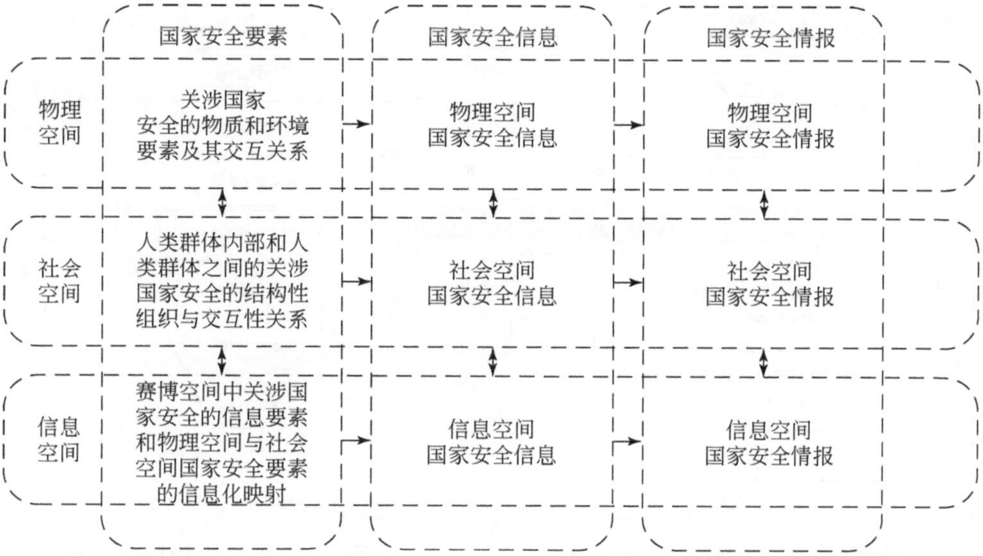

图 5-11　三元空间国家安全态势情报生成路径

二、国家安全情报视域下的国家安全态势感知塑造模型构建

国家安全态势感知塑造面向国家安全工作，依托国家安全情报工作，伴随国家安全情报的生成与应用。据此确定国家安全态势感知塑造模型的核心要素为国家安全情报。根据国家安全态势感知塑造的内涵及国家安全情报工作流程，以本章第三节中提出的国家安全态势感知塑造的十四层次为基础，以国家安全情报为核心要素，以国家安全情报工作流程为模型逻辑主线，以国家安全工作者和国家安全态势感知塑造系统为必要组成部分，构建国家安全情报视域下的国家安全态势感知塑造模型（图 5-12）。该模型由国家安全态势感知子模型、国家安全态势塑造子模型、国家安全工作者子模型及国家安全态势感知塑造系统子模型 4 部分构成。其中，国家安全态势感知子模型是国家安全态势塑造子模型的基础；国家安全态势感知塑造系统子模型是国家安全态势感知塑造工作流程的载体；国家安全态势感知塑造系统子模型与国家安全工作者子模型相匹配，形成良性互动与协作机制。

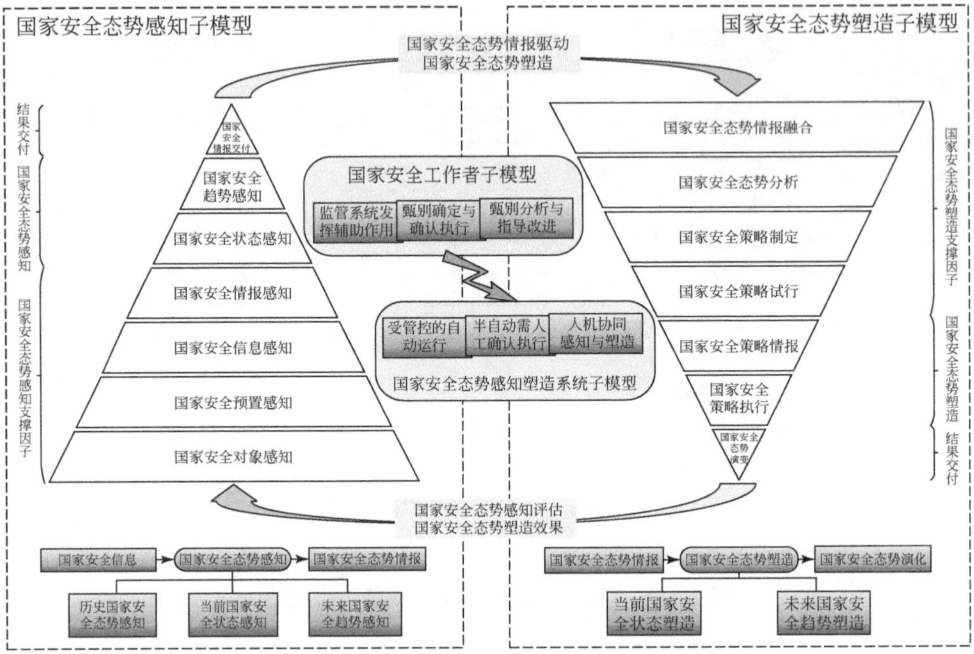

图 5-12　国家安全态势感知塑造模型

三、国家安全情报视域下的国家安全态势感知塑造模型解析

根据国家安全情报视域下的国家安全态势感知塑造模型，对国家安全态势感知子模型、国家安全态势塑造子模型、国家安全工作者子模型及国家安全态势感知塑造系统子模型进行具体阐释。

（一）国家安全态势感知子模型

从时间维度看，国家安全态势感知包含历史国家安全态势感知、当前国家安全状态感知和未来国家安全趋势感知三部分。从功能维度看，国家安全态势感知是国家安全态势塑造的基础，国家安全态势感知结果服务于国家安全态势塑造（当前国家安全状态塑造与未来国家安全趋势塑造）。国家安全态势感知需从微观层面定位“物理-社会-信息”三元空间国家安全要素，并采集、分析与处理三元空间国家安全数据信息，在此基础上，制作生成国家安全态势情报，进而通过国家安全态势塑造模块对国家安全系统产生微观层面的影响。

概言之，国家安全态势感知需兼顾宏观、中观与微观三个层面，既需将实时采集的微观层面的国家安全数据信息转化为中观层面的国家安全态势情报，还需将中观层面的国家安全态势情报与安全知识、安全经验相融合，以支撑实现宏观国家安全策略的调整优化。需说明的是，高阶的国家安全态势感知还应具备深层推演功能。当国家安全受到威胁影响时，国家安全态势感知系统可通过深度挖掘国家安全态势情报，对国家安全威胁发端源的攻击能力和意图展开推演，推演结果可作为国家安全态势感知系统的输入信息，进而据此预测国家安全发展趋势，并由此制定国家安全策略。更进一步，可将国家安全策略与国家安全威胁发端源相叠加（默认国家安全威胁发端源已成功获取国家安全策略情报），在此基础上，推演国家安全威胁发端源的后续攻击行为，推演结果可作为国家安全态势感知系统的输入信息，进而据此预测国家安全发展趋势，形成“感知—推演”的动态循环，以不断优化国家安全策略。

（二）国家安全态势塑造子模型

国家安全态势塑造是国家安全态势感知的最终目标。国家安全态势感知生成“物理-社会-信息”三元空间国家安全态势情报（情报感知）。将三元空间国家安全态势情报进行关联与融合，揭示系统全域国家安全特征与国家安全态势（情报融合）。基于国家安全态势情报，分析当前国家安全工作面临的优势、劣势、机会和挑战（情报分析），并根据国家安全态势评价标准，得出国家安全态势评价结果，如国家安全态势达标、国家安全态势衰弱等（情报评价）。若国家安全态势评价结果为衰弱，则需进行国家安全态势塑造。根据动态国家安全态势情报和国家安全态势分析结果，国家安全工作者借助人工智能和机器学习等技术手段，制定国家安全态势塑造策略（情报生成）。仅有预测性信息尚不足以直接启动国家安全态势塑造策略执行程序，需将国家安全态势塑造策略在真实或虚拟情境中试运行（情报试用），在试运行中感知反馈（情报感知）。基于国家安全态势塑造策略试运行中感知到的国家安全态势情报，动态调整国家安全策略，直至试运行结果符合期望（情报生成）。若试运行结果符合期望，则可执行国家安全策略，但仍需结合动态国家安全态势感知结果和国家安全态势分析结果，适时调整国家安全策略，同时在实际执行中需快速反应、灵活应对（情报执行），国家安全态势随之塑造（情报效用）。若国家安全态势塑造结果符合期望，则停止国家安全态势塑造流程；若不符合期望，则进入下一轮国家安全态势塑造循环，直至国家安全态势塑造结果符合期望。由此，根据国家安全情报视域下的国家安全态势感知塑造模型，构建情报驱动国家安全态势塑造的共轭循环结构，如图 5-13 所示。

国家安全态势塑造结果包含进阶型、复原型、稳定型、衰退型、流变型和突变型六种。国家安全态势塑造结果图解见图 5-14，具体解释见表 5-3。

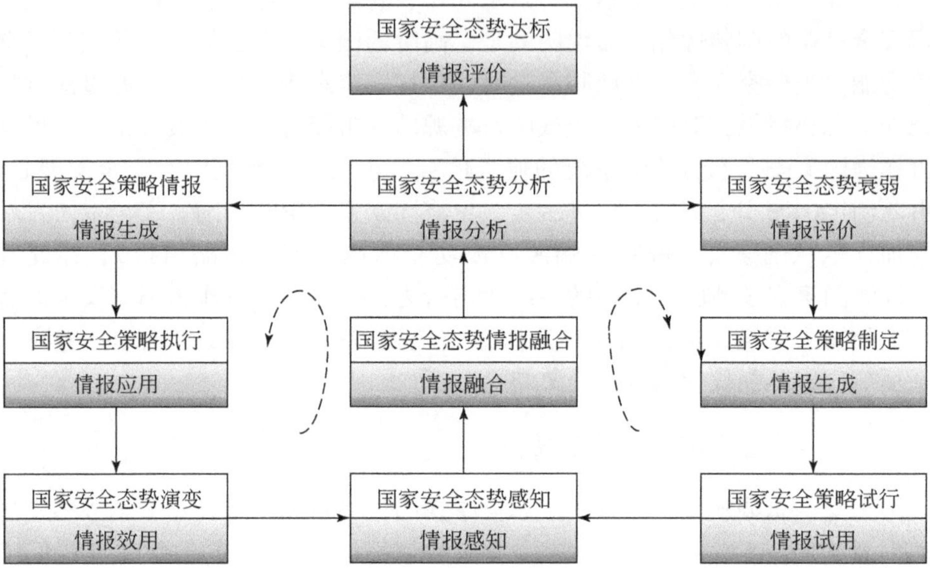

图 5-13 情报驱动国家安全态势塑造的共轭循环结构

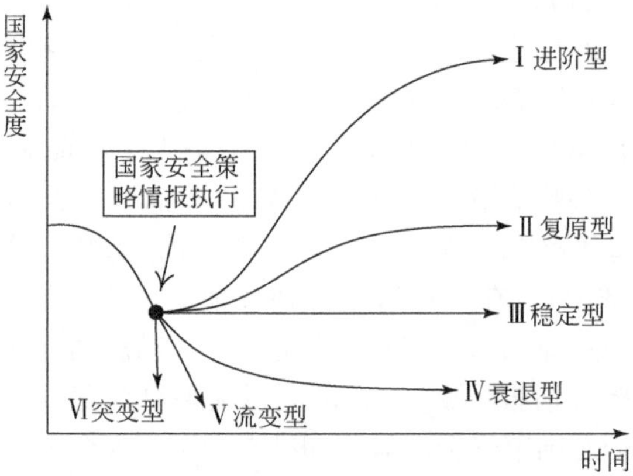

图 5-14 国家安全态势塑造结果图解

表 5-3 国家安全态势塑造结果六类型的具体解释

类型名称	具体解释
进阶型	国家安全态势塑造作用使国家安全系统逐渐恢复并超越原国家安全状态，最终达到更高水平的国家安全状态

续表

类型名称	具体解释
复原型	国家安全态势塑造作用使国家安全系统逐渐恢复至原国家安全状态
稳定型	国家安全态势塑造作用遏制国家安全度的下降趋势，使国家安全状态保持基本稳定
衰退型	国家安全态势塑造作用减缓国家安全度的下降趋势，使国家安全状态逐渐趋于稳定
流变型	国家安全态势塑造作用失效，国家安全度持续下降
突变型	国家安全态势塑造反作用，国家安全度加速下降

（三）国家安全工作者子模型

在网络空间安全态势感知领域，美国学者科特等（2019）提出，既要避免“人在闭环外”的“失控式”全自动防御系统，亦要避免因“人在闭环内”的“人工为主”防御模式带来的分析与响应压力。这对国家安全态势感知塑造理论研究有重要启示。由此，提出“人在闭环上”的国家安全工作者行为模式：将国家安全工作者视为国家安全态势感知塑造的必要组成部分；使国家安全工作者能使用国家安全态势感知塑造工具，并能操作与控制国家安全态势感知塑造系统运行。对国家安全态势确定性强且国家安全策略影响范围受控的低级别或高置信度安全威胁，可采用受国家安全工作者管控的自动化国家安全态势感知塑造系统进行处置；对国家安全态势不确定性较强或国家安全策略影响范围较大的中等级别安全威胁，则需国家安全工作者参与甄别确定，以避免由于误判而造成对国家安全运行的不利影响，并在自动化执行国家安全策略情报前由国家安全工作者进行确认执行；对高级别或低置信度安全威胁，则需国家安全工作者基于国家安全态势情报深入地展开甄别分析，对国家安全策略作出指导改进与调整优化。

（四）国家安全态势感知塑造系统子模型

国家安全态势感知塑造成效影响因素众多，其中关键影响因素是系统误差。国家安全态势感知塑造系统的核心要素是国家安全情报，国家安全情报的准确性对国家安全态势感知塑造成效有显著影响。受基础国家安全数据信息精确性、数据传输系统稳定性和国家安全分析评价模型合理性等系统误差影响，国家安全情报的精准性存在提升瓶颈，难以实现绝对精准（王秉和王渊洁，2021）。因此，国家安全态势感知塑造系统应包含三种能力：一是低级国家安全态势感知塑造能力（应对低级别或高置信度安全威胁）；二是中级国家安全态势感知塑造能力（应对国家安全态势不确定性较强或国家安全策略影响范围较大的中等级别安全威胁）；三是高级国家安全态势感知塑造能力（应对高级别或低置信度安全威胁）。处理低级别或高置信度安全威胁时，国家安全态势感知塑造系统调用低级国家安全态势感知塑造能力，在国家安全工作者的管控作用下自动运行；应对国家安全态势不确定性较强或国家安全策略影响范围较大的中等级别安全威胁时，调用中级国家安全态势感知塑造能力，在国家安全工作者参与甄别确定和确认执行的辅助下半自动运行；应对高级别或低置信度安全威胁时，调用高级国家安全态势感知塑造能力，在国家安全工作者深度参与下实现人机协同感知与塑造。国家安全态势感知塑造系统的三种能力融贯为一体，与国家安全工作者行为模式相匹配，形成人机良性互动与协作机制。

四、本节结语

为应对严峻复杂的国家安全态势，亟待探索更具前瞻性的国家安全维护手段。国家安全态势感知塑造是国家安全维护和塑造的有力手段。因此，本节开展国家安全态势感知塑造模型研究。通过本节学习发现，国家安全态势感知塑造是国家安全态势情报生成路径与应用范式的综合，它的最终目标是调控国家安全态势以保障国家安全。国家安全态势感知塑造的关键在于精准确定国家“物理-社会-信息”三元空间系统安全要素。国家三元空间系统安全要素可分为物理空间安全要素、社会空间安全要素和信息空间安全要素。“物理-社会-信息”三元空间国家安全情报统一表征可实现三元空间国家安全要素集成，为国家安全态势感知塑造提供国家安全情报支撑。国家安全情报视域下的国家安全态势感知塑造模型中，国家安全态势感知子模型可为国家安全态势塑造子模型提供国家安全态势情报支撑；国家安全态势塑造子模型由国家安全情报驱动，可指导国家安全态势塑造；国家安全态势感知塑造系统子模型是国家安全态势感知塑造工作流程的载体；国家安全态势感知塑造系统子模型和国家安全工作者子模型相匹配，协同感知与塑造国家安全态势。

※本章小结※

国家安全态势是国家安全系统学的学科关键问题之一。为探索国家安全态势，厘清国家安全态势、国家安全态势感知与国家安全态势塑造的相互关联，明确国家安全态势感知塑造的理论路径，为贯彻落实总体国家安全观中的统筹维护和塑造国家安全研究与实践提供基础理论与方法支撑，本章主要界定和解析国家安全态势的相关概念，分析国家安全态势感知的基本问题，提出面向三元空间的国家安全态势感知路径，探究国家安全情报视域下的国家安全态势感知塑造。通过本章学习，主要得到以下六方面认识：①国家安全态势感知本质上是一种对国家安全历史和现实的映射及对国家安全未来发展的可能推断，其目的在于生成用于支撑和指导国家安全工作的国家安全态势情报；②国家安全态势感知塑造是基于国家安全态势感知能力，依据国家安全工作目标要求，生成并应用国家安全工作策略，对国家安全态势进行调控的过程；③国家安全态势感知塑造是国家安全对象感知、国家安全预置感知、国家安全信息感知、国家安全情报感知、国家安全状态感知、国家安全趋势感知、国家安全情报交付、国家安全态势情报融合、国家安全态势分析、国家安全策略制定、国家安全策略试行、国家安全策略情报、国家安全策略执行和国家安全态势演变的综合；④面向三元空间的国家安全态势感知是将从三元空间获取的国家安全信息转化上升为三元空间国家安全态势情报的一套理论、方法与技术，是面向三元空间的国家安全态势感知路径集成，是协同感知与全周期感知的统一体，是流感知、链感知、面感知和域感知 4 个方面的综合；⑤从国家安全情报角度看，国家安全态势感知塑造的基本逻辑过程是"洞悉国家安全态势→生成国家安全态势情报→生成国家安全工作策略情报→应用国家安全工作策略情报调控国家安全态势"；⑥国家安全情报视域下的国家安全态势感知塑造模型是国家安全态势感知子模型、国家安全态势塑造子模型、国家安全工作者子模型及国家安全态势感知塑造系统子模型的综合集成。

第六章　国家安全体系

※本章导读※

党的二十大报告将推进国家安全体系和能力现代化置于国家战略高度，使之成为推动新时代国家安全工作高质量发展的着力点和核心任务。深刻理解何为国家安全体系，对于贯彻落实“推进国家安全体系和能力现代化”的战略部署具有重要意义。鉴于此，本章首先基于体系的定义，并结合国家安全体系自身特色，提出国家安全体系的定义，并根据体系和系统的差异，对国家安全体系和国家安全系统、传统国家安全系统思想与国家安全体系思想进行了多维比较分析。其次，提炼和解析国家安全体系的特征，并从微观、中观和宏观三个层面出发，分析国家安全体系的构成。最后，梳理中国国家安全体系的发展历程。通过本章学习，以期让读者了解何为国家安全体系，建立对国家安全体系的全方位系统性认知，同时为理解和把握健全国家安全体系和推进国家安全体系现代化提供基础理论支撑和历史实践启示。

第一节　国家安全体系的定义与内涵

习近平总书记强调保证国家安全是头等大事。建立健全国家安全体系、推进国家安全体系现代化是维护和塑造国家安全的治本之策，是贯彻落实总体国家安全观的着力点（陈文清，2019）。当前，在总体国家安全观指导下，推进国家安全体系现代化已成为新时代国家安全工作的重要工程。2020 年 12 月 11 日，中共中央总书记习近平在中央政治局第二十六次集体学习时就贯彻总体国家安全观提出的 10 点要求中明确强调“坚持推进国家安全体系和能力现代化”①。可见，在新时代，推进国家安全体系现代化是进一步完善国家安全体系的必由之路，开展国家安全体系现代化研究正当时，具有重大理论和现实意义。

近年来，随着党和国家对国家安全体系建设的高度重视，我国学界关于国家

① 习近平：《高举中国特色社会主义伟大旗帜　为全面建设社会主义现代化国家而团结奋斗——在中国共产党第二十次全国代表大会上的报告》，《人民日报》2022 年 10 月 26 日.

安全体系已开展一些积极探索研究。经梳理分析现有我国国家安全体系相关研究发现，现有研究主要是集中在国家安全体系的具体子体系方面（王妍妍和孙佰清，2021）和整体层面的国家安全体系方面。在国家安全体系的具体子体系研究方面，现有研究主要包括两大方面：一是具体领域安全子体系研究，主要涉及政治安全体系（刘跃进，2016）、社会安全体系（刘跃进，2012）、生物安全体系（赵磊，2020）、知识产权安全体系（朱雪忠和代志在，2021）、生态安全体系（陈娅玲等，2021）等建设研究；二是安全保障支撑子体系研究，主要涉及国家安全领导体制（任远喆，2014）、国家安全法治体系（郭永辉和李明，2021；康均心，2017）、国家安全战略体系（闪淳昌等，2015）、国家安全情报体系（张家年和马费成，2015；王秉和徐方廷，2023）等建设研究。在整体层面的国家安全体系研究方面，现有研究主要包括四大方面：一是基于宏观动态变迁和发展角度探讨我国国家安全体系的演进与发展（王妍妍和孙佰清，2021；钟开斌，2018）；二是总体国家安全观指导下的国家安全体系建设研究（孙炜，2021；刘跃进和宋希艳，2018）；三是就当时国家安全形势分析如何构建国家安全体系（江涌，2014）；四是对其他国家的国家安全体系的分析研究（石斌，2021）。

概括看，无论是在国家安全体系的具体子体系方面还是在整体层面的国家安全体系方面，目前我国学界均存在研究较少、较浅的问题，亟待对国家安全体系开展具有深度的专门研究。当前，国家安全体系研究尚处于发轫阶段，研究主要集中在实践层面（石斌，2021；Vinogradova et al.，2015），研究的学理性和深度有待加强，尚未明晰“何为国家安全体系”（如国家安全体系的定义与内涵等）这一基本理论问题（曹海军和梁赛，2023；石斌，2021）。从理论上看，国家安全体系作为一类典型的体系类别，体系思想理应对国家安全体系研究具有重要支撑和借鉴启示意义。

鉴于此，本节拟基于体系思想论析国家安全体系的定义与内涵（王秉等，2024），以期夯实国家安全体系研究与实践的理论基础。需说明的是，本节所讨论的国家安全体系是针对普遍意义上的国家安全体系，在本节研究过程中，所涉及的关于我国国家安全体系的讨论均专门进行了相应具体限定或说明。

一、国家安全体系的定义

当前，关于国家安全体系的科学权威的定义和详细阐释较为少见。已有的具有代表性的关于国家安全体系的简单定义仅有以下 5 个，见表 6-1。综合看，表 6-1 中的国家安全体系的定义主要还是基于系统思想给出的国家安全体系的定义，尚未很好体现国家安全体系本身所蕴含的体系思想、含义和特征。同时，部分国家安全体系定义较为狭义，不能很好地涵盖和展现国家安全体系的总体含义及面貌。从理论角度看，国家安全体系作为一类典型的体系，有必要根据体系的定义来定义国家安全体系。这里，基于体系的定义，并结合国家安全体系自身特色，给出国家安全体系的定义：国家安全体系是指以维护和塑造国家安全为总体目标，由大规模分布与相互协作的独立国家安全系统按一定秩序和内部联系综合集成的用来生成国家安全能力的整体。同时，根据体系所对应的英文“System of Systems”，国家安全体系的准确英文翻译应该是“System of National Security Systems”。

表 6-1　已有的具有代表性的国家安全体系的定义

序号	定义者	定义
1	钟开斌（2018）	所谓国家安全体系，是指由与国家安全问题有关的相互联系、相互作用、相互制约的若干个因素结合而成的具有特定功能的有机整体
2	王妍妍和孙佰清（2021）	国家安全体系是指在特定国家安全环境（时景）下，根据相应的国家安全理念（图景），应对某一领域或多领域国家安全威胁内容（场景），以实现国家安全战略目标（愿景）的有机系统
3	石斌（2021）	国家安全体系是主权国家为了应对安全威胁与挑战，维护和促进国家安全利益，按照自身安全理念与指导思想，在安全实践中逐步形成的一整套安全基础结构与综合保障体系
4	李文良（2022）	从狭义角度指出，国家安全体系是指国家安全主体为了实现国家安全目标，在预防和化解国家安全问题过程中所设立的组织实体和制度的总和
5	Kitler（2021）	国家安全体系的本质应该被理解为一个分布式、整合和连贯的整体，由国家执行任务的各种要素组成，以确保国家生存条件和发展不受任何干扰

二、国家安全体系的内涵

第一，国家安全体系的目标是维护和塑造国家安全。根据体系的应用场景和目标的不同，可将体系划分为不同类型，如学科体系、法律体系、管理体系、军事体系、武器装备体系及社会保障体系等。就国家安全体系而言，它是体系概念在国家安全这一应用场景下的产物，是用来维护和塑造国家安全的体系。维护和塑造国家安全是任何单个国家安全体系组分系统都无法完成的目标，是多个国家安全体系组分系统通过协作需要完成的共同目标。正因如此，才需将多个国家安全体系组分系统集成和协作配合来完成维护和塑造国家安全这一大的目标任务。根据不同的分类方式，可对国家安全体系组分系统进行不同分类，分类举例如表 6-2 所示。需说明的是，组成国家安全体系的组分系统有的可能复杂性较低，有的可能规模巨大、高度复杂，甚至一个组分系统都是一个体系。

表 6-2 国家安全体系组分系统的分类举例

序号	分类依据	具体分类
1	具体领域安全	国家安全体系组分系统包括政治安全、军事安全、国土安全、经济安全、金融安全、文化安全、社会安全、科技安全、网络安全、粮食安全、生态安全、资源安全、核安全、海外利益安全、太空安全、深海安全、极地安全、生物安全、人工智能安全、数据安全等
2	具体内容	国家安全体系组分系统包括国家安全领导体制、国家安全理论、国家安全法治、国家安全战略、国家安全政策、国家安全制度、国家安全人才、国家安全情报、国家安全教育、国家安全文化、国家安全技术与装备设施、国家安全运行机制及国家安全协同机制等
3	层次	国家安全体系组分系统包括面向社会公众的公共安全、面向主权实体的国家安全、面向国际社会的世界安全三大层次（钟开斌，2018）

第二，国家安全体系的效用是生成国家安全能力。国家安全体系是生成国家安全能力的前提条件与母体。维护和塑造国家安全的立足点是提升国家安全能力（赵磊，2023）。可见，要达成国家安全体系的总体目标之维护和塑造国家安全，需不断提升国家安全能力。体系能力是体系研究和实践中的核心概念和要素，在体系研究和实践中，体系能力评估和提升是一项重要的内容（任天助等，2021）。所谓体系能力，是指体系在规定条件下，使用相关资源要素执行一系列任务并达到预定标准，实现目标的本领（Agarwal et al.，2014）。基于此，可将国家安全体系能力理解为：国家安全体系在限定条件下，运用国家安全相关资源要素执行和完成一系列国家安全任务并达到预期国家安全目标，实现维护和塑造国家安全最终目的的本领。可见，国家安全能力本质上是国家安全体系的运行及执行能力。因此，国家安全体系和国家安全能力是一个有机整体，二者相辅相成。因此，国家安全体系建设的一个重要着眼点是国家安全能力需求。

第三，国家安全体系概念是国家安全系统概念的延伸和发展，国家安全体系思想是传统国家安全系统思想的增强和升华。为准确理解上述国家安全体系的定义，还需定义国家安全系统。根据系统的一般定义（即系统是由相互作用和相互依赖的若干组成部分结合而成的、具有特定功能的有机整体）（谭跃进等，2017），所谓国家安全系统，是指由相互作用和相互依赖的若干组成部分结合而成的、具有特定国家安全功能的有机整体。国家安全体系不同于一般的国家安全系统，它是更高层次的国家安全系统，是可完成单个国家安全系统所无法完成的特定国家安全目标的更大的国家安全系统。根据体系和系统的差异（谭跃进等，2017；顾基发，2018；张维明等，2010），比较分析国家安全系统与国家安全体系之间的差异，见表6-3。同时，国家安全体系思想亦不同于传统国家安全系统思想，它旨在解决传统国家安全系统理论和方法无法解决的国家安全体系问题。传统国家安全系统思想与国家安全体系思想之间的主要差异分析见表6-4（赵青松等，2013；张维明等，2010；徐振兴和姜江，2011）。所谓国家安全体系理论、方法和技术，是指在国家安全体系的需求开发、体系结构设计、体系实验与评估以及运行过程中使用的理论、方法和技术，并对国家安全体系所进行的管理过程的综合。

表6-3 国家安全系统与国家安全体系的比较

序号	比较方面	国家安全系统	国家安全体系
1	组分构成	数量较少的国家安全元素或国家安全子系统	数量较多的国家安全系统，可根据需要增减组分系统
2	组分关系	相互依赖	相互交互但又可相互独立
3	组分的独立性	一般不具备独立性	组分系统独立运作、独立管理
4	组分的自主性	一般不具有自主性（为了保障系统的自主性而放弃组分的自主性）	具有高度自主性（通过行使组分系统的自主性来达成国家安全体系的总体目标）
5	组分的连接性	通过预先的设计，使组分间具有良好连接	组分系统间动态建立多种连接
6	组分的耦合性	紧耦合、有重叠	松耦合、非重叠
7	组分间的属性	需要预先确定	不需要预先确定
8	组分的分布	较为有限	广泛
9	边界	相对确定	较为模糊或不断变化
10	结构	相对简单，相对稳定有序，可实现最优化解决国家安全问题	高度复杂，动态演化，具有自适应性，几乎无最优化解决国家安全问题的途径
11	生命周期	有具体的设计生命周期（可被延长）	不断演化、发展与更新（无时限）
12	功能或能力的多样性	相对稳定，比较单一	具有较强的多样性（多样性源于组分系统的自主性与开放连接）
13	可控性	可控性强	难以控制
14	演化性	低演化性或不发生演化	演化性强（随时间发生演化）
15	需求	相对明确	动态变化
16	管理	相对单一的管理	分散管理、集中控制
17	规划	相对确定	动态、高度不确定
18	目标	满足一定的国家安全功能	满足某种国家安全能力
19	操作	相对单一	组分系统间互操作

续表

序号	比较方面	国家安全系统	国家安全体系
20	涌现行为	少有，就算有也是可预见的（包括有利和不利的涌现行为），并可根据情况进行设计或测试	常有，且一般不可预见
21	与环境的交互	相对确定；交互性弱	不确定；交互性强
22	整体状态	易根据组分的状态来预测	难以根据组分系统的状态来预测

表 6-4　传统国家安全系统思想与国家安全体系思想的比较

序号	比较方面	传统国家安全系统思想	国家安全体系思想
1	关注对象	单个简单或复杂的国家安全系统	集成多个异步（但相互依赖）的复杂国家安全系统
2	目标	单一国家安全系统的最优化	通过不同国家安全系统的集成，满足在各种环境下的国家安全能力需求；国家安全体系现代化
3	期望	关注最终国家安全系统的效能	关注启动国家安全体系的初始部署，随后国家安全体系将随着时间演进发展，故很难确定国家安全体系的最终状态或性能
4	途径	过程	方法学
5	解决的问题	规定的国家安全需求或问题	变化、涌现的国家安全需求或问题
6	目的	单一的	多元的
7	边界范围	清楚明确的边界范围	模糊不确定的开放边界
8	时间周期	国家安全系统生命周期；确定的开始和结束	国家安全体系生命周期（包括构建阶段与进化阶段），无时限
9	过程	定义（需求分析）→确定边界（功能分析）→优化（综合集成）	能力需求→目标联合→协调集成组分系统（松耦合）
10	思维方法	结构化方法主导；面向安全问题的最优化解决方案；系统内部；既定；最优化；低学科交叉	背景影响主导；面向国家安全能力；系统交互；演化；权衡统筹；强学科交叉
11	问题的表现	国家安全系统内部的紧耦合	国家安全系统间的交互，而非重叠
12	组织方式	统一的组分管理	协同运作，分散、独立的组分管理
13	涌现行为	弱化或者消除	引导增强其健壮性、弹性、灵活性、敏捷性与适应性

续表

序号	比较方面	传统国家安全系统思想	国家安全体系思想
14	研究思路	自底向上，注重解决具体国家安全问题的具体方式和系统边界	自顶向下，关注整体、全面地解决整体性的国家安全问题，具体实现方式具有多样性和灵活性

第四，在我国，总体国家安全观所蕴含的体系思想、原理与方法可为国家安全体系提供科学理论和方法指导。总体国家安全观自提出就被赋予了显著而深刻的体系思想、原理与方法，它是立足于体系层面的对国家安全的认识，是具备体系思想和特征的国家安全理论。例如，总体国家安全观的鲜明特征就在于“总体”一词，“总体”旨在强调国家安全的体系性本质属性，强调体系支撑；总体国家安全观本身是一个内容丰富、开放包容、不断发展的思想体系；总体国家安全观强调体系思想、原理与方法中的“综合权衡”与“统筹协同”之道，强调在安全和发展，以及各种安全关系中做好综合权衡与统筹协同；总体国家安全观具有分布广泛性、复杂性、开放性（边界模糊性）、不确定性、动态性、演化性与涌现性等特征，具有明显的体系特征。因此，领会、理解和把握总体国家安全观，离不开体系格局、思想、原理与方法的引领、支持与指导。当然，反过来看，总体国家安全观是国家安全体系研究与实践工作的根本遵循，国家安全体系研究和实践工作需要总体国家安全观来提供科学理论和方法指导。

三、本节结语

本节主要分析国家安全体系的定义与内涵。基于体系的定义，并结合国家安全体系自身特色，提出国家安全体系是指以维护和塑造国家安全为总体目标，由大规模分布与相互协作的独立国家安全系统按一定秩序和内部联系综合集成的用来生成国家安全能力的整体。此外，为准确理解国家安全体系的定义与内涵，根据体系和系统的差异，对国家安全体系和国家安全系统及传统国家安全系统思想与国家安全体系思想进行了多维比较分析。概言之，国家安全体系概念是国家安全系统概念的延伸和发展，国家安全体系思想是传统国家安全系统思想的增强和升华。

第二节　国家安全体系的特征

国家安全体系具备一般体系的特征，如国家安全体系具备组分系统的独立性（自治性）与异构性、边界模糊与动态性、分布广泛性、涌现性、连通性、多样性、开放适应性、自组织、复杂性与演化性等特征。部分国家安全体系的特征已在表6-3中进行了解释，下面仅着重解释国家安全体系的涌现性、开放适应性、演化性与复杂性4个主要特征（王秉等，2024）。

一、涌现性

所谓国家安全体系的涌现性，是指国家安全体系中各组分系统通过相互作用会涌现出国家安全体系的新特征和新能力，这是国家安全体系建设的目标。可见，国家安全能力存在于国家安全体系之中，国家安全能力现代化的本质就是国家安全体系现代化，国家安全体系建设就是为了通过集成众多国家安全系统来形成新的国家安全能力，而不是为了其他目的。

首先，国家安全体系的涌现行为是以国家安全体系组分系统的相互作用为中心的，它比单个国家安全体系组分系统的行为的简单累加要复杂得多，是非线性的（霍兰，2005）。其次，国家安全体系的涌现性所产生的一些新属性、新能力与某单个国家安全体系组分系统有关，但又不属于某单个国家安全体系组分系统。换言之，国家安全体系的涌现性是国家安全体系整体才具有而孤立部分不具有的性质，它是国家安全体系所具有的规模效应与结构效应共同作用的结果。同时，国家安全体系的涌现性表示国家安全体系整体性状的改变，而并非某个方面的简单变化。此外，任何国家安全体系涌现的出现均是不确定的，包括良性涌现和恶性涌现。其中，良性涌现一般是国家安全体系设计的初衷，是推进国家安全体系现代化的目标，而恶性涌现源于国家安全体系组分系统间的复杂交互的不可控性，恶性涌现是国家安全体系的主要风险因素。因此，国家安全体系的发展和演化“只能引导但不能确定最终结果”。但是，不能确定并非无所作为、任意演化和发展，而是要因地、因时、因势引导和塑造，这样才能使国家安全体系的总体目标之“维护和塑造国家安全”真正达成。

二、开放适应性

所谓国家安全体系的开放适应性，是指国家安全体系能应对国家安全使命任务和环境等一定程度上的变化，具备开放性、自组织和适应性。具体而言，国家安全体系的开放适应性是指国家安全体系在完成国家安全使命任务的过程中，可根据需要改变国家安全体系组分系统构成（即可接入新的国家安全体系组分系统或删减原有的国家安全体系组分系统）或改变国家安全体系组分系统之间的关系，以适应国家安全使命任务和环境等的变化需求。

国家安全体系的开放适应性的内涵体现在国家安全体系边界的模糊性和国家安全体系组分系统之间的关系的动态可调性两大方面。不确定性是国家安全的固有属性，为应对国家安全的不确定性，国家安全体系理应是开放和没有固定的边界的，即国家安全体系组分系统构成并非固定的，而是时刻保持变化的，可根据国家安全使命任务、环境和形势等的变化而选择退出或加入，这就是国家安全体系的边界模糊性。同时，国家安全体系组分系统之间的关系是动态可调的，这亦是为了应对国家安全的不确定性。就国家安全体系能力而言，决定因素不单是国家安全体系组分系统构成，还有国家安全体系组分系统的相互关系。同样，各国家安全体系组分系统之间的关系并非一成不变的，而是需要随着国家安全使命任务、环境和形势等的变化而进行调整适应的，国家安全体系执行不同的国家安全使命任务和在执行国家安全使命任务的不同阶段均需要构建不同的国家安全体系组分系统之间的关系，不存在适用于所有国家安全使命任务的国家安全体系组分系统之间的关系，在国家安全体系执行国家安全使命任务的过程中，僵化的国家安全体系组分系统之间的关系会致使国家安全体系能力降低（张维明等，2010）。

三、演化性

所谓国家安全体系的演化性，是指国家安全体系是“活”的，是可以不断进化的。国家安全体系在建设初期就具有某些基本功能或能力，但国家安全体系结构是可变的、可自组织的，它可根据国家安全使命、战略、任务、目标、形势与环境等要求，在各类因素的综合影响和作用下，逐渐磨合成长，从不成熟状态演化至成熟状态。可见，实际上，国家安全体系不是建设而成的，而是演化形成的。因此，严格讲，国家安全体系不能建设，只能演化，唯有通过不断的演化磨合，才能发展成为满意的国家安全体系。可见，推进国家安全体系现代化，就是要加快国家安全体系的进化、磨合和适应进程。

根据国家安全体系的开放适应性，国家安全体系的演化性主要表现在国家安全体系结构关系的演化性（即国家安全体系组分系统之间的关系的动态可调性）和国家安全体系组分系统构成的演化性（即国家安全体系边界的模糊性和动态性）两大方面，上文已作讨论，这里不再赘述。国家安全体系的演化性是国家安全体系的开放适应性的基础条件之一。同时，国家安全体系的演化性体现在国家安全体系整体的演化性与国家安全体系组分系统个体的演化性两个层面，国家安全体系组分系统个体的演化和国家安全体系组分系统之间关系（即国家安全体系结构关系）的演化，会引起国家安全体系整体的演化。

四、复杂性

国家安全体系的涌现性、开放适应性与演化性等特征共同决定国家安全体系具有复杂性。换言之，国家安全体系的复杂性是国家安全体系的涌现性、开放适应性与演化性等综合作用的结果，它源于多因素的交互作用。概括看，国家安全体系的复杂性主要源于五大方面的因素。第一，国家安全体系组成极为复杂，国家安全体系由诸多大规模分布、具有自主性和自适应能力的国家安全体系组分系统组成。第二，国家安全体系组分系统之间的相互作用关系极为复杂，包括国家安全工作过程中各种国家安全子体系或系统的对抗、各方内部的合作与协同，以及各方之间的联合与协作等相互作用关系。第三，国家安全体系所具有的演化性（包括动态性）和开放适应性，最终会产生综合的涌现性效应，涌现性效应极为复杂。第四，国家安全体系的整体状态及其变化趋势具有高度不确定性和偶然性。第五，国家安全体系开放性强，与环境联系密切且相互作用。特别是在当今数智时代，随着国家安全领域的数智化程度的不断提高，国家安全体系的复杂性会得到进一步增强。

可见，国家安全体系的复杂性是认识和推进国家安全体系现代化的核心、基础问题，理解国家安全体系的复杂性及其本质要素是推进国家安全体系现代化的基本前提。因此，必须基于复杂性的观点、理论和方法来考察国家安全体系，国家安全体系研究和实践工作必须面对多变量、高维数、突变性、涌现性与强非线性等复杂性挑战，必须寻求一种有效的国家安全体系的复杂性分析和解决方法。

五、本节结语

本节着重分析了国家安全体系的涌现性、开放适应性、演化性与复杂性 4 个主要特征。其中，国家安全体系的涌现性是指国家安全体系中各组分系统通过相互作用会涌现出国家安全体系的新特征和新能力；国家安全体系的开放适应性是指国家安全体系能应对国家安全使命任务和环境等一定程度上的变化，具备开放性、自组织和适应性；国家安全体系的演化性是指国家安全体系是“活”的，是可以不断进化的；国家安全体系的复杂性是国家安全体系的涌现性、开放适应性与演化性等综合作用的结果。国家安全体系的特征分析能够为读者认识和理解国家安全体系，为国家安全体系建立基本的宏观整体印象提供基础支撑。

第三节　国家安全体系的构成

国家安全体系是一类由众多组分系统关联耦合形成的复杂体系。为明晰国家安全体系的内容，建立对国家安全体系的多维立体认知，有必要从不同维度出发分析国家安全体系的构成。就国家安全体系而言，存在微观、中观和宏观三个层面的不同理解和认识，下面分别详细分析国家安全体系的微观构成、中观构成和宏观构成。

一、国家安全体系的微观构成

从微观层面看，国家安全体系是指为实现国家安全和使得国家工作顺利开展所设立的组织实体和制度的总和，主要包括国家安全组织与国家安全制度（李文良，2022）。微观层面的国家安全体系主要是从国家安全制度论的视角出发来认识国家安全体系，将国家安全体系理解为一系列实现国家安全的组织、制度与程序形式。就国家安全组织而言，目前，国家安全组织主要包括国家安全领导机关、国家安全保障机关、国家安全审判机关和国家安全监督反馈机关等。其中，我国国家安全领导机关主要有全国人民代表大会及其常务委员会、国家主席、国务院、中央国家安全委员会和中央军事委员会等，国家安全保障机关主要有国家安全专门保障机关、国家安全专责保障机关和国家安全监督反馈机关等，另外，根据《中华人民共和国国家安全法》有关规定，中央国家安全委员会既是国家安全领导机关也是国家安全议事协调机关。就国家安全制度而言，国家安全制度主要包括国家安全领导制度、国家安全一般制度和国家安全专门制度。其中，国家安全领导制度主要包括集体安全负责制（国家安全集体负责制）、主席安全负责制（国家安全主席负责制）、总理安全负责制（国家安全总理负责制）等；国家安全一般制度主要包括国家安全协调机制、国家安全会商工作机制、国家安全协同联动机制、国家安全决策咨询机制等；国家安全专门制度主要包括国家安全情报信息制度，国家安全风险预防、评估和预警制度，国家安全审查监管制度，以及国家安全危机管控制度等（李文良，2022）。

二、国家安全体系的中观构成

从中观层面看，国家安全体系是指为实现国家安全和使得国家工作顺利开展的一套方法、方式和手段。中观层面的国家安全体系主要是从国家安全工具（手段）论的角度来界定国家安全体系，它包括微观层面的国家安全组织与国家安全制度。根据《中华人民共和国国家安全法》和党的二十大报告中关于健全国家安全体系的相关论述，中观层面的国家安全体系主要包括国家安全领导体制及一系列国家安全机制、国家安全制度。其中，国家安全机制主要包括国家安全工作协调机制，国家安全工作督促检查和责任追究机制，跨部门国家安全会商工作机制，国家安全协同联动机制，国家安全决策咨询机制，国家安全风险评估机制，反制裁、反干涉、反“长臂管辖”机制，国家安全情报信息工作协调机制，国家安全审查和监管的制度和机制，国家安全危机的信息报告和发布机制，参与全球安全治理机制，以及国家应急管理机制等；国家安全制度主要包括国家安全法律制度、国家安全情报信息制度、国家安全风险监测预警制度、国家安全审查监管制度、国家安全危机管控制度与应急管理制度（如突发事件监测预警制度）等。

三、国家安全体系的宏观构成

从宏观层面看，国家安全体系是指为实现国家安全和使得国家工作顺利开展由一系列要素及其相互关系所构成的完整系统。宏观层面的国家安全体系是从国家安全系统论的角度来界定国家安全体系，国家安全体系是一整套紧密相连、相互协调的要素集合体。具体而言，可主要从国家安全工具（手段）、国家安全领域和国家安全工作全周期三个维度来解析和认识宏观层面的国家安全体系（王秉，2022b），具体解释见表 6-5。根据党的二十大报告中关于健全国家安全体系的相关论述，党的二十大报告中所言的国家安全体系属于宏观层面的国家安全体系，是对国家安全体系建设的总体宏观顶层设计和部署。其实，党的二十大报告中强调的“构建全域联动、立体高效的国家安全防护体系”，实则就是构建从国家安全系统论角度出发的宏观层面的国家安全体系。著者赞同从宏观层面出发界定和理解国家安全体系的内涵。

表 6-5　宏观层面的国家安全体系构成

序号	维度	具体解释
1	国家安全工具（手段）	宏观层面的国家安全体系不仅包括中观层面的国家安全体系所涵盖的国家安全领导体制、国家安全机制体系与国家安全制度体系，还包括国家安全理论（自主知识）体系、国家安全法治体系、国家安全战略体系、国家安全政策体系、国家安全风险监测预警体系、国家安全情报体系、国家应急管理体系、国家安全人才体系、国家安全教育体系、国家安全文化体系、国家安全技术与装备体系等（王秉，2022b）

续表

序号	维度	具体解释
2	国家安全领域	根据总体国家安全观，一是要建设集政治安全、军事安全、国土安全、经济安全、金融安全、文化安全、社会安全、科技安全、网络安全、粮食安全、生态安全、资源安全、核安全、海外利益安全、太空安全、深海安全、极地安全、生物安全、人工智能安全、数据安全等诸多领域安全于一体的国家安全体系，这包括党的二十大报告中强调的"完善重点领域安全保障体系和重要专项协调指挥体系，强化经济、重大基础设施、金融、网络、数据、生物、资源、核、太空、海洋等安全保障体系建设"；二是要建设统筹外部安全和内部安全、国土安全和国民安全、传统安全和非传统安全、自身安全和共同安全的国家安全体系；三是要建设统筹维护和塑造国家安全的国家安全体系
3	国家安全工作全周期	以国家安全事件发生为界限，国家安全工作全周期包括国家安全事件发生之前的常态国家安全工作和国家安全事件发生之中与之后的非常态国家安全工作，即国家安全应急管理工作（王秉，2022c）。因此，国家安全体系包括常态国家安全体系与国家应急管理体系。党的二十大报告将国家应急管理体系视为国家安全体系的组成部分之一，正式将其纳入了国家安全体系之中

四、本节结语

本节主要从微观、中观和宏观三个层面出发分析国家安全体系的构成。通过本节学习发现，国家安全体系的微观构成主要包括国家安全组织与国家安全制度，国家安全体系的中观构成主要包括国家安全领导体制及一系列国家安全机制、国家安全制度，国家安全体系的宏观构成主要包括各种国家安全工具（手段）、各大国家安全领域，以及国家安全工作全周期中的常态国家安全体系与国家应急管理体系。当然，国家安全体系构成的分析维度有很多，且不同维度下的国家安全体系构成差异较大，本节仅是从微观、中观和宏观三个层面出发尝试梳理与归纳国家安全体系的构成，难免挂一漏万和存在争议，尚待进一步开展深入研究。

第四节　中国国家安全体系发展历程回顾

中华人民共和国成立至今，在国家安全体系建设方面取得了重大进展和成绩。抚今追昔，鉴往知来。本节简要回顾中国国家安全体系发展历程。

一、中国国家安全体系发展历程总览

根据国家安全体系发展过程中的不同时期的国家安全环境特征、国家安全内容要素、国家安全理念指引和国家安全目标指向的差异，可将中华人民共和国成立至今中国国家安全体系的发展历程大致划分为三大阶段，即传统国家安全体系、过渡型国家安全体系和现代国家安全体系（王秉，2022b；王妍妍和孙佰清，2021；董春岭，2021），如图 6-1 所示。

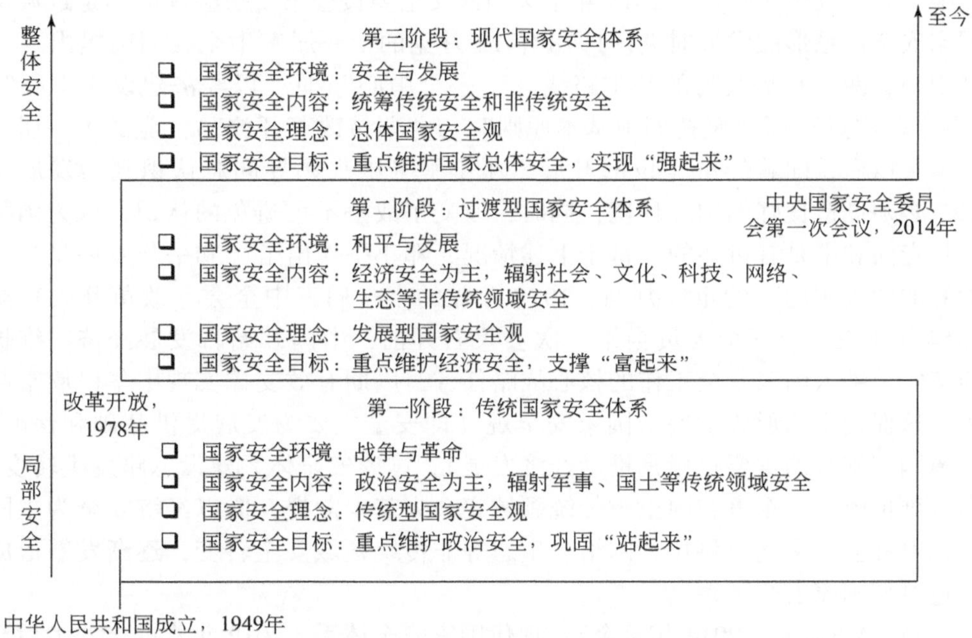

图 6-1　中华人民共和国成立至今中国国家安全体系发展历程

二、中国国家安全体系发展历程分析

根据图 6-1，分别扼要解释中华人民共和国成立至今中国国家安全体系发展历程的主要阶段，具体如下。

1）第一阶段（1949～1978 年）：传统国家安全体系。1949 年中华人民共和国的成立，标志着中国人民站起来了。1949 年中华人民共和国成立至 1978 年党的十一届三中全会（改革开放）前，是传统国家安全（重点关注政治、军事与国土等传统领域安全）体系建设时期。正确认识时代主题，是国家安全体系建设的基本逻辑起点。在这一阶段，战争与革命仍是时代主题和基本特征，中国所处的国家安全环境极为复杂，面临严峻的国家安全形势，为巩固中华民族站起来，以军事安全与国土安全等为基本支撑和手段，维护政治安全是当时保障新生政权安全的第一要务和重点目标。可见，在这一阶段，中国的国家安全理念导向是传统国家安全观，主要关注政治安全、军事安全和国土安全等传统领域安全，中国当时所建设的国家安全体系属于传统国家安全体系。

2）第二阶段（1978～2014 年）：过渡型国家安全体系。1978 年党的十一届三中全会（改革开放）至 2014 年中央国家安全委员会第一次会议前，是过渡型国家安全体系形成发展时期。1978 年 12 月党的十一届三中全会明确提出“一个中心，两个基本点”的基本路线（“一个中心”即“以经济建设为中心”，“两个基本点”即“坚持四项基本原则”与“坚持改革开放”）。党的十一届三中全会以后，随着经济建设的开展，邓小平等中央领导同志认识到为发展经济，必须创造良好的国际环境；同时，改变了战争不可避免的认识，认为国际形势走向和平是有可能的。基于上述情况，邓小平作出了“和平与发展是当今世界的两大主题”的重要判断。1978 年党的十一届三中全会（改革开放）至 2014 年中央国家安全委员会第一次会议召开前，中国开始将发展经济、维护经济安全纳入国家安全工作的核心战略任务，以期有效支撑实现中华民族富起来，这促使中国形成发展型国家安全观（即安全主要为发展提供基础和保障，保障国家安全的重要目标是推动经济发展），国家安全体系建设思路发生转变，即以维护政治、军事和国土等传统领域安全为基本前提，向以经济安全为主同时辐射社会、文化、科技、网络、生态等非传统领域安全转变，逐渐发展形成了过渡型国家安全体系。

3）第三阶段（2014 年至今）：现代国家安全体系。2012 年党的十八大后至今，世界正处于百年未有之大变局，正处于大发展大变革大调整时期，不确定、不稳定、不安全风险因素逐渐增多，国家安全的整体复杂性和联动性更加突出加深。党的十九大报告指出：“世界正处于大发展大变革大调整时期，和平与发展仍然是时代主题。”从根本上看，尽管和平与发展的时代主题没变，但其内涵及实现方式有所变化，对此我们党的认识和把握是不断丰富和完善的。就和平的内涵而言，和平已不仅仅指无大范围的大战，国际恐怖主义、民族分裂势力、生物安全、文化安全、网络安全、生态安全等传统安全威胁和非传统安全威胁相互交织，安全风险挑战已成为影响世界和平的最主要因素之一①。换言之，在当今时代，安全已成为和平的决定性因素。因此，可将新时代国家安全工作所处的环境和主题概括为安全与发展，其主旨在于统筹发展和安全，以高水平安全保障高质量发展，以可持续发展促进可持续安全，坚持安全发展，推动高质量发展和高水平安全动态平衡，建设更高水平的平安中国。在这样的国家安全背景和环境下，以习近平同志为核心的党中央审时度势，为应对国家安全的多样性风险挑战，于2013 年 11 月 12 日成立中央国家安全委员会来统筹协调涉及国家安全的重大事项和重要工作。特别是，2014 年 4 月 15 日，习近平总书记在中央国家安全委员会第一次会议上，创造性提出总体国家安全观，并首次系统提出涵盖多领域安全的国家安全体系，把我们党对国家安全的认识提升至新的高度和境界，为健全国家安全体系和推进国家安全体系现代化提供了基本遵循，标志着中国打造现代国家安全体系的开始。2017 年，总体国家安全观被纳入党的十九大报告中，成为新时代坚持和发展中国特色社会主义的基本方略之一。自 2014 年开始，在总体国家安全观的指导下，中国开始建设同时兼顾传统领域安全与非传统领域安全的现代国家安全体系，旨在维护国家总体安全，为实现中华民族强起来与中华民族伟大复兴提供坚实基础和保障。

三、本节结语

本节主要梳理了中国国家安全体系的发展历程。根据国家安全体系发展过程中的不同时期的国家安全环境特征、国家安全内容要素、国家安全理念指引和国家安全目标指向的差异，可将中华人民共和国成立至今中国国家安全体系的发展历程大致划分为三大阶段，即传统国家安全体系、过渡型国家安全体系和现代国家安全体系。

※本章小结※

国家安全体系是国家安全系统学的学科关键问题之一。为探索国家安全体系，明晰何为国家安全体系及中国国家安全体系发展历程，本章主要分析国家安全体系的定义、内涵、特征与构成，梳理中国国家安全体系的发展历程，以期为健全国家安全体系和推进国家安全体系现代化提供基础理论支撑和历史实践启示。通过本章学习，主要得到以下四方面认识：①国家安全体系是指以维护和塑

---

① 中国网：《【十九大·理论新视野】贾秀东：和平与发展仍然是时代主题》，http://www.china.com.cn/opinion/theory/2018-03/16/content_50716249.htm(2018-03-16)[2022-05-06].

造国家安全为总体目标，由大规模分布与相互协作的独立国家安全系统按一定秩序和内部联系综合集成的用来生成国家安全能力的整体；②国家安全体系具备组分系统的独立性（自治性）与异构性、边界模糊与动态性、分布广泛性、涌现性、连通性、多样性、开放性、自组织、适应性、关系复杂与演化性等特征；③国家安全体系的微观构成主要包括国家安全组织与国家安全制度，国家安全体系的中观构成主要包括国家安全领导体制及一系列国家安全机制、国家安全制度，国家安全体系的宏观构成主要包括各种国家安全工具（手段）、各大国家安全领域，以及国家安全工作全周期中的常态国家安全体系与国家应急管理体系；④中华人民共和国成立至今，中国国家安全体系的发展历程大致可划分为传统国家安全体系、过渡型国家安全体系和现代国家安全体系三大阶段。

第七章　国家安全能力

※本章导读※

国家安全能力是中国特色国家安全理论和实践体系的核心要素，增强国家安全能力是坚持和贯彻落实总体国家安全观的着力点。当前，国家安全能力建设已成为新时代国家安全工作的重要工程，开展国家安全能力研究正当时，具有重大理论和现实意义。鉴于此，本章首先从理论和实践两个层面出发，讨论国家安全能力概念的缘起，并分别从国家安全和能力两个角度出发解析国家安全能力的内涵。其次，分析国家安全能力与国家能力之间的关系，并归纳和分析国家安全能力的特征，构建国家安全能力特征的三角形模型，揭示国家安全能力各特征之间的关联。在此基础上，结合中国国家安全能力建设实践，提出国家安全能力主要包括国家政府层面和社会层面两个层面的国家安全能力构成要素。最后，梳理中国国家安全能力的发展历程。

第一节　国家安全能力的缘起与内涵

党的二十大报告强调：“国家安全是民族复兴的根基，社会稳定是国家强盛的前提”，把国家安全置于突出位置，设置专章对“推进国家安全体系和能力现代化，坚决维护国家安全和社会稳定”进行深刻全面论述①。可见，打铁还需自身硬，维护和塑造国家安全的关键和根本在于提升国家安全能力。切实提升国家安全能力，是贯彻落实总体国家安全观的必然要求，是实现国家治理能力现代化的重要工程。党的十八大以来，党着力推进国家安全能力建设，这既是新时代国家安全工作的伟大成就，亦是中国未来国家安全工作的重点和方向（田培炎，2022）。2020 年 12 月 11 日，习近平总书记在中央政治局第二十六次集体学习时就贯彻总体国家安全观提出的 10 点要求中明确强调“坚持推进国家安全体系和

① 习近平：《高举中国特色社会主义伟大旗帜　为全面建设社会主义现代化国家而团结奋斗——在中国共产党第二十次全国代表大会上的报告》，《人民日报》2022 年 10 月 26 日．

能力现代化”[1]。概括看，新时代中国的国家安全事业发展道路，以维护和塑造国家安全为起点，以国家安全体系和能力建设为过程，以国家安全体系和能力现代化为终点。可见，国家安全能力是现代国家安全理论体系中的关键概念，推进国家安全能力建设是新时代进一步夯实国家安全基础和提升国家安全保障水平的必由之路。因此，当前，开展国家安全能力研究正当时，具有重大理论和现实意义。

基础不牢，地动山摇。基本概念和概念体系是理论的基石，它是研究范围内同一类现象的概括性表述（袁方和王汉生，1997）。国家安全能力作为一个核心概念，是建设国家安全能力和推进国家安全能力现代化的基石和逻辑原点。因此，明确国家安全能力概念从何而来和是什么，是深入把握国家安全能力内在结构、要素、演化机理、发展方向和建设路径，探索科学、理性、有效的国家安全能力建设道路的基本理论基础。但非常遗憾的是，目前学界尚未明晰国家安全能力概念的缘起，尚未科学专门界定国家安全能力的内涵，导致国家安全能力研究与实践缺乏理论根基，这严重阻碍中国国家安全能力建设和现代化研究与实践推进工作。鉴于此，本节深入分析国家安全能力的缘起和内涵（王秉，2023c），以期为国家安全能力建设和现代化奠定一定理论基础，从而为推动中国国家安全能力建设和现代化进程贡献一定智慧。

一、理论层面的缘起：安全（国家安全）概念的能力论

安全是国家安全能力的母概念，准确理解和认识安全的含义是界定国家安全能力的前提。由于安全具有多元性（多样性）、复杂性和主观性等属性，故人们对安全内涵的理解和认识仁者见仁，智者见智。尽管目前学界和实践界对安全概念的理解和认识仍是莫衷一是，未有一个举世公认的安全概念的界定，但是通过总结分析现有的安全概念界定发现，总体而言，状态和能力是界定安全概念的两个公认的重要维度（陈功等，2005；张宇燕和冯维江，2021）。例如，根据*Webster's Third New International Dictionary*，在英文语境中，安全既表示一种没有危险、没有恐惧和免于担忧的状态，亦表示进行防卫和保护的各种措施和条件。由此可见，安全不仅是一种状态，还包括获取安全的能力（陈功等，2005）。从状态角度看，安全是某一行为体的所重视的利益相对处于没有危险和不受威胁的状态；从能力角度看，安全是保障某一行为体的所重视的利益持续相对处于没有

---

[1] 央视网：《习近平在中央政治局第二十六次集体学习时强调　坚持系统思维构建大安全格局　为建设社会主义现代化国家提供坚强保障》，http://news.cctv.com/2020/12/12/ARTIlby73YzUTkFRHge3tIkM201212.shtml(2020-12-12)[2023-10-29].

危险和不受威胁的状态的能力（陈功等，2005）。

其实，关于安全概念的能力论由来已久，特别是安全研究的西方学派早就形成了这种理解和认识（陈功等，2005）。在国家安全研究早期，诸多西方学者就把国家安全理解为一国消除关乎其利益的各种威胁的能力。例如，Kennan（1948）将国家安全定义为“一国内部生活发展持续不受外部列强严重干扰或威胁的能力。”Luciani（1988）指出，安全是抵御国外侵略的能力。根据舒宁（1998）收集整理的文献资料，Robert · Art 认为，安全是国家保卫本国不受攻击、侵略、征服和毁灭的能力；《国际社会科学百科全书》给安全下的定义是：“安全是国家保卫其内部价值不受外部威胁的能力。”英国著名安全学者巴瑞 · 布赞（Barry Buzan）认为，安全是“对免于威胁的追求”，显示“保卫国家和领土完整，反对敌对势力的能力”（Buzan，1994）。同时，他还指出，创造更强大的国家是个体和国家安全的必要条件，从弱国走向强国是实现国家安全的重要途径（Buzan，1991；郑先武，2006），这一观点也从侧面表明，国家安全是一种能力。

目前，中国安全学界和实践界也普遍接受并采纳安全概念的能力论。例如，张宇燕和冯维江（2021）指出，安全是一种利益（先于其他具体利益的元利益），它主要体现在使其他各种具体利益得到保障从而能够免于遭受相应损失的威胁。其中，使行为体的利益相对处于没有危险和不受内外威胁的状态即为安全状态，保障这种安全状态持续的能力即为安全能力（张宇燕和冯维江，2021）。可见，安全是使各种具体利益得到保障的能力（张宇燕和冯维江，2021），安全的本质是一种能力。上述关于安全的理解与中国现行相关国家安全法律法规中对安全的含义解读保持一致。例如，《中华人民共和国国家安全法》第二条规定，“国家安全是指国家政权、主权、统一和领土完整、人民福祉、经济社会可持续发展和国家其他重大利益相对处于没有危险和不受内外威胁的状态，以及保障持续安全状态的能力”；《中华人民共和国数据安全法》第三条规定，“数据安全，是指通过采取必要措施，确保数据处于有效保护和合法利用的状态，以及具备保障持续安全状态的能力”；《中华人民共和国网络安全法》第七十六条第二款规定：“网络安全，是指通过采取必要措施，防范对网络的攻击、侵入、干扰、破坏和非法使用以及意外事故，使网络处于稳定可靠运行的状态，以及保障网络数据的完整性、保密性、可用性的能力。”

同时，近二十年来，安全学界和实践界逐渐意识到，系统在许多情况下都是成功运行的，即罕有甚至没有发生安全事件。同时，不可能完全预测所有安全事件情况及其可能性，尤其是在复杂的社会技术系统中。因此，针对复杂社会技术系统，安全领域开始尝试提出安全的新内涵和新范式。在此背景下，安全作为系统韧性的一个关键概念被关注，学者给出了韧性角度的安全新内涵。根据Hollnagel等（2008）给出的韧性定义“韧性是一个系统在产生变化和干扰之前、期间或之后用来调整其功能的内在能力，以期使它可以在预期和非预期的条件维持正常运行”，安全不再仅是“免于不可接受的风险”，而是“在不同条件下成功的能力”。因此，从韧性视角看，安全是系统所具备的保障持续安全状态的能力，它主要表现在响应能力（知道该做什么）、监控能力（知道要找什么）、预见能力（知道该期待什么）与学习能力（知道发生了什么）。近年来，韧性工程从新的角度为促进系统安全做出巨大贡献，韧性视域下的安全范式已逐渐成为目前安全研究的主流和热点。

综上可知，能力属性是国家安全概念的本质核心属性之一，国家安全的本质是一种能力。为深入理解国家安全的能力属性，根据《中华人民共和国国家安全法》中关于国家安全的定义和国家安全三角形模型（详见本书第二章第四节），提出与国家安全能力相关的三个基本元素，即利益（国家利益）、威胁与国家安全，三者之间的相互关系如图7-1所示。其中，国家利益是指对国家具有价值的任何东西（事物），它的范围是非常广泛的，所有被国家赋予了价值且需要保护的资源皆是国家利益（赵战生和谢宗晓，2016），国家安全的根本着眼点就是维护国家核心利益和其他重大利益（张宇燕和冯维江，2021）。根据《中华人民共和国国家安全法》，国家安全重点关切的国家利益是相对重要的国家利益，包括国家政权、主权、统一和领土完整、人民福祉、经济社会可持续发展和国家其他重大利益。威胁是指可能对国家利益造成不利影响的不期望事件的潜在原因，是一种不希望发生但有可能发生的潜在事件，通常具备可能损害国家利益（即危及国家安全）的影响力，它可通过其属性的不同方面来描述，如威胁源与威胁强度（威胁出现的频率与所造成后果的乘积）等（赵战生和谢宗晓，2016）。可见，能力也是威胁的一个重要属性，威胁源的威胁能力是衡量威胁大小的关键指标。同时，威胁是客观存在的（赵战生和谢宗晓，2016），即无论国家如何加大国家安全投入，都不能完全消除威胁的存在。

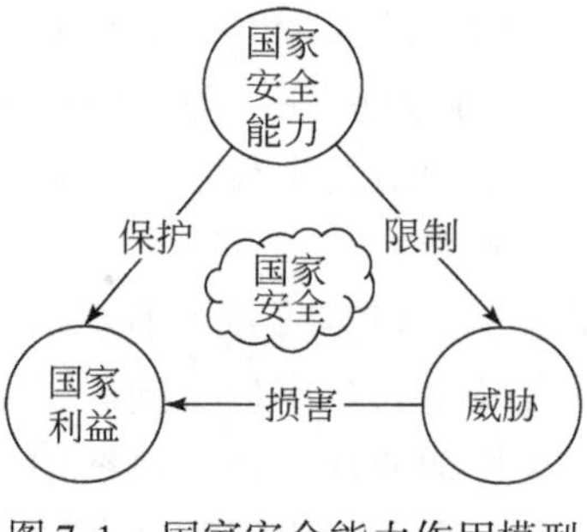

图7-1　国家安全能力作用模型

根据图7-1，威胁与国家利益之间的关系是：威胁可利用国家利益的脆弱性损害国家利益，所谓国家利益的脆弱性是指可能会被一种或多种威胁所利用的国家利益或一组国家利益的弱点，类似于国家安全漏洞或隐患的含义（赵战生和谢宗晓，2016）。国家安全能力与国家利益、威胁之间的关系是：国家安全能力的直接目标是限制威胁损害国家利益，从而保护国家利益使其相对处于安全状态。概括而言，国家安全能力作用模型表明，威胁有可能损害国家利益，为限制威胁对国家利益造成损害，需通过提升国家安全能力来保护国家利益（王秉，2022c；赵战生和谢宗晓，2016）。

在著者看来，从能力角度审视和解读国家安全概念的主要优势体现在两大方面。第一，国家安全不仅仅是指静态的“安全的”状态，更是一种应对威胁和适应变化的动态能力，是一种促使探寻国家各项事业顺利进行的能力，它强调关注经常发生的事情，保持对失效可能性的灵敏度，树立国家安全是投资而非成本的思想（朱伟和刘梦婷，2017）。第二，国家安全是一个具有强烈实践色彩的概念，理论研究最终都应以政策层面的可操作性为导向，否则极易导致国家安全研究的空洞（崔顺姬和余潇枫，2010），相对于安全的状态论而言，从能力角度审视和认识国家安全更具客观性，国家安全概念的能力论有利于使国家安全概念从“虚无缥缈”和主观化走向“实化”和客观化，有利于使国家安全研究与实践工作从定性走向定量化。

二、实践层面的缘起：基于能力的国家安全战略和体系

（一）国家安全战略和体系的两种模式：基于威胁与基于能力

根据国家安全的三要素模型，保护国家利益（即保障国家安全）有两个基本立足点，即威胁和国家安全能力。因此，国家安全战略制定和国家安全体系建设也主要有两种基本逻辑和路径。一种是基于威胁，即以威胁为依据和基础，以立足现实应对现实威胁为主。该路径首先需明确威胁是什么，可能在哪里产生安全风险（包括安全事件），通过不断识别和分析威胁（包括安全事件致因），规划和布局开展国家安全工作，以期有效应对威胁，从而达到维护国家安全的目标。它的驱动力主要源于应对威胁的现实要求，它在一定程度上有赖于威胁情况的刺激，属于“威胁刺激—反应（响应）”模式，从表面上可看作是反应型与应对型国家安全战略和国家安全体系模式，深层次上是当前性、被动性、维持性、片面性与有限性的国家安全战略和国家安全体系模式（周建明，2003）。另一种是基于能力，即以着眼未来塑造国家安全能力为主。该路径并非针对具体的威

胁，而是面向未来的不确定国家环境，在认识到国家安全威胁和风险的多变性和复杂性的基础上，重点关注如何提升防范化解国家安全风险的能力，通过不断感知和分析国家安全态势来积极塑造国家安全态势，它的驱动力主要源于国家安全能力目标的牵引，是为了实现某种或一组国家安全能力目标而谋求塑造国家安全能力，是“目标牵引—塑造”模式，做到了统筹维护国家安全和塑造国家安全，可看作是主动型与塑造型国家安全战略和国家安全体系模式，深层次上是前瞻性、主动性、创新性、全面性与适应性的国家安全战略和国家安全体系模式（周建明，2003）。

若进一步从更深层次探究提出上述两种路径的理论依据，上述两种路径实则源于两种不同的国家安全思维和认识。其中，基于威胁的路径所遵循的基本逻辑思维是逆向思维，即从威胁（不安全）出发，重点关注如何避免不安全，基于此形成的国家安全认识是“国家安全Ⅰ”：国家安全的重点是应对威胁，尽可能少做不利于安全的事，即尽可能不做或少做错误的事，以达到保障国家安全的目的。基于能力的路径所遵循的基本逻辑思维是正向思维，即从国家安全本身出发，重点关注如何促进安全，基于此形成的国家安全认识是“国家安全Ⅱ”：国家安全的重点是提升安全能力，尽可能多做有利于安全的事，即尽可能多做正确的事情，以确保国家安全状态按照预期的方向发展。综上所述，将基于威胁与基于能力的国家安全战略和体系的主要差异概括为十大方面，如表 7-1 所示。

表 7-1　基于威胁与基于能力的国家安全战略和体系比较

序号	比较方面	基于威胁	基于能力
1	国家安全思维	逆向思维，即从威胁（不安全）出发，重点关注如何避免不安全	正向思维，即从国家安全本身出发，重点关注如何促进安全
2	国家安全认识	国家安全Ⅰ：应对威胁，尽可能少做不利于安全的事，即尽可能不做或少做错误的事，以达到保障国家安全的目的	国家安全Ⅱ：提升安全能力，尽可能多做有利于安全的事，即尽可能多做正确的事情，以确保国家安全状态按照预期的方向发展
3	驱动源	现实威胁，即威胁是什么和威胁可能造成的后果	国家安全能力，即需要什么国家安全手段
4	驱动力	应对威胁的现实要求	国家安全能力目标的牵引
5	工作重点	立足现实，应对现实威胁	着眼未来，塑造国家安全能力
6	主要目标	维护国家安全	统筹维护国家安全和塑造国家安全
7	基本模式	威胁刺激—反应（响应）；反应型与应对型	目标牵引—塑造；主动型与塑造型

续表

序号	比较方面	基于威胁	基于能力
8	工作方法	不断识别和分析威胁，并尽力应对威胁	不断感知和分析国家安全态势，并积极塑造国家安全态势
9	主要特征	当前性、被动性、维持性、片面性与有限性	前瞻性、主动性、创新性、全面性与适应性
10	国家安全风险分析评估	通过识别和分析威胁的来源（包括安全事件致因），辨识和评估国家安全风险	理解国家安全风险的不确定性、多变性和复杂性，重点关注如何提升防范化解国家安全风险的能力

但需注意的是，从现实情况来看，既没有单纯基于威胁的国家安全战略和体系，基于威胁同样需要提升国家安全能力，也没有单纯基于能力的国家安全战略和体系，基于能力的目的还在于应对威胁。只是基于威胁的国家安全战略和体系更注重眼前应对，其必然是立足于当前的、现实的；而基于能力的国家安全战略和体系更注重从宏大视域中化解可能的威胁，把应对威胁融于塑造未来的国家安全能力之中。可见，基于能力的国家安全战略和体系并没有忽视国家所面对的威胁，相反，其对威胁有更严峻和更充分的判断（周建明，2003）。从这个意义上看，基于能力的国家安全战略和体系并不是对基于威胁的国家安全战略和体系的全盘否定，它囊括了基于威胁的国家安全战略和体系，实际上是对基于威胁的国家安全战略和体系的进一步优化升级。

（二）从基于威胁到基于能力的国家安全战略和体系演进

由上可知，基于能力的国家安全战略和体系优势突出。因此，以基于能力为主，是当代世界各国国家安全战略和体系的主流发展和变革方向。在实践中，目前，很多国家的国家安全战略和体系已完成从基于威胁到基于能力的过渡与发展（周建明，2003）。这里，以美国和中国的国家安全战略和体系发展为例展开分析。

周建明（2003）指出，从基于威胁到基于能力是把握美国国家安全战略和体系演进脉络的一个重要视角。冷战时期，美国一直奉行基于威胁的国家安全战略和体系建设模式，如特别针对苏联这个威胁来规划和开展美国的国家安全工作（刘建法和宋芹增，2004）。在克林顿政府时期，基于威胁仍是美国政府制定国家安全战略和建设国家安全体系的基本逻辑（周建明，2003；刘建法和宋芹增，2004）。克林顿政府时期，美国政府奉行的国家安全战略之“接触战略”（Engagement Strategy）（周建明，2003）的基本逻辑是：21 世纪是全球化的世纪，它给美国带来了战略机遇，同时也给美国的国家安全带来威胁，在对美国的国家利益作了界定的基础上，明确界定美国所面临的威胁，然后根据威胁提出国家安全战略和建设国家安全体系（张曙光，2002）。美国国防部发布的《1997 年四年防务评估报告》明确指出，美国的政策制定者有责任去理解威胁的本质和采取适当的战略与计划去消除和战胜它们，四年防务评估工作旨在追查威胁的来源路径，构建国家安全战略并加以完成。在小布什政府时期，根据美国国防部提出的《2001 年四年防务评估报告》，拉姆斯菲尔德在其前言中指出："本评估的一项核心目标就是把防务规划的基础从主导过去思维的'基于威胁的'模式转变为未来'基于能力的'模式"（张曙光，2002）。

就中国而言，与美国相比，国家安全战略和体系的发展较为滞后。中华人民共和国成立至党的十八大，总体而言，中国基本保持了基于威胁的国家安全战略和体系，这主要是因为：在当时很长一段时期，由于中国国家安全面临诸多严峻的现实威胁，现实威胁的应对迫在眉睫，且受当时经济发展水平的限制，国家安全投入和能力十分有限，国家安全战略制定和国家安全体系建设更多关注的是如何有效应对现实威胁来维护国家安全。但是，基于威胁的国家安全战略和体系缺乏长远的目标指向和战略牵引，影响和制约了中国国家安全工作实践。党的十八大以来，中国特色社会主义进入新时代。党的十九届六中全会审议通过的《中共中央关于党的百年奋斗重大成就和历史经验的决议》，从十三个方面总结中国特色社会主义新时代的伟大成就，其中一个重要方面就是维护国家安全。党着力推进国家安全体系和能力建设。党的二十大报告强调："推进国家安全体系和能力现代化，坚决维护国家安全和社会稳定"。这表明，在新时代，中国高度重视和着力推进国家安全能力建设，已正式成功完成了从基于威胁到基于能力的国家安全战略和体系变革发展。换言之，由基于威胁到基于能力是新时代的国家安全战略和体系的深刻变革。

（三）为何国家安全战略和体系要从基于威胁过渡至基于能力

在小布什政府时期，美国为什么要放弃基于威胁的国家安全战略和体系模式？由美国国防部的《2001 年四年防务评估报告》、2002 年的《国家安全战略报告》可知，"9・11"事件的发生给美国国家安全战略制定和国家安全体系建设带来了巨大冲击，小布什政府认为，美国面对恐怖主义等威胁，很难预测谁是敌人，更难预测敌人可能从何处发起进攻，但可预测敌人可能采取什么手段来进行威胁和进攻（张曙光，2002；符成礼，2002）。换言之，可预测敌人会如何威胁和敌人拥有什么样的威胁。因此，小布什政府认为，必须把国家安全战略制定和国家安全体系建设模式由基于威胁的模式转变为基于能力的模式。

在新时代，中国为什么要推进发展基于能力的国家安全战略和体系？党的十九届六中全会通过的《中共中央关于党的百年奋斗重大成就和历史经验的决议》强调："前进道路上仍然存在可以预料和难以预料的各种风险挑战"。"进入新时代，我国面临更为严峻的国家安全形势，外部压力前所未有，传统安全威胁和非传统安全威胁相互交织，'黑天鹅'、'灰犀牛'事件时有发生。同形势任务要求相比，我国维护国家安全能力不足，应对各种重大风险能力不强，维护国家安全的统筹协调机制不健全"。时代发展和形势变化都对做好国家安全工作提出更高要求，使得全面加强国家安全能力更具有现实紧迫性。

针对传统安全（小安全）问题，由于传统国家安全内容范畴较为狭窄，传统安全问题较为具体和普通，国家安全所面临的威胁往往是单点威胁和低级威胁，通常采用基于威胁的国家安全战略制定和国家安全体系建设模式。习近平总书记指出，"当前我国国家安全内涵和外延比历史上任何时候都要丰富，时空领域比历史上任何时候都要宽广，内外因素比历史上任何时候都要复杂"。同时，当今国家安全不仅同时涉及外部安全与内部安全、国土安全与国民安全、传统安全与非传统安全、发展问题与安全问题、自身安全与共同安全，且由于数智技术的广泛应用使各类安全风险相互交织叠加或转化，国家安全所面临的威胁往往是多点威胁和高级威胁（即成本伸缩性大、隐蔽性极强、追踪溯源复杂、识别和应对困难的威胁），特别是各种威胁联动效应明显，威胁的复杂性和不确定性日益增强。此外，当前，世界百年未有之大变局加速演变，这更加加剧了威胁的不确定性。在这样的大背景下，威胁难以预测也无法预测穷尽，清晰地识别出所有威胁已不可能实现。可见，单纯采用基于威胁的国家安全战略和体系已难以适应大安全时代的国家安全特点、环境和形势，若不采取基于能力的思路来制定国家安全战略和建设国家安全体系，结局必定是防不胜防。因此，当前，应从更高层次决定和规制，需要采用基于能力，国家安全能力必须具有更高远的目标指向，以体系化的国家安全能力目标为牵引制定国家安全战略和建设国家安全体系，旨在形成面向未来的国家安全保障能力。概括而言，促成国家安全战略和体系模式要从基于威胁过渡至基于能力的缘由主要是对高度复杂化和充满不确定的未来国家安全环境的评估而得的结果。

此外，中国和美国的从基于威胁到基于能力的国家安全战略和体系模式演进的实例表明，国家安全战略和国家安全体系是基于威胁为主，还是基于能力为主，也是由特定历史条件和国家总体战略目标所决定的。从历史角度看，通常情况下，弱国、面临威胁大的国家，或是处于冷战状态下的国家，往往不得不追求应对现实威胁为主的国家安全战略和体系模式，而安全环境相对宽松的大国或强国，尤其是崛起大国，往往着眼于国家战略目标，追求与之相适应的国家安全战略，即基于能力的国家安全战略和体系模式。新时代中国发展的战略目标，就是实现中华民族伟大复兴的中国梦。中国梦是强国梦，就国家安全而言，就是强国家安全能力梦。中国国家安全战略和体系必须与实现中国梦、强国家安全能力梦的战略目标相适应，确立与之相适应的国家安全战略和体系。其基本要求，就是能够满足中国和平发展进程中的安全需求，建设一流的国家安全能力。这决定了新时代中国国家安全战略和体系必须有一个大变革和大发展，决定了国家安全战略和体系必须着眼未来一二十年甚至更长时间，在基于威胁与基于能力有机统一基础上，突出基于能力为主，建设适应新时代中国发展战略目标和中国和平发展需求的国家安全能力。

三、国家安全能力的内涵

由于国家安全能力是国家安全和能力的组合概念（换言之，国家安全能力是国家安全和能力的子概念），因此，为全面理解国家安全能力的内涵，本节分别从国家安全和能力两个角度出发解析国家安全能力的内涵。同时，国家安全能力与国家能力也密切相关，分析国家安全能力与国家能力之间的关系有助于进一步深入理解和把握国家安全能力的内涵。

（一）国家安全视域下的国家安全能力的内涵分析

国家安全能力是一个新概念。目前，就国家安全能力概念而言，仅有苏彧和魏松（2019）及李文良（2022）做了简单讨论，但尚无明确而权威的界定。其实，根据国家安全的含义，可推理出国家安全能力的定义。根据我国现行的《中华人民共和国国家安全法》，所谓国家安全，是指国家政权、主权、统一和领土完整、人民福祉、经济社会可持续发展和国家其他重大利益相对处于没有危险和不受内外威胁的状态，以及保障持续安全状态的能力。可见，现行《中华人民共和国国家安全法》从“状态+能力”双重维度界定了国家安全概念，国家安全能力是国家安全的应有之义，国家安全概念本身蕴含国家安全能力概念的含义，国家安全能力是国家安全的主要属性。换言之，国家安全本身就是一种能力。同时，从“状态+能力”维度看，国家安全状态与国家安全能力正如硬币的两面，国家安全能力的直接指向是国家安全状态，它旨在保障国家处于持续安全状态（即保障国家利益相对处于没有危险和不受内外威胁的状态），国家安全能力直接事关国家安全是否能够实现（李文良，2022）。

根据安全概念的能力论，国家安全概念本身含有“能力”的内涵。因此，根据安全概念的能力论和《中华人民共和国国家安全法》中关于国家安全的定义，可将国家安全能力定义为：国家安全能力是指国家保障持续安全状态的能力。根据上述国家安全能力的定义，国家安全能力的直接指向是国家安全状态，它旨在保障国家处于持续安全状态。国家安全视域下的国家安全能力的内涵阐明了国家安全能力目标，即保障国家处于持续安全状态。细言之，国家安全视域下的国家安全能力的内涵解释有利于明确与抓住维护和塑造国家安全的着力点，即强化国家安全能力建设，这是因为国家安全能力是使国家持续处于安全状态的能力保障。可见，不断提升国家安全能力是国家安全工作的出发点和归宿点，国家安全工作需遵循以国家安全能力提升为目标的方法论。

要进一步理解国家安全能力和国家安全状态二者之间的关系，需引入国家安全风险这一概念。所谓国家安全风险，是指威胁主体对国家利益造成损害或破坏的可能性以及导致的负面影响的严重程度（赵战生和谢宗晓，2016）。简言之，国家安全风险就是威胁对国家利益的损害风险。基于此，提出国家安全能力与国家安全状态之间的内在逻辑关系，如图 7-2 所示。

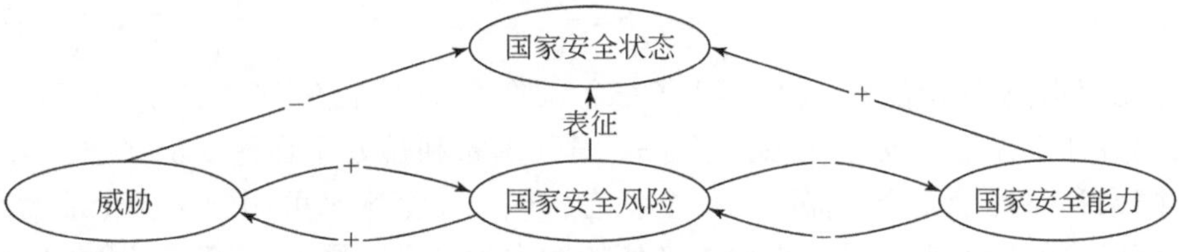

图 7-2　国家安全能力与国家安全状态之间的内在逻辑关系

根据图 7-2，威胁是构成国家安全风险的必然要素，国家安全风险由威胁引起（赵战生和谢宗晓，2016），一个国家受到的威胁程度越高，国家安全风险指数也就越高，相反，威胁水平的降低则会降低国家安全风险指数。总体看，国家安全风险指数与威胁水平之间存在正反馈回路关系，即威胁水平的提高，会加剧国家安全风险，而后者的提高又会反过来加剧威胁。同时，国家安全风险指数与国家安全能力之间也存在负反馈回路关系，即国家安全风险的提高会对国家安全能力起抑制作用，国家安全能力受到抑制反过来又会造成国家安全风险的进一步提高，国家安全能力的提高则更有助于降低国家安全风险。国家安全状态是通过国家安全风险大小来表征的，国家安全是免除了不可接受的国家安全风险的状态，故可根据国家安全风险大小来判断国家处于完全有保障的安全状态还是极端不安全状态。由威胁、国家安全风险与国家安全能力三者之间的关系及国家安全风险与国家安全状态之间的关系可知，就国家安全状态而言，威胁与国家安全能力是一对方向相反的作用力，威胁对国家安全状态有负面影响，国家安全能力旨在保障国家处于持续安全状态，它是通过有效应对威胁来降低国家安全风险，从而使国家安全风险处于可接受的状态。

根据图7-2，国家安全状态一般用国家安全度来衡量，它与国家安全风险呈负相关关系，与国家安全能力之间呈正相关关系。从国家安全风险角度看，可将国家安全能力表示为可以有效防范化解的国家安全风险。那么，可将国家安全状态、国家安全能力与国家安全风险三者间的关系用数学表达式表示如下：

$$S=1-R+C \tag{7-1}$$

式中，C 为国家安全能力；R 为国家安全风险；S 为国家安全状态。当 $S<1$（即 $R>C$）时，国家利益处于不安全状态；当 $S=1$（即 $R=C$）时，国家利益处于临界安全状态；当 $S>1$（即 $R<C$）时，国家利益处于高水平安全状态。

根据图7-2，从国家安全风险角度看，可将国家安全能力表示为可以有效防范化解的国家安全风险。那么，国家安全状态可用国家安全能力与国家所面临的国家安全风险的比值来衡量。因此，可将国家安全能力与国家安全风险之间的关系用数学表达式表示如下：

$$S=\frac{C}{R} \tag{7-2}$$

式中，C 为国家安全能力；R 为国家安全风险；S 为国家安全状态。当 $S<1$ 时，国家利益处于极端不安全状态；当 $S=1$ 时，国家利益处于临界安全状态；当 $S>1$ 时，国家利益处于完全有保障的安全状态；国家安全水平可用国家安全能力与国家安全风险的比值来衡量，它随着 S 值的增大而提升。同时，国家安全风险可用威胁强度来衡量。因此，借助国家安全风险这一中间变量，在式（7-2）基础上，可直接推理出国家安全能力与威胁之间的数学关系式，具体如下：

$$S=\frac{C}{T} \tag{7-3}$$

式中，T 为威胁强度。由式（7-3）可知，国家安全状态可直接用国家安全能力与威胁强度的比值来衡量。式（7-1）与式（7-3）清晰表达了图7-2中各概念之间的数学关系，为国家安全量化研究提供了基本思路和依据。根据张宇燕和冯维江（2021）的观点，可将行为体的安全能力表示为可以有效处理的威胁（利益损失）规模，那么，国家安全状态可用国家安全能力与国家所面临的威胁的规模的比值来衡量（即国家安全状态=国家安全能力/国家所面临的威胁的规模），这与式（7-3）所表达的含义是相一致的。

（二）能力视域下的国家安全能力的内涵分析

为进一步深入理解国家安全能力的内涵，还有必要在国家安全视域下的国家安全能力的内涵分析基础上，从能力角度解读国家安全能力的内涵。根据美国《国家应急准备指南》（National Preparedness Guidelines，NPG）的定义，能力是指为完成以下工作提供手段：通过在规定条件下完成关键任务并达到预期目标来执行某项任务或履行某项职责并获得理想结果。可见，能力为取得与预期目标相衬的理想结果提供了途径，这种途径需依托在特定条件下完成若干项关键任务并达到相应预期标准。能力由实现预定结果所需的各种要素构成，如规划、组织、领导、人员、设备、培训、演练、评估及完善等。根据上述的能力的定义，可将能力视域下的国家安全能力理解为：国家安全能力是指完成某项或一组国家安全工作所需的手段的综合。简言之，国家安全能力就是国家安全手段的综合（即应对威胁和防范化解国家安全风险消除威胁的措施的综合）。可见，根据能力视域下的国家安全能力的内涵，国家安全手段是实现国家安全视域下的国家安全能力的目标（即保障国家处于持续安全状态）的条件与方式。同时，根据关于能力的解释，能力包括四项基本要素，包括规定条件、关键任务、预期目标与理想结果（杨思佳，2020）。国家安全能力作为能力的一种，它也具备能力的四项基本要素。结合国家安全视域下的国家安全能力的内涵，分析国家安全能力的基本要素的内涵，具体见表7-2。

表7-2　国家安全能力的基本要素

序号	要素名称	具体含义
1	规定条件	国家安全能力是依附于国家而存在的，它的建设和实现需要考虑国家的总体发展水平、各系统（如经济、环境与社会等）的运行情况及国家的各类资源（包括现行的国家体制机制、国家法规制度、基础设施、人力资源与经济资源等），上述即为国家安全能力的规定条件
2	关键任务	国家安全能力的关键任务在于应对威胁（防范化解国家安全风险），保护国家利益
3	预期目标	国家安全能力的直接预期目标是指国家安全目标，即应对某种或一组威胁及保护某种或一组国家利益，不断提升国家安全水平
4	理想结果	根据国家安全视域下的国家安全能力的定义，国家安全能力的理想结果是保障国家处于持续安全状态。根据《中华人民共和国国家安全法》，中国国家安全能力的理想结果是使国家政权、主权、统一和领土完整、人民福祉、经济社会可持续发展和国家其他重大利益相对处于没有危险和不受内外威胁的状态

在此基础上，根据表7-2中的解释、能力视域下的国家安全能力的含义及国家安全能力作用模型（图7-1），可提出国家安全能力的基本要素关系模型，如图7-3所示。由图7-3所示，在规定条件下，实现国家安全目标（预期目标）是达到预期理想结果的前提，国家安全目标（预期目标）是通过完成关键任务实现的，关键任务就是使用一种或多种国家安全手段应对一种或多种威胁来保护一种或多种国家利益。

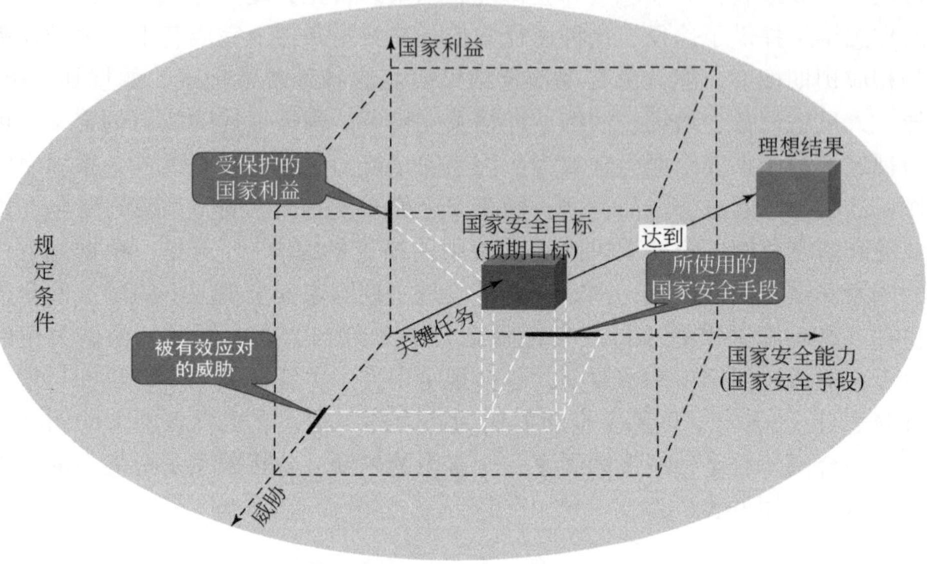

图 7-3　国家安全能力的基本要素关系模型

（三）国家能力视域下的国家安全能力的内涵分析

国家能力是综合国力的重要组成部分，是国家强盛的必要条件（黄宝玖，2004）。自 20 世纪 80 年代国家回归学派建立以来，国家能力研究谱系逐步建构、日益丰满（肖传龙和张郑武文，2022）。国家能力是一个充满争议的概念，目前，尚无具有共识的关于国家能力的定义。但是，根据一些具有代表性的国家能力的内涵认识（表 7-3），可明确国家安全能力与国家能力之间的关系：国家安全能力隶属于国家能力，它是国家能力的核心组成部分，是实现其他国家能力的基础。

表 7-3　具有代表性的蕴含国家安全能力含义的国家能力的内涵解释举例

序号	具有代表性的国家能力的内涵解释	具体解释
1	福山（2012）将国家能力界定为“集中和行使权力，要求公民遵从法律，保护自己免遭他国威胁的能力”	这一定义中的“保护自己免遭他国威胁的能力”是典型的国家安全能力要素，这表明国家安全能力是国家能力的核心组成部分

续表

序号	具有代表性的国家能力的内涵解释	具体解释
2	肖传龙和张郑武文（2022）将国家能力划分为基础能力与特殊能力两大类，其中，基础能力包括信息能力、公共服务能力、渗透能力三类能力，特殊能力包括学习能力、发展能力、决策能力、防范化解重大风险能力四类能力	特殊能力中的“防范化解重大风险能力”是国家安全能力的主要体现，这表明国家安全能力隶属于国家能力
3	潘风和闫振坤（2022）将“国家能力”的内涵解构为四个层次，依次为“保护国家不受侵略和维护本国安全稳定的能力”“自主选择并坚定执行本国发展道路的能力”“调和内部矛盾，保护、适应和促进本国生产力发展的能力”“调和国际关系，影响世界发展格局、秩序的能力”。同时，他们指出，国家能力的上述四个层次并非同等重要的并列关系，“保护国家不受侵略和维护本国安全稳定的能力”是其他三方面国家能力的基础	“保护国家不受侵略和维护本国安全稳定的能力”是国家能力的最基础的构成要素，这表明国家安全能力是实现其他国家能力的基础

在上述关于国家能力的内涵理解中提及的“保护自己免遭他国威胁的能力”“防范化解重大风险能力”“保护国家不受侵略和维护本国安全稳定的能力”均是典型的国家安全能力的体现。因此，可从国家能力角度出发对国家安全能力作进一步解释。

就国家能力的定义而言，“国家目标说”较为权威和普遍。国家能力的“国家目标说”认为，国家能力是国家主体实施和实现国家目标的能力。例如，斯考切波指出，国家能力是指国家在遭遇强势社会集团或面临不利的社会经济环境的情况下实施官方目标的能力（埃文斯等，2009）；米格代尔（2013）认为，国家能力是指国家领导通过国家计划、政策和行动来实现改造社会目标的能力；王绍光和胡鞍钢（1993）指出，国家能力是指国家将自己意志、目标转化为现实的能力。根据国家能力的“国家目标说”，所谓国家安全能力，是指国家实现国家安全目标的能力。这种对国家安全能力的定义与李文良（2022）对国家安全能力的理解相一致，他认为，国家安全能力是指国家安全主体预防和化解国家安全问题从而实现国家安全目标的能力总和。其实，概括看，国家安全目标是使国家处于持续安全状态。在国家安全角度的国家安全能力定义中，对国家安全目标作了明确，即保障国家的持续安全状态。因此，国家能力与国家安全两个角度的国家安全能力定义的本质和内涵是一致的。国家安全能力是以国家能力为基础的，它的母体是国家能力，脱离国家能力这一母体，国家安全能力犹如无本之木、无源之水。在国家安全能力建设中，需把国家能力中的有关指标吸纳进国家安全能力的外延之中，只不过需根据是否直接影响国家安全目标的实现这一标准对国家能力的各项指标进行甄别与扬弃。与此同时，由于在整体国家能力体系中，国家安全能力具有基础性和不可或缺性，故国家安全能力又对国家能力发挥着强大的制约作用，影响着国家能力的提升和发展。

就一个行为体而言，促使它拥有某种能力的动力源于它的需求。换言之，能力是用来满足行为体的需求的。习近平（2014）强调："保证国家安全是头等大事。"无论世界如何变化，安全依然是现代国家的最基本需要和追求。马斯洛需求层次理论将人的需求从低到高依次划分为生理需求、安全需求、社交需求、尊重需求和自我实现需求（Maslow，1943）。就国家而言，不存在生物学意义上的生理需求，安全需求就成为它的最底层、最基础的需求（张宇燕和冯维江，2021）。国家安全需求作为最基础的国家需求，会促使国家首要建设最基础的国家能力要素，即国家安全能力。借鉴关于人的需求的马斯洛需求层次理论，将国家需求从低到高依次划分为安全需求、发展需求、尊重需求与国际影响需求（图7-4）。其中，安全需求和发展需求主要体现了一个国家避免"挨打"和"挨饿"的需求，尊重需求和国际影响需求主要体现了一个国家避免"挨骂"的需求。基于此，也可将国家能力从低到高依次划分为安全能力、发展能力、声誉维护能力与影响世界能力（图7-4），这种划分与潘风和闫振坤（2022）关于国家能力的层次结构是基本相一致的。

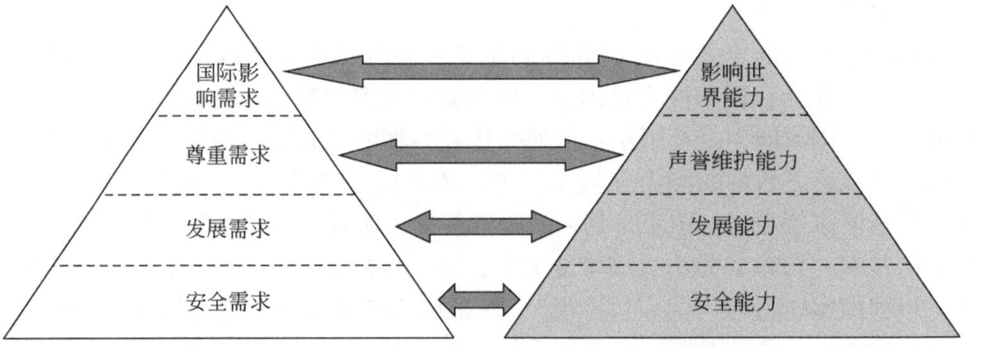

图7-4　国家需求与能力层次模型

同时，国家安全能力具有多元性，它是国家能力的综合反映，国家能力影响国家安全。国家安全的内涵和外延非常丰富。首先，从领域维看，由于安全具有普遍性，安全无处不在，无处不有，根据总体国家安全观，国家安全涉及的领域有政治安全、军事安全、国土安全、经济安全、金融安全、文化安全、社会安全、科技安全、网络安全、粮食安全、生态安全、资源安全、核安全、海外利益安全、太空安全、深海安全、极地安全、生物安全、人工智能安全、数据安全等。可见，国家安全能力与上述各领域所对应的国家能力（如国家军事能力与经济能力等）均密切相关。从手段维看，国家安全手段主要涉及国家安全领导体制、国家安全理论创新、国家安全法治、国家安全战略、国家安全政策、国家安全制度、国家安全人才、国家安全信息情报、国家安全教育、国家安全文化、国家安全技术与装备设施、国家安全运行机制、国家安全协同机制等（钟开斌，2018）。根据能力视域下的国家安全能力的内涵，可用国家安全手段体现国家安全能力。可见，国家安全能力是多种国家安全手段的综合体，涉及国家体制机制、国家法治、国家战略与国家人才等多方面的能力。

综上可知，国家安全能力具有多元性，与各方面的国家能力均相关，是国家能力的综合反映。形象地讲，可把国家能力看成一个球体，那么，国家安全能力就是这个球体上的一个横剖面，国家安全能力之于国家能力具有横断综合性，如图 7-5 所示。此外，正因为国家安全能力既是国家能力的一个子集，又涉及国家能力的方方面面，故国家能力直接影响国家安全能力，进而对国家安全产生影响。

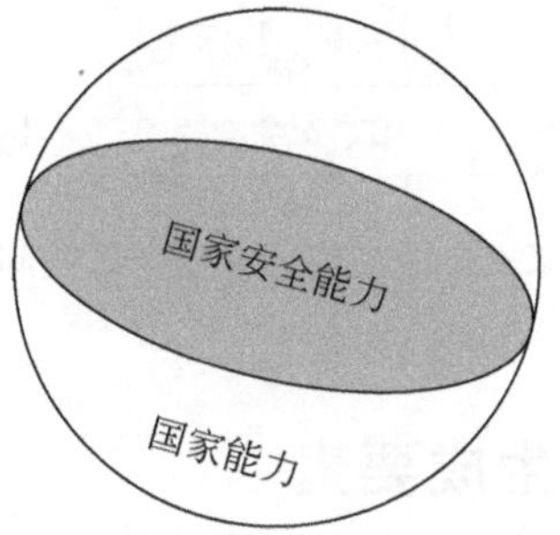

图 7-5　国家安全能力与国家能力的关系示意图

国家安全能力建设的主体和核心是国家政府（王桂芳，2018）。主权国家利益的唯一代表是其合法政府。因此，国家政府承担保障国家利益安全的使命，是国家安全能力建设的主要责任者。国家安全能力一般体现为国家安全潜能与国家安全效能两个层面。国家的国家安全潜能是相对内隐的国家安全能力，其实就是一个国家能够用于维护和塑造国家安全的所有力量的总和。国家安全潜能是国家安全能力发展的可能性，这种可能性在相关条件许可时，可通过一定的策略转化和发展成为现实国家安全效能。可见，国家安全潜能是提升国家安全水平的前提条件，是国家安全能力的内在基础。但是，国家安全潜能不能直接体现为国家安全水平的提升。因此，挖掘、激发和转化国家安全潜能是国家安全能力建设的主要路径之一。国家安全效能是相对外显的国家安全能力，它是指一个国家在现实中所表现出的国家安全能力，可通过国家安全水平表现出来，是一个国家将国家安全目标和国家安全潜能转化为国家安全工作成果的能力及其所取得的效果，它直接对国家安全产生作用和影响，直接决定国家安全水平高低。

由上可见，国家安全潜能与国家安全效能二者密切相关（图 7-6）（王秉，2023c），前者是潜在的国家安全能力，决定着未来的国家安全能力，后者是现实的国家安全能力，决定着当前的国家安全能力。国家安全能力建设需同时注重增强国家安全潜能与国家安全效能，单独提升国家安全潜能会造成国家安全资源的闲置和浪费，单独提升国家安全效能会因缺乏必要的基础而导致后劲不足进而致使难以达到预期效果。综合看，国家安全能力建设旨在积蓄国家安全潜力并把国家安全潜力最大化转化为国家安全效能。

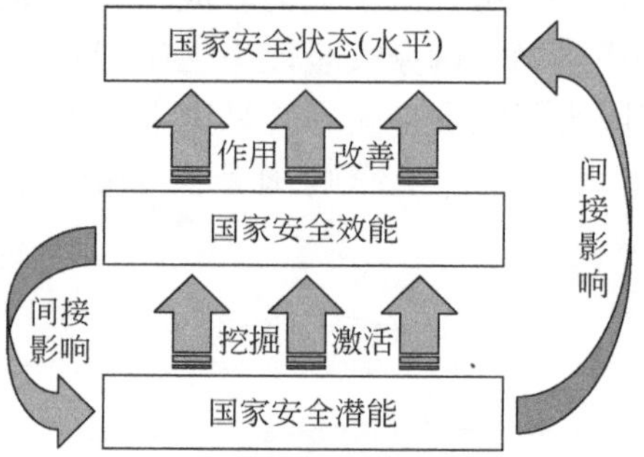

图 7-6　国家安全潜能与国家安全效能间的关系图示

四、国家安全能力的生成要素

理论而言，国家安全能力生成需具备四个基本要素，即国家安全资源、转化介质、国家安全体系与国家安全机构，具体解释见表 7-4（王秉，2023c；王桂芳，2018）。其中，国家安全体系涵盖转化介质和国家安全机构两个要素。上述四个要素彼此紧密联系、密切互动，共同影响和决定国家安全能力的生成和发展，唯有各个要素之间保持有秩序的密切联系，才会不断支撑和推动国家安全资源向国家安全能力的有效转化。国家安全能力的生成要素之间的关系，如图 7-7 所示。

根据图 7-7，国家安全资源与国家安全能力之间并非“无缝连接”，国家安全资源的多寡并不一定会影响国家安全能力的强弱。究其原因，国家安全资源与国家安全能力之间存在一个媒介，即转化介质。若无转化介质存在，客观性的国家安全资源与国家安全能力就不能有机联系和成功转化。其中，转化介质是国家安全能力生成的“中间枢纽”。若转化有效，便可实现国家安全能力的有力提升；若转化不足，则国家安全能力水平只会止步不前甚至降低。当然，也不能过度转化，若过度转化，就会造成资源浪费和“泛安全化”问题，会使国家透支国力和不堪重负。根据转化介质和国家安全体系的含义（表7-4），转化介质实则源于国家安全体系，国家安全体系是转化机制的基础支撑。国家安全机构是国家安全体系的主要构成要素，是转化工作的主体（即主要承担者），是国家安全资源实现向国家安全能力转化的推动者。

表7-4　国家安全能力的生成要素

序号	要素名称	具体解释
1	国家安全资源	指国家安全主体为实现国家安全目标所可以利用的资源的统称。国家安全资源源自国家的综合国力，既包括硬资源，又包括软资源。由于国家安全涉及国家的各领域和各方面，故国家安全资源的来源具有广泛性，主要包括物质资源、地理资源、人口资源、经济资源、政治资源、军事资源、文化资源、科技资源、国际资源与时间资源等
2	转化介质	指国家安全资源向国家安全能力转换所需的媒介，通常指为国家安全资源转化为国家安全能力而设置的一系列组织实体、制度和机制的统称。依据信息论、控制论和系统论的相关理论与原理，应重点关注预警、控制、协同、整合与动员等方面的转化介质建设
3	国家安全体系	指国家安全主体为实现国家安全目标所设立的支撑防范化解国家安全问题工作的组织实体和制度的总和
4	国家安全机构	指维护国家安全和承担国家安全工作的相关机构。根据我国现行的《中华人民共和国国家安全法》，我国专门的国家安全机构包括中央国家安全领导机构、国家安全机关、公安机关、有关军事机关等。同时，国家安全机构还主要涉及应急管理机关、公共卫生机关与信息网络机关等

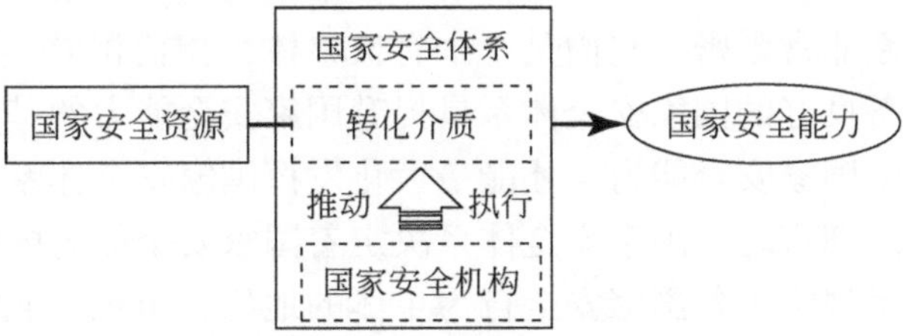

图7-7　国家安全能力的生成要素之间的关系

五、国家安全能力与国家安全体系的关系

新时代国家安全工作现代化包含体系与能力双重维度，国家安全体系与国家安全能力密切相关。李文良（2022）认为，国家安全体系是指国家安全主体为了

实现国家安全目标，在预防和化解国家安全问题过程中所设立的组织实体和制度的总和。可见，就我国而言，国家安全体系是指在中国共产党的领导下维护国家安全的一系列组织实体和制度设计与安排。国家安全能力则是运用国家安全相关组织实体和制度维护国家安全的能力，是在一套国家安全相关组织实体和制度体系之下维护国家安全的能量、工具、本领及其成效。从根本上看，国家安全能力并非国家安全相关机构组织的能力，而是国家安全体系的运行和执行能力。可见，国家安全体系和国家安全能力是一个有机整体，国家安全体系是国家安全能力的载体，国家安全能力是国家安全体系效能的运用（苏彧和魏松，2019）。根据刘跃进（2004）编写的《国家安全学》，国家安全研究需重点关注影响国家安全的因素、危害国家安全的因素与国家安全保障体系，这里的国家安全保障体系主要指国家安全体系和能力。根据哥本哈根学派安全化理论（David，1995），安全研究需关注安全指涉对象、具体安全威胁、安全保障主体与安全保障方式四大问题，这里的安全保障主体与安全保障方式主要指国家安全体系和能力。

国家安全体系和国家安全能力二者既相互紧密联系又有所区别。二者的主要区别是：国家安全体系侧重常态化和规范化的相对静态的国家安全工作结构建设，而国家安全能力则注重在国家安全工作实践中相对动态地运行和落实国家安全体系来解决国家安全问题。二者的联系主要表现在：首先，二者具有系统性（二者各自皆是一个有机的、协调的、动态的和整体的运行系统）、工具性（二者皆是维护国家安全的不可或缺的手段工具）与目的性（二者皆是为了维护国家安全和保障国家处于持续安全状态）等共性特征；其次，通过设计、建立和实施科学合理的国家安全体系，有助于国家安全体系效能的最大化发挥，即有利于提高国家安全能力。

由以上分析可知，在国家安全工作这一复杂系统中，国家安全体系与国家安全能力之间的联系非常紧密，它们是一个有机整体，相辅相成，表现出一体两面的关系，一套完备良好的国家安全体系是提升国家安全能力的基础支撑和关键所在，唯有不断增强国家安全能力，才能最大化发挥国家安全体系在维护和塑造国家安全中的效能。细言之，国家安全体系决定着国家安全能力的限度与效度。首先，国家安全体系规定了各国家安全行为主体的地位、角色、职责、功能等及其相互关系，进而决定了各国家安全行为主体的国家安全工作活动方式和能力限度。其次，国家安全能力取决于国家安全体系的设计与建设，即国家安全工作分工、协调与控制机制等的设计和安排状况。需注意的是，国家安全能力并非一定要被动地受制于国家安全体系，它可以凭借自身具有的能动性反作用于国家安全体系，并推动国家安全体系改良与完善。

推进国家安全体系和能力现代化，实际上就是实现成熟的国家安全体系与先进的国家安全能力均衡适配，促进国家安全体系发展优化与能力增强提升同频共振，最终将国家安全体系优势转化为治理效能。当然，在国家安全体系变革发展中，国家安全能力并非总是与国家安全体系相匹配，二者之间是一个不断动态匹配和平衡的过程。推进国家安全体系和能力现代化的关键之一是最大化发挥国家安全体系效能，增强国家安全能力，旨在实现国家安全体系与国家安全能力的统一。

综上可知，国家安全体系和国家安全能力两个概念事实上是同一概念的一体两面，理应将“国家安全体系”和“国家安全能力”两个分割的概念作为“国家安全体系和能力”这一整体概念或术语使用，这有助于使国家安全体系和国家安全能力成为一个有机的整体，促进二者的同频共振，实现二者之间的不断动态匹配、平衡和统一，最大化发挥国家安全体系的效能，从而达到增强国家安全能力的目标。基于此，提出国家安全“双轮驱动”模型，如图 7-8 所示。

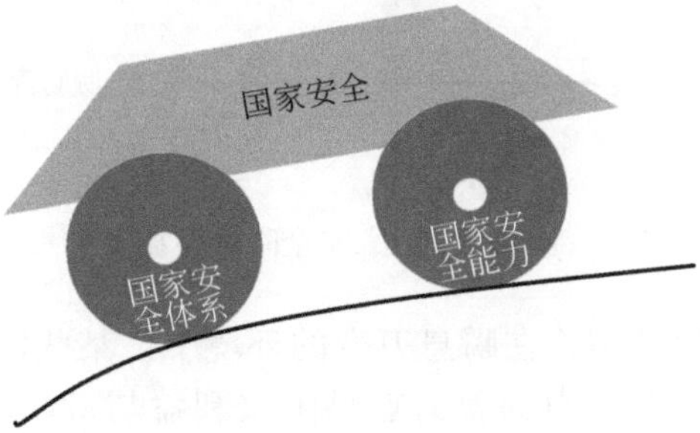

图 7-8　国家安全“双轮驱动”模型

根据图 7-8，所谓国家安全的“双轮”，分别是国家安全体系和国家安全能力。所谓“双轮驱动”，即国家安全体系和国家安全能力两大方面相互协调、持续发力、统筹推进，共同维护国家安全。更形象地讲，一个国家的国家安全状态就像一架平稳奔跑的双轮马车，只有两个轮子都做得结结实实的，一起向前滚动，马车才能跑得快、跑得稳，一个国家的国家安全状态才能保持可持续。简言之，国家安全体系和国家安全能力是驱动国家处于持续安全状态的“双轮”，二者既缺一不可，绝不能割裂开来。

为生动展现国家安全体系和国家安全能力在国家安全工作实践中的相互关系及共同价值，根据国家安全、国家利益、危险/威胁、国家安全体系与国家安全能力的含义及相互关系，构建国家安全陀螺模型（王秉，2023c），如图 7-9 所示。根据图 7-9，国家安全陀螺模型由国家利益、危险/威胁面、国家安全体系与国家安全能力四个基本要素构成，它们相互作用和联系，共同推动一个国家的安全发展。在物理学上，陀螺是典型的用来描述物体动态平衡的模型，它具有定轴性、进动性和陀螺效应等物理性质。类比陀螺的物理性质，可用陀螺模型来形象表达国家利益、危险/威胁、国家安全体系与国家安全能力之间的关系。一个处于安全状态的国家就像一只高速旋转的陀螺（陀螺本身代表国家利益），国家的重大利益相对处于没有危险和不受威胁的状态（即国家利益不会与危险/威胁面有面的接触），那么，这个国家则是操控陀螺（即维护和塑造国家安全）的高手。

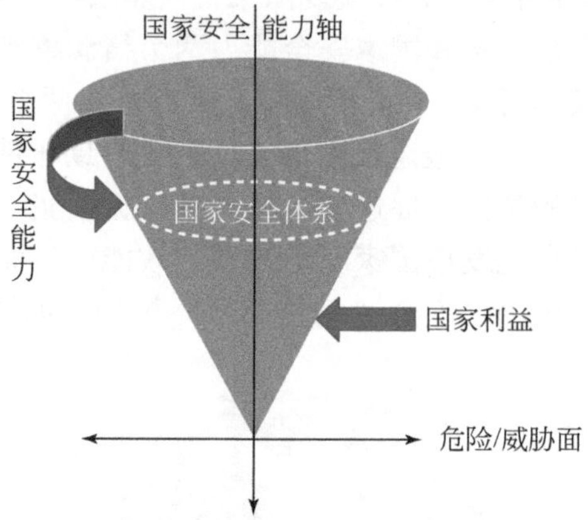

图 7-9　国家安全陀螺模型

根据国家安全陀螺模型，在瞬息万变的环境中，某些国家利益一定会面对某些危险或威胁。国家安全能力的着力点是国家利益与危险/威胁面的接触点，它支撑着陀螺（国家利益）在危险/威胁面上运转，以使国家利益相对处于没有危险和不受威胁的状态。为加快陀螺（国家利益）的运转速度，需对它进行鞭打，即施加国家安全能力。同时，国家利益亦在持续地受到作用于着力点的与自身旋转方向不一致的阻力（威胁/危险）的影响。由于阻力干扰，陀螺（国家利益）的旋转速度在下降，需通过加大施加的国家安全能力来克服阻力（威胁/危险）的不利影响。在国家安全陀螺模型中，国家安全体系是陀螺（国家利益）的横截面，它也会直接影响陀螺（国家利益）的运转，甚至它的彻底“散架”会使陀螺（国家利益）直接倾覆。陀螺（国家利益）未能实现高速运转与国家安全能力未有质的提升的原因，很大程度上在于国家安全体系的缺陷，即未对国家安全体系进行及时的、面向未来的、有效科学的调整与变革。因此，国家安全工作的主要任务就是在对危险/威胁面做出及时、正确研判的同时，对国家安全体系和国家安全能力进行不断剖析与调整变革，使国家安全体系和国家安全能力处于动态匹配和平衡状态，这是国家安全工作的重点之一。当然，高速旋转的陀螺（国家利益）不受国家安全能力的“鞭打”（推动）亦会维持旋转，这是国家安全体系自身的效能发挥的体现。

概括看，在国家安全陀螺模型中，陀螺（国家利益）处于安全状态的先决条件是高速运转。当一个国家的国家安全体系存在缺陷与国家安全能力不足时，陀螺（国家利益）首先表现为运转速度下降，当运转速度低于某个下限时，陀螺就会倾覆，即国家处于不安全状态。因此，要保障国家安全，就要不断优化国家安全体系和增强国家安全能力，并依靠它们避免或降低危险和威胁，以使国家利益始终像陀螺一样处于高速运转状态（即安全状态）。国家安全陀螺模型的核心思想是以国家安全体系和国家安全能力的不断发展和相互动态平衡匹配来预防和应对危险/威胁进而实现国家安全（王秉，2023c）。

六、本节结语

面向现代国家安全理论体系中的重要新概念之国家安全能力，本节深入分析国家安全能力的缘起和内涵，以期为国家安全能力研究和实践奠定一定理论基础，从而为推动中国国家安全能力建设和现代化提供理论和智慧支撑。本节主要有以下五大方面贡献：①明确了国家安全能力概念的缘起，即理论层面的安全（国家安全）概念的能力论和实践层面的基于能力的国家安全战略和体系；②界定了国家安全和能力视域下的国家安全能力的含义，分别为“国家安全能力是指国家保障持续安全状态的能力”与“国家安全能力是指完成某项或一组国家安全工作所需的手段的综合”；③提出了国家安全能力与国家能力之间的关系：国家安全能力是国家能力的核心组成部分，是实现其他国家能力的基础，国家安全能力是国家能力的综合反映，国家能力影响国家安全能力；④明确了国家安全能力的生成要素——国家安全资源、转化介质、国家安全体系与国家安全机构；⑤厘清了国家安全能力与国家安全体系的关系：国家安全体系与国家安全能力是一个有机整体，二者相辅相成，表现出一体两面的关系，一套完备良好的国家安全体系是提升国家安全能力的基础支撑和关键所在，唯有不断增强国家安全能力，才能最大化发挥国家安全体系在维护和塑造国家安全中的效能。本节仅主要立足理论层面阐述国家安全能力的缘起和内涵，是关于国家安全能力的最基础理论研究，后续章节将进一步论析国家安全能力的特征、构成和建设路径等重要理论问题，以期进一步完善国家安全能力理论和建立相对完整的国家安全能力理论体系。

第二节　国家安全能力的特征

一、国家安全能力的特征分析

概括看，国家安全能力具有十一种主要特征，即基础性、威慑性（王桂芳，

2018）、广泛性、层次性、总体性、统筹性、汲取性、动态性、可塑性、时效性与可评估性，具体解释见表 7-5（王秉，2023c）。

表 7-5　国家安全能力的特征

序号	特征	具体解释
1	基础性	国家安全是国家生存发展和民族复兴的根基。国家安全能力作为保障国家处于持续安全状态的关键，它是最基础的国家能力要素。换言之，国家安全能力既是国家能力的重要组成部分，更是国家能力的根基所在，它是实现其他国家能力的基础
2	威慑性	国家安全能力是保障国家安全的实力体现，一旦形成，不论主观意图如何，都会对有威胁的其他国家或非国家行为体自然产生威慑效应。换言之，若一个国家具有强大的国家安全能力，它可有效慑止其他国家或非国家行为体对这个国家的安全产生不利影响。可见，威胁作用是国家安全能力的重要功能之一
3	广泛性	国家安全能力是复杂巨系统，涵盖的要素纷繁复杂。根据总体国家安全观，国家安全能力涵盖领域十分广泛，涉及多领域安全（如政治安全、军事安全、国土安全、经济安全、金融安全、文化安全、社会安全、科技安全、网络安全、粮食安全、生态安全、资源安全、核安全、海外利益安全、太空安全、深海安全、极地安全、生物安全、人工智能安全、数据安全等）能力。同时，国家安全能力涉及维护国家安全所需的物质、技术、装备、人才、法律、机制等保障方面的能力，它更多地反映特定国家对诸多国家安全工具手段的组合性运用
4	层次性	国家安全能力的层次性表现在多方面。例如，第一，从国家安全能力的内隐与外显性质看，国家安全能力包括国家安全潜能与国家安全效能。第二，从国家安全能力主体的层级看，国家安全能力可分为基层、省市和国家三个不同层面的国家安全能力，或可分为个体和组织层面的国家安全能力。第三，从国家安全能力目标的层次看，国家安全能力可分为自卫目标（其范围限定在国家领土、领海范围内，着眼于维护国家主权和领土完整等）、区域目标（其范围限定在国土之外有限的周边区域内，着眼于增大国家安全纵深与弹性，为本国安全和发展创造更为安全的周边环境）与全球目标（其范围遍及全球，着眼于保护本国在世界各地的利益和参与全球安全治理）三个不同层次的国家安全能力；第四，从国家安全工作层次看，国家安全能力可分为战略层、战术层与保障层三个不同层次的国家安全能力
5	总体性	由于国家安全能力具有广泛性和层次性，故国家安全能力是由多层次的国家安全能力彼此联结和综合集成而成的整体。可见，国家安全能力具有总体性。首先，根据总体国家安全观，需建设集多领域安全能力于一体的总体性国家安全能力。其次，党的二十大报告指出，“必须坚定不移贯彻总体国家安全观，把维护国家安全贯穿党和国家工作各方面全过程”。可见，需建设贯穿党和国家工作各方面全过程的国家安全能力

续表

序号	特征	具体解释
6	统筹性	一方面，从国家安全能力的内部要素看，根据国家安全能力的总体性要求，在多要素的共同驱动下，国家安全能力建设的关键之一是形成统筹各方面国家安全能力要素的能力。另一方面，从国家安全能力的外部要素看，安全是发展的前提，发展是安全的保障，统筹发展和安全的能力是核心的国家安全能力。党的二十大报告指出，要“提高各级领导干部统筹发展和安全能力”
7	汲取性	根据国家安全能力的广泛性和总体性，国家安全能力与各方面的国家能力均相关，它是国家能力的综合反映。因此，国家安全能力的形成实则来自对其他国家能力的汲取和转化，国家安全能力建设需注重汲取、融合和转化国家各方面的资源来维护和塑造国家安全。例如，国家科技能力和军事能力均是国家安全能力的关键支撑
8	动态性	一方面，国家安全能力是随着国家安全形势和问题的变化而变化的，每个历史阶段国家安全关注的焦点不同，国家安全能力必然随之变化。另一方面，国家安全能力的衡量标准也并非一成不变，会随着时代的变迁而发生改变
9	可塑性	由于国家安全能力具有动态性，因此，随着时代的发展、社会的进步以及局势的变化，需不断调整、进化和升级，这就说明国家安全能力具有可塑性，即国家安全能力可持续提升，以期弹性应对动态国家安全风险。可见，国家安全能力必须与时俱进，持续关注并把握国家安全的新趋势和新变化，不断回应和满足国家乃至世界的安全需求，在塑造国家安全能力的过程中不断提升国家安全水平，以期更有效地支持、维护和塑造国家安全
10	时效性	根据国家安全能力的动态性，国家安全能力始终处于动态过程之中。因此，时效性是国家安全能力的主要特征之一。若未能在有效的时间内发挥国家安全能力以解决国家安全问题，就会引发迟滞效应，从而导致国家安全能力失去意义，也就不能实现国家安全目标。简言之，国家安全能力的价值在于发现和解决国家安全问题，若无使用国家安全能力的时间，再强大的国家安全能力也失去了意义
11	可评估性	国家安全能力的强弱是可以被评估的，可评估性是国家安全能力的基本属性。国家安全能力评估包括定性评估与定量评估两种，国家安全能力评估的指标体系和方法不能脱离具体实践

二、国家安全能力特征的关联分析

由上可见，国家安全能力具有诸多特征，为厘清国家安全能力特征之间的关系，在上述国家安全能力特征分析的基础上，构建国家安全能力特征的三角形模型（王秉，2023c），如图 7-10 所示。

由图 7-10 可知，国家安全能力的十一种主要特征可依次划分为作用特征、

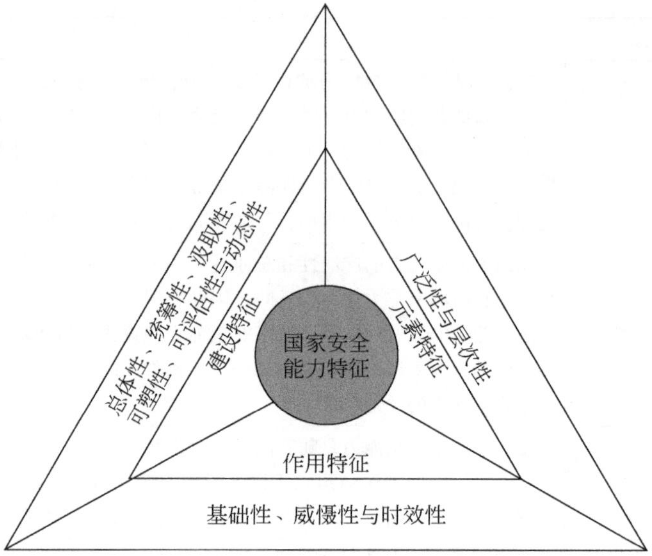

图 7-10　国家安全能力特征的三角形模型

元素特征与建设特征三个不同层面。其中，元素特征是国家安全能力重要内容（包括形式）的显著特点，它是国家安全能力特征的直接体现；建设特征，即国家安全能力的建设机制特点，是建设国家安全能力需遵循的要求，是保证国家安全能力特征有效释放与彰显的关键；作用特征是国家安全能力作用机制的特征，是国家安全能力综合作用结果的特征表现。由此可见，上述十一种国家安全能力的重要特征几乎涵盖国家安全能力的元素（包括形式）、生成/建设与作用等方面的重要特征，即对国家安全能力的主要特征做出的系统论述。总言之，各层面的国家安全能力特征互相关联，互相影响，共同构成丰富而独具特色的国家安全能力的特征。

三、本节结语

本节主要分析了国家安全能力的十一种主要特征，即基础性、威慑性、广泛性、层次性、总体性、统筹性、汲取性、动态性、可塑性、时效性与可评估性，并在此基础上将国家安全能力的十一种主要特征划分为作用特征（基础性、威慑性、时效性）、元素特征（广泛性、层次性）与建设特征（总体性、统筹性、汲取性、可塑性、可评估性、动态性）三个不同层面。本节提出的国家安全能力的十一种主要特征几乎涵盖了国家安全能力的元素（包括形式）、生成/建设与作用等方面的重要特征，可为读者从多层面充分认识和理解国家安全能力，对国家安全能力建立基本的宏观整体印象提供基础支撑。

第三节　国家安全能力的构成

明确国家安全能力的构成可为增强维护国家安全能力和推进国家安全能力现代化指明路径和方向。从不同角度看，国家安全能力有不同的构成要素。这里，立足国家安全能力的内涵，结合中国国家安全能力建设实践，提出国家安全能力的构成要素，它主要包括国家政府层面和社会层面两个层面的国家安全能力构成要素（王秉，2023c）。其中，国家政府层面的国家安全能力构成要素主要包括国家安全战略能力、国家安全领导能力、国家安全统筹协调能力、国家安全风险防范化解能力、国家安全情报信息能力、国家安全理论创新能力及国家安全保障能力；社会层面的国家安全能力构成要素主要是全民国家安全素养。当然，根据总体国家安全观，还可针对不同领域安全（如政治安全、军事安全、国土安全与科技安全等)，将国家安全能力分为各种领域安全能力，鉴于这种国家安全能力构成较容易理解，本节不再赘述。

一、国家安全战略能力

王桂芳（2018）指出，国家安全战略是指筹划和指导国家安全全局的方略。国家安全战略主要包括宏观层面的重大国家安全纲领、方针、原则和政策，是国家战略的基础性重要组成部分。刘跃进（2017）认为，国家安全战略是关于国家安全目标及实现这些目标的途径和手段的全局性、持久性方案。可见，国家安全战略是国家安全工作的总体性和相对稳定性的基本依据和行动纲领，它对国家安全工作起基础性和决定性作用。多年来，世界各国（如美国）均高度重视完善国家安全战略（刘跃进，2017）。在中国，2004 年党的十六届四中全会明确提出要“完善国家安全战略”，这是中国官方首次使用“国家安全战略”术语。2013 年，习近平总书记在党的十八届三中全会上对决定“设立国家安全委员会”一事作说明时明确指出，国家安全委员会的首要职责是“制定和实施国家安全战略”。2015 年 1 月，中共中央政治局审议通过了《国家安全战略纲要》，它是中华人民共和国成立以来中国官方的首份国家安全战略文本。2021 年 11 月，中共中央政治局审议通过《国家安全战略（2021—2025 年)》。

为保证国家安全战略的科学制定和有效落地实施以及国家安全战略目标的实现，国家安全战略能力是关键基础和保障所在。所谓国家安全战略能力，主要指谋划、制定和实施国家安全战略的能力（苏彧和魏松，2019）。类似于国家安全战略在整个国家安全体系中的重要性，国家安全战略能力是国家安全能力的重中之重。一般而言，国家安全战略能力主要是国家最高层的国家安全能力。在中国，2015 年 7 月 1 日公布并施行的《中华人民共和国国家安全法》第五条明确规定，中央国家安全领导机构负责国家安全工作的决策和议事协调，研究制定、指导实施国家安全战略和有关重大方针政策，统筹协调国家安全重大事项和重要工作，推动国家安全法治建设。可见，我国的国家安全战略能力的主体主要指中央国家安全领导机构。2017 年 2 月 17 日，习近平总书记在国家安全工作座谈会上的讲话中强调："不论国际形势如何变幻，我们要保持战略定力、战略自信、战略耐心，坚持以全球思维谋篇布局，坚持统筹发展和安全，坚持底线思维，坚持原则性和策略性相统一，把维护国家安全的战略主动权牢牢掌握在自己手中。"可见，国家安全战略能力建设强调要保持国家安全战略定力、国家安全战略自信、国家安全战略耐心，要把维护国家安全的战略主动权牢牢掌握在自己手中。

二、国家安全领导能力

国家安全领导能力的简称是国家安全领导力（李文良，2020）。所谓国家安全领导力，是指某一国家组织或个人指引和影响其他组织及人员，在完成国家安全工作任务时，实现国家安全目标的活动过程（李文良，2020）。对相关组织及人员实施影响、致力于实现国家安全领导过程的国家组织或个人，即为国家安全领导者。一般而言，国家安全领导者专指国家安全领导机构。因此，具体而言，所谓国家安全领导力，是指国家安全领导机构在领导国家安全工作中，通过对参与国家安全工作活动的组织及人员施加各种影响，引领和指导参与国家安全工作活动的组织及人员自觉为实现国家安全目标所展现出来的领导能力和领导活动成效的总和。国家安全领导力是决定一国国家安全战略、路线、方针、政策、原则、纲领等的关键因素，它在整个国家安全能力体系中居于核心和决定性地位。

在中国，国家安全工作是党治国理政的一项十分重要的工作。中国共产党的百年成就，凝聚着无与伦比的强大领导力。在中国共产党百年领导力建设中，一项重要的内容就是国家安全领导力建设。在中国，坚持党对国家安全工作的领导，是做好国家安全工作的根本原则。2015 年 7 月 1 日公布并施行的《中华人民共和国国家安全法》第一章第四条明确指出"坚持中国共产党对国家安全工作的领导，建立集中统一、高效权威的国家安全领导体制。"可见，在中国，国家安全领导能力主要是党的国家安全领导力。党的国家安全领导力是党的组织领导力的具体表现。增强党的国家安全领导力，不仅是增强党的执政能力的题中之义，也是党领导人民实现伟大梦想的坚强保障。党领导国家保证长治久安的一条根本经验，就是不断锻造强大的国家安全领导力，就是把党的领导“最大优势”转化为维护国家安全“最佳效能”。在中国，提升党的国家领导力是推进国家安全体系和能力现代化的根本政治保证，中国特色国家安全道路最本质的特征是中国共产党领导，党的国家安全领导力彰显于中国全部国家安全事业之中。

根据中国国家安全工作实际和特点，概括看，党的国家安全领导力主要体现在五大方面（朱纯辉，2021）。一是党对国家安全工作的绝对领导力，它是党的国家安全领导力的核心要素。二是国家安全动员能力，主要指党整合、调动各类国家资源有效保持和增强国家安全力量的能力，它是党的国家安全领导力的重要基础。三是国家安全工作变革力，主要指推进国家安全体系和能力现代化的能力，它是党的国家安全领导力的重要支撑。四是国家安全聚合力，主要指党把各种国家安全要素、资源与力量进行统筹协调和整合的能力，它是党的国家安全领导力的重要内容。五是国家安全贯穿力，主要指把党的领导贯穿到国家安全工作各方面全过程的能力，它是党的国家安全领导力的发挥路径。2020 年 12 月 11 日，中共中央总书记习近平在主持中央政治局第二十六次集体学习时，就贯彻总体国家安全观提出十点要求，其中在第一点要求中明确强调要“把党的领导贯穿到国家安全工作各方面全过程”。

三、国家安全统筹协调能力

维护和塑造国家安全是一项复杂巨系统工程。2014 年 4 月 15 日，中共中央总书记习近平主持召开中央国家安全委员会第一次会议。习近平在讲话中首次提出总体国家安全观。总体国家安全观是对国家安全工作这一复杂巨系统工程的认识，是具备显著系统性特征的科学理论（傅小强，2021）。总体即系统，总体国家安全观的鲜明特征与关键就在于“总体”二字，可见，系统性是总体国家安全观的本质属性，总体国家安全观蕴含着丰富的系统思维。根据系统科学理论，总体国家安全观中蕴含的系统观念的实践方法论是统筹协调。总体国家安全观强调要统筹协调推进各领域国家安全，强调要统筹协调好“五对关系”，即既重视外部安全，又重视内部安全；既重视国土安全，又重视国民安全；既重视传统安全，又重视非传统安全；既重视发展问题，又重视安全问题；既重视自身安全，又重视共同安全（傅小强，2021）。可见，统筹协调的哲学内涵是马克思主义辩证法，它是具有基础性的国家安全思想方法和工作方法，国家安全统筹协调能力是国家安全及国家安全工作的本质特征对国家安全能力建设提出的要求。对于国家安全主体分析和解决复杂的国家安全问题，最是考验其国家安全统筹协调能力。因此，国家安全统筹协调能力是基础的国家安全能力，增强国家安全统筹协调能力是贯彻落实总体国家安全观和推进国家安全能力现代化的必然要求。

自 2014 年总体国家安全观提出以来，中国高度重视国家安全统筹协调能力建设（图 7-11），习近平总书记在多种场合多次强调国家安全统筹协调能力建设。例如，2017 年 10 月 18 日，习近平在中国共产党第十九次全国代表大会上的报告中指出：“要完善国家安全战略和国家安全政策，坚决维护国家政治安全，统筹推进各项安全工作。”2018 年 4 月 17 日，习近平总书记在十九届中央国家安全委员会第一次会议上的讲话中指出：“坚持科学统筹，始终把国家安全置于中国特色社会主义事业全局中来把握，充分调动各方面积极性，形成维护国家安全合力。”2021 年 12 月，习近平总书记在中央经济工作会议上的讲话中指出：“要继续按照稳定大局、统筹协调、分类施策、精准拆弹的方针，抓好风险处置工作”。

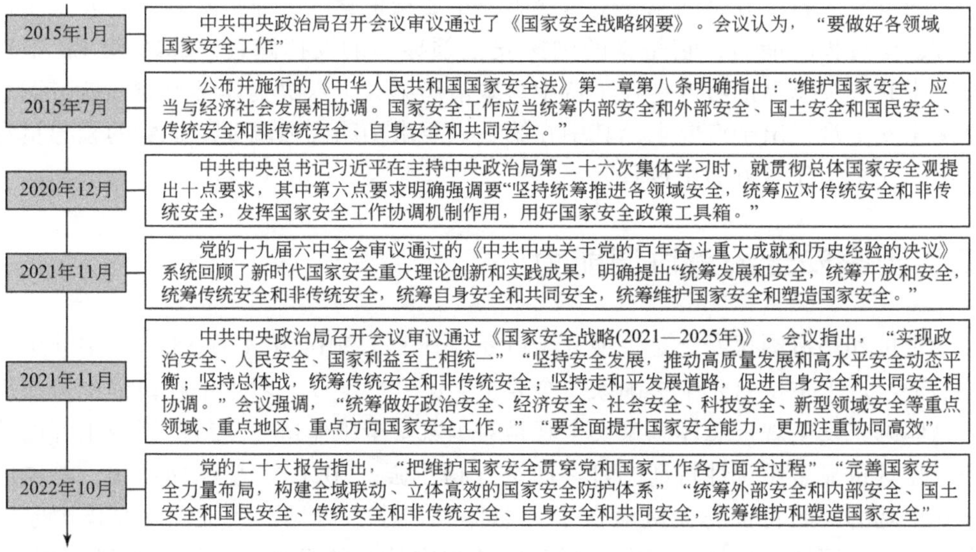

图 7-11　2014 年以来中国推进国家安全统筹协调能力建设的代表性事件举例

所谓国家安全统筹协调能力，是指国家安全主体统筹兼顾和协调推进各领域、各方面、各环节、各层次国家安全工作，从而保证国家安全工作中的多重关系和目标保持动态平衡的能力。国家安全统筹协调能力强调推进国家安全工作系统性、整体性与协同性的能力，旨在汇聚起维护国家安全的强大合力，主要体现在国家安全统筹兼顾与协调推进两大方面的能力。习近平总书记指出：“统筹兼顾是中国共产党的一个科学方法论。”国家安全统筹兼顾能力强调国家安全工作中的总揽全局、系统谋划与整体部署的能力，是国家安全协调推进能力的基础。

国家安全协调推进能力强调国家安全工作中的综合平衡、有机整合、衔接沟通、协同高效和突出重点的能力，是国家安全统筹兼顾能力的具体实施。增强国家安全统筹协调能力，一方面，有利于国家安全主体打开国家安全工作的格局和眼界，在错综复杂、剧烈变动的国家安全问题和工作面前分清轻重缓急、辨明国家安全工作方向；另一方面，有利于国家安全主体在国家安全工作实践中正确处理各方面问题、关系和目标，准确把握各领域、各方面、各环节、各层次国家安全工作的交汇点和结合点，准确评估国家安全工作的形势、任务、进程、效果、问题与前景，从而采取切实有效的举措维护和塑造国家安全。

根据图 7-11，在中国，概括看，国家安全统筹协调能力主要包括七大方面的统筹协调能力，即统筹协调推进各领域国家安全（包括政治安全、军事安全、国土安全、经济安全、金融安全、文化安全、社会安全、科技安全、网络安全、粮食安全、生态安全、资源安全、核安全、海外利益安全、太空安全、深海安全、极地安全、生物安全、人工智能安全、数据安全领域）、统筹协调发展和安全、统筹协调开放和安全、统筹协调传统安全和非传统安全、统筹协调自身安全和共同安全、统筹协调维护国家安全和塑造国家安全、统筹协调把维护国家安全贯穿党和国家工作各方面全过程的能力①。在此基础上，国家安全统筹协调能力建设还应重视以下四大方面的统筹协调能力建设。

第一，统筹协调中华民族伟大复兴战略全局和世界百年未有之大变局的能力。国家安全工作应立足当前国内国际发展大背景和大趋势开展，“中华民族伟大复兴战略全局”和“世界百年未有之大变局”是中国共产党立足新阶段对国内国际发展大势的科学研判和精辟概括，新时代国家安全工作要统筹中华民族伟大复兴战略全局和世界百年未有之大变局，这就要求国家安全能力建设要立足于增强统筹协调中华民族伟大复兴战略全局和世界百年未有之大变局的能力。

第二，统筹协调 Security 和 Safety 的能力。在过去，国家安全问题主要强调的是 Security 问题，它一般指来自外部的蓄意威胁，如政治安全与军事安全等国家安全问题。根据现代系统安全科学的观点，国家安全同时涉及 Security 问题与 Safety 问题（一般指来自内部的无意威胁，如事故灾难与自然灾害等）两大方面的国家安全问题（王秉，2022c）。例如，党的二十大报告已将公共安全（主要包括安全生产、防灾减灾救灾和重大突发公共事件处置等 Safety 问题）正式纳入国家安全范畴。同时，诸多领域的国家安全问题（如生物安全与核安全等）都

① 姜卫平：《实现更为安全的发展要强化统筹协调》，《光明日报》2021 年 11 月 24 日．刘世强：《做好“五个统筹”，维护新时代中国国家安全》，https://topics.gmw.cn/2022-10/15/content_36099137.htm (2022-10-15)［2023-04-22］.

同时涉及 Security 与 Safety 两大方面。因此，现代国家安全能力是 Security 与 Safety 一体化的国家安全能力，故要加强统筹协调 Security 和 Safety 的能力建设。

第三，统筹协调常态安全和非常态安全（即应急）的能力。以安全事件（包括突发事件）为界限，可将国家安全工作过程划分为安全事件发生前的常态国家安全工作和安全事件发生后的非常态国家安全工作（即国家应急管理工作）（王秉，2020a）。由此可见，国家应急管理体系和能力是国家安全体系和能力的组成部分，理应将国家应急管理体系和能力纳入国家安全体系和能力。党的二十大报告将国家应急管理体系纳入国家安全体系，强调要“提高防灾减灾救灾和重大突发公共事件处置保障能力，加强国家区域应急力量建设”。因此，新时代国家安全能力建设要注重统筹协调常态安全和非常态安全（即应急管理）的能力建设。

第四，统筹国家安全体系和能力建设的能力。前文已详细论述国家安全能力与国家安全体系之间的紧密关系，这里不再赘述，统筹国家安全体系和国家安全能力建设的能力是实现国家安全能力与国家安全体系之间保持动态匹配和平衡的关键支持。

四、国家安全风险防范化解能力

从风险科学角度看，国家安全风险是国家安全工作的对象，防范化解国家安全风险是维护国家安全的重要任务，国家安全风险防范化解能力是核心的国家安全能力（钟开斌和薛澜，2022）。2016 年 4 月 10 日，习近平总书记在首个全民国家安全教育日到来之际作出重要指示，要“防范化解各类安全风险，不断提高人民群众的安全感、幸福感。”2020 年 12 月 11 日，中共中央总书记习近平在主持中央政治局第二十六次集体学习时，就贯彻总体国家安全观提出十点要求。其中，第二点要求中提到要“防范化解重大安全风险”，第七点要求明确强调要“坚持把防范化解国家安全风险摆在突出位置，提高风险预见、预判能力，力争把可能带来重大风险的隐患发现和处置于萌芽状态。”党的二十大报告在论述“增强维护国家安全能力”部分明确提出，“提高防范化解重大风险能力，严密防范系统性安全风险”。同时，党的二十大报告强调，“增强干部推动高质量发展本领、服务群众本领、防范化解风险本领”。党的二十大报告指出，十年前，我国维护国家安全制度不完善、应对各种重大风险能力不强。党的十八大以来，以习近平同志为核心的党中央高度重视防范化解国家安全风险（包括各领域安全风险），将防范化解重大风险摆在重要位置，提高国家安全风险防范化解能力，着力防范化解重大风险，保持了国家安全和社会稳定。习近平总书记围绕关于防范化解重大风险问题作了一系列重要论述，主要内容涉及防范化解重大风险的重大意义、具体内容及战略路径等方面，是指导新时代国家安全风险防范化解能力建设的强大思想武器（马俊峰和马小飞，2022）。十年来，国家安全风险防范化解能力得到全面加强。

对于国家安全风险防范化解能力，一般有两个层面的理解和认识。首先，从国家安全风险本身出发，根据风险管理的一般流程（即风险管理的连续统一体）（王秉，2020b），所谓国家安全风险防范化解能力，是指国家安全主体在国家安全风险的识别、研判评估、控制、监测预警与沟通咨询的连续统一体中采取行动的能力，具体解释见表 7-6。其次，从国家安全风险有可能引发的国家安全事件的角度出发，国家安全风险防范化解能力是指国家安全主体在国家安全事件发生前预防、国家安全事件发生前准备、国家安全事件暴发期响应、国家安全事件结束期恢复和国家安全事件结束期学习的连续统一体中采取行动的能力（王榕，2020），具体解释见表 7-7。两种对国家安全风险防范化解能力的理解和认识在本质上是一致的，前者的关注对象是国家安全风险本身，后者的关注对象是国家安全风险有可能引发的国家安全事件，二者互为补充和支撑，共同构成完整的国家安全风险防范化解能力建设思路和框架。

表 7-6　立足国家安全风险本身的国家安全风险防范化解能力构成

序号	能力名称	具体解释
1	国家安全风险识别能力	国家安全风险识别是防范化解国家安全风险的起点，国家安全风险识别能力是指全方位、多角度、多层次识别出国家安全危险和潜在国家安全威胁的能力
2	国家安全风险研判评估能力	国家安全风险研判评估是防范化解国家安全风险的核心环节，国家安全风险研判评估能力是指分析、预见、预判和评价国家安全风险的能力，主要包括国家安全风险分析（指综合分析国家安全风险因素，并预见、预判国家安全事件发生的可能性及其影响后果）能力与国家安全风险评价（指根据国家安全风险接受准则评价国家安全风险大小，提出国家安全风险防范化解措施并评估各种国家安全风险防范化解措施）能力，它是将国家安全数据转化为国家安全风险相关的情报信息以支持决策的关键能力
3	国家安全风险控制能力	国家安全风险控制是防范化解国家安全风险的计划与方案的制定和实施环节，国家安全风险控制能力是指有针对性和有效地采取管控措施防控国家安全风险的能力，主要包括国家安全风险应对行动规划能力和国家安全风险应对行动规划执行能力，它是将国家安全风险情报信息转化为国家安全风险应对相关决策和行动的关键能力

续表

序号	能力名称	具体解释
4	国家安全风险监测预警能力	习近平总书记强调，“要加强对各种风险源的调查研判，提高动态监测、实时预警能力，推进风险防控工作科学化、精细化”。国家安全风险监测预警是做到国家安全风险早识别、早预警、早发现、早处置的基础支撑，国家安全风险监测预警能力是指根据各种渠道获得的相关资料信息，通过一定的技术手段方法和管理机制，对国家安全风险状况进行及时跟踪、动态监测、超前预见和实时预警并提前采取有效国家安全风险预控对策的能力
5	国家安全风险沟通咨询能力	国家安全风险沟通咨询有助于让利益相关方认识和理解国家安全风险、明确防范化解国家安全风险决策的基础及采取特定的国家安全风险管控行动的原因，亦有助于获得足够的情报信息以促进更好地防范化解国家安全风险。国家安全风险沟通咨询能力是指通过充分的互动沟通和咨询交流，引导利益相关方形成科学正确的国家安全风险认知，并获得更多情报信息支持防范化解国家安全风险工作的能力

表 7-7　国家安全风险有可能引发的国家安全事件角度的国家安全风险防范化解能力构成

序号	能力名称	具体解释
1	预防能力	国家安全主体消除或降低国家安全风险引发的国家安全事件（包括与国家安全主体实现其国家安全目标背道而驰的紧急情况、活动、事件或行为）的发生概率或严重程度的能力
2	准备能力	国家安全主体确保在发生国家安全事件时国家安全主体能够应对影响的能力，以及通过规划、资源配置、测试和建立韧性准备好应对国家安全风险的能力
3	响应能力	国家安全主体在预料到国家安全事件发生前或国家安全事件发生之中和之后立即采取行动，以确保其影响最小化，并立即向受影响的相关方提供救济和支持（包括防止和最大限度减少生命损失伤害、财产损失和基础设施破坏，促进对国家安全事件、威胁或行为等的调查）的能力
4	恢复能力	国家安全主体支持受国家安全事件影响的相关方的物质基础设施重建及情感、社会、经济和身体健康的恢复的能力
5	学习能力	国家安全主体从国家安全事件中汲取经验教训以完善国家安全事件防控和应对理念、体系和能力的能力，分为为危机而学习、作为危机的学习以及从危机中学习三个阶段

同时，近些年来，安全学界和实践界逐渐意识到，系统在许多情况下都是成功运行的，即罕有甚至没有发生安全事件。同时，当前，世界处于百年未有之大变局，国家安全风险（尤其是国家这一复杂巨系统的安全风险）的不确定性急剧上升，不可能完全预测所有国家安全事件情况及其可能性。在此背景下，安全作为系统韧性的一个关键概念被关注，学者给出了韧性角度的安全新内涵。根据

Hollnagel 等（2008，2011）给出的韧性定义“韧性是一个系统在产生变化和干扰之前、期间或之后用来调整其功能的内在能力，以期使它可以在预期和非预期的条件维持正常运行”，安全不再仅是“免于不可接受的风险”，而是“在不同条件下成功的能力”。因此，从韧性视角看，国家安全是国家所具备的保障持续安全状态的能力，它主要表现在响应能力（知道该做什么）、监控能力（知道要找什么）、预见能力（知道该期待什么）与学习能力（知道发生了什么）（Hollnagel et al.，2008，2011）。基于此，安全界提出了安全韧性概念。在国家安全语境中，国家安全韧性是指国家安全主体应对国家安全风险的防御水平及国家安全事件发生后的快速恢复能力。为有效防范化解国家安全风险，需加强国家安全韧性能力建设，国家安全韧性能力整合了立足国家安全风险本身的国家安全风险防范化解能力和国家安全风险有可能引发的国家安全事件角度的国家安全风险防范化解能力。

五、国家安全情报信息能力

国家安全情报信息是国家安全工作的“耳目、尖兵和参谋”，它贯穿国家安全工作始终（王桂芳，2018；王秉，2020a）。情报与信息是两个相互紧密关联又彼此区分的概念：情报是经过加工的信息，是对决策有用的信息（王秉和吴超，2019b）；信息是生产情报的原料和基础，信息分析是生产情报的途径（王秉和吴超，2019b）。从古至今，特别是在当今信息时代，国家安全情报信息一直是国家安全工作的基础和命脉。根据《中华人民共和国国家情报法》，国家情报工作坚持总体国家安全观，为防范和化解危害国家安全的风险提供情报支持。可见，国家安全工作（特别是国家安全决策）离不开国家安全情报信息，缺乏国家安全情报信息支持的国家安全工作犹如无本之木、无源之水。可见，国家安全情报信息工作属于国家安全工作的核心组成部分。在中国，《中华人民共和国国家安全法》第四章第二节“情报信息”部分的第五十一条至第五十四条对国家安全情报信息工作进行了专门规定和要求。为提升国家安全情报信息工作水平，增强国家安全情报信息能力是关键所在。

所谓国家安全情报信息能力，是指国家安全主体在全面监测和分析国家安全威胁、国家安全风险及国家安全环境的基础之上，对国家安全情况的及时感知、准确告知和实时掌控，从而协助国家安全主体有效制定国家安全策略的能力。根据一般情报信息工作循环，国家安全情报信息能力主要指国家安全情报信息搜集（获取）能力（包括国家安全情报信息报送能力）、国家安全情报信息整合能力、国家安全情报信息研判分析（包括鉴别、筛选、判断与分析）能力、国家安全情报信息使用能力及国家安全情报信息共享能力（李国秋和吕斌，2012）。

国家安全情报信息能力的形成和提升有赖于以下四大方面（王桂芳，2018）。第一，完善的国家安全情报信息系统。国家安全情报信息系统是国家安全工作的基本载体和渠道支撑，强大的国家安全情报信息能力依赖于高效运行的国家安全情报信息系统。第二，完善的国家安全情报信息体系。国家安全情报信息体系涉及国家安全情报信息机构和系列国家安全情报信息制度，是国家安全情报信息形成和提升的基本保障。例如，《中华人民共和国国家安全法》规定，“国家健全统一归口、反应灵敏、准确高效、运转顺畅的情报信息收集、研判和使用制度，建立情报信息工作协调机制，实现情报信息的及时收集、准确研判、有效使用和共享”。同时，我国还专门出台《中华人民共和国国家情报法》，为国家安全情报信息工作提供了良好的法治保障。第三，现代科学技术手段在国家安全情报信息工作中的充分运用。进入 21 世纪后，新一代信息科学技术（特别是大数据、云计算、人工智能与物联网等数智技术）手段为国家安全机构运用数智技术手段收集、鉴别、筛选、综合和研判分析提供了良好的技术手段支撑。《中华人民共和国国家安全法》的第五十三条专门强调：“开展情报信息工作，应当充分运用现代科学技术手段，加强对情报信息的鉴别、筛选、综合和研判分析。”第四，国家安全工作人员的情报信息素养提升和高素质的国家安全情报信息专业队伍建设。国家安全工作人员和国家安全情报信息专业队伍是国家安全情报信息工作的直接执行者和推动者，国家安全工作人员的情报信息素养提升和高素质的国家安全情报信息专业队伍建设是提升国家安全情报信息能力的关键支撑。

六、国家安全理论创新能力

国家安全理论是国家安全基本思想、规律、原理和方法等的理论概括，是维护和塑造国家安全的思想方法、科学遵循和行动指南，是国家安全学学科建设发展、研究实践工作、人才培养及国家安全体系和能力建设的理论根基所在。国家安全理论创新是保证国家安全认知和国家安全工作始终保持先进性与创造力的前提和灵魂，如何在国家安全思想理论上与时俱进，以国家安全理论创新引导推进国家安全体系和能力现代化，是国家安全现代化的基础重点任务之一。因此，国家安全理论创新对于维护和塑造国家安全至关重要，国家安全理论创新是国家安全能力建设的风向标与指南针。中国共产党高度重视国家安全理论创新，持续创新、丰富和发展中国特色的国家安全理论。习近平总书记创造性地提出总体国家安全观。总体国家安全观是马克思主义国家安全理论中国化的理论创新成果，以习近平同志为核心的党中央对国家安全理论的重大创新，已经并将继续指导新时代中国国家安全工作不断开创新局面。

所谓国家安全理论创新能力，主要是指国家安全主体创新国家安全理念、探寻国家安全新发现、挖掘国家安全新规律、创建国家安全新学说、提出维护和塑造国家安全的新方式方法、指导国家安全新实践与积累国家安全新知识的能力（刘明合和陈永胜，2005）。概括看，增强国家安全理论创新能力需从提升国家安全认知能力和加强重大国家安全理论创新与国际传播两大方面（凌胜利，2022）着手，具体解释如下。

第一，提升国家安全认知能力。所谓国家安全认知，是指国家安全主体对国家安全问题、现象、形势、趋势与环境等的总体规律性认识与看法。李文良（2022）认为，中华人民共和国成立以来，随着时代发展，中国官方的主流国家安全认知不断革新，总体经历了传统安全认知、非传统安全认知和总体国家安全认知三大阶段。国家安全认知能力是指国家安全主体对国家安全问题及其现象、国家安全问题与其他问题的关系、国家安全工作发展的动力、国家安全态势发展方向以及国家安全基本规律的把握能力。可见，国家安全认知能力是国家安全理论创新能力提升的基础。国家安全情报信息能力是国家安全认知能力的主要能力支撑。

第二，加强重大国家安全理论创新与国际传播。当前，世界处于百年未有之大变局，国家安全的不确定因素急剧增多，国家安全主体既要有充分的国家安全理论准备，亦要随着时代变化保持高水平的国家安全理论创新能力。就中国而言，加强重大国家安全理论创新，一方面，有助于引导和推进国家安全体系和能力现代化，另一方面，有助于更好地诠释中国的国家安全行为（包括国家安全理念），增强中国参与全球安全治理的能力和中国在国际上的国家安全话语权。为避免世界其他国家对中国国家安全行为存在误解与曲解，中国国家安全理论创新需兼顾中国特色与世界视野，寻求最大的国际共识。在开展重大国家安全理论创新的过程中，既需加强学术界和政策界的紧密互动交流互动，亦需增进国内外的交流互鉴。同时，要特别注重促进国家安全理论的国际传播，让中国先进的国家安全理念（如共同、综合、合作、可持续的全球安全观与人类安全共同体理念）和国家安全理论为更多国家知晓与理解，扩大中国国家安全理论的世界影响，为我国国家安全和改革发展稳定营造有利外部舆论环境，为推动构建人类安全共同体和全球安全治理做出积极贡献。

七、国家安全保障能力

维护和塑造国家安全、保证国家安全工作的正常有序开展，离不开物质、技术、装备、人才、法律、机制等各方面的保障与支撑，国家安全保障能力是国家安全能力的核心保障支撑能力要素。所谓国家安全保障能力，是指支撑和保障国家安全工作开展的能力。通俗理解，国家安全保障能力就是指一系列国家安全保障措施及其效能。它是上述已论述的国家安全战略能力、国家安全领导能力、国家安全统筹协调能力、国家安全风险防范化解能力、国家安全情报信息能力建设并发挥效用及下文即将论述的全民国家安全素养提升的关键保障。2017 年 2 月 17 日，习近平总书记在国家安全工作座谈会上的讲话中指出："要加大对维护国家安全所需的物质、技术、装备、人才、法律、机制等保障方面的能力建设，更好适应国家安全工作需要。"根据《中华人民共和国国家安全法》，国家安全保障措施具体包括国家安全法治保障、经费和装备保障、战略物资储备、科技保障、专门人才和特殊人才保障、专门工作手段保障等。综上分析，并结合国家安全工作实际需要，可将国家安全保障能力概括为国家安全物质保障能力、国家安全技术装备保障能力、国家安全法治保障能力、国家安全人才保障能力与国家安全经济投入保障能力五大方面。

第一，国家安全物质保障能力。国家安全物质保障能力主要指国家安全主体在平时有计划建立的关系国家安全的重要物质资料（简称为"国家安全战略物资"）的储存或积蓄，其目的是应对国家在不安全状态下保障国民经济正常运行和国家安全需求。根据我国于 2015 年公布实施的《国家物资储备管理规定》，国家安全战略物资主要指国家安全和发展战略所需的关键性矿产品、原材料、成品油以及具有特殊用途的其他物资。根据我国的《中华人民共和国国家安全法》，承担国家安全战略物资储备任务的单位，应当按照国家有关规定和标准对国家安全物资进行收储、保管和维护，定期调整更换，保证储备物资的使用效能和安全。

第二，国家安全技术装备保障能力。国家安全技术装备是指用于保障国家安全工作特殊活动和日常活动的技术装备总称，如国家安全情报信息技术装备、国家安全侦查技术装备与军事技术装备等。国家安全技术装备保障能力是指国家安全技术装备的保障能力。国家安全技术装备保障能力离不开国家高科技能力的支撑，国家安全领域科技水平是国家安全技术装备保障能力的集中体现，是反映国家安全技术装备保障能力高低的重要标志。2020 年，习近平总书记在中央政治局第二十六次集体学习时再次明确要求"提高运用科学技术维护国家安全的能力"。《中华人民共和国国家安全法》强调"鼓励国家安全领域科技创新，发挥科技在维护国家安全中的作用。"从这一角度看，国家安全技术装备保障能力是指一个国家的科技系统在推动国家安全领域的科技创新进步和技术装备研发升级过程中所具有的各种能力。

第三，国家安全法治保障能力。法治是保障和维护国家安全的利器，是国家安全体系和能力的重要依托（肖君拥和李竹，2021）。推进国家安全法治是全面推进依法治国、依法保障和维护国家安全的重大现实需要。因此，国家安全法治能力建设是增强国家安全能力的主要维度之一。习近平总书记指出，要“健全国家安全体系，加强国家安全法治保障，提高防范和抵御安全风险能力。”中共中央政治局2021年11月审议的《国家安全战略（2021—2025年）》指出：“要全面提升国家安全能力，更加注重协同高效，更加注重法治思维。”党的二十大报告强调，要“完善国家安全法治体系”。所谓国家安全法治保障能力，主要是指国家安全主体以法治思维为基础，运用法治方式认识、处理和决策相关国家安全工作事务的能力。国家安全法治保障能力建设，强调要把法治意识、法治理念、法治思维、法治手段与法治文化等要素借助国家安全法律、法规、制度、机制的生成与实施，贯通于国家安全工作的各个领域、各个方面以及各个环节，以国家安全法律体系为依据，以国家安全法治体系为保障，以国家安全法治化为目标，以期实现国家安全工作的制度化、规范化与法律化。近年来，我国已制定出台国家安全法、国家情报法、生物安全法、网络安全法、反间谍法、反恐怖主义法等200余部国家安全领域的主要法律法规，完善国家安全审查和监管制度与国家安全危机管控制度等一系列国家安全制度，推动建立和落实国家安全风险评估机制、国家安全决策咨询机制和跨部门会商机制、国家安全情报信息工作协调机制和国家安全工作督促检查和责任追究机制等一系列国家安全机制，国家安全法律、法规、制度、机制逐步建立健全①（肖君拥和李竹，2021），有力增强了国家安全法治保障能力。

第四，国家安全人才保障能力。习近平总书记明确指出，人才是第一资源。维护国家安全的最关键、最基础和最具能动性的要素是国家安全人才。因此，国家安全人才是国家安全保障的基础，国家安全人才保障能力是核心的国家安全保障能力。国家安全人才保障能力主要指一个国家所拥有的国家安全人才（包括正在培养中的国家安全人才和已正式参与国家安全工作的国家安全干部队伍）的数量和质量。国家安全人才保障能力建设主要体现在国家安全专业人才培养和国家安全干部队伍建设两大方面。2015年1月，中共中央政治局召开会议审议通过了《国家安全战略纲要》，会议强调，要“努力打造一支高素质的国家安全专业队伍”。在我国，为培养国家急需的高层次国家安全专业人才，2020年12月经国务院学位委员会批准，在新设“交叉学科”门类下设“国家安全学”一级学科。据统计，目前，已有北京大学、北京师范大学、国防大学、吉林大学、南京大学

① 《坚持以总体国家安全观为指导全面深入推进国家安全法治建设》，《人民日报》2020年7月1日.

与复旦大学等14所高等院校获批“国家安全学”一级学科博士或硕士学位授权点，并开始着手专门培养高层次国家安全专业人才。近年来，我国也高度重视国家安全干部队伍建设。例如，2020年12月11日，中共中央总书记习近平在主持中央政治局第二十六次集体学习时，就贯彻总体国家安全观提出10点要求，其中第十点要求明确强调“坚持加强国家安全干部队伍建设，加强国家安全战线党的建设，坚持以政治建设为统领，打造坚不可摧的国家安全干部队伍。”2021年11月18日，中共中央政治局召开会议审议通过《国家安全战略（2021—2025年）》，会议强调，“要坚持以政治建设为统领，打造坚强的国家安全干部队伍”。

第五，国家安全经济投入保障能力。国家安全工作的开展和各项国家安全能力的提升，都离不开国家安全经济投入提供保障。因此，国家安全经济投入保障能力是最基础和最核心的国家安全保障能力要素，提升国家安全经济投入保障能力至关重要。国家安全经济投入保障能力主要是国家财政支持国家安全的投入力度及其投入的使用效益。增强国家安全经济投入保障能力，需从五大方面发力。一是加大财政支持国家安全的投入倾斜力度。二是优化财政支持国家安全的投入结构（如明确国家安全投入放入重点与方向、加大重点领域国家安全的投入力度等）。三是创新国家安全经济投入手段，最大限度地发挥国家安全经济投入的效益。四是探索建立多元化国家安全经济投入机制，鼓励和支持社会资本投入国家安全事业。五是加强国家安全经济投入使用监管，提高国家安全经济投入使用效益。

八、全民国家安全素养

国泰方能民安，国家安全是每一个公民的事，维护国家安全需要全民共同参与和发力。公民参与和推动维护国家安全，需要公民具备一定的能力，即国家安全素养。党的二十大报告在论述“增强维护国家安全能力”时强调，“增强全民国家安全意识和素养，筑牢国家安全人民防线”。可见，全民国家安全素养是重要的国家安全能力体现，是国家安全社会化程度的直接体现，事关维护国家安全的人民基础与力量（李文良，2022）。

根据安全素养的一般含义，所谓全民国家安全素养，一般指一国公民所具有的降低国家安全风险和维护国家安全的能力（王秉和吴超，2018d）。从国家安全素养形成和效用发挥过程角度看，全民国家安全素养是指一国公民在具备适宜的国家安全知识储备基础之上，通过国家安全信息收集主动寻求和学习国家安全知识和技能，并能够正确利用安全知识、技能和信息来维护国家安全的能力。就全民国家安全素养的具体构成要素而言，应包括国家安全意识理念（强调从思想意识上重视维护国家安全和树立正确科学的国家安全观念）、国家安全知识（强调懂国家安全及如何维护国家安全）、国家安全技能（强调会维护国家安全）与国家安全行为（强调运用实际行动维护国家安全）四个不同层面的要素，提升全民国家安全素养应从上述四方面入手（王秉和吴超，2018d）。

提升全民国家安全素养，最基础和最有效的手段是国家安全教育，全民国家安全素养可视为国家安全教育活动的直接结果。中国历来高度重视国家安全教育工作。近年来，习近平总书记在多种场合多次强调国家安全教育的重要性，国家通过法律形式对国家安全教育加以规定，并专门设立全民国家安全教育日，且教育部针对推进大中小学国家安全教育工作专门出台了相关文件，凸显国家安全教育的重要性，如图 7-12 所示。同时，在当今信息时代，面对国家安全事件，各类国家安全信息涌现，如何保证公众有效搜集、理解、分析、甄别和利用各种国家安全相关信息，公众的国家安全信息素养提升是关键。所谓全民国家安全信息素养，是指一国公民获取、理解、分析、甄别和利用相关国家安全信息的能力(王秉和吴超，2018d)。目前，全民国家安全信息素养已成为全民国家安全素养提升的关键，应注重全民国家安全信息素养教育，并将全民国家安全信息素养教育纳入全民信息素养教育。

图 7-12　2014 年以来中国推进国家安全教育工作的代表性事件举例

九、本节结语

本节立足国家安全能力的内涵，结合中国国家安全能力建设实践，提出国家安全能力主要包括国家政府层面和社会层面两个层面的国家安全能力构成要素。其中，国家政府层面的国家安全能力构成要素主要包括国家安全战略能力、国家安全领导能力、国家安全统筹协调能力、国家安全风险防范化解能力、国家安全情报信息能力、国家安全理论创新能力及国家安全保障能力；社会层面的国家安全能力构成要素主要是全民国家安全素养。明确国家安全能力的构成有助于为增强国家安全能力和推进国家安全能力现代化提供基础理论支撑和路径方向指导。

第四节　中国国家安全能力发展历程回顾

中华人民共和国成立至今，在国家安全能力建设方面取得了重大进展和成绩。抚今追昔，鉴往知来。本节简要回顾中国国家安全能力发展历程。

一、中国国家安全能力发展历程总览

根据国家安全能力发展过程中的不同时期的国家安全环境特征、国家安全风险类型、国家安全面向对象、国家安全视角范畴和国家安全工作策略的差异，可将中华人民共和国成立至今，中国国家安全能力的发展历程大致划分为三大阶段，即传统国家安全能力、过渡型国家安全能力和现代国家安全能力（王秉，2022b；王妍妍和孙佰清，2021；钟开斌，2018；董春岭，2021），如图 7-13 所示。

二、中国国家安全能力发展历程分析

根据图 7-13，分别扼要解释中华人民共和国成立至今，中国国家安全能力发展历程的主要阶段，具体如下。

1）第一阶段（1949～1978 年）：传统国家安全能力。该阶段我国经历抗美援朝、中苏关系破裂、中印冲突、台海紧张局势等国际国内安全事件，国家安全环境仍是战争与革命，国家安全风险以政治、军事、国土等传统领域安全风险为主。为此，国家安全主要面向自身安全和外部安全，国家安全视角聚焦政治、军

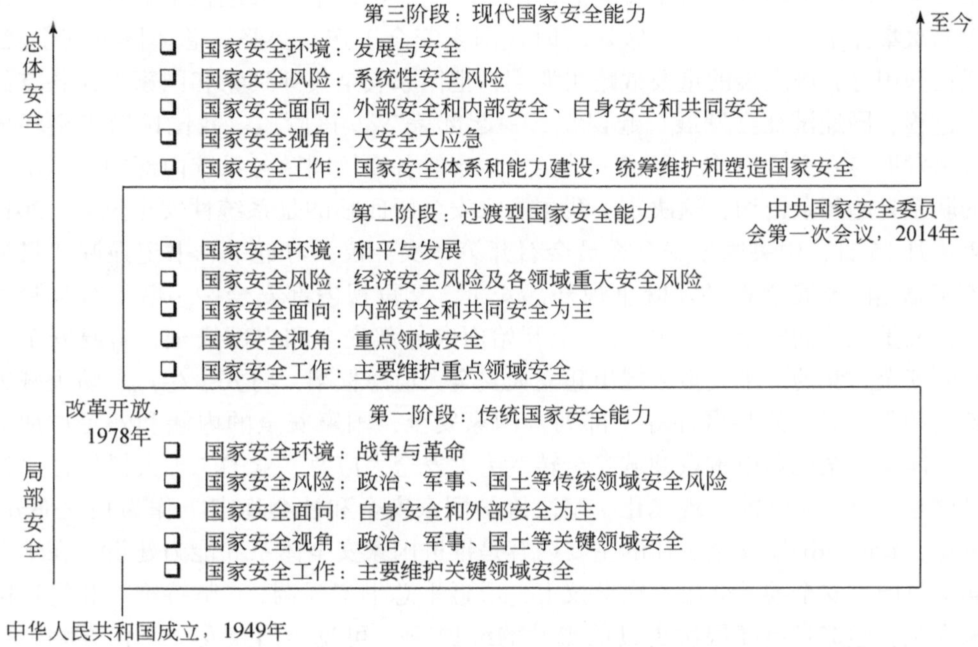

图 7-13　中华人民共和国成立至今中国国家安全能力发展历程

事、国土等关键领域安全。该阶段，我国国家安全工作主要维护关键领域安全，对内发展陆海空军事力量，研制原子弹和氢弹等战略性武器，高度重视加强军事力量建设和国防建设；对外先后提出和平共处五项原则、“两个中间地带”和“三个世界”理论等，积极寻求合作，争取构建国际统一战线。

2）第二阶段（1978～2014 年）：过渡型国家安全能力。进入 20 世纪 70 年代末，国家安全环境开始转为和平与发展。该阶段国家安全风险为经济安全风险及各领域重大安全风险，国家安全主要面向内部安全和共同安全（经济全球化背景下的安全需求），国家安全视角聚焦于重点领域安全。1978 年 12 月，党的十一届三中全会明确提出以经济建设为中心。该时期将“以经济建设为中心”提高到维护国家安全的战略高度。此外，在该阶段，我国经历“中国威胁论”等国际舆论压力，传统安全威胁与非传统安全威胁交织共存。党的十六大，首次将非传统领域安全正式纳入中国官方文件报告；党的十七大报告强调以社会安全问题为主要代表的国家安全的重要性；党的十八大报告提到粮食安全、生态安全、能源资源安全、网络安全、海洋安全、太空安全等重点领域安全。因此，该阶段国家安全工作主要维护重点领域安全。

3）第三阶段（2014 年至今）：现代国家安全能力。该阶段从关注各领域重大安全问题的横断国家安全转向总体国家安全。习近平总书记在中央政治局第二十六次集体学习时强调，“做好新时代国家安全工作，要坚持总体国家安全观，抓住和用好我国发展的重要战略机遇期，把国家安全贯穿到党和国家工作各方面全过程，同经济社会发展一起谋划、一起部署”①。该阶段，我国国家安全环境转为发展与安全。当前，经济、社会、生态等各系统间及各系统内部的子系统间的联系日趋复杂密切，这决定了我国国家安全所面临的是系统性安全风险。2014年4月15日，中央国家安全委员会召开第一次会议，习近平总书记强调“贯彻落实总体国家安全观必须既重视外部安全，又重视内部安全……既重视自身安全，又重视共同安全”②。国家安全开始面向外部安全和内部安全，自身安全和共同安全。党的二十大报告提出建立大安全大应急框架，将安全生产、防灾减灾救灾和重大突发公共事件等全部列入国家安全，国家安全的内涵和外延愈加宽广，国家安全视角由重点领域安全转变为大安全大应急。党的二十大报告将“推进国家安全体系和能力现代化，坚决维护国家安全和社会稳定”作为独立部分，可见，新时期国家安全工作的主要内容是推进国家安全体系和能力建设。在十九届中央国家安全委员会第一次会议上，习近平总书记强调，“坚持维护和塑造国家安全，塑造是更高层次更具前瞻性的维护”③。可见，国家安全工作方略由传统的维护国家安全转为统筹维护和塑造国家安全。

当前，我国国家安全能力建设已取得长足进展。党的十八大以来，我国在观念上提出了总体国家安全观、亚洲安全观和全球安全倡议；制度上设立了中央国家安全委员会，进行了军队指挥系统改革，形成了“军委管总、战区主战、军种主建”的新格局，制定或修订了军队相关法律等。在基础能力方面，2013～2022年，我国国内生产总值从59.3万亿元增加到121万亿元，年均增长6%以上，稳居世界第二位；国防开支一直保持适度增长态势，2023年达到1.58万亿元，比上年执行数增长7.2%；2022年，我国税收收入16.67万亿元，占国内生产总值比例达13.8%，表现出较强的资源汲取能力。在机制构建方面，我国逐步建立健全国家安全情报信息工作协调机制、国家安全风险评估机制、国家安全审查和监管制度、国家安全危机管控制度、国家安全保障体系、国家安全决策咨询机制、

---

① 央视网：《习近平在中央政治局第二十六次集体学习时强调坚持系统思维构建大安全格局为建设社会主义现代化国家提供坚强保障》，http://news.cctv.com/2020/12/12/ARTIlby73YzUTkFRHge3tIkM201212.shtml(2020-12-12)[2023-10-29].

② 中国政府网：《中央国家安全委员会第一次会议召开习近平发表重要讲话》，http://www.gov.cn/xinwen/2014-04/15/content_2659641.htm(2014-04-15)[2023-10-29].

③ 中国政府网：《习近平主持召开十九届中央国家安全委员会第一次会议并发表重要讲话》，http://www.gov.cn/xinwen/2018-04/17/content_5283445.htm(2018-04-17)[2023-10-29].

跨部门会商机制、国家安全工作督促检查和责任追究机制等一系列制度机制，各部门之间的统筹协调进一步加强。在国际动员方面，中国特色大国外交取得重大成就，全球伙伴关系构建更有成效。党的十八大以来，中国建交国数量从 172 个增加到 181 个，伙伴关系从 41 对增加到 113 对，中国成为 140 多个国家和地区的主要贸易伙伴，已有 80 多个国家和地区组织对全球安全倡议表示赞赏和支持（凌胜利，2023）。

三、本节结语

本节主要梳理了中国国家安全能力的发展历程。根据国家安全能力发展过程中的不同时期的国家安全环境特征、国家安全风险类型、国家安全面向对象、国家安全视角范畴和国家安全工作策略的差异，可将中华人民共和国成立至今中国国家安全能力的发展历程大致划分为三大阶段，即传统国家安全能力、过渡型国家安全能力和现代国家安全能力。

※本章小结※

国家安全能力是国家安全系统学的学科关键问题之一。为探索国家安全能力，明晰何为国家安全能力及中国国家安全能力发展历程，本章立足中国国家安全能力建设实践，面向夯实国家安全能力建设理论基础和推进国家安全能力现代化，在深度解析国家安全能力概念以及国家安全能力与国家安全体系的关系的基础上，分析国家安全能力的特征与构成，并梳理中国国家安全能力的发展历程，以期为增强国家安全能力和推进国家安全能力现代化提供一定的学理支撑和历史实践启示。通过本章学习，主要得到以下七方面认识。①国家安全能力概念的缘起为理论层面的安全（国家安全）概念的能力论和实践层面的基于能力的国家安全战略和体系；②国家安全和能力视域下的国家安全能力含义，分别为“国家安全能力是指国家保障持续安全状态的能力”与“国家安全能力是指完成某项或一组国家安全工作所需的手段的综合”；③国家安全能力是国家能力的核心组成部分，是实现其他国家能力的基础；国家安全能力是国家能力的综合反映，国家能力影响国家安全能力；④国家安全体系与国家安全能力是一个有机整体，二者相辅相成，表现出一体两面的关系，一套完备良好的国家安全体系是提升国家安全能力的基础支撑和关键所在，唯有不断增强国家安全能力，才能最大化发挥国家安全体系在维护和塑造国家安全中的效能；⑤国家安全能力具有基础性、威慑性、广泛性、层次性、总体性、统筹性、汲取性、动态性、可塑性、时效性与可评估性等特征；⑥国家安全能力主要包括国家政府和社会两个层面的国家安全能力构成要素，其中，国家政府层面的国家安全能力构成要素主要包括国家安全战略能力、国家安全领导能力、国家安全统筹协调能力、国家安全风险防范化解能力、国家安全情报信息能力、国家安全理论创新能力及国家安全保障能力，社会层面的国家安全能力构成要素主要是全民国家安全素养；⑦中华人民共和国成立至今，中国国家安全能力的发展历程可大致划分为传统国家安全能力、过渡型国家安全能力和现代国家安全能力三大阶段。

第八章　国家安全体系和能力现代化

※本章导读※

在新时代，推进国家安全体系和能力现代化既是贯彻落实总体国家安全观和维护国家安全的必然要求和重点任务，亦是全面建设社会主义现代化国家的基础所在与主要内容。可见，推进国家安全体系和能力现代化是新时代维护国家安全的重大理论和实践命题，是关系到民族复兴和社会稳定的重大课题，是一项带有基础性、全局性、战略性、根本性和长期性的重大国家安全战略任务。鉴于此，本章首先深入剖析国家安全体系和能力现代化的内涵、基本逻辑与基本内容，以期尝试回答“何为国家安全体系和能力现代化”这一关键的基础性理论问题。其次，立足中国国情和实践，提出国家安全体系和能力现代化的推进路径，并梳理归纳中国国家安全体系和能力现代化的推进过程，以期尝试回答“如何推进国家安全体系和能力现代化”。

第一节　国家安全体系和能力现代化的内涵与基本逻辑

为尝试回答“何为国家安全体系和能力现代化”，本节首先分析国家安全体系和能力现代化的相关概念——国家安全体系和能力、现代化、国家安全体系和能力现代化。在此基础上，从中国国家安全体系和能力现代化的领导、理念、内容、目标与支撑五个维度出发，剖析国家安全体系和能力现代化的内涵。最后，立足国家安全系统角度，根据国家安全系统的主要特征，并通过总结和挖掘中国实践经验，提出中国国家安全体系和能力现代化的基本逻辑。

一、国家安全体系和能力现代化的相关概念

（一）国家安全体系和能力

国家安全体系和能力二者既相互紧密联系又有所区别。二者的主要区别是：

国家安全体系侧重常态化和规范化的相对静态的国家安全工作结构建设，而国家安全能力则注重在国家安全工作实践中相对动态地运行和落实国家安全体系来解决国家安全问题。二者的联系主要表现在：首先，二者具有系统性（二者各自皆是一个有机的、协调的、动态的和整体的运行系统）、工具性（二者皆是维护和塑造国家安全的不可或缺的手段工具）与目的性（二者皆是为了维护和塑造国家安全及保障国家处于持续安全状态）等共性特征；其次，设计、建立和实施科学合理的国家安全体系，有助于国家安全体系效能的最大化发挥，即有利于提高国家安全能力（王秉，2023e）。

国家安全体系和能力二者相互依存、相互促进。国家安全体系是国家安全能力的载体，国家安全能力是国家安全体系效能发挥的体现（苏彧和魏松，2019；王桂芳，2018），国家安全能力旨在把国家安全体系的优势和潜在效能转化为保障国家持续安全状态的实际能力。因此，就健全国家安全体系与增强国家安全能力而言，它们实则是同一国家安全工作活动过程中相辅相成的两大方面。

综上可知，将“国家安全体系”和“国家安全能力”两个分割的术语作为“国家安全体系和能力”这一整体术语使用，有助于使国家安全体系和国家安全能力成为一个有机的整体，促进二者的同频共振，实现二者之间的不断动态匹配、平衡和统一，最大化发挥国家安全体系的效能，从而达到增强国家安全能力的目标。

（二）现代化

“现代化”是“国家安全体系和能力现代化”术语中的重要语素。关于“现代化”这一术语的界定，学界探讨较多，但至今尚无定论。概括看，人们认识和理解“现代化”术语的角度主要有过程、时间、结果、目标、领域与特征六个，具体解释见表 8-1。

表 8-1　从多角度出发的关于“现代化”术语的解读

序号	角度	具体解释
1	过程	现代化是人类社会从传统农业社会向现代工业社会的转化过程，是一个不断演进、逐渐进步与动态更迭发展的过程，是一个谋求和达成目标的过程（苏彧和魏松，2019）
2	时间	“现代化”一词是相对于“传统”一词而言的。一般认为，现代化起源于工业革命，一般指从工业革命后到现在的这个时代（罗荣渠，1995；孙绵涛，2015）
3	结果	现代化是指自工业革命以来政治、经济、社会与文化等诸多领域出现的巨大变化，这种变化涉及从传统向现代的转变
4	目标	现代化旨在持续地解放人类的思想、精神和身体，以期推动人类自由实现，从而不断满足人类对社会进步与美好生活的向往和追求（袁红，2021）

续表

序号	角度	具体解释
5	领域	现代化诞生于工业领域，最初的现代化仅指涉于工业领域，后期又逐渐拓展与应用至工业、农业和国防等其他领域。可见，起初的现代化主要是技术、工具与物象等“硬”层面的现代化，当前和未来的现代化会逐步拓展至理念、文化、行为与制度等“软”层面的现代化。也就是说，现在的现代化的内涵同时涵盖“软”和“硬”两个层面的现代化，二者相互促进和联系
6	特征	现代化最初的特征主要是工业化、专业化与效率化，随着现代化概念应用领域的不断拓展，现代化概念逐渐又被延伸赋予了譬如自由化、民主化、多元化、开放化、人本化、本土化、国际化与生态化等更为丰富的特征（孙绵涛，2015）

由表8-1可知，现代化作为一种历史现象，本身实际上是一个内涵开放化、多元化和不断发展丰富的理念和术语，是一项永远未尽的工程。根据已有的关于现代化的理解和认识，虽然学术界和实务界解释现代化术语的角度有所不同，但存在一点共性认识和理解，那就是现代化是一个由传统向现代不断变革和持续发展的动态过程，它的本质在于“转变”（张维维和夏菊萍，2022），这个“转变”强调人类社会各方面不断变得更好，不断变得更加适应时代发展需要，不断变得更加体现新时代精神与特征。

在工业化推进过程中，人类社会逐渐从传统发展模式过渡至现代化发展模式。自工业革命以来，现代化是人类社会发展的历史潮流，世界上绝大多数国家均将现代化作为发展目标。把我国建成社会主义现代化强国是中华人民共和国成立以来中国共产党作为执政党一直奋斗的目标。中国共产党对现代化的认识，是随实践发展不断深化的，并逐渐探索出了中国式现代化道路。在改革开放之前，最初提出的是“四个现代化”目标（即实现工业现代化、农业现代化、国防现代化和科学技术现代化），主要体现在经济基础与物质技术两大方面的现代化，这是中国式现代化道路的最初探索。改革开放以来，社会主义现代化的内涵变得更加丰富，从“三位一体”发展至“四位一体”再过渡至“五位一体”。2013年，习近平总书记提出“国家治理体系和治理能力现代化”。党的二十大报告强调要“以中国式现代化全面推进中华民族伟大复兴”。这反映出，新时代新征程中国共产党将带领全体中国人民走中国式现代化道路，循此路径全面推进中华民族伟大复兴。

（三）国家安全体系和能力现代化

国家安全体系和能力现代化是中国式现代化的根基所在和关键保障。同时，国家安全体系和能力现代化亦是中国式现代化的核心内容和任务之一。国家安全体系和能力现代化作为一个整体性术语，是一个新术语。从现代化角度出发，把“国家安全体系和能力”术语同“现代化”术语有机结合起来提出“国家安全体系和能力现代化”术语，这是对国家安全体系和能力建设及现代化的更加全面而深刻的认识，具有重大创新，不仅强调了国家安全体系和能力现代化是中国式现代化的重要维度和重要组成部分，而且指明了国家安全体系和能力现代化在现代化中的关键作用和关键地位。

这里，根据党的二十大报告中的有关论述和相关研究，尝试界定何为国家安全体系和能力现代化。从过程角度看，可将国家安全体系和能力现代化简单理解为：国家安全体系和能力现代化是一个持续健全国家安全体系及增强维护和塑造国家安全能力的过程（王秉，2023d）。在此基础上，纳入目标角度，可从“过程+目标”角度将国家安全体系和能力现代化详细界定为：为维护和塑造国家安全，持续健全国家安全体系和增强国家安全能力，从而使国家安全体系和能力适应新时代新要求的过程。首先，“为维护和塑造国家安全”体现国家安全体系和能力现代化的终极目标。其次，“使国家安全体系和能力适应新时代新要求”既表明国家安全体系和能力现代化的基本要求，亦体现“国家安全体系和能力现代化”是相对于“传统国家安全体系和能力”而言的，它强调“适应新时代新要求”，即国家安全体系和能力现代化既要立足当前又要面向长远和未来。推进国家安全体系和能力现代化，就是要顺应时代变化，革新不适应国家安全实践发展要求的国家安全体系和能力要素，同时逐步创造和吸取国家安全体系和能力的新要素，从而使国家安全体系和能力更加科学、更加完善、更加有效。最后，“持续健全国家安全体系及增强维护和塑造国家安全能力”表明推进国家安全体系和能力现代化的具体路径和内容。其中，“持续”预示着国家安全体系和能力现代化只有起点，没有终点，它是一项长期性工程；“健全”和“增强”体现出国家安全体系和能力现代化的结果是要产生好的“转变”，即要让国家安全体系变得更加科学健全，国家安全体系的执行和潜能发挥更加有力有效，并将创造发展的国家安全体系的优势和潜能转化为国家安全能力，以现代化的标准和要求持续提高维护和塑造国家安全的水平。

基于现代化的一般含义，从结果和目标角度静态看，国家安全体系和能力现代化是具有现代化特征的国家安全体系和能力，可将其直接简单界定为“现代化的国家安全体系和能力”；从过程角度动态看，可将其看作是逐渐健全国家安全体系及提升维护和塑造国家安全能力的“转变”过程。国家安全体系和能力现代化具有动态和静态双重层面的含义。其中，动态层面的含义面向过程，而静态层面的含义面向结果和目标。

二、国家安全体系和能力现代化的内涵

与其他领域的现代化一样，国家安全体系和能力现代化预示着国家安全体系和能力既是一个动态发展的过程，也是在未来某个时间达到的一种目标或状态。换言之，国家安全体系和能力现代化是一个动态发展、不断升级的过程，是动态演变过程和理想目标状态的统一体。国家安全体系和能力现代化是一个多维度的庞大系统工程，具有较为丰富的理论内涵。根据中国实际国情和中国现代国家安全体系和能力的建设过程，中国国家安全体系和能力现代化要坚持走中国特色国家安全道路。这里，从国家安全体系和能力现代化的领导、理念、内容、目标与支撑五个维度出发，剖析中国国家安全体系和能力现代化的基本内涵（王秉，2022b）。

1）从国家安全体系和能力现代化的领导看，中国国家安全体系和能力现代化的最本质特征是坚持中国共产党的领导（陈文清，2022）。推进国家安全体系和能力现代化工作是庞大的长期性系统工程，国家安全体系和能力现代化的成功需要具有远见和坚强有力的领导集团，且该领导集团必须具有鲜明的现代化导向，必须具备强大的现代化规划和组织能力，能够持续推进国家安全体系和能力现代化工作，直至完全实现国家安全体系和能力的现代化。中国共产党正是符合国家安全体系和能力现代化进程所需的具有远见卓识的、具有显著现代化特征和能力的、强有力的领导集团。因此，中国国家安全大权在党中央，始终坚持党对国家安全工作的绝对领导这一根本原则。同时，党对国家安全工作的领导，是中国特色社会主义制度的必然政治要求，是推进国家安全体系和能力现代化的根本政治保证。2013 年 11 月 12 日，党的十八届三中全会决定成立中央国家安全委员会，建立起集中统一、高效权威的国家安全体制，推动国家安全体系和能力实现了从分散到集中、迟缓到高效的历史性变革发展。2015 年 7 月 1 日公布并施行《中华人民共和国国家安全法》，其第一章第四条明确指出，“坚持中国共产党对国家安全工作的领导，建立集中统一、高效权威的国家安全领导体制。”2018 年，十九届中央国家安全委员会第一次会议审议通过了《党委（党组）国家安全责任制规定》，明确了各级党委（党组）维护国家安全的主体责任，实现了国家安全工作的“全国一盘棋”。2021 年，党中央出台《中国共产党领导国家安全工作条例》，进一步从制度上强化了党对国家安全工作的绝对领导。2021 年 11 月 18 日，中共中央总书记习近平在主持审议《国家安全战略（2021—2025 年）》时明确指出，走中国特色国家安全道路，必须坚持党的绝对领导，完善集中统一、高效权威的国家安全工作领导体制。

2）从国家安全体系和能力现代化的理念看，中国国家安全体系和能力现代化是国家安全理念的现代化，即要贯彻落实总体国家安全观，坚持人民安全、政治安全、国家利益至上有机统一，坚持统筹发展和安全，坚持共同、综合、合作、可持续的全球安全观。国家安全理念的现代化是国家安全体系和能力现代化的先决思想条件和基础。首先，总体国家安全观是习近平新时代中国特色社会主义思想的重要组成部分。一方面，总体国家安全观是指导中国国家安全体系和能力现代化的强大思想武器、理论遵循和行动指南，指明了中国国家安全体系和能力现代化的方向，即建立总体国家安全体系和能力。另一方面，推进国家安全体系和能力现代化亦是贯彻落实总体国家安全观的重要任务之一。其次，在中国，国家利益与人民安全、政治安全具有内在一致性，中国国家安全体系和能力现代化要坚持人民安全（宗旨）、政治安全（根本）、国家利益至上（准则）有机统一，实现人民安居乐业、党的长期执政、国家长治久安。在“站起来”阶段，中国更加注重安全；在“富起来”阶段，中国更加注重发展；在迎来“强起来”的阶段，中国要统筹好发展和安全（董春岭，2021）。党的十八大以来，以习近平同志为核心的党中央高度重视发展与安全两件大事，立足国情、着眼大局和长远，提出坚持统筹发展和安全，以高水平安全保障高质量发展，以可持续发展促进可持续安全，推动高质量发展和高水平安全动态平衡。同时，中国式现代化是坚持走和平发展道路、构建人类命运共同体的现代化，人类是不可分割的安全共同体，中国国家安全体系和能力现代化坚持共同、综合、合作、可持续的全球安全观。

3）从国家安全体系和能力现代化的内容看，中国国家安全体系和能力现代化是实现国家安全体系和能力结构的现代化。中国的现代国家安全体系和能力具有庞大的内容体量，体系和能力结构复杂。从领域维角度看，根据总体国家安全观，现代国家安全体系和能力是集政治安全、军事安全、国土安全、经济安全、金融安全、文化安全、社会安全、科技安全、网络安全、粮食安全、生态安全、资源安全、核安全、海外利益安全、太空安全、深海安全、极地安全、生物安全、人工智能安全、数据安全等领域安全体系要素和能力要素于一体的国家安全体系和能力，是覆盖各领域安全的全领域国家安全体系和能力。从手段维角度看，现代国家安全体系和能力是集国家安全领导体制和能力、国家安全理论体系和理论创新能力、国家安全法治体系和能力、国家安全战略体系和能力、国家安全制度体系和制度建设与执行能力、国家安全人才体系和人才保障能力、国家安全情报体系和能力、国家安全教育体系和能力、国家安全文化体系和能力、国家安全技术与装备设施体系和能力、国家安全运行机制和能力、国家安全协同机制和统筹协调能力等于一体的国家安全体系和能力，是综合运用多种安全手段的全方位国家安全体系和能力。从时间维角度看，现代国家安全体系和能力建设需根据完整、循环的科学流程来开展，主要包括国家安全体系和能力规划、国家安全体系和能力设计、国家安全体系和能力建立、国家安全体系和能力运行、国家安全体系和能力评价与国家安全体系和能力改进（完善）六大阶段。换言之，现代国家安全体系和能力建设是立足国家安全体系和能力全生命周期的循环迭代建设和完善过程。综上分析，构建中国的现代国家安全体系和能力三维结构图示，如图 8-1 所示。根据图 8-1，领域维实则体现国家安全工作所涉及范畴与专业，手段维实则体现国家安全工作所需的重要支撑与保障，时间维实则体现国家安全体系和能力建设中的关键阶段和整体流程，三个维度相互支撑，它们共同构成全领域、全方位和全周期的中国的现代国家安全体系和能力结构。

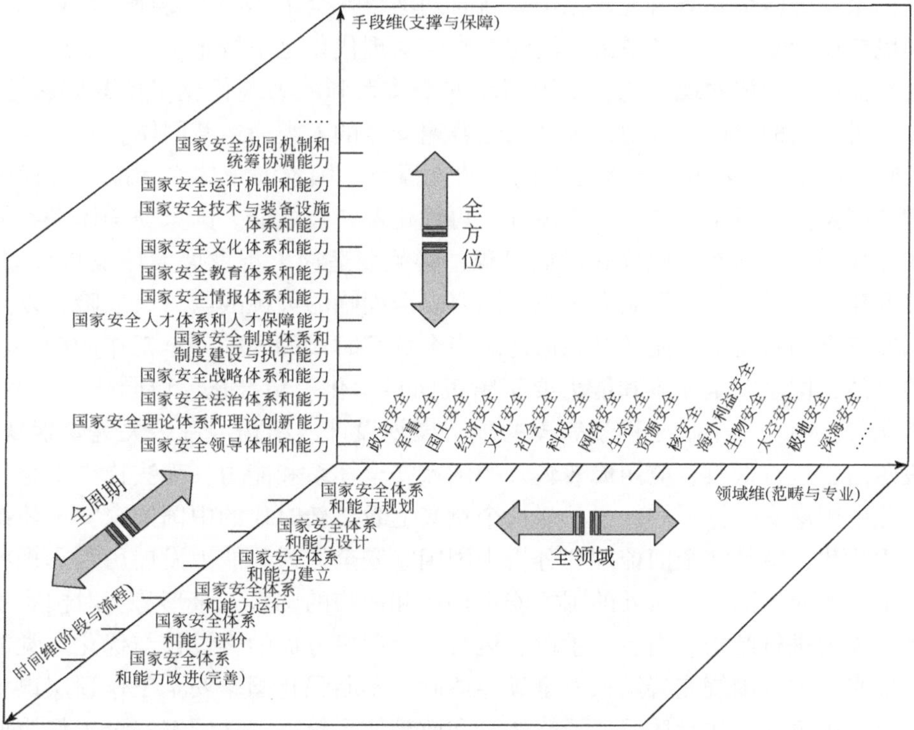

图 8-1　中国的现代国家安全体系和能力三维结构

4）从国家安全体系和能力现代化的目标看，中国国家安全体系和能力现代化是坚持以人民安全为宗旨，建设更高水平的平安中国、实现中华民族伟大复兴和推动构建普遍安全的人类命运共同体的现代化。首先，国家安全一切为了人民、一切依靠人民，人民安全是国家安全的宗旨。以人民安全为宗旨，是中国国家安全体系和能力现代化的出发点和落脚点，既要把人民安全作为推进国家安全体系和能力现代化的根本目标，也要把人民群众作为推进国家安全体系和能力现代化的基础性主体力量，现代国家安全体系和能力强调充分发挥广大人民群众维护国家安全的主体作用。其次，建设更高水平的平安中国需要建设更高水平的国家安全体系和能力提供支撑和保障。推进国家安全体系和能力现代化是建设更高水平的国家安全体系和能力的必然路径和重要任务，国家安全体系和能力的现代化有助于从更宽领域、以更高标准推进平安中国建设。同时，2015 年 7 月 1 日，第十二届全国人民代表大会常务委员会第十五次会议通过的新的《中华人民共和国国家安全法》第一条的内容是“为了维护国家安全……实现中华民族伟大复兴，根据宪法，制定本法”，这是“实现中华民族伟大复兴”首次入法。可见，推进国家安全体系和能力现代化作为新时期国家安全工作的重要任务，它是实现中华民族伟大复兴的关键举措。同时，中国式现代化是坚持走和平发展道路、构建人类命运共同体的现代化，中国国家安全体系和能力现代化坚持共同、综合、合作、可持续的全球安全观，推动构建普遍安全的人类命运共同体。

5）从国家安全体系和能力现代化的支撑看，国家安全体系和能力现代化的关键是国家安全体系和能力的再设计、再优化及科技赋能。国家安全体系和能力现代化作为一个动态的螺旋式发展过程，必须要适应人类发展大环境与大潮流、世界变化大格局、中国发展大历史、国家安全面临的大挑战与重大风险，以及维护国家安全的新需求，尤其是如何适应当今数智时代的国家安全工作的趋势、机遇与挑战，国家安全体系和能力要不断迈向科学化、精准化、协同化、高效化、法治化等目标。一个缺乏科学完善的顶层谋划设计、结构混乱、关键要素缺失、手段落后、运行低效、应用成效较差的国家安全体系和能力，无法称得上是一个现代化的国家安全体系和能力。从这个意义上看，新时代的中国国家安全体系和能力现代化，就是在全面梳理和分析中国国家安全体系和能力发展历程和现状的基础上，顺应中国当前所处的国家安全环境和面临的国家安全形势，对国家安全体系和能力进行结构、内容、手段、运行、流程等方面的再设计与优化。党的十八大以来，中国围绕完善国家安全领导体制，不断强化国家安全工作顶层谋划设计，完善国家安全法治体系、战略体系和政策体系等，建立国家安全工作协调机制和应急管理机制，有力推动了中国国家安全体系和能力现代化的进程。同时，国家安全体系和能力现代化除了强调国家安全体系和能力的再设计、再优化外，需要注重科技赋能，特别是现代数智元素、资源与技术（如互联网、大数据、人工智能等）在国家安全体系和能力重构和优化完善中的深度融合与运用，为实现国家安全工作科学化、精准化、协同化、高效化、法治化等提供强有力的资源保障和技术支撑。

三、国家安全体系和能力现代化的基本逻辑

总体国家安全观强调从系统角度出发审视国家安全问题，将国家安全看成一项系统工程，运用系统思维、理论和方法分析和解决国家安全问题（陈文清，2022；张海波，2022）。换言之，总体国家安全观的核心是国家安全系统思维和方法。所谓国家安全系统，是指由关涉国家安全的相互联系、相互作用、相互制约的要素组成的具有一定结构的有机整体。这里，在总体国家安全观指导下，立足国家安全系统角度，根据国家安全系统的主要特征，并通过总结和挖掘中国实践经验，提出中国国家安全体系和能力现代化的基本逻辑。

概括而言，中国国家安全体系和能力现代化的基本逻辑主要包括国家安全体系和能力的总体化、统筹化、科学化、专业化、数智化、法治化与社会化（各自内涵的简要解释见图8-2，具体阐释见下文），这“七化”为实现中国国家安全体系和能力的转型升级指明了方向，并提出了要求。其中，国家安全体系和能力的总体化是指导思想，国家安全体系和能力的统筹化是方法论，国家安全体系和能力的

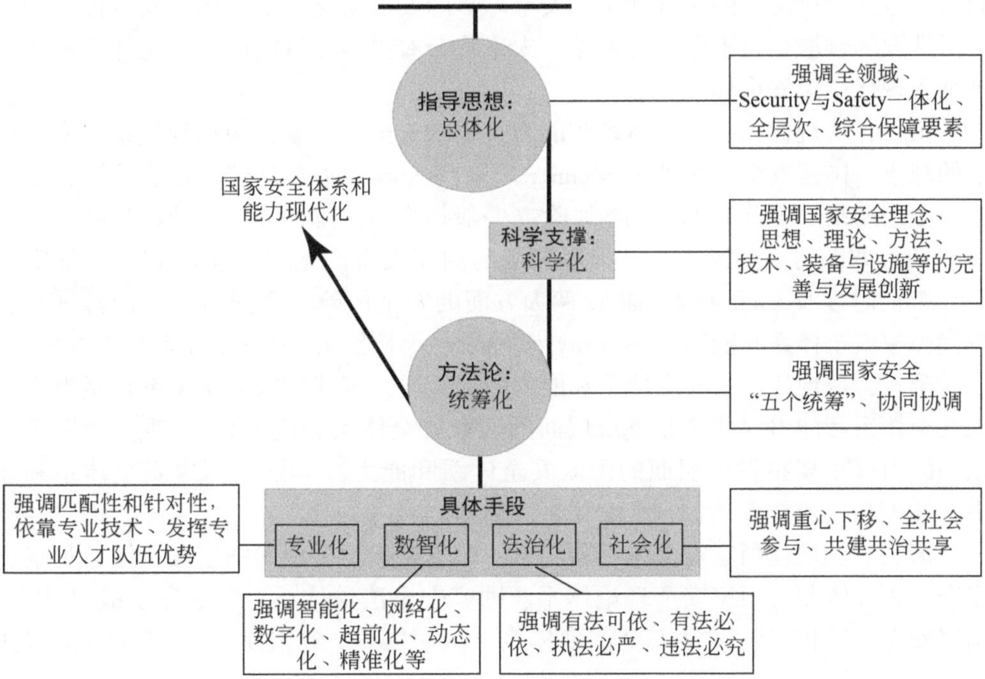

图 8-2 中国国家安全体系和能力现代化的基本逻辑体系

科学化是科学支撑，国家安全体系和能力的专业化、数智化、法治化与社会化是具体手段，它们共同构成中国国家安全体系和能力现代化的基本逻辑体系（图 8-2）。

（一）国家安全体系和能力的总体化

总体国家安全观的关键是“总体”，强调大安全理念（陈文清，2022）。在总体国家安全观指引下，现代国家安全体系和能力是一个涵盖所有领域安全、所有方面、所有层级、所有保障要素的总体性国家安全体系和能力，总体化是中国国家安全体系和能力现代化的最本质和最显著特征。国家安全体系的总体化主要表现在四大方面。

第一，从现代国家安全体系和能力的领域看，国家安全所涉及的领域范围一直在不断扩展，国家安全体系和能力涵盖领域十分广泛，目前的国家安全领域不仅包括政治安全、军事安全、国土安全、经济安全、金融安全、文化安全、社会安全、科技安全、网络安全、粮食安全、生态安全、资源安全、核安全、海外利益安全、太空安全、深海安全、极地安全、生物安全、人工智能安全、数据安全等，还进一步延伸至交通安全、消防安全、生产安全等诸多领域①。同时，随着新兴领域安全风险不断出现和国家安全形势的发展变化，现代国家安全体系和能力所涉及的领域也将不断动态调整，未来将会有更多领域的国家安全体系和能力被纳入现代国家安全体系和能力。

第二，从现代国家安全体系和能力关注的安全风险看，根据现代系统安全科学的观点，国家安全同时涉及 Security 风险（一般指来自外部的蓄意威胁，如政治安全与网络安全等）与 Safety 风险（一般指来自内部的无意威胁，如生产安全等）两大方面的安全风险，且很多领域的国家安全问题（如生物安全与核安全等）都同时涉及 Security 与 Safety 两大方面的安全风险（王秉等，2019）。因此，现代国家安全体系和能力是 Security 与 Safety 一体化的国家安全体系和能力。

第三，从现代国家安全体系和能力的层级看，现代国家安全体系包括微观国家安全体系和能力（主要指基层层面的国家安全体系和能力）、中观国家安全体系和能力（主要指省市层面的国家安全体系和能力）和宏观国家安全体系和能力（主要指国家层面的国家安全体系和能力）。

第四，从现代国家安全体系和能力的保障要素看，现代国家安全体系是集国家安全领导体制、国家安全理论体系、国家安全法治体系、国家安全战略体系、国家安全政策体系、国家安全制度体系、国家安全人才体系、国家安全情报体

① 刘跃进：《国家安全的简化、异化、误解与回归》，https://www.cssn.cn/gjaqx/202208/t20220831_5482870.shtml(2023-04-14)[2022-05-06].

系、国家安全教育体系、国家安全文化体系、国家安全技术与装备设施体系、国家安全运行机制、国家安全协同机制等于一体的国家安全体系。现代国家安全能力体系是集国家安全战略能力、国家安全领导能力、国家安全统筹协调能力、国家安全风险防范化解能力、国家安全情报信息能力、国家安全理论创新能力、国家安全保障能力及全民国家安全素养等于一体的国家安全能力。

（二）国家安全体系和能力的统筹化

中国国家安全体系和能力现代化的总体化特征表明，中国现代国家安全体系和能力内容与结构繁杂。根据系统思维和方法，统筹是国家安全体系和能力的总体化特征的认识论，是使国家安全体系和能力的总体化特征落地生效的方法论。党的十九届六中全会审议通过的《中共中央关于党的百年奋斗重大成就和历史经验的决议》[①] 指出，“必须坚持底线思维、居安思危、未雨绸缪，坚持国家利益至上，以人民安全为宗旨，以政治安全为根本，以经济安全为基础，以军事、科技、文化、社会安全为保障，以促进国际安全为依托，统筹发展和安全，统筹开放和安全，统筹传统安全和非传统安全，统筹自身安全和共同安全，统筹维护国家安全和塑造国家安全。”国家安全“五个统筹”重大论断的提出，深刻体现了中国国家安全体系和能力现代化的方向和目标，即实现统筹化。因此，国家安全体系和能力的统筹化是中国国家安全体系和能力现代化的主要特征之一。

统筹发展和安全强调安全是发展的前提，发展是安全的保障，要把安全发展贯穿国家发展各领域和全过程；统筹开放和安全强调在保障安全中持续扩大开放，在高水平对外开放中筑牢国家安全屏障；统筹传统安全和非传统安全强调建立兼顾传统安全威胁与非传统安全威胁的大安全格局，统筹推进各领域安全；统筹自身安全和共同安全强调构建普遍安全的人类命运共同体，实现各国共同安全（邬超和殷亚硕，2021）；统筹维护国家安全和塑造国家安全强调立足“维护”守好国家安全的基本盘，主动“塑造”增强国家安全工作的主动性、前瞻性，在维护中塑造，通过塑造实现更好地维护[②]。

国家安全“五个统筹”之间相互联系和补充（邬超和殷亚硕，2021），互相之间的关系如图 8-3 所示。其中，统筹发展和安全、统筹开放和安全是总体目标方向，统筹传统安全和非传统安全、统筹自身安全和共同安全是基本准则要求，统筹维护国家安全和塑造国家安全是根本操作方法。国家安全“五个统筹”总

---

① 中国政府网：《中共中央关于党的百年奋斗重大成就和历史经验的决议（全文）》，http://www.gov.cn/zhengce/2021-11/16/content_5651269.htm(2021-11-16)[2022-05-06].

② 谢波：《深刻理解塑造国家安全的时代意涵——学习党的十九届六中全会精神》，https://www.ccpph.com.cn/llwzt/19J6ZQH/BWYC_LZQH/202112/t20211222_327302.html(2021-12-22)[2022-05-06].

体强调需立足系统思维建设国家安全体系和能力，深刻回答了推进中国国家安全体系和能力现代化征程中所要解决的重大问题，充分体现了党中央对建立健全国家安全体系、增强维护国家安全能力、推进中国国家安全体系和能力现代化的科学认知和准确把握。其实，在“五个统筹”基础上还可进一步细化延伸出更多的统筹，如统筹共性和特殊，中国国家安全体系和能力现代化既要重视和解决好国家发展进程中面临的共性安全风险，也要重视和解决好中华民族伟大复兴关键阶段所面临的特殊安全风险。同时，实现国家安全体系和能力的统筹化的重点是协同化，即建立完善的国家安全工作协同（协调）机制。

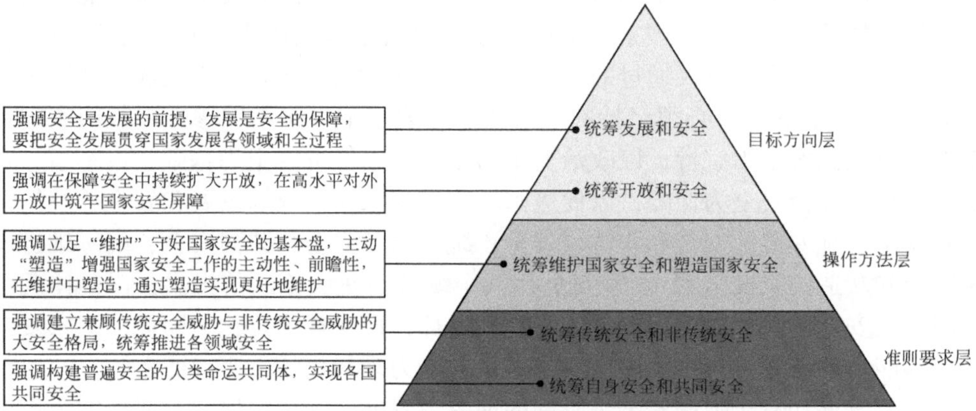

图 8-3　国家安全“五个统筹”的层次结构

（三）国家安全体系和能力的科学化

国家是一个复杂巨系统，国家安全是典型的复杂巨系统安全问题（王秉等，2019），国家安全的演变和发展有着自身独特的科学特征和规律。建设国家安全体系和能力、做好国家安全工作是重大科学命题，前提条件是要认识、尊重和顺应国家安全科学规律。从科学角度看，诸多国家安全问题的出现，大都与国家安全工作不科学、安全风险防控不科学密切相关。因此，国家安全体系和能力现代化离不开科学支撑，国家安全体系和能力的科学化是国家安全体系和能力现代化的必然要求，国家安全体系和能力现代化的重要目标之一是遵循现代国家安全科学规律提升国家安全体系和能力的科学化水平。

国家安全体系和能力的科学化重点强调国家安全理念、思想、理论、方法、技术、装备与设施等的完善与发展创新。为确保国家安全体系和能力的科学化，要牢固树立“国家安全是一门科学”的理念，要加强对国家安全科学规律的研究与把握，及时研究国家发展中出现的新安全环境、新安全形势、新安全风险、新安全问题，与时俱进，不断创造形成新的国家安全科学理论和方法。国家安全体系和能力建设发展要立足科学思维，把握科学特征，遵循科学理念，依据科学原理，走科学路径与流程，运用科学方法、技术手段和装备，进行科学的国家安全体系和能力规划、设计、建设、运行、评价和改进完善，推进国家安全体系和能力各方面、各环节、各要素科学有序发展和有机协调配合，从而确保国家安全体系和能力建设、运转与效用发挥都在科学轨道上高效运行。

从学科角度看，推动国家安全体系和能力科学化的总体学科基础是国家安全学理论与方法。在中国，根据2020年12月《国务院学位委员会 教育部关于设置“交叉学科”门类、“集成电路科学与工程”和“国家安全学”一级学科的通知》，国家安全学作为专门研究国家安全促进（国家安全事件防控）科学规律的一级学科（学科代码为“1402”）已经被正式设置，并在近些年得到长足发展。可见，中国已为推进国家安全体系和能力的科学化布局了学科阵地和奠定了一定学科基础。当然，国家安全学是典型的大交叉大综合学科，推动国家安全体系和能力的科学化，不仅需要国家安全学的支撑，还需要其他相关学科（如系统科学、数据科学、情报学、管理学、军事学、法学和政治学等）的共同助力①。

（四）国家安全体系和能力的专业化

2014年4月15日，习近平同志在中央国家安全委员会第一次会议上明确指出：“当前我国国家安全内涵和外延比历史上任何时候都要丰富，时空领域比历史上任何时候都要宽广，内外因素比历史上任何时候都要复杂”②。为有效应对国家安全的高度复杂性，立足当今时代社会分工越来越细的大趋势，依靠专业技术，发挥专业人才队伍优势，推动国家安全工作及国家安全体系和能力的专业化，这既是国家安全体系和能力现代化的重要保证，又是实现国家安全体系和能力的科学化的必然要求。

为推进国家安全体系和能力的专业化，需重点在以下三大方面发力。第一，根据各领域安全的自身专业特征，在总体国家安全体系和能力基础上，建立专门针对政治安全、军事安全、国土安全、经济安全、金融安全、文化安全、社会安全、科技安全、网络安全、粮食安全、生态安全、资源安全、核安全、海外利益安全、太空安全、深海安全、极地安全、生物安全、人工智能安全、数据安全等具体领域安全的国家安全体系和能力。第二，从国家安全专业手段入手，在总体

---

① 谢波：《深刻理解塑造国家安全的时代意涵——学习党的十九届六中全会精神》，https://www.ccpph.com.cn/llwzt/19J6ZQH/BWYC_LZQH/202112/t20211222_327302.html(2021-12-22)[2022-05-06].

② 习近平：《坚持总体国家安全观，走中国特色国家安全道路》，《人民日报》2014年4月16日.

国家安全体系基础上，构筑专门的国家安全理论体系、国家安全法治体系、国家安全战略体系、国家安全政策体系、国家安全制度体系、国家安全人才体系、国家安全情报体系、国家安全教育体系、国家安全文化体系、国家安全技术与装备设施体系等；在总体国家安全能力基础上，构筑专门的国家安全战略能力、国家安全领导能力、国家安全统筹协调能力、国家安全风险防范化解能力、国家安全情报信息能力、国家安全理论创新能力、国家安全保障能力及全民国家安全素养等。第三，国家安全专业人才是推进国家安全体系和能力专业化的重要力量源泉，要逐步提升国家安全干部队伍的专业化能力。一方面，加强国家安全人才队伍的专业化培养。目前，全国一些高校已开设国家安全专业，但国家安全专业是一个新兴专业，导致目前国家安全体系的专业化面临着专业人才短缺的瓶颈，故应加大高校的国家安全专业人才培养规模，为持续提高国家安全体系和能力的专业化水平打下坚实的人才基础。另一方面，要全面开展国家安全干部队伍的专业化培训教育，在专业化水平还较低的情况下，对广泛分布在国家安全干部队伍中的非专业人士，积极开展分门别类的专业化培训教育工作。

（五）国家安全体系和能力的数智化

在2014年2月中央网络安全和信息化领导小组第一次会议上，习近平总书记指出“没有信息化就没有现代化”，将信息化的重要性提到前所未有的高度。同样，国家安全体系和能力现代化离不开国家安全体系的信息化支撑。当今世界，信息技术创新日新月异，数智化作为信息化的更高阶段已基本实现。近年来，大数据、人工智能、云计算、虚拟现实、物联网，乃至当下火热的元宇宙等虚拟世界中的数智新概念、新元素、新技术在不断重新定义和变革着我们的现实世界，数字化、网络化、智能化深入发展，人类社会已迈入数智时代。数智化融合了数字化和智能化的双重特征（谷丛和王菲，2021），在推进国家安全体系和能力现代化中将会发挥引领作用，通过数智赋能可让国家安全体系和能力更加“智慧”。

尽管数智时代带来了新的国家安全威胁和挑战（如信息安全风险剧增、安全风险边界变得模糊、不确定增强等），但也给国家安全工作和推进国家安全体系和能力现代化带来了机遇和优势（Akhgar et al.，2015；陈菲，2016；Allen and Chan，2017）。2020年12月11日，习近平总书记在主持中央政治局第二十六次集体学习时发表重要讲话，强调“坚持推进国家安全体系和能力现代化”“提高运用科学技术维护国家安全的能力，不断增强塑造国家安全态势的能力”。2021年11月18日，中共中央政治局召开会议审议《国家安全战略（2021—2025年）》，提出“要全面提升国家安全能力，更加注重协同高效，更加注重法治思维，更加注重科技赋能，更加注重基层基础”。近年来，世界主要发达国家（如美国）已把在国家安全领域发展和应用大数据与人工智能等数智资源、元素与技术作为推进国家安全体系、提升国家安全能力的重大战略（Akhgar et al., 2015；陈菲，2016；Allen and Chan，2017）。因此，在当今数智时代，必须运用数智资源、元素与技术实现国家安全体系和能力的数智化，从而推进国家安全体系和能力的现代化进程。由于数智技术和资源本身具有的连接、聚集、耦合、庞大、复杂和快速动态变化等特征，故国家安全体系和能力的数智化是实现国家安全体系和能力的网格化、网络化、数字化、智能化、总体化、统筹化、科学化、协同化与精准化的基础支撑和保障。因此，国家安全体系和能力的数智化对国家安全体系和能力现代化的助推作用主要体现在它对国家安全体系和能力的网格化、网络化、数字化、智能化、总体化、统筹化、科学化、协同化与精准化等的推动上。

（六）国家安全体系和能力的法治化

习近平总书记指出：要“健全国家安全体系，加强国家安全法治保障，提高防范和抵御安全风险能力”（中共中央党史和文献研究院，2018）。中央政治局2015年1月23日召开会议，审议通过的《国家安全战略纲要》，要求把法治贯穿于维护国家安全的全过程。中共中央政治局2021年11月审议的《国家安全战略（2021—2025年）》指出：“要全面提升国家安全能力，更加注重协同高效，更加注重法治思维”。法治是保证和维护国家安全的利器，是推进国家安全体系和能力现代化的价值共识与必由之路（肖君拥和李竹，2021）。推进国家安全体系和能力的法治化、建设国家安全法治体系和能力是全面推进依法治国、依法保障和维护国家安全的重大现实需要（肖君拥和李竹，2021）。因此，在新时代，国家安全法治体系和能力建设就显得更加重要，推进国家安全体系和能力的法治化是实现国家安全体系和能力现代化的必由之路。

国家安全法治体系和能力作为国家安全体系和能力及中国特色社会主义法治体系和能力的重要组成部分，党的十八大以来，中国高度重视国家安全法治体系和能力建设，取得了丰硕成绩。当前，中国已制定出台国家安全法、国家情报法、生物安全法、网络安全法、反间谍法、反恐怖主义法等一系列国家安全领域的主要法律法规，据不完全统计，目前中国国家安全相关的法律法规已有200余部，国家安全领域的专门立法已有数十部，已基本建成中国特色国家安全法律规范体系（肖君拥和李竹，2021）。国家安全法治体系和能力的基本进路主要包括以下五大方面（肖君拥和李竹，2021；蔡宝刚，2022）。第一，建立集中统一、高效权威的国家安全领导体制。党对国家安全工作的领导，是中国特色社会主义制度的必然政治要求，是推进国家安全体系和能力现代化的根本政治保证。2015年7月1日新修订的《中华人民共和国国家安全法》第四条规定“坚持中国共产党对国家安全工作的领导，建立集中统一、高效权威的国家安全领导体制。”第五条规定：“中央国家安全领导机构负责国家安全工作的决策和议事协调，研究制定、指导实施国家安全战略和有关重大方针政策，统筹协调国家安全重大事项和重要工作，推动国家安全法治建设。”因此，完善国家安全领导体制和党内国家安全法规体系是国家安全法治体系和能力建设的重要内容。第二，构建系统完备、科学规范、运行有效的国家安全法律制度体系。习近平总书记强调，“坚持推进国家安全体系和能力现代化，坚持以改革创新为动力，加强法治思维，构建系统完备、科学规范、运行有效的国家安全制度体系”①。第三，构建高效的国家安全法治实施体系和能力。高效的国家安全法治实施体系和能力是使国家安全法律法规落地生效的关键支撑和保障，它的关键在于建设法治政府，推动相关维护国家安全的机关依法行政。第四，构建严密的国家安全法治监督体系和能力。国家安全法治监督体系的重点是加强对国家安全机关的公权力的监督。第五，构建有力的国家安全法治保障体系。从国家安全法治实现的外部条件、保障因素入手，重点围绕政治保障、法律信仰保障（包括法治意识、法治观念和法治信仰保障）、组织保障、力量保障（包括人力、财力、物力保障）等方面，加强国家安全法治保障体系和能力建设。

（七）国家安全体系和能力的社会化

国泰民安是人民群众最基本、最普遍的愿望。国家安全就在每位公民身边，维护国家安全，人人有责、人人可为。党中央强调，国泰民安是人民群众最基本、最普遍的愿望②。习近平总书记指出：“要坚持国家安全一切为了人民、一切依靠人民，动员全党全社会共同努力，汇聚起维护国家安全的强大力量，夯实国家安全的社会基础，防范化解各类安全风险，不断提高人民群众的安全感、幸福感。”根据党的十九届六中全会审议通过的《中共中央关于党的百年奋斗重大成就和历史经验的决议》②，“加强国家安全宣传教育和全民国防教育，巩固国家安全人民防线”是中国共产党着力推进国家安全体系和能力建设的重大成就。可见，维护国家安全是全党全社会的共同责任，维护国家安全既要依靠党和政府，又要坚持社会化的发展方向，有效整合社会各方面资源，动员社会各方面力量参与维护国家安全，汇聚维护国家安全的强大合力。因此，国家安全体系和能力的社会化是国家安全体系和能力现代化的主要路径之一。

---

① 习近平：《坚持系统思维构建大安全格局为建设社会主义现代化国家提供坚强保障》，《人民日报》2020 年 12 月 13 日 .

② 中国政府网：《中共中央关于党的百年奋斗重大成就和历史经验的决议（全文）》，http://www.gov.cn/zhengce/2021-11/16/content_5651269.htm(2021-11-16)[2022-05-06].

从社会化的角度看，国家安全体系和能力的社会化有利于充分发挥全社会公民、社会组织在维护国家安全中的参与、协同作用，筑牢维护国家安全人民防线，维护国家安全就会具有更广泛的社会基础。国家安全法治体系和能力的基本逻辑主要包括以下三大方面。第一，推动国家安全工作重心向基层下移，充分发挥基层党组织在维护国家安全中的核心力量。国家安全涉及方方面面，基层党组织在维护国家安全中的战斗堡垒作用不可或缺，应严格落实《党委（党组）国家安全责任制规定》，形成一级抓一级、层层抓落实的工作格局，确保党中央关于国家安全工作的决策部署在基层党组织落到实处。第二，充分调动全社会各方面的积极性和参与性，强化社会组织和群众参与，建设共建共治共享的国家安全制度，建设人人有责、人人尽责、人人享有的国家安全共同体和国家安全工作新局面。第三，加强国家安全宣传教育，教育引导广大人民群众增强国家安全意识，从而巩固国家安全人民防线。

四、本节结语

面向中国国家安全体系和能力现代化，本节主要阐释了国家安全体系和能力现代化的内涵与基本逻辑。通过本节学习发现，从“过程+目标”角度看，所谓国家安全体系和能力现代化，是指为维护和塑造国家安全，持续健全国家安全体系和增强国家安全能力，从而使国家安全体系和能力适应新时代新要求的过程。从国家安全体系和能力现代化的领导看，中国国家安全体系和能力现代化的最本质特征是坚持中国共产党的领导；从国家安全体系和能力现代化的理念看，中国国家安全体系和能力现代化是国家安全理念的现代化；从国家安全体系和能力现代化的内容看，中国国家安全体系和能力现代化是实现国家安全体系结构的现代化；从国家安全体系和能力现代化的目标看，中国国家安全体系和能力现代化是坚持以人民安全为宗旨，建设更高水平的平安中国、实现中华民族伟大复兴和推动构建普遍安全的人类命运共同体的现代化；从国家安全体系和能力现代化的支撑看，国家安全体系和能力现代化的关键是国家安全体系和能力的再设计、再优化及科技赋能。概括而言，国家安全体系和能力现代化的基本逻辑主要包括国家安全体系和能力的总体化、统筹化、科学化、专业化、数智化、法治化与社会化，它们共同构成国家安全体系和能力现代化的基本逻辑体系。

第二节　国家安全体系和能力现代化的基本内容

国家安全体系和能力现代化是一项多维度的庞大系统工程，具有丰富的理论内涵。根据中国实际国情和中国推进国家安全体系和能力现代化实践，结合中国式现代化的重要特征和本质要求，从国家安全体系和能力现代化的时代背景、理念指引、政治原则、理论基础与目标导向五个方面出发，全面剖析中国国家安全体系和能力现代化的基本内容。

一、国家安全体系和能力现代化的时代背景

国内国际环境是影响国家安全的一个带有全局性和时代性的重要变量（王宏伟，2022），国家安全体系和能力建设应立足当前国内国际发展大背景和未来大趋势开展。“中华民族伟大复兴战略全局”和“世界百年未有之大变局”是中国共产党立足新阶段对国内国际发展大势的科学研判和精辟概括。一方面，当今世界正在经历百年未有之大变局，党的二十大报告指出，“当前，世界之变、时代之变、历史之变正以前所未有的方式展开。”换言之，世界正处于乌卡时代，即一个高易变性、高不确定性、高复杂性和高模糊性的时代。在世界变局中，安全赤字加重，中国国家安全面临的国际环境日趋复杂多变，维护和塑造国家安全面临更艰巨的任务。另一方面，当前，中国正处于实现中华民族伟大复兴的关键时期，正处于各类国家安全战略机遇与国家安全风险挑战共存、高度不确定性和难以预测的国家安全因素增多的时期。面对复杂严峻的国家安全形势与前所未闻的各类国家安全风险挑战，以习近平同志为核心的党中央坚持问题导向，审时度势作出了立足当前、着眼未来的重大国家安全战略部署，即“推进国家安全体系和能力现代化，坚决维护国家安全和社会稳定”。

综上可知，推进国家安全体系和能力现代化契合新的时代条件下维护和塑造国家安全的紧迫要求。因此，从国家安全体系和能力现代化的时代背景角度看，中国国家安全体系和能力现代化是立足中华民族伟大复兴战略全局和世界百年未有之大变局提出的。

二、国家安全体系和能力现代化的理念指引

现代化首先是理念的现代化，国家安全理念的现代化是国家安全体系和能力现代化的根本和灵魂，因为只有国家安全理念转变了，才有国家安全体系和能力的转变。

首先，总体国家安全观是中国共产党历史上第一个被确立为国家安全工作指导纲领的重大国家安全战略思想，是习近平新时代中国特色社会主义思想的核心组成部分。一方面，总体国家安全观是新时代中国国家安全体系和能力现代化的

基本理念遵循和行动指南，根据总体国家安全观要求，建立总体化国家安全体系和能力是新时代中国国家安全体系和能力现代化的要求、方向和目标。另一方面，推进国家安全体系和能力现代化亦是贯彻落实总体国家安全观的基本要求和重要任务之一。

其次，中国式现代化是走和平发展道路的现代化，是推动构建人类命运共同体的现代化。全球新的安全形势要求我们树立新的安全理念。人类是不可分割的安全共同体。习近平总书记倡导的共同、综合、合作、可持续的全球安全观，为世界通往持久和平和普遍安全提供了清晰务实的安全路径，中国国家安全体系和能力现代化应坚持共同、综合、合作、可持续的全球安全观。

因此，从理念指引角度看，总体国家安全观和共同、综合、合作、可持续的全球安全观是中国国家安全体系和能力现代化应遵循的基本国家安全理念。

三、国家安全体系和能力现代化的政治原则

保障国家安全和社会安定是中国共产党人的不懈追求。同时，坚持党对国家安全工作的绝对领导，也是中国特色社会主义制度的必然政治要求。再者，根据中国式现代化的本质要求，坚持中国共产党领导亦是中国式现代化的本质要求之一。因此，始终坚持党的领导是推进国家安全体系和能力现代化的根本政治保证与制度保障。推进中国国家安全体系和能力现代化，以全面贯彻党和国家的国家安全战略部署与方针政策为根本任务，其主要目标之一就是增强中国共产党对国家安全工作的领导能力。

同时，中国共产党始终代表最广大人民根本利益，人民立场是中国共产党的根本政治立场。“国以民为本，社稷亦为民而立。”根据总体国家安全观，国家安全工作范畴极为广泛，涉及多方面、多领域的国家安全内容和问题，但它们的终极共同目的是保障人民安全。因而，中国国家安全体系和能力现代化坚持以人民安全为宗旨，将人民安全置于中心地位，是中国国家安全体系和能力现代化的根本政治立场，这是贯彻落实总体国家安全观的基本要求，彰显了中国共产党的性质宗旨和初心使命，凸显了国家安全工作的价值指向与本质要求，指出了推进中国国家安全体系和能力现代化的方向。

总体看，中国的国家安全体系和能力现代化坚持党对国家安全工作的绝对领导，坚持以人民安全为宗旨，这是高质量推进国家安全体系和能力现代化的政治原则。其中，“党对国家安全工作的绝对领导”是坚持以人民安全为宗旨的政治保障，“以人民安全为宗旨”是坚持党对国家安全工作的领导的价值取向。以“坚持党对国家安全工作的绝对领导和坚持以人民安全为宗旨”为政治原则推进

国家安全体系和能力现代化，符合中国特色国家安全道路的历史逻辑、实践逻辑、制度逻辑和理论逻辑。

四、国家安全体系和能力现代化的理论基础

总体国家安全观是一套系统完整、逻辑严密、相互贯通的科学理论体系①，是重要的国家安全思想理论贡献，是现代中国国家安全理论的灵魂与核心。可见，总体国家安全观既是新时代中国国家安全体系和能力现代化的重要理念指导，亦是新时代中国国家安全体系和能力现代化的重要理论基础。总体国家安全观的形成是在借鉴、扬弃古今中外安全思想的基础上所进行的创新，它继承和发展了马克思主义的总体性思想与理论，既是系统科学理论的全面体现，又是系统科学理论运用于国家安全领域的重大理论创新。基于此，立足总体国家安全观，王宏伟（2022）认为，具体而言，国家安全能力现代化的理论基础是古今中外优秀安全思想、马克思的总体性理论及系统科学理论。

其次，从学科高度看，国家安全体系和能力现代化需要国家安全学理论提供理论指导和学理支撑。可见，学科层面的国家安全体系和能力现代化的核心理论基础是国家安全学理论。目前，在中国，国家安全学已发展成为交叉学科门类下的一门一级学科，并已有专门针对国家安全学的相关典型论著。当然，国家安全学作为交叉学科门类下的一门一级学科，大交叉大综合是它的本质学科属性。可见，其他相关学科（特别是目前我国已形成的安全科学与工程、信息安全学、网络空间安全学、核安全学与应急管理等安全学科群）亦是国家安全体系和能力现代化的重要学科理论基础。

五、国家安全体系和能力现代化的目标导向

根据《中华人民共和国国家安全法》总则第一条有关内容和党的二十大报告中关于国家安全的相关论述，新时代推进国家安全体系和能力现代化的目标导向主要体现在五大方面，依次为“有效维护国家安全和社会稳定，建设更高水平的平安中国”“实现中华民族伟大复兴”“以新安全格局保障新发展格局”“保障和推进社会主义现代化国家建设” “推动构建人类安全共同体”，具体解释见图8-4。

---

① 张明：《坚持总体国家安全观》，《中国信息报》2022年9月23日．

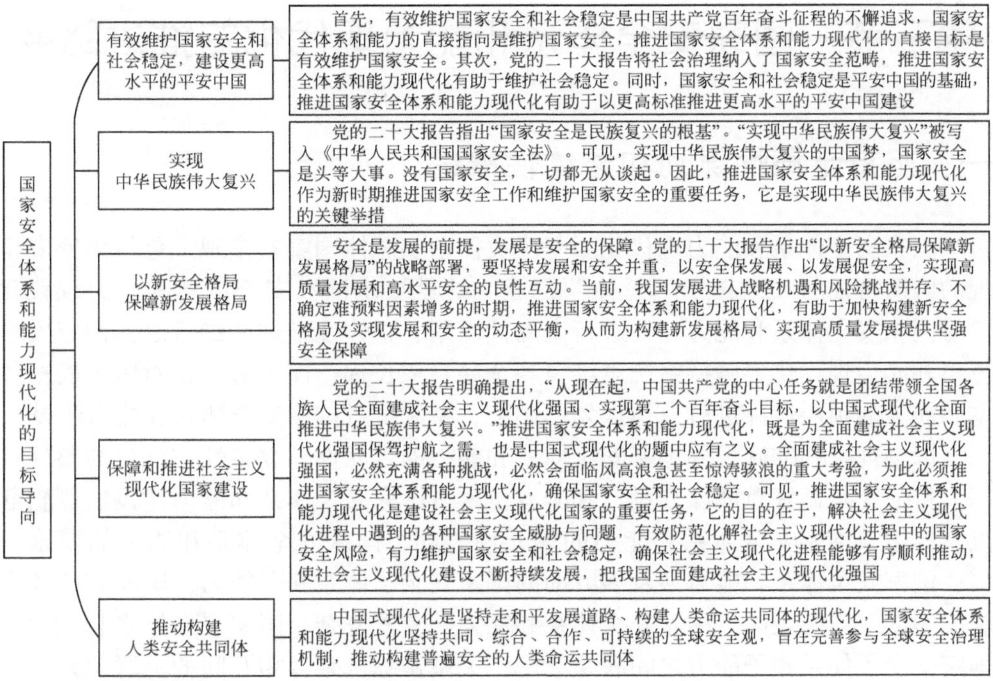

图 8-4　国家安全体系和能力现代化的目标导向

六、本节结语

本节从国家安全体系和能力现代化的时代背景、理念指引、政治原则、理论基础与目标导向五个方面出发，全面阐释了中国国家安全体系和能力现代化的基本内容。概括而言，中国国家安全体系和能力现代化是立足中华民族伟大复兴战略全局和世界百年未有之大变局提出的，它遵循的基本理念是总体国家安全观和共同、综合、合作、可持续的全球安全观，它的政治原则是坚持党对国家安全工作的绝对领导和坚持以人民安全为宗旨，它的理论基础是总体国家安全观和国家安全学理论，它的目标导向是“有效维护国家安全和社会稳定，建设更高水平的平安中国”“实现中华民族伟大复兴”“以新安全格局保障新发展格局”“保障和推进社会主义现代化国家建设”“推动构建人类安全共同体”。

第三节　国家安全体系和能力现代化的推进路径

一、坚持全局性谋划和整体性推进

国家安全体系和能力现代化要坚决贯彻落实总体国家安全观。总体国家安全观的鲜明特征与关键在于“总体”二字，这就要求国家安全体系和能力现代化要对国家安全体系和能力建设进行全局性谋划、整体性推进。细言之，国家安全体系和能力现代化要坚持系统思维，观全局、望长远、谋大势，在对国家安全体系和能力的顶层设计进行总体谋划基础上，系统推进国家安全体系和能力建设。

深刻理解和准确把握国家安全体系和能力的多元性、复杂性、巨化与整体性四大特征，是做好总体谋划设计和全方位推进国家安全体系和能力建设的逻辑起点。其中，国家安全体系和能力的多元性表明，国家安全体系和能力的要素众多，国家安全体系和能力涉及多方面的国家安全子体系和子能力；国家安全体系和能力的复杂性表明，国家安全体系和能力的要素复杂，国家安全体系和能力的国家安全子体系和子能力之间联系紧密，关系错综复杂，相互间的关联关系保持动态变化且具有高度不确定性；国家安全体系和能力的巨化说明，国家安全体系和能力的要素的规模巨大，国家安全体系和能力本身是一个巨系统；国家安全体系和能力的整体性体现国家安全体系和能力要素之间不是相互孤立存在的，而是相互依存的，国家安全体系和能力是所有国家安全体系和能力要素构成的复合统一整体，是具有多样性和差异性的多方面国家安全子体系和子能力的统一。

根据完整的系统安全观，在对国家安全体系和能力的顶层设计进行全局性谋划时，至少要突出八个“全”，即全层面（重视 Security 和 Safety 一体化；兼具国家安全、公共安全和社会安全）、全领域（集多领域的安全于一体）、全状态或对象（兼具安全、威胁、安全事件和危机）、全周期（兼具常态安全和应急）、全因素（兼具多种国家安全影响因素）、全手段（强调“软”和“硬”手段的综合施策）、全空间（同时关注物理空间、社会空间和信息空间）与全动力（兼具被动安全和主动安全、维护安全和塑造安全）的国家安全体系和能力建设方向（王秉，2023d；刘跃进，2022b）。在整体性推进国家安全体系和能力建设时，要找准定位，强化顶层设计的规划引领，以国家安全体系和能力的核心子体系和子能力为突破点，以点带面、整体推进，实现国家安全体系和能力的各个方面的协同现代化，最终促成国家安全体系和能力的整体性现代化。

二、加强统筹协调和协同高效

总体国家安全观蕴含着丰富的系统思维（傅小强，2021），根据系统科学理论，总体国家安全观中蕴含的系统观念的实践方法论是统筹协调（王秉，2023e），统筹协调的最终目标是实现协同高效。统筹协调和协同高效的哲学内涵是马克思主义辩证法，它们是具有基础性的推进国家安全体系和能力现代化的方法论，是国家安全及国家安全工作的本质特征对国家安全体系和能力现代化提出的要求。统筹协调和协同高效强调国家安全是国家各方面工作的综合反映，要坚持和加强党对国家安全工作的集中统一领导，要把国家安全置于国家事业的全局中来把握，要把维护国家安全贯穿党和国家工作各方面，充分调动各方面国家安全力量，从而形成维护和塑造国家安全的强大合力。可见，加强统筹协调和实现协同高效是国家安全体系和能力现代化的方向和目标，是贯彻落实总体国家安全观和推进国家安全体系和能力现代化的根本要求。中国高度重视和积极推进统筹协调和协同高效的国家安全体系和能力建设，如图 8-5 所示。

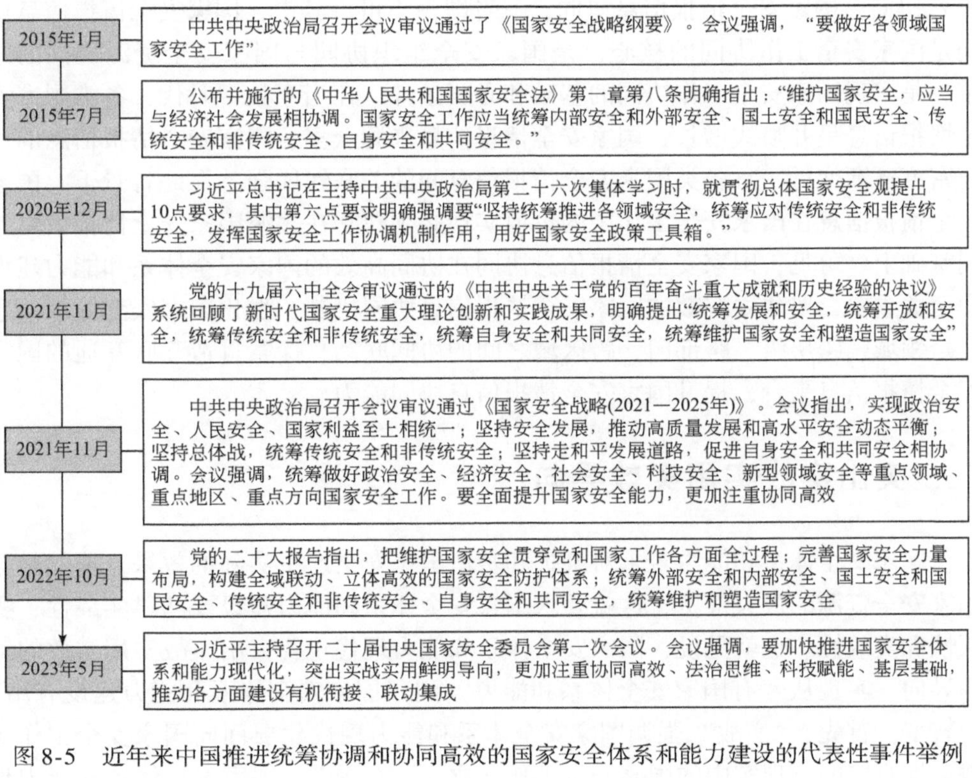

图 8-5　近年来中国推进统筹协调和协同高效的国家安全体系和能力建设的代表性事件举例

首先，多方面的国家安全子体系和子能力之间是环环相扣、有机统一的，只有有机统筹协调才能形成整体优势。国家安全体系和能力现代化强调实现跨领域、跨层级、跨部门、跨区域、多环节、多主体、多手段、多力量等多方面的国家安全子体系和子能力之间的统筹协调和协同高效（王秉，2023e），构建起一体化、全链条、“一盘棋”的综合国家安全体系和能力。其次，国家安全体系和能力是多层次、多功能的结构，通过建设统筹协调和协同高效的国家安全体系和能力，有助于提升国家安全体系和能力的结构化水平。所谓国家安全体系和能力的结构化，是指将各类国家安全体系和能力要素加以归纳和整理，使之条理化与层次化（含主次化）。其中，国家安全体系和能力的条理化体现对国家安全体系和能力要素的模块化（即分门别类），国家安全体系和能力的层次化体现对国家安全体系和能力要素的重要性和功能的划分。同时，当前，各种国家安全风险挑战相互交织，相互影响，建设统筹协调和协同高效的国家安全体系和能力是应对国家安全风险综合体的迫切需要。

若要实现高质量的国家安全工作协同，要同时实现国家安全组织（即国家安全组织体系）协同、国家安全资源（即国家安全工作所涉及的人、财、物等资源）协同与国家安全情报信息协同，三者缺一不可。其中，国家安全情报信息协同是国家安全工作协同的核心，是国家安全组织协同与国家安全资源协同的纽带，是实现国家安全工作协同的基础和必要条件。在当今数智时代，各类国家安全情报信息呈井喷式增长，国家安全情报信息来源众多、国家安全情报信息的价值密度逐渐变低，且各类国家安全情报信息间的关联性增强，在此背景下，国家安全情报信息在国家安全工作中的价值实现必须建立在多源国家安全情报信息协同基础上。可见，国家安全情报信息协同在协同高效的国家安全体系和能力建设中至关重要，要建立有效的国家安全情报信息协同机制，强化国家安全情报信息在跨领域、跨层级、跨部门、跨区域之间的协同联动，探索打造互联互通的国家安全情报信息平台，提升国家安全情报信息协同能力。

三、突出实战实用实效导向

国家安全体系和能力若未对维护和塑造国家安全产生实际的效果，那就是对国家安全资源的极大浪费，这就要求国家安全体系和能力建设要凸显实战性、实用性和实效性。也就是说，国家安全体系和能力现代化要突出实战实用实效的鲜明导向，实现从“有国家安全体系和能力”到“国家安全体系和能力建设有用”的转变。首先，“实战”强调国家安全体系和能力现代化要面向国家安全工作实战，即真实的、现实中的国家安全工作。立足“实战”，国家安全体系和能力现代化要适应实战形势和任务需要，确立面向实战的国家安全体系和能力现代化理念，强化服务实战的国家安全体系和能力现代化目标定位。其次，“实用”强调国家安全体系和能力建设要切合实际，要有实际使用价值。增强“实用”，着力提升国家安全体系和能力现代化对实战发展的服务力、支撑力、贡献力。“实效”强调国家安全体系和能力的实际的效果，强调国家安全体系建设要面向国家安全能力生成，强调国家安全能力建设要注重把国家安全潜能有效转化为现实中发挥出来的国家安全效能（王秉，2023b）。聚焦“实效”，国家安全体系和能力现代化注重建设融通实战的国家安全体系和能力。

坚持实战实用实效导向，体现了实事求是的思想观念，符合国家安全体系和能力发挥效用的客观要求，必须贯穿于国家安全体系和能力现代化的全过程、各方面。在实战实用实效导向下，国家安全体系和能力现代化应该最大限度地与国家安全工作实际有机结合起来，这种结合能解决关于国家安全体系和能力建设的三个基本问题，即“为什么建设”、“建设什么”与“如何建设”。唯有这样，国家安全体系和能力现代化的目的才会更加明确，国家安全体系和能力现代化的效果才能达到最大化。概括看，国家安全体系和能力现代化要立足实战、强调实用、追求实效，充分把握维护和塑造国家安全的现实需求，明晰国家安全体系和能力现代化方向和目的要求，着力避免盲目性，增强针对性。

突出实战实用实效导向，要求国家安全体系和能力现代化要始终坚持问题导向、需求导向、目标导向，并坚持问题导向、需求导向、目标导向相统一，咬定国家安全问题、国家安全需求和国家安全目标不放松、不偏移，有效破解国家安全瓶颈制约，找准国家安全体系和能力现代化的切入点和发力点，加速推进国家安全体系和能力现代化进程。做好国家安全工作的关键在于知道何处有国家安全风险，是什么样的国家安全风险，何时会发生国家安全风险，如何防范化解国家安全风险。因此，从实战实用实效角度看，国家安全体系和能力现代化要加快建设国家安全风险防范化解体系和能力。国家安全风险防范化解体系和能力的构成解释见表8-2。

表8-2　国家安全风险防范化解体系和能力的构成

序号	能力名称	具体解释
1	国家安全风险识别	国家安全风险识别是防范化解国家安全风险的起点，它是指全方位、多角度、多层次、全方位识别出国家安全危险和潜在国家安全威胁
2	国家安全风险研判评估	国家安全风险研判评估是防范化解国家安全风险的核心环节，它是指分析、预见、预判和评价国家安全风险，主要包括国家安全风险分析（指综合分析国家安全风险因素，并预见、预判国家安全事件发生的可能性及其影响后果）与国家安全风险评价（指根据国家安全风险接受准则评价国家安全风险大小、提出国家安全风险防范化解措施并评估各种国家安全风险防范化解措施），旨在将国家安全数据转化为国家安全风险相关的决策支持情报信息

续表

序号	能力名称	具体解释
3	国家安全风险控制	国家安全风险控制是防范化解国家安全风险的计划与方案制定和实施环节，它是指有针对性和有效地采取管控措施防控国家安全风险，主要包括国家安全风险应对行动规划和国家安全风险应对行动规划执行，旨在将国家安全风险情报信息转化为国家安全风险应对相关决策和行动
4	国家安全风险监测预警	国家安全风险监测预警是做到国家安全风险早识别、早预警、早发现、早处置的基础支撑，它是指根据各种渠道获得的相关资料信息，通过一定的技术手段方法和管理机制，对国家安全风险状况进行及时跟踪、动态监测、超前预见和实时预警并提前采取有效国家安全风险预控对策
5	国家安全风险沟通咨询	国家安全风险沟通咨询有助于让利益相关方认识和理解国家安全风险、明确防范化解国家安全风险决策的基础及采取特定的国家安全风险管控行动的原因，亦有助于获得足够的情报信息以促进更好地防范化解国家安全风险。国家安全风险沟通咨询是指通过充分的互动沟通和咨询交流，引导利益相关方形成科学正确的国家安全风险认知，并获得更多情报信息支持防范化解国家安全风险工作

四、强化法治

一个现代化国家必然是法治国家，法治化是一个国家要走向现代化的必然选择和必由之路。国家安全法治是保障和维护国家安全的利器，是国家安全体系和能力的重要依托（周佑勇，2023）。若无国家安全法治作为国家安全体系和能力的制度载体和能力保障，国家安全体系和能力就无法形成和发展，就不能形成推进国家安全体系和能力现代化所必需的制度环境和能力条件，也就无法实现国家安全体系和能力现代化。从各国国家安全体系和能力现代化的共同特征和一般规律来看，要较好实现国家安全体系和能力现代化，必须解决国家安全工作中面临的法治问题。因此，推进国家安全法治是依法保障和维护国家安全的重大现实需要，从法治角度看，推进国家安全体系和能力现代化是一个由传统国家安全体系和能力向现代国家安全体系和能力转型的过程，本质上是实现国家安全法治化。

国家安全法治强调要把法治作为保障和维护国家安全的基本思维和方式，强调运用法治思维和法治方式解决国家安全问题，强调建立支撑和推进国家安全各方面工作法治化的国家安全法治体系和能力，坚持依法应对国家安全风险挑战，实现国家安全工作的制度化、规范化和程序化。国家安全法治与国家安全体系和能力现代化之间的关系密切。首先，国家安全法治是国家安全体系和能力现代化的重要内容和骨干工程。其次，国家安全法治是国家安全体系和能力现代化的核心制度前提和行动保障，是国家安全体系和能力现代化的手段和目标。可见，国家安全法治是推进国家安全体系和能力现代化的必要条件。国家安全体系和能力现代化的关键在于构建完善的国家安全法治体系，不断增强国家法治能力，从而为推进国家安全体系和能力现代化提供有力法治保障。

经过持续努力，我国已制定出台国家安全法与反间谍法等两百余部国家安全领域的主要法律法规，完善国家安全审查和监管制度与国家安全危机管控制度等成体系的诸多国家安全制度，推动建立和落实国家安全决策咨询机制和跨部门会商机制等一系列国家安全机制，国家安全法律、法规、制度、机制逐步建立健全，基本构建起国家安全法治的“四梁八柱”，有力增强了国家安全法治保障能力（肖君拥和李竹，2012）。国家安全法治优化应围绕国家安全法治理念、思维、程序、方式和机制开展国家安全法治体系和能力建设，需在四大方面重点发力。一是充分发挥现有国家安全法治体系的作用，激发其国家安全效能的释放和发挥。二是进一步增强既有国家安全法律法规的可操作性，细化既有国家安全法律法规要求，推动落实落地、严格有效执行。三是提升国家安全相关领导干部运用法治思维和法治方式的能力。四是进一步完善国家安全法治体系，加快国家安全重点领域和关键化环节立法，打通国家安全“盲点”。

五、注重科技赋能

近年来，各类新兴前沿技术不断涌现，如大数据、云计算、区块链、人工智能、5G、“3S”技术（遥感、地理信息系统和全球定位系统）与量子信息等新兴数智技术。当前，以数智技术为代表的新兴前沿技术催生新一轮科技革命、产业变革和数字经济的迅猛发展，世界各国、各行业、各领域均开始高度重视以数智技术为代表的科技创新发展及应用，全球科技竞争日趋激烈，全球科技创新日趋活跃，这将会对全球创新版图和全球经济结构带来深刻影响。

科技兴则国家兴，科技强则国家强。可以肯定的是，在当前和未来，科技决定国家前途命运和人民生活福祉，科技是维护和塑造国家安全的物质技术基础，科技在维护和塑造国家安全中的重要性日趋凸显，世界各国都把发展科学技术作为维护和塑造国家安全的关键。科技正在给国家安全领域带来深刻影响和变革，一方面带来了诸多新机遇，但也难免带来了一些新挑战和新问题，可谓是机遇与危机并存。例如，在防范化解国家安全风险方面，科技既加速了国家安全风险的变异，扩充了国家安全风险要素的范畴和运行路径，影响了国家安全风险的演化发展进程，也为认识国家安全风险规律和防范化解国家安全风险提供了更有效的手段和条件支撑（如数智技术有助于实时感知和跟踪国家安全风险变化，有助于超前、准确认识和把握国家安全风险规律，有助于从容应对全新国家风险）（王秉，2022a）。在这一背景下，要实现国家安全体系和能力现代化，必须依靠和强化科技赋能，特别是数智赋能。科技赋能国家安全旨在把科技创新发展成果转化为国家安全能力，增强科技维护和塑造国家总体安全的能力，它的基本逻辑思路是：夯实国家科技安全基础，强化国家安全科技创新发展，并做好技术应用安全风险防范。

首先，维护国家科技安全是科技赋能国家安全的基石。科技安全是国家安全的重要组成部分，深刻影响和决定其他领域安全，在国家总体安全中具有牵一发而动全身的作用。维护国家科技安全需在加强基础研究、围绕解决“卡脖子”的问题开展重点领域科技攻关、保障科技数据信息安全和完善科技安全监测预警等方面重点发力。

其次，国家安全科技创新发展是科技赋能国家安全的手段。国家安全科技是国家安全和科技融合创新的成果与生态体系，它是捍卫国家安全的“硬核武器”和“撒手锏”。发展创新国家安全科技，有助于推动新兴科学技术在国家安全工作中的应用和推广，从而运用新兴科学技术赋能国家安全工作。就科技赋能国家安全而言，一方面强调，国家安全体系和能力要适应当今新科技环境下的国家安全工作新特点、新形势、新需求和新趋势，另一方面强调，要注重科技赋能推进国家安全体系和能力现代化。以数智技术为例，近年来，数智技术正在与国家安全工作进行深度融合，数智技术正逐步由支撑国家安全工作向引领国家安全工作方向发展，逐步实现国家安全工作的数智化转型。数智技术具备强大的连接、聚合、感知、分析、计算、预测、存储和自适应等能力，数智技术将给国家安全工作带来线上化、平台化、超前化（即超前防范化解国家安全风险）、动态化、主动化、精准化、系统化、协同化和智能化等诸多进步。同时，国家安全科技应用面临着国家安全科技应用层次不高、碎片化较为普遍和智能化尚处于起步阶段等突出问题，国家安全体系和能力现代化应聚焦破解上述问题。

最后，技术应用安全风险防范是科技赋能国家安全的保障。国家安全科技应用面临诸多安全性问题，如网络攻击、网络监听、网络间谍、网络犯罪、网络空间军事化、网络恐怖主义、数据安全、数据伦理、隐私保护等方面的安全问题。例如，以生成式人工智能为代表的强人工智能技术发展及应用会在生成虚假信息、政治化或军事化应用等方面带来潜在国家安全风险威胁。可见，在科技赋能国家安全方面，一方面要充分利用好科技对于国家安全工作的推动力，另一方面亦要有效应对技术应用给国家安全带来的重大风险和挑战。因此，强化技术应用安全风险防范至关重要。科技赋能国家安全要坚持安全可控，强化具有前瞻性的战略谋划，推动关键核心技术自主可控，健全新技术新应用安全风险监测预警体系，着力提升网络数据人工智能安全治理水平，从而为维护和塑造国家安全提供安全可靠的科技保障。

六、夯实基层基础

治国安邦的重心在基层，筑牢基层基础是“中国之治”的重要秘诀（王怡涵和何得桂，2023）。基层强则国家强，基层安则天下安。基层是离人民群众最近的地方，人民安全是国家安全的宗旨，人民群众是维护国家安全的基础性力量。国家安全的根基在基层、力量在基层，血脉在基层。同时，国家安全工作的落实主要靠基层，且做好基层国家安全工作是解决国家安全领域重点难点问题的关键所在，唯有提高基层关于国家安全问题的发现力、研判力、处置力，才能及时发现基层的国家安全问题，把国家安全问题解决在基层。

党的二十大报告专门强调“夯实国家安全和社会稳定基层基础”。同时，党的二十大报告在“推进国家安全体系和能力现代化”部分纳入公共安全和社会治理相关内容，明确了国家安全、公共安全与社会治理三者之间的层次关系，即公共安全与社会治理是国家安全的主要组成部分，维护公共安全和社会安定是实现国家安全的基础层。实现国家安全必须依赖基层基础，基层基础工作是国家安全体系和能力现代化成败的关键所在，基层基础体现国家安全体系和能力现代化水平，夯实基层基础是国家安全体系和能力现代化的必然要求和重要任务目标。

国家安全工作要坚持眼睛向下、面向基层、重心下移，不断夯实国家安全基层基础。第一，坚持以人民安全为宗旨，始终把维护人民安全作为推进国家安全体系和能力现代化的出发点和落脚点，着力解决人民关切的重大安全问题，坚决保护海外中国公民和机构合法权益，夯实国家安全的群众基础。第二，把公共安全和社会稳定纳入国家安全的重要内容，把维护公共安全和社会稳定作为夯实国家安全基层基础的重点任务。第三，推动实现地方党委国家安全系统全国覆盖，强化基层党建与国家安全工作的深度融合，推动基层党员干部在国家安全方面提高认识、解决问题、扛起责任。第四，充实基层国家安全力量，完善基层国家安全工作格局，强化基层国家安全相关机构建设，创新基层国家安全相关部门运行机制。第五，充分认识国家安全是每位公民和所有社会组织的事，以“共建共治共享”为准则，推动有关部门、组织、机构、企业和个人等共同参与国家安全工作，建设人人有责、人人尽责、人人享有的国家安全共同体，打造共建共治共享的国家安全工作格局，形成全社会共同维护国家安全的良好环境。第六，重视基层国家安全法治建设，为做实国家安全基层基础工作提供坚强法治保障。第七，加强国家安全教育，推动“国家安全为人民、国家安全靠人民”观念深入人心，增强全民国家安全意识和素养，筑牢国家安全人民防线。中国历来高度重视国家安全教育工作。

七、重视主动塑造和韧性提升

习近平总书记创造性提出塑造国家安全，并在多种场合强调塑造国家安全。2018 年 4 月 17 日，习近平总书记在十九届中央国家安全委员会第一次会议上的重要讲话中强调："坚持维护和塑造国家安全，塑造是更高层次更具前瞻性的维护"。2020 年 12 月 11 日，习近平总书记在中央政治局第二十六次集体学习时，强调"不断增强塑造国家安全态势的能力"。2023 年 5 月 30 日，习近平总书记在主持召开二十届中央国家安全委员会第一次会议时要求，"主动塑造于我有利的外部安全环境"。塑造国家安全是对国家安全工作实践经验的深刻总结，是国家安全体系和能力现代化的发展方向，为推进国家安全体系和能力现代化提出了实践要求（阙天舒和方彪，2023）。

塑造国家安全具有丰富的内涵，它强调"更高层次"和"更具前瞻性"的维护国家安全，强调国家安全工作要具有更强的主动性、积极性、自觉性与创造性，强调国家安全体系和能力建设要立足全球视野，要推动实现共同、综合、合作、可持续的安全，要以新安全格局保障新发展格局，要主动担当，要在顺势而为、因势而动、因势利导、谋势造势中把握国家安全主动权，要放眼未来和立足长远，要准确识变、科学应变、主动求变，要聚焦"事前预防"的主动预防而非"事后诸葛"的被动应对。同时，塑造国家安全要求国家安全体系和能力现代化应摆脱过去单纯"维护国家安全"的国家安全工作理念与行为模式，要转向"统筹维护国家安全和塑造国家安全"的国家安全工作理念与行为模式。

塑造国家安全需要从多方面发力，如增强国家安全战略的前瞻性，以前瞻性布局占据国家安全战略制高点，科学把握国家安全趋势、形势和环境，敏锐洞察未来有可能出现的国家安全机遇和挑战，以具有前瞻性的国家安全战略预见和引领未来；统筹国家安全战略的原则性和国家安全策略的灵活性，做到随机应变和灵活适应；以新兴国家安全重点领域、新兴重大威胁、重大国家安全风险的监测预警作为重要切入点，增强国家安全态势感知塑造能力；把关键核心技术掌握在自己手中，加快实现高水平科技自立自强，掌握科技赋能国家安全的主动权；强化理论创新，运用前沿科学国家安全新理论引领国家安全体系和能力建设，重视具有普适性的普通安全学理论研究应用，实现理论上的"以不变应万变"；积极参与全球安全治理，提升在全球安全领域的影响力和话语权。

当前，世界进入新的动荡变革期。在世界百年未有之大变局背景下，国家安全不确定性日益突出，国家安全呈现出易变性、不确定性、复杂性和模糊性的新特征，国家安全脆弱性问题愈加凸显。传统国家安全体系和能力侧重于被动应对，它的灵活性不足、前瞻性不强、适应性欠缺，现代化国家安全体系和能力更加强调主动性、前瞻性、创造性、塑造性、适应性与总体性，更加关注面对各种不确定冲击震荡时的国家安全韧性提升。国家安全韧性强调在面临外部环境变化时，能够快速响应和有效应对冲击，并尽快适应与恢复，强调变化和自适应的国家安全（王秉，2023b）。可把国家安全韧性比作芦苇所具有的属性和能力，尽管芦苇显得纤细柔弱，然而在风暴之下，看似柔弱的芦苇却弯而不折，风暴过后恢复如初。在愈加易变、不确定、复杂和模糊的国家安全环境中，国家安全体系和能力建设应关注提升国家安全韧性，这不仅有利于应对当前国家安全面临的不确定性和脆弱性问题，而且有利于推进统筹维护国家安全和塑造国家安全。可见，国家安全韧性是立足百年未有之大变局推进国家安全体系和能力现代化的新命题。

概括看，提升国家安全韧性的总体路径有两种。第一，立足国家安全体系本身所具有的涌现性、开放适应性和演化性等主要特征，提升国家安全体系本身的韧性，打造具有强大韧性（如具有高度适应性）的国家安全体系。第二，国家安全能力建设从增强国家安全稳健性能力（强调抗御冲击的能力）转向增强国家安全韧性能力。同时，提升国家安全韧性，一方面，要坚持底线思维和极限思维，蓄积国家安全潜能，时刻为经受风高浪急甚至惊涛骇浪的重大考验做好充分准备；另一方面，要增强国家安全想象力，识别和防范化解一切可能的重大国家安全风险。

八、本节结语

本节提出国家安全体系和能力现代化的推进路径，包括坚持全局性谋划和整体性推进、加强统筹协调和协同高效、突出实战实用实效导向、强化法治、注重科技赋能、夯实基层基础，以及重视主动塑造和韧性提升。需指出的是，由于国家安全体系和能力现代化是一个新课题，国家安全体系和能力现代化研究处于刚刚起步阶段，本节仅是对国家安全体系和能力现代化的推进路径的初步理论性研究探讨。在此，呼吁相关研究者在本节研究基础上开展进一步研究，逐步加强研究的深度和拓展研究的广度。

第四节　中国国家安全体系和能力现代化的推进过程

一、中国国家安全体系现代化的推进过程

自 2014 年总体国家观被提出以来，国家安全体系作为总体国家安全观中的

一个重要概念，被正式纳入党和国家的国家安全总体布局和国家安全理论之中，建立健全国家安全体系成为国家安全战略规划中的重要任务之一。中央国家安全委员会第一次会议以来，在总体国家安全观指导下，以习近平同志为核心的党中央高度重视国家安全体系建设的战略谋划和顶层设计，大力推进现代国家安全体系建设工作。

概括而言，中国现代国家安全体系建设过程（图8-6）大致经历了两大阶段，即构建阶段（2014～2016年）和健全阶段（2017年至今）。2014年，习近平总书记提出总体国家观，提出要构建集政治安全、国土安全、军事安全、经济安全、文化安全、社会安全、科技安全、信息安全、生态安全、资源安全、核安全等于一体的国家安全体系，标志着我国构建现代国家安全体系的开始。2017年，党的十九大报告对国家安全体系建设的论述发生变化，提出“健全国家安全体系”，这表明中国已初步建成国家安全体系，标志着中国现代国家安全体系建设已由构建阶段过渡至健全阶段。2018年，习近平总书记在十九届中央国家安全委员会第一次会议中指出，中国已初步形成国家安全体系框架，这进一步表明中国现代国家安全体系建设已完成构建阶段。党的十九届四中全会更是直接提出“完善国家安全体系”和“健全国家安全体系”。

二、中国国家安全能力现代化的推进过程

党中央和中央政府非常注重国家安全能力建设（李文良，2022）。2015年，《中华人民共和国国家安全法》通过法律形式把“保障持续安全状态的能力”作为国家安全内涵的基本内容之一，凸显国家安全能力的重要性。2017年，党的十九大报告正式提出“加强国家安全能力建设”的战略要求。2020年，习近平总书记在中央政治局第二十六次集体学习时提出“国家安全体系和能力现代化”的战略目标，并明确“提高运用科学技术维护国家安全的能力，不断增强塑造国家安全态势的能力”的要求。2021年，党的十九届六中全会再次强调“党着力推进国家安全体系和能力建设”。2023年，中共中央总书记习近平主持召开二十届中央国家安全委员会第一次会议，强调“加快推进国家安全体系和能力现代化”，国家安全能力现代化将迈上快速化发展轨道。综合文献，中国现代国家安全能力建设过程如图8-7所示。

展望未来，我国需要进一步加强国家安全能力建设。其一是针对不同领域安全的特性和严重程度，确立不同的应对制度，加强资源、手段和目标之间的匹配性。为此，需要尽快完善中国国家安全风险类型和等级划分标准，重视科学研判，明晰各种资源、手段在应对不同领域风险过程中的作用。其二是增强非政府

构建阶段

2014年4月15日

习近平在中央国家安全委员会第一次会议上首次提出总体国家安全观时，明确要求既重视传统安全，又重视非传统安全，**构建集政治安全、国土安全、军事安全、经济安全、文化安全、社会安全、科技安全、信息安全、生态安全、资源安全、核安全等于一体的国家安全体系**。这是党中央首次提出构建国家安全体系，由此，“国家安全体系”作为一个重要概念，被正式纳入党和国家的国家安全总体布局和国家安全理论之中，“构建国家安全体系”成为国家安全战略规划中的一项重要任务

2016年12月9日

中共中央政治局在审议通过《关于加强国家安全工作的意见》时指出，“党的十八大以来，党中央高度重视国家安全工作，推动国家安全工作在制度、法治、方略、工作举措上取得了新的明显进展”，强调“必须坚持总体国家安全观，以人民安全为宗旨，统筹国内国际两个大局，统筹发展安全两件大事，有效整合各方面力量，综合运用各种手段，维护各领域国家安全，**构建国家安全体系**，走中国特色国家安全道路”。在此，“构建国家安全体系”的任务被中央再次提出

健全阶段

2017年10月18日

在党的十九大报告中，习近平将“坚持总体国家安全观”置于坚持和发展中国特色社会主义十四条方略之中，要求“完善国家安全制度体系”，同时在“有效维护国家安全”的总体要求中，关于“国家安全体系”有了新提法，就是将过去的“构建国家安全体系”变成“**健全国家安全体系**”

2018年4月17日

在十九届中央国家安全委员会第一次会议上，习近平在总结过去工作时指出：“中央国家安全委员会成立4年来，坚持党的全面领导，按照总体国家安全观的要求，**初步构建了国家安全体系主体框架**，形成了国家安全理论体系，完善了国家安全战略体系，建立了国家安全工作协调机制……牢牢掌握了维护国家安全的全局性主动。”

2019年10月31日

党的十九届四中全会通过的《中共中央关于坚持和完善中国特色社会主义制度、推进国家治理体系和治理能力现代化若干重大问题的决定》提出，“**完善国家安全体系**。坚持总体国家安全观，统筹发展和安全，坚持人民安全、政治安全、国家利益至上有机统一。以人民安全为宗旨，以政治安全为根本，以经济安全为基础，以军事、科技、文化、社会安全为保障，**健全国家安全体系**，增强国家安全能力。完善集中统一、高效权威的国家安全领导体制，健全国家安全法律制度体系。”

2020年10月26~29日

党的十九届五中全会明确指出，“**要加强国家安全体系和能力建设**”。党的十九届五中全会通过的《中共中央关于制定国民经济和社会发展第十四个五年规划和二〇三五年远景目标的建议》对新时代国家安全工作作了全面总结，提出“**加强国家安全体系和能力建设**。完善集中统一、高效权威的国家安全领导体制，健全国家安全法治体系、战略体系、政策体系、人才体系和运行机制，完善重要领域国家安全立法、制度、政策。”

2020年12月11日

在中央政治局第二十六次集体学习时，习近平就贯彻总体国家安全观提出10点要求，其中第九点明确指出“坚持**推进国家安全体系和能力现代化**，坚持以改革创新为动力，加强法治思维，构建系统完备、科学规范、运行有效的国家安全制度体系，提高运用科学技术维护国家安全的能力，不断增强塑造国家安全态势的能力”

2021年11月11日

党的十九届六中全会审议通过的《中共中央关于党的百年奋斗重大成就和历史经验的决议》，从十三个方面总结新时代中国特色社会主义的伟大成就，其中一个重要方面就是维护国家安全。**党着力推进国家安全体系和能力建设**，设立中央国家安全委员会，完善集中统一、高效权威的国家安全领导体制，完善国家安全法治体系、战略体系和政策体系，建立国家安全工作协调机制和应急管理机制

2022年10月16日

党的二十大报告设置专章论述“**推进国家安全体系和能力现代化**，坚决维护国家安全和社会稳定”，提出“健全国家安全体系。坚持党中央对国家安全工作的集中统一领导，完善高效权威的国家安全领导体制。强化国家安全工作协调机制，完善国家安全法治体系、战略体系、政策体系、风险监测预警体系、国家应急管理体系，完善重点领域安全保障体系和重要专项协调指挥体系，强化经济、重大基础设施、金融、网络、数据、生物、资源、核、太空、海洋等安全保障体系建设。健全反制裁、反干涉、反‘长臂管辖’机制。完善国家安全力量布局，构建全域联动、立体高效的国家安全防护体系”

2023年5月30日

习近平主持召开二十届中央国家安全委员会第一次会议强调，“**加快推进国家安全体系和能力现代化**，以新安全格局保障新发展格局，努力开创国家安全工作新局面”“突出实战实用鲜明导向，更加注重协同高效、法治思维、科技赋能、基层基础，推动各方面建设有机衔接、联动集成”

图 8-6　中国现代国家安全体系的建设过程

2014年4月15日

习近平在中央国家安全委员会第一次会议上首次提出总体国家安全观时，明确强调贯彻落实总体国家安全观，必须既重视外部安全，又重视内部安全；既重视国土安全，又重视国民安全；既重视传统安全，又重视非传统安全；既重视发展问题，又重视安全问题；既重视自身安全，又重视共同安全。五个“既重视又重视”充分体现**国家安全统筹协调能力**

2015年1月23日

中共中央政治局在审议通过《国家安全战略纲要》时指出，“要做好各领域国家安全工作，**大力推进国家安全各种保障能力建设**”。这是党中央首次提出推进国家安全能力建设，由此，“国家安全能力”作为一个重要概念被正式纳入党和国家的国家安全总体布局和国家安全理论之中，“国家安全能力建设”成为国家安全战略规划中的一项重要任务

2015年7月1日

新版《中华人民共和国国家安全法》(简称国家安全法)予以公布并实施。国家安全法中提出，“国家安全是指国家政权、主权、统一和领土完整、人民福祉、经济社会可持续发展和国家其他重大利益相对处于没有危险和不受内外威胁的状态，以及保障持续安全状态的能力”，**国家安全能力作为国家安全概念的重要内涵被正式提出**

2016年12月9日

中共中央政治局在审议通过《关于加强国家安全工作的意见》时指出，“要准确把握我国国家安全所处的历史方位和面临的形势任务，认清加强国家安全工作的极端重要性，强化责任担当，**加强国家安全能力建设**”

2017年10月18日

在党的十九大报告中，习近平将“坚持总体国家安全观”置于新时代坚持和发展中国特色社会主义十四条方略之中，要求“加强国家安全能力建设”。在此，“加强国家安全能力建设”的任务被中央再次提出

2018年4月17日

在十九届中央国家安全委员会第一次会议上，习近平指出，“要聚焦重点，抓纲带目，着力防范各类风险挑战内外联动、累积叠加，**不断提高国家安全能力**”“**强化国家安全能力建设**”

2019年10月31日

党的十九届四中全会通过的《中共中央关于坚持和完善中国特色社会主义制度推进国家治理体系和治理能力现代化若干重大问题的决定》，提出“以人民安全为宗旨，以政治安全为根本，以经济安全为基础，以军事、科技、文化、社会安全为保障，健全国家安全体系，**增强国家安全能力**。”关于“国家安全能力”有了新提法，将过去的“提高国家安全能力”“加强国家安全能力”变成“**增强国家安全能力**”

2020年10月26~29日

党的十九届五中全会明确指出，“要**加强国家安全体系和能力建设**”。党的十九届五中全会通过的《中共中央关于制定国民经济和社会发展第十四个五年规划和二〇三五年远景目标的建议》对新时代国家安全工作作了全面总结，提出“**加强国家安全体系和能力建设**。”

2020年12月11日

在中央政治局第二十六次集体学习时，习近平就贯彻总体国家安全观提出10点要求，其中第九点明确指出“坚持**推进国家安全体系和能力现代化**，坚持以改革创新为动力，加强法治思维，构建系统完备、科学规范、运行有效的国家安全制度体系，**提高运用科学技术维护国家安全的能力，不断增强塑造国家安全态势的能力**。”

2021年11月11日

党的十九届六中全会审议通过的《中共中央关于党的百年奋斗重大成就和历史经验的决议》，从十三个方面总结新时代中国特色社会主义的伟大成就，其中一个重要方面就是维护国家安全。“**党着力推进国家安全体系和能力建设**，设立中央国家安全委员会，完善集中统一、高效权威的国家安全领导体制，完善国家安全法治体系、战略体系和政策体系，建立国家安全工作协调机制和应急管理机制。”

2021年11月18日

中共中央政治局在审议《国家安全战略(2021—2025年)》时指出，“要**全面提升国家安全能力**，更加注重协同高效，更加注重法治思维，更加注重科技赋能，更加注重基层基础。要坚持以政治建设为统领，打造坚强的国家安全干部队伍。要加强国家安全意识教育，自觉推进发展和安全深度融合。”

2022年10月16日

党的二十大报告设置专章论述“**推进国家安全体系和能力现代化**，坚决维护国家安全和社会稳定”，提出“**增强维护国家安全能力**。坚定维护国家政权安全、制度安全、意识形态安全，**加强重点领域安全能力建设**，确保粮食、能源资源、重要产业链供应链安全，**加强海外安全保障能力建设**，维护我国公民、法人在海外合法权益，维护海洋权益，坚定捍卫国家主权、安全、发展利益。提高防范化解重大风险能力，严密防范系统性安全风险，严厉打击敌对势力渗透、破坏、颠覆、分裂活动。全面加强国家安全教育，提高各级领导干部统筹发展和安全能力，**增强全民国家安全意识和素养**，筑牢国家安全人民防线。”

2023年5月30日

习近平主持召开二十届中央国家安全委员会第一次会议强调，“**加快推进国家安全体系和能力现代化**，以新安全格局保障新发展格局，努力开创国家安全工作新局面”“突出实战实用鲜明导向，更加注重协同高效、法治思维、科技赋能、基层基础，推动各方面建设有机衔接、联动集成”

图 8-7　中国现代国家安全能力的建设过程

维度的国家安全能力，鼓励社会组织、企业、个人等在国家安全方面发挥积极作用。对此，需要增强全民的国家安全意识，筑牢国家安全的人民防线。其三是更好利用科技赋能助力国家安全能力建设。应当重视数智技术对国家安全能力提升的重要意义，不断提升国家安全工作的数字化水平（凌胜利，2023；王秉，2022a）。

三、本节结语

本节主要梳理了中国国家安全体系和能力现代化的推进过程。概括看，就中国国家安全体系现代化的推进过程而言，中国现代国家安全体系建设过程大致经历了两大阶段，即构建阶段（2014～2016 年）和健全阶段（2017 年至今）。就中国国家安全能力现代化的推进过程而言，中国现代国家安全能力建设经历了从提出到推进再到加快推进的不断加速建设过程。未来的中国国家安全体系和能力建设将向着现代化目标不断推向前进。

※本章小结※

国家安全体系和能力现代化是国家安全系统学的学科关键问题之一。为探索国家安全体系和能力现代化，明晰何为国家安全体系和能力现代化及如何推进国家安全体系和能力现代化，本章立足中国国家安全体系和能力现代化建设实践，面向夯实国家安全体系和能力现代化理论基础和推进国家安全体系和能力现代化，在深度解析国家安全体系和能力现代化概念的基础上，分析国家安全体系和能力现代化的内涵、基本逻辑和基本内容，在此基础上，提出国家安全体系和能力现代化的推进路径，并梳理中国国家安全体系和能力现代化的推进过程。通过本章学习，主要得到以下六方面认识：①从“过程+目标”角度看，所谓国家安全体系和能力现代化，是指为维护和塑造国家安全，持续健全国家安全体系和增强国家安全能力，从而使国家安全体系和能力适应新时代新要求的过程；②中国国家安全体系和能力现代化的最本质特征是坚持中国共产党的领导，中国国家安全体系和能力现代化是国家安全理念的现代化，是实现国家安全体系结构的现代化，是坚持以人民安全为宗旨、建设更高水平的平安中国、实现中华民族伟大复兴和推动构建普遍安全的人类命运共同体的现代化，中国国家安全体系和能力现代化的关键在于国家安全体系和能力的再设计、再优化及科技赋能；③国家安全体系和能力现代化的基本逻辑主要包括国家安全体系和能力的总体化、统筹化、科学化、专业化、数智化、法治化与社会化，它们共同构成国家安全体系和能力现代化的基本逻辑体系；④中国国家安全体系和能力现代化是立足中华民族伟大复兴战略全局和世界百年未有之大变局提出的，它遵循的基本理念是总体国家安全观和共同、综合、合作、可持续的全球安全观，它的政治原则是坚持党对国家安全工作的领导和坚持以人民安全为宗旨，它的理论基础是总体国家安全观和国家安全学理论，它的目标导向是“有效维护国家安全和社会稳定，建设更高水平的平安中国”“实现中华民族伟大复兴”“以新安全格局保障新发展格局”“保障和推进社会主义现代化国家建设”“推动构建人类安全共同体”；⑤国家安全体系和能力现代化的推进路径包括坚持全局性谋划和整体性推进、加强统筹协调和协同高效、突出实战实用实效导向、强化法治、注重科技赋能、夯实基层基础，以及重视主动塑造和韧性提升；⑥中国现代国家安全体系建设过程大致经历了两大阶段，即构建阶段（2014～2016 年）和健全阶段（2017 年至今），中国现代国家安全能力建设经历了从提出到推进再到加快推进的不断加速建设过程。

第九章　国家安全韧性

※本章导读※

在当今世界百年未有之大变局背景下，我国面临复杂严峻的国家安全形势与深刻闳阔的时代之变，国家安全不确定性日益突出，国家安全脆弱性问题愈加凸显。传统“基于威胁”的国家安全策略侧重于被动应对，灵活性不足、前瞻性不强、适宜性减弱，国家安全面临易变性、不确定性、复杂性和模糊性威胁挑战。现代化国家安全能力更加强调主动性、前瞻性、创造性、塑造性、适应性与总体性，更加关注面对各种不确定冲击震荡时的国家安全韧性。由此，本章提出推进国家安全能力现代化的新命题——国家安全韧性。国家安全韧性是国家安全能力的升华和延伸，是国家安全系统学的学科关键问题之一。本章立足百年未有之大变局，以国家安全脆弱性为问题导向，提出国家安全韧性议题并分析其内涵，在此基础上构建国家安全韧性理论模型，并提出国家安全韧性提升路径，以期为国家安全韧性研究与实践提供一定启示。

第一节　国家安全韧性的提出

一、研究背景

在当今世界百年未有之大变局加速演进的背景下，国家安全愈加呈现出“乌卡时代”的易变性、不确定性、复杂性和模糊性特征，国家安全脆弱性问题日益突出（曹海军和梁赛，2023；刘天旭，2012）。经济合作与发展组织（Organization for Economic Co-operation and Development，OECD）发布的《2022年全球脆弱性报告》在分析的176个国家中确定了60个脆弱国家，脆弱国家数量再创新高，同时，各国的国家安全脆弱性都出现了系统性的升高①。所谓国家

① Organization for Economic Co-operation and Development：States of Fragility 2022，https://www.oecd-ilibrary.org/sites/c7fedf5e-en/index.html? itemId=/content/publication/c7fedf5e-en(2022-09-19)[2023-03-20].

安全脆弱性，是指一国的国家安全体系和能力存在弱点和缺陷，使得国家安全状态易随国家安全形势的变化与冲击而产生震荡的现象（刘天旭，2022；王秉，2023b）。国家安全是安邦定国的重要基石，国家安全脆弱性问题对国家安全与发展具有潜在深刻不利影响。当前，我国国家安全面临诸多不确定因素，脆弱性问题突出。例如，《新时代的中国国防》白皮书指出，国家安全面临多元复杂的安全威胁和挑战[①]。党的二十大报告指出，“我国发展进入战略机遇和风险挑战并存、不确定难预料因素增多的时期，各种‘黑天鹅’、‘灰犀牛’事件随时可能发生”[②]。2023 年 5 月 30 日，习近平主持召开二十届中央国家安全委员会第一次会议，会议强调“要坚持底线思维和极限思维，准备经受风高浪急甚至惊涛骇浪的重大考验”[③]。

在我国，为应对国家安全中的不确定性、破解国家安全脆弱性问题，我国围绕国家安全进行了一系列顶层设计与战略布局，但依然面临维护国家安全能力不足，特别是应对各种重大风险能力不强等困难和挑战[④]。党的二十大报告明确提出“增强维护国家安全能力”，国家安全能力建设成为国家总体战略中的重要部署。从大的分类看，国家安全能力大体有两种，即国家安全稳健性能力（强调抗御冲击的能力）与国家安全韧性能力（在面临外部环境变化时，应对冲击并适应与恢复的能力）。在寓言《橡树和芦苇》（封丹，2022）中，橡树粗壮挺拔，极具稳健性，而芦苇则显纤细柔弱。然而在风暴之下，看似坚固的橡树被轻易折断，无以复原；看似柔弱的芦苇却弯而不折，风暴过后恢复如初。芦苇于此所展现出的特质正是“韧性”能力。在愈加易变、不确定、复杂和模糊的国家安全环境中，国家安全能力建设应关注提升国家安全韧性，这不仅有利于应对当前国家安全面临的不确定性和脆弱性问题，而且有利于推进统筹维护国家安全和塑造国家安全（布伦纳梅尔，2022；高恩新，2016）。可见，国家安全韧性是立足百年未有之大变局推进国家安全能力现代化的新命题，开展国家安全韧性研究具有重大理论与现实意义。

---

① 中国政府网：《新时代的中国国防》，http://www.gov.cn/zhengce/2019-07/24/content_5414325.htm(2019-07-24)[2023-03-20].

② 习近平：《高举中国特色社会主义伟大旗帜为全面建设社会主义现代化国家而团结奋斗——在中国共产党第二十次全国代表大会上的报告》，《人民日报》2022 年 10 月 26 日.

③ 中国政府网：《习近平主持召开二十届中央国家安全委员会第一次会议》，https://www.gov.cn/yaowen/liebiao/202305/content_6883803.htm(2023-05-30)[2023-03-20].

④ 中国政府网：《中共中央关于党的百年奋斗重大成就和历史经验的决议（全文）》，http://www.gov.cn/zhengce/2021-11/16/content_5651269.htm(2021-11-16)[2023-03-20].

二、实践现状

美国和英国等西方发达国家非常重视提升国家安全韧性。例如，美国《联邦应急预案》自 1992 年后有四次重大调整，经历了从过去指导联邦层面在紧急状态时的应急响应，到提升美国国家安全韧性的转变（马宝成，2021）。美国 2002 年版《国家安全战略》首次提到“韧性”，2017 年版《国家安全战略》二十三次提及“韧性”（倪峰，2020），2022 年版《国家安全战略》二十九次提及“韧性”①。2022 年 12 月，英国政府发布《英国政府韧性框架》，该框架首次阐明英国政府提升国家安全韧性的整体战略布局②。2023 年 3 月，英国政府发布《综合评估更新 2023：应对更为对抗和不稳定的世界》，强调通过提升国家安全韧性来应对英国的国家安全脆弱性问题③。许多国际组织亦十分重视提升各国的国家安全韧性。例如，2022 年 4 月，联合国减少灾害风险办公室发布《2022 年减少灾害风险全球评估报告》，该报告为减少风险和提升韧性提供了宝贵建议④。2023 年 1 月，世界经济论坛与埃森哲联合发布《2023 年全球网络安全展望》，该报告强调要提升网络安全韧性⑤。2023 年 4 月，联合国减少灾害风险办公室发布《〈2015-2030 年仙台减少灾害风险框架〉执行情况中期审查报告》，韧性理念贯穿报告全文⑥。

由上可见，当前，“韧性”已成为发达国家和国际组织在国家安全领域广泛使用的概念，国家安全能力建设愈趋强调提升国家安全韧性。就我国而言，近年

---

① The White House：FACT SHEET：The Biden-Harris administration's national security strategy，https://www.whitehouse.gov/briefing-room/statements-releases/2022/10/12/fact-sheet-the-biden-harris-administrations-national-security-strategy(2022-10-12)[2023-09-17].

② HM Government：The UK Government Resilience Framework (HTML)，https://www.gov.uk/government/publications/the-uk-government-resilience-framework/the-uk-government-resilience-framework-html(2022-12-19)[2023-09-17].

③ HM Government：Integrated Review Refresh 2023：Responding to a more contested and volatile world，https://www.gov.uk/government/publications/integrated-review-refresh-2023-responding-to-a-more-contested-and-volatile-world/integrated-review-refresh-2023-responding-to-a-more-contested-and-volatile-world#responding-to-a-more-contested-and-volatile-world (2023-05-16) [2023-09-17].

④ United Nations Office for Disaster Risk Reduction：Global Assessment Report on Disaster Risk Reduction 2022，https://www.undrr.org/gar2022-our-world-risk-gar#container-downloads(2022-04-26)[2023-09-17].

⑤ World Economic Forum：Global Cybersecurity Outlook 2023，https://www.weforum.org/reports/global-cybersecurity-outlook-2023(2023-01-18)[2023-09-17].

⑥ “一带一路”自然灾害防治和应急管理国际合作机制：《〈2015-2030 年仙台减少灾害风险框架〉执行情况中期审查报告》，http://www.bridrrem.net/zcyj/bgfb/202305/t20230512_450377.html(2023-05-12)[2023-09-17].

来，北京、上海、深圳、合肥和青岛等城市都将“安全韧性城市”建设纳入城市规划，“社区安全韧性”“产业链安全韧性”“供应链安全韧性”“环境安全韧性”“经济安全韧性”“社会安全韧性”等相继提出并逐步推动落实，但立足国家宏观层面的国家安全韧性尚未正式提出。因此，亟待从理论层面阐释国家安全韧性的内涵，并提出国家安全韧性的提升路径，以期为我国国家安全韧性实践提供理论依据和路径指导。

三、研究综述

目前，学界已开展一些关于国家安全韧性的初步探索性研究，研究成果主要包括四大方面。第一，国家安全韧性在具体领域或方面的分析研究。例如，Dalgaard-Nielsen（2017）分析国家安全机构韧性。Emmers（2009）研究国家应对恐怖主义韧性。第二，国家安全韧性的分析、评价与比较研究。例如，刘雪莲和肖晨卉（2023）提出国家安全韧性的分析框架。姚璐和景璟（2022）分析全球治理转型中的国家安全韧性。Kimhi 等（2019）提出一种国家安全韧性量表。Canetti 等（2014）开展美国和以色列两国国家安全韧性的比较研究。Kimhi（2016）对个人、社区和国家三层次韧性进行比较研究。第三，形塑与提升国家安全韧性的宏观战略研究。例如，周光辉和赵德昊提出荒政、教化与体制变革是形塑国家韧性的内在机制（周光辉和赵德昊，2021a，2021b；赵德昊和周光辉，2021）。周锦章（2023）提出国家安全韧性提升的战略思路。第四，国家安全韧性实践与研究的呼吁与展望。例如，Clavadetscher（2010）提出要提升国家安全韧性；Cutter 等（2013）认为各国应重视提升巨灾韧性；范维澄等（2022）提出国家安全韧性研究是国家安全研究的一大重要研究趋势；李文良（2022）提出国家安全韧性是国家安全学基础理论研究的重要议题。

综上可见，现有国家安全韧性研究存在四方面不足。第一，现有研究多针对国家安全韧性在具体领域或方面的表征开展研究，缺乏总体层面的国家安全韧性研究。第二，现有研究多是将韧性理论套用于国家安全领域，这造成对国家安全韧性的理解缺乏国家安全内涵。第三，罕有围绕国家安全韧性的内在机理、作用过程与提升路径等基本问题的系统研究。第四，相较国外研究，我国国家安全韧性研究尚处起步阶段。因此，国家安全韧性是势在必研的国家安全研究新命题。

四、本节结语

国家安全韧性是国家安全能力建设的重点关注，是国家安全系统学的学科关键问题之一。为明晰国家安全韧性研究与实践现状，给读者学习和研究国家安全韧性提供国家安全韧性研究与实践的整体概貌，本节主要分析国家安全韧性的研究背景、实践现状及研究综述。概括而言，在当前愈加易变、不确定、复杂和模糊的国家安全环境中，国家安全能力建设应关注提升国家安全韧性，国家安全韧性是立足百年未有之大变局推进国家安全能力现代化的新命题。就国家安全韧性实践而言，韧性已成为发达国家和国际组织在国家安全领域广泛使用的概念，国家安全能力建设愈趋强调提升国家安全韧性。就我国国家安全韧性研究而言，国家安全韧性研究尚较少较浅，难以适应实践层面对国家安全韧性的关注和推崇，因此亟待针对国家安全韧性开展深入系统研究。

第二节　国家安全韧性的定义与内涵

一、国家安全韧性的定义

国家安全韧性是国家安全和韧性的组合概念，是从韧性角度对国家安全的新诠释。为明晰国家安全韧性的内涵，有必要先概述国家安全和韧性的定义，然后在此基础上阐释国家安全韧性的内涵，使研究更具基础性和学理性。

就国家安全而言，《中华人民共和国国家安全法》给出了国家安全的定义：国家安全是指国家政权、主权、统一和领土完整、人民福祉、经济社会可持续发展和国家其他重大利益相对处于没有危险和不受内外威胁的状态，以及保障持续安全状态的能力。该定义认为“国家安全”兼为状态和能力，这充分体现出国家安全能力的内生性。就韧性而言，韧性一词源自拉丁文，意为“弹回”“恢复到初始状态”，最早被应用于物理学领域，用来描述材料在受到外力冲击产生形变后的复原能力（Adger，2000）。1973 年，Holling 发表 *Resilience and Stability of Ecological Systems*（《生态系统的韧性与稳定性》）一文，首次将韧性概念应用于生态学领域，他认为韧性是生态系统恢复至稳定平衡状态的能力。此后，韧性理论的研究与应用范畴从生态领域拓展到多学科领域，学界提出社区韧性、城市韧性、产业链韧性、供应链韧性、环境韧性、经济韧性与社会韧性等概念。总体而言，韧性理论经历了由工程韧性、生态韧性，到演进韧性、系统韧性的发展过程。当前，学界普遍认为韧性系统具有调整、适应、恢复、学习和改进等功能（陈玉梅和李康晨，2017）。

依据上述对国家安全和韧性概念的梳理与分析，可将国家安全韧性理解为：国家安全韧性是指国家安全在受到威胁影响时历经调整、适应、恢复、学习和改进等环节的作用过程，以及保障国家维持安全状态的应变、适应与恢复能力。

二、国家安全韧性的内涵

根据上述国家安全韧性的定义进一步分析国家安全韧性的内涵。第一，从过程角度看，可将国家安全韧性理解为国家安全韧性作用过程；从能力角度看，可将国家安全韧性理解为国家安全韧性能力。第二，国家安全韧性能力不是单一能力，而是以应变、适应与恢复能力为主的一系列国家安全能力的集成涌现（李文良，2022）。第三，国家安全韧性面临的威胁是指全周期威胁，包含国家安全事件发生前的影响国家安全的不利因素、国家安全事件发生时的国家安全受损过程及国家安全事件发生后的残余国家安全风险。第四，国家安全韧性作用过程包括调整、适应、恢复、学习和改进等环节，这是国家安全韧性作用过程的划分方式之一，还可进一步细分，如可将调整这一复杂综合过程细分为感知、反应、防御和缓冲（后文将针对国家安全韧性作用过程作详细分析）。

为进一步明确国家安全韧性与国家安全、威胁之间的关系，建立国家安全韧性相关概念关系图（图 9-1）。根据图 9-1，国家安全能力包含国家安全韧性能力，国家安全韧性能力可抵御威胁；威胁可能对国家安全状态造成不利影响，威胁可触发国家安全韧性作用过程；国家安全韧性能力可通过国家安全韧性作用过程抵御威胁以维护国家安全。

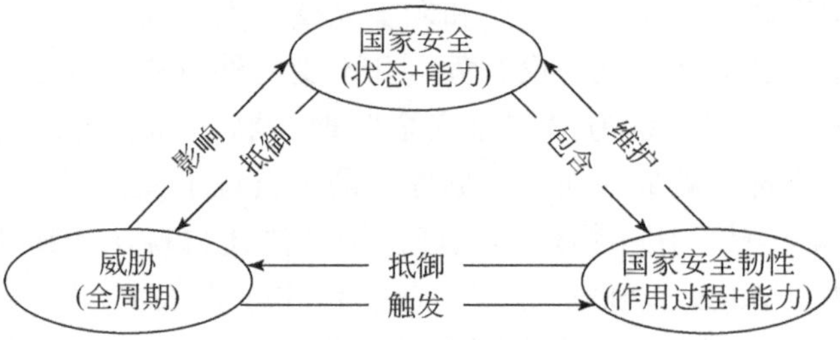

图 9-1　国家安全韧性相关概念关系图解

为阐释国家安全韧性较之于其他国家安全能力的区别与优势，这里有必要论述国家安全能力的分类及国家安全韧性的比较优势。如前所述，国家安全能力可分为国家安全稳健性能力与国家安全韧性能力。上文已对国家安全韧性进行了详细分析，这里重点剖析国家安全稳健性。所谓国家安全稳健性，是指国家安全在受到威胁影响时国家持续保持安全状态的过程，以及不靠调整而抗御冲击的能力（高恩新，2016）。细言之，第一，从过程角度看，可将国家安全稳健性理解为国家安全稳健性作用过程；从能力角度看，可将国家安全稳健性理解为国家安全稳健性能力。第二，国家安全稳健性能力不是单一能力，而是一系列以保障国家持续保持安全状态为共同目标的国家安全能力的集成涌现。第三，提升国家安全稳健性主要关注国家安全抗御力，而提升国家安全韧性更加关注国家安全适应力与复原力。为充分辨析国家安全韧性的比较优势，将国家安全韧性与国家安全稳健性的主要差异概括为十大方面，见表 9-1 所示。

表 9-1　国家安全韧性与国家安全稳健性比较

序号	比较方面	国家安全韧性	国家安全稳健性
1	国家安全思维	底线思维和极限思维，重点关注如何通过不断调整以适应与恢复	刚性思维，重点关注如何抗御威胁
2	国家安全认识	求变，安全蕴于变化之中，以内生性变革促安全，强调防范化解重大风险，与风险共生共存	求稳，安全蕴于稳定之中，以稳健的防护体系保安全，强调抵制、阻隔与排抑风险
3	驱动源	国家安全脆弱性与国家安全形势的易变性、不确定性、复杂性和模糊性	国家安全不稳定性
4	驱动力	系统驱动与能力驱动	刚性指标驱动
5	工作重点	着眼自身，提升国家安全韧性能力	着眼威胁，防止威胁冲击与溢散
6	主要目标	统筹维护国家安全和塑造国家安全	维护国家安全
7	基本模式	芦苇模式：因势利导、顺势而为、乘势而上	橡树模式：小院高墙、保护主义
8	工作方法	准确识变、科学应变、主动求变	围追堵截、脱钩断链
9	侧重阶段	事前—事中—事后全周期	侧重事前与事中
10	主要特征	发展性、全面性、周期性、高容错、事后可快速恢复	维持性、有限性、阶段性、低容错、一旦失稳破坏性较大

根据表 9-1，国家安全韧性是国家安全稳健性的进一步优化升级，国家安全韧性具有明显的比较优势。特别是在变乱交织的国家安全形势下，面对极端易变性、不确定性、复杂性和模糊性，传统国家安全稳健性模式面临脆弱困境，在极端情况下，一旦突越稳健性边界，可能引致系统性崩溃。国家安全韧性是破解国家安全脆弱性问题的新模式与新命题。因此，亟待建立与完善国家安全韧性理论，为提升国家安全韧性提供一定支撑。

三、本节结语

概念解析是理论研究的逻辑起点和基础。为明晰国家安全韧性概念，本节主要分析国家安全韧性的定义与内涵，提出国家安全韧性是指国家安全在受到威胁影响时历经调整、适应、恢复、学习和改进等环节的作用过程，以及保障国家维持安全状态的应变、适应与恢复能力，在此基础上明确了国家安全韧性与国家安全、威胁之间的关系，以及国家安全韧性较之于国家安全稳健性的区别与优势。

第三节　国家安全韧性理论模型

模型是对真实世界的抽象，能够清晰呈现机理、机制、模式与规律等。模型方法是人们认识和改造世界的一种主要的思考工具和研究手段。为明晰国家安全韧性作用机制与模式，本节从作用过程角度构建国家安全韧性理论模型。

一、模型构建

根据国家安全韧性的内涵，结合韧性实践与研究现状，将国家安全韧性作用过程进一步细化可得：国家安全韧性应是“事前—事中—事后”全过程韧性（曾鹏，2022），包含国家安全态势感知（李纲等，2021a）、国家安全敏捷反应、国家安全威胁防御（张羽等，2016）、国家安全事件缓冲（王伟力和王艳艳，2015）、国家安全状态适应、国家安全状态恢复、国家安全学习免疫、国家安全辐射提升和国家安全持续改进（廖茂林等，2018）九大阶段，据此构建国家安全韧性理论模型，如图9-2所示。

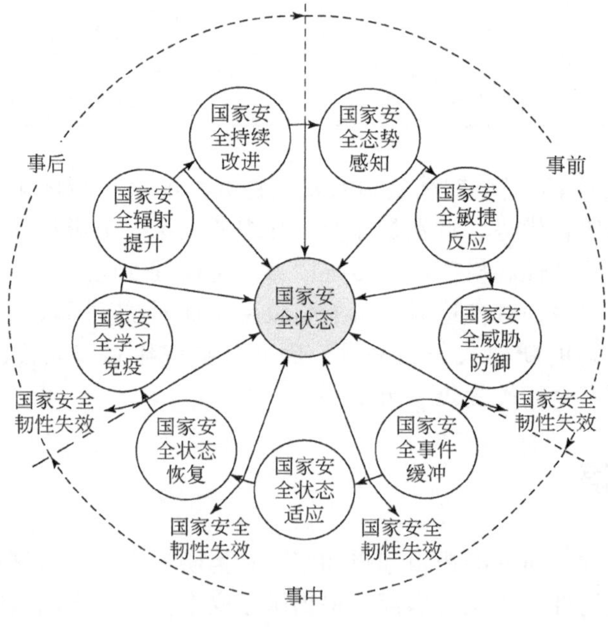

图9-2　国家安全韧性理论模型

根据图 9-2，对国家安全韧性作用过程的九大阶段进行具体阐释，见表 9-2。

表 9-2　国家安全韧性作用过程的九大阶段具体阐释

阶段	具体阐释
国家安全态势感知	通过国家安全监测系统、网络舆情系统、国家安全情报信息系统、国家安全态势推演系统等国家安全态势感知平台，感知国家安全态势变化，甄别、预测影响国家安全的威胁。需说明，国家安全韧性作用过程的其他阶段亦需进行国家安全态势感知，这里单独设定国家安全态势感知阶段是由于此阶段以感知国家安全态势变化，甄别、预测影响国家安全的内外威胁为主
国家安全敏捷反应	根据现有应急预案，生成适配国家安全威胁类型与特性的国家安全策略，组织动员相关国家安全工作人员，并筹备所需物资与经费等基础保障
国家安全威胁防御	部署相关国家安全工作人员，分配所需物资与经费等基础保障，采取积极防御措施，在国家安全工作各战线严阵以待
国家安全事件缓冲	若威胁对国家安全造成切实不利影响，则该种情况可被判识为国家安全事件。在此情况下，国家安全韧性能力发挥效能，分散国家安全事件对国家重大利益造成的不利影响，缓冲国家安全事件造成的冲击，以防止系统性崩溃
国家安全状态适应	在国家安全韧性作用过程中逐渐适应国家安全事件造成的不利影响与压力，并解构威胁源、威胁能力、威胁动机、威胁路径与威胁发展态势等
国家安全状态恢复	基于国家安全韧性与威胁在适应性相持过程中感知的威胁源、威胁能力、威胁动机、威胁路径与威胁发展态势等国家安全情报，生成国家安全策略，不断优化国家安全韧性作用，发起弹性恢复，逐渐削弱国家安全事件造成的不利影响
国家安全学习免疫	回溯分析“威胁—国家安全事件”诱导转化过程及国家安全工作过程，形成系统记忆，生成相应的应急预案，并设计压力测试，模拟威胁攻击与国家安全韧性作用过程，以备同类威胁攻击发生时实现迅捷高效安全治理
国家安全辐射提升	将国家安全学习免疫过程中形成的国家安全韧性作用过程经验向相关各方共享，促进国家安全辐射提升
国家安全持续改进	在“威胁发生发展—国家安全韧性作用”循环中，不断优化国家安全韧性作用过程，提升国家安全韧性能力，以实现更高水平的国家安全

根据图 9-2 和表 9-2，国家安全韧性作用过程的九大阶段是顺次递进的。当然，从理论层面看，若“事前”威胁自发减弱或被化解，未演变为国家安全事件、“事中”国家安全事件自发减退或被韧性缓冲，则可直接恢复至原国家安全状态；若“事后”已恢复至国家安全状态，但未经历学习免疫、辐射提升和持续改进的过程，亦可直接恢复至原国家安全状态，只是国家安全状态和能力未有进一步提升。此外，有四类国家安全韧性失效情况，分别是：第一，国家安全威胁防御失败，且“事中”国家安全韧性机制未及时启动，造成无法挽回的后果与深远影响，则国家安全韧性失效；第二，国家安全事件缓冲失败，国家安全冗

余设施与备用资源消耗殆尽或未发挥作用，致使系统性崩溃，则国家安全韧性失效；第三，在长期相持过程中，国家安全韧性能力未能适应威胁造成的不利影响与压力，造成国家安全状态适应失败，进而致使系统性崩溃，则国家安全韧性失效；第四，国家安全状态恢复过程中，若国家安全情报失误，则可能导致韧性复原失败，致使系统性崩溃，此时，国家安全韧性失效。

二、模型解析

下面从国家安全韧性作用过程的阶段、状态、类型和结果四方面展开，对国家安全韧性理论模型作进一步解析。

（一）国家安全韧性作用过程的九大阶段

若未发生国家安全韧性失效，且未直接跃迁至国家安全状态，则国家安全韧性作用过程包含前述九大阶段。为直观展现国家安全韧性作用对国家安全状态的影响，根据李瑞奇等（2020）提出的韧性曲线，将国家安全状态随国家安全韧性作用过程全阶段的演化过程绘制成图，见图 9-3。

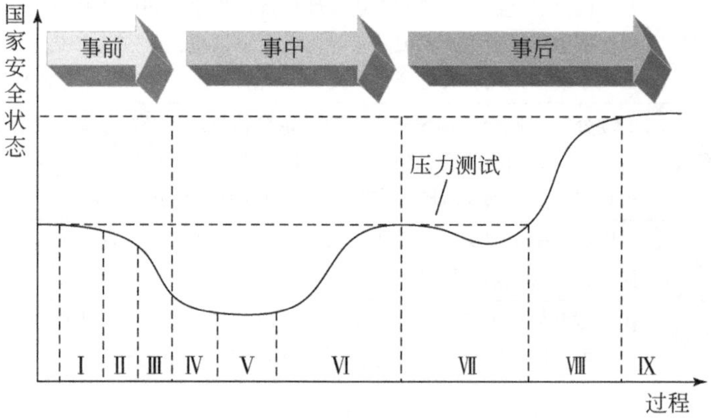

图 9-3 国家安全韧性作用过程中国家安全态势图解

Ⅰ—国家安全态势感知；Ⅱ—国家安全敏捷反应；Ⅲ—国家安全威胁防御；Ⅳ—国家安全事件缓冲；Ⅴ—国家安全状态适应；Ⅵ—国家安全状态恢复；Ⅶ—国家安全学习免疫；Ⅷ—国家安全辐射提升；Ⅸ—国家安全持续改进

根据图 9-3，国家安全受到威胁时，触发国家安全韧性作用，威胁与国家安全韧性作用相互制衡，致使国家安全态势曲线出现振荡。细言之，在国家安全态势感知阶段，甄别或预测到影响国家安全的威胁时，国家安全态势曲线缓慢下降。随着对威胁感知的逐渐深入，若威胁超过反应阈值，则进入国家安全敏捷反应阶段，由于尚处应急准备过程，未采取抵御措施，因此，国家安全态势曲线仍呈下降趋势。当威胁与威胁防御系统相交织时，国家安全威胁防御机制发挥作用，国家安全态势曲线呈减速下降趋势，至此，威胁仅冲击防御系统，并未对国家安全造成实质不利影响，但会影响对国家安全态势的预判，因此，国家安全态势曲线呈下降趋势。当威胁开始对国家安全造成实质不利影响时，则该种情况可被判识为国家安全事件，在此情况下，国家安全冗余保护机制和后备体系可缓冲国家安全事件造成的冲击，分散国家安全事件对国家重大利益带来的不利影响，国家安全态势曲线趋稳趋平。在国家安全韧性作用持续抵御威胁的过程中，国家安全韧性作用与威胁逐渐达到平衡状态，至此进入国家安全状态适应阶段，该阶段国家安全态势基本稳定，国家安全态势曲线基本呈水平状态。在国家安全状态恢复阶段，根据国家安全策略情报，逐渐优化威胁防御系统，不断削弱国家安全事件造成的不利影响，国家安全态势逐渐回升，直至恢复到初始状态。此时，需复盘前述阶段国家安全韧性作用过程以改进应急预案、提升国家安全韧性能力，并设计压力测试，模拟威胁与国家安全韧性作用过程，以备同类威胁攻击时实现迅捷高效抵御，因此，在此阶段国家安全态势曲线呈前期缓慢下降，后期加速上升趋势。此后，将国家安全学习免疫阶段形成的国家安全韧性作用经验向相关各方共享，促进国家安全辐射提升，使得国家安全状态跃升到更高的层级（国家安全新常态）。一次国家安全事件发生后，仍可能继续遭受威胁，在“威胁发生发展—国家安全韧性作用”循环中，不断改善国家安全韧性作用，国家安全态势曲线进入下一周期。

（二）国家安全韧性作用的三种状态

国家安全韧性能力的衡量与评价是国家安全韧性建设的重要环节，国家安全韧性能力可由国家安全韧性作用状态体现（黄弘等，2020）。因此，有必要从理论层面，解析国家安全韧性作用状态，如图 9-4 所示。具有国家安全韧性能力，并不一定能发挥国家安全韧性作用，只有在承受威胁或国家安全事件，并逐渐适应、恢复过程中，才能发挥国家安全韧性作用。国家安全韧性作用是国家安全韧性能力的外显发挥，国家安全韧性能力是国家安全韧性作用的能力依托。在国家安全韧性发挥作用过程中，由于国家安全韧性能力和威胁的差异化特性，国家安全韧性作用状态有强弱之分。若国家安全韧性能力恰能支撑国家安全状态复原，则称此国家安全韧性作用状态为临界状态；若威胁超出国家安全韧性能力，则称此国家安全韧性作用状态为疲弱状态；若国家安全韧性能力可覆盖威胁，则称此国家安全韧性作用状态为强劲状态。

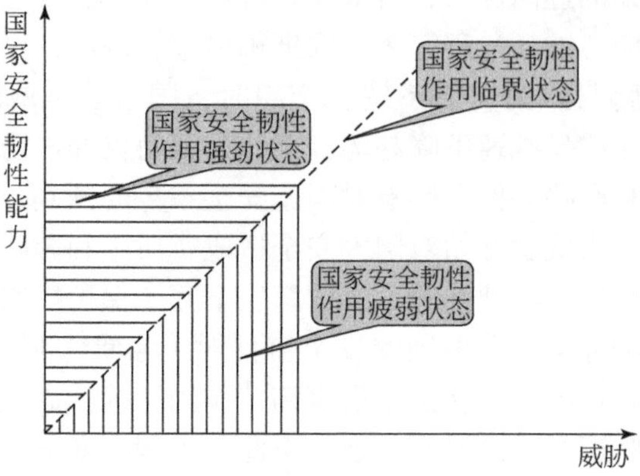

图 9-4　国家安全韧性作用状态图解

（三）国家安全韧性作用的四种类型

面对不同类型的威胁，需采取与之适配的国家安全韧性作用形式。根据威胁的强弱和时间分布，可将国家安全韧性作用形式分为四类：缓弱型、缓强型、急弱型和急强型，如图 9-5 所示。

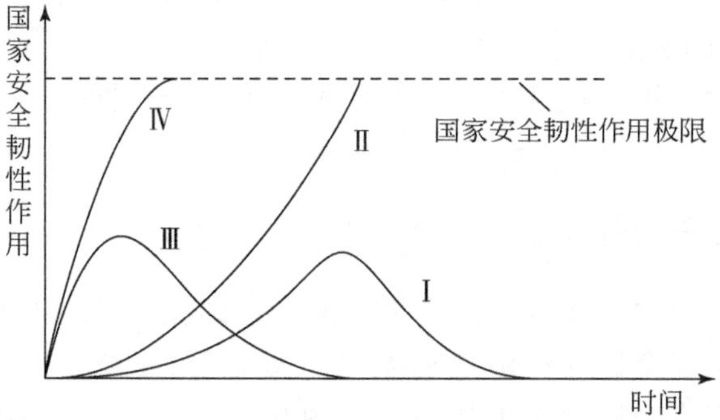

图 9-5　国家安全韧性作用类型图解

Ⅰ—缓弱型国家安全韧性作用；Ⅱ—缓强型国家安全韧性作用；Ⅲ—急弱型国家安全韧性作用；Ⅳ—急强型国家安全韧性作用

国家安全韧性作用受限于国家安全韧性能力，存在国家安全韧性作用极限。若威胁超出国家安全韧性能力，则国家安全韧性作用曲线将达到国家安全韧性作用极限，此时，国家安全韧性失效，如图 9-5 中曲线Ⅱ、Ⅳ所示。若国家安全韧性能力可覆盖威胁，则国家安全韧性作用曲线位于国家安全韧性作用极限以下，曲线有先升后降的变化过程，如图 9-5 中曲线Ⅰ、Ⅲ所示。此外，国家安全韧性作用形式还与威胁的时间分布紧密相关。若威胁迅急影响国家安全，后续减缓，则国家安全韧性作用曲线高速上升，如图 9-5 中曲线Ⅲ、Ⅳ所示；若威胁缓慢影响国家安全，则国家安全韧性作用曲线低速上升，如图 9-5 中曲线Ⅰ、Ⅱ所示。

（四）国家安全韧性作用的四种结果

从理论层面看，国家安全受影响程度随威胁的增强而愈加严重。但由于具有一定的国家安全韧性能力，因此，国家安全受影响程度由国家安全韧性能力与威胁的相互制衡作用决定。若威胁过小，不足以触发国家安全韧性作用，则国家安全不受影响。若威胁达到触发国家安全韧性作用的程度，则国家安全开始受影响，但较短时间内可复原。若威胁达到影响国家安全韧性能力的程度，则国家安全可能受到深远影响，需长时间修复。若威胁导致国家安全韧性失效，则可能导致系统性崩溃。综上，根据国家安全韧性能力与威胁的相互制衡关系，可将国家安全韧性作用结果分为四类，分别为：国家安全不受影响、国家安全较短时间可复原、国家安全需长时间修复和国家安全系统性崩溃，如图 9-6 所示。

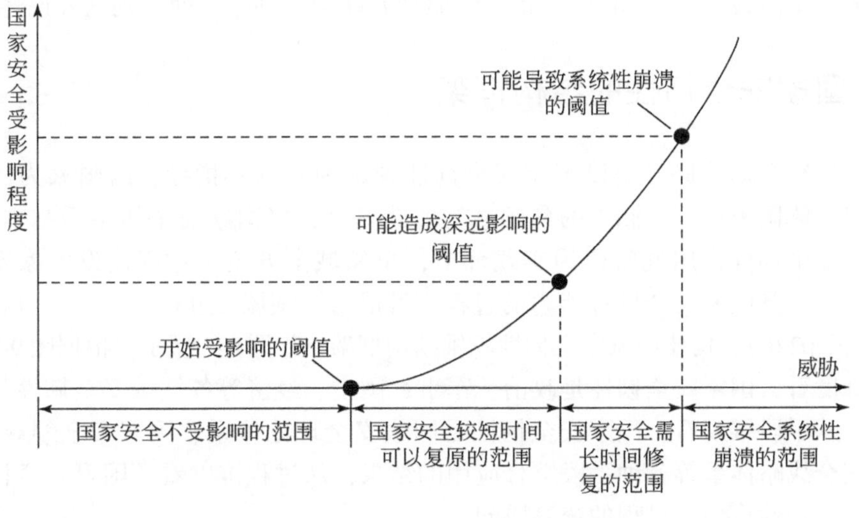

图 9-6　国家安全韧性作用结果图解

三、本节结语

本节主要从作用过程角度构建国家安全韧性理论模型，并从国家安全韧性作用的阶段、状态、类型和结果四方面出发进行模型解析。通过本节学习发现，国家安全韧性作用包含国家安全态势感知、国家安全敏捷反应、国家安全威胁防御、国家安全事件缓冲、国家安全状态适应、国家安全状态恢复、国家安全学习免疫、国家安全辐射提升和国家安全持续改进九大阶段；临界、疲弱和强劲三种状态；缓弱、缓强、急弱和急强四种类型；国家安全不受影响、国家安全较短时间可复原、国家安全需长时间修复和国家安全系统性崩溃四种结果。

第四节　国家安全韧性提升路径

提升国家安全韧性的目的是使国家安全受到威胁影响时可韧性恢复至可接受的安全状态。国家安全是一类典型复杂巨系统安全问题（王秉等，2019），因此，国家安全韧性是各具体领域安全韧性、各种安全治理手段，以及国家安全韧性作用全过程的综合集成，国家安全韧性亦是一类复杂巨系统。为探究国家安全韧性提升路径，围绕国家安全韧性的结构框架、防御机制和驱动源展开分析，提出“一个框架+三道防线+双轮驱动”的提升路径，其中“一个框架”指国家安全韧性的三维结构框架，“三道防线”指类比人体免疫系统三道防线提出的国家安全韧性的三道防线，“双轮驱动”指系统驱动和能力驱动，下面分别展开论述。

一、国家安全韧性的结构框架

国家安全韧性提升是以国家安全韧性理论为基础和指导，以国家为实践主体，以总体国家安全观涵盖的各领域为实践场域，以国家安全体系为基本依托，以国家安全韧性作用九阶段为实践环节，全领域全方位全过程建设国家安全韧性，不断提升国家安全韧性能力的过程。可根据“领域—过程—手段”分析框架（王秉，2022b），构建国家安全韧性三维结构框架，如图9-7所示。根据图9-7，从领域维度看，国家安全韧性是政治、军事、国土、经济等各领域安全韧性的整体涌现；从手段维度看，国家安全韧性是国家安全理论体系、国家安全领导体制、国家安全战略体系等各种手段综合应用的结果；从过程维度看，国家安全韧性是国家安全韧性作用全过程的统筹协同。

二、国家安全韧性的三道防线

高韧性系统是提升国家安全韧性的重要学习依凭。其实，人类就是典型的高韧性系统，尽管只有数百万年历史，但人类已凭借自身的高韧性能力成功抵御无数困难与挑战，诸如瘟疫、霍乱、天花等（周园，2021）。人类的高韧性能力源于人体强大的防御体系——免疫系统。人体的免疫系统共有三道防线，类比人体

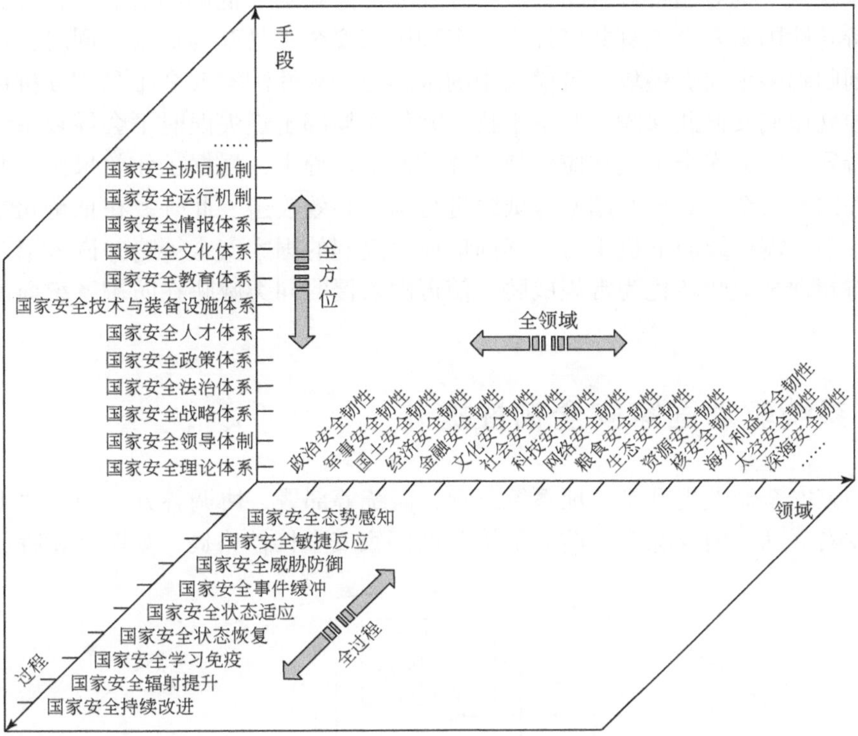

图 9-7　国家安全韧性三维结构框架

免疫系统的三道防线，这里提出国家安全韧性的三道防线，下面进行详细阐释。

第一道防线——国家安全防护屏障，第一道防线可阻挡多数威胁的入侵和冲击，它主要由基础性避灾体构成。例如，物理空间避灾体：蓄滞洪区、疫苗、生态防护林、安全监测系统、反导系统、核武器等；社会空间避灾体：耕地红线制度、双重预防机制、国家安全相关法律法规、国家安全文化共同体、国家外交手段等；信息空间避灾体：防火墙、加密系统、防入侵系统等（王秉等，2023d）。

第二道防线——面向常规威胁的国家安全指挥控制系统，它主要由国家安全态势感知系统、国家安全工作人员和国家安全体制机制构成。国家安全态势感知系统感知常规威胁的诱发源和攻击路径，预测国家安全态势变化；国家安全工作人员在应急预案和国家安全体制机制的规约和指导下，开展国家安全工作，采集相关威胁情报，并采取措施消除常规威胁。

第三道防线——面向超常规威胁的国家安全指挥控制系统，它主要由顶层国家安全领导机构和特异性国家安全工具构成。顶层国家安全领导机构针对超常规威胁，部署开展威胁情报收集、分析工作，生成国家安全策略，制造并应用特异性国家安全工具对超常规威胁开展特异性应对。甄别、抵御和适应等各种功能由多种特异性国家安全工具共同发挥，多种国家安全工具互为后备。同时，将威胁分散划归到多个独立模块，各模块中的威胁与特异性国家安全工具相互抗衡，各模块独立作战又彼此保障，互不干扰，确保在局部出现失误时不会导致系统性崩溃。特异性国家安全工具在应对特定威胁冲击过程中，根据工作效果优化并复制特异性国家安全工具，对超常规威胁进行精准高效攻击。此外，在抵御超常规威胁过程中，需持续向危机学习，逐渐形成可复制的国家安全策略并嵌入第二道防线，将超常规威胁转化为常规威胁，使再次入侵的同类威胁在防御系统面前无所遁形。

三、系统驱动国家安全韧性提升

国家安全韧性提升是一项系统工程，需统筹部署，协调各方，构建“上下贯通、左右联动、内外综合、前后衔接”的国家安全韧性格局，如图9-8所示。

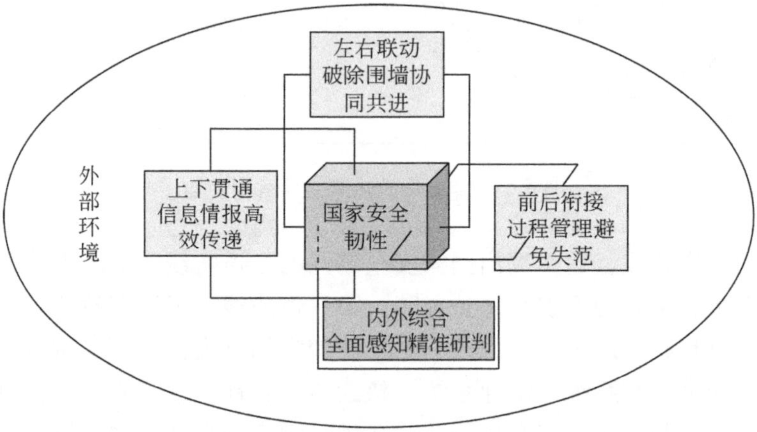

图9-8 系统视域下的国家安全韧性建设框架

（一）上下贯通，情报信息高效传递

在国家安全韧性作用过程中，国家安全态势感知贯穿国家安全韧性作用全过程。国家安全态势感知生成的国家安全情报信息对国家安全韧性作用的各阶段均至关重要，国家安全情报信息应在国家安全体系中高效传递（王秉等，2023e）。然而，当前科层制的组织结构造成圈层阻隔与信息割据，对国家安全情报信息的高效传递形成阻滞，影响国家安全韧性能力。因此，为避免国家安全情报信息传

递失真，促进国家安全情报信息高速流通、高效传递，需建立上下贯通的国家安全情报信息传递通道。现已建立一批国家安全情报信息传递与共享平台，如全国传染病与突发公共卫生事件监测直报信息系统、国家救灾防病报告管理信息系统、国家传染病自动预警系统、国家突发事件预警信息发布系统、国家信息安全漏洞共享平台等。当前的国家安全情报信息传递与共享平台依然有限，还需进一步建立覆盖范围更广、情报信息准确率更高、流通传递更加高效的上下贯通式国家安全情报信息系统。此外，国家安全韧性提升还需依托垂直管理体制，特别是受到突发重大国家安全事件冲击时，纵向专门化顶层领导机构的直接管理，有益于统筹协调涉及国家安全的重大事项和重要工作，有益于提升国家安全工作的效率和专业化水平。

（二）左右联动，破除围墙协同共进

国家安全韧性提升需各领域、各手段、各环节统筹协同。从领域维度看，总体国家安全观包含的各领域安全并非相互独立、彼此分割的"孤岛"，而是紧密连接、相互交织的"通衢"，某一领域安全韧性的提升会对其他领域安全韧性产生正外部性，某一领域安全韧性的下降会对其他领域安全韧性产生负外部性。因此，各领域安全韧性应全盘谋划、统一部署、协同共建、同步提升。从手段维度看，国家安全理论体系、国家安全领导体制、国家安全战略体系、国家安全法治体系、国家安全政策体系、国家安全人才体系等国家安全韧性手段是相辅相成、互为依托、彼此促进的。在国家安全韧性实践中，各种国家安全韧性手段不是各出奇招的"单兵战"，往往是统筹谋划、协同发力的"组合拳"。任一国家安全韧性手段在顶层设计中都需同时兼顾对其他手段的影响，协同考虑、协同设计、协同部署、协同共建。从过程维度看，国家安全态势感知、国家安全敏捷反应、国家安全威胁防御等九阶段的建设，是环环相扣、层层递进、密不可分的。因此，在国家安全韧性各阶段建设过程中均需同时设计向下一阶段转换的过渡机制，使各阶段平稳过渡，提升整体国家安全韧性能力。例如，国家安全态势感知阶段需考虑威胁达到何种强度时，启动国家安全敏捷反应；国家安全敏捷反应阶段需考虑何时部署相关国家安全工作人员，并分配所需物资与经费等基础保障；国家安全威胁防御阶段需设定威胁达到何种程度时可被判识为国家安全事件进入国家安全事件缓冲阶段；国家安全事件缓冲阶段需逐步解构威胁诱发源与攻击路径；国家安全状态适应阶段需判断何时发起弹性抵御，以恢复至国家安全状态；等等。

（三）内外综合，全面感知精准研判

《中华人民共和国国家安全法》规定，"国家安全工作应当统筹内部安全和

外部安全……”①。因此，国家安全韧性提升亦应同时关注内部安全与外部安全，在厘清国内国际两方面威胁之间的相互关系的基础上，统筹应对国内国际两方面威胁。概括看，国内国际两方面威胁之间可能存在相似相同、级联传导和应对措施相互矛盾等关系。所谓相似相同关系，是指国内国际两方面威胁具有相似性或基本相同，此时，采用类似或同一套国家安全韧性机制和策略可应对两类威胁。所谓级联传导关系，是指威胁可能跨域溢散和蔓延，应对这类溢出型威胁需及时采取措施防止威胁扩散巨化。所谓应对措施相互矛盾关系，是指应对国内国际两方面威胁的手段可能存在矛盾，即应对内部威胁与外部威胁的国家安全韧性机制和策略相互制约，此时，应全面感知国家安全态势，进行综合考量。总而言之，国家安全韧性提升应全面感知国内国际两方面威胁，统筹兼顾内部安全和外部安全，综合协调应对内部威胁与外部威胁的国家安全韧性机制和策略。例如，2022年11月，美国总统拜登签署《关于加强美国食品和农业安全及韧性的国家安全备忘录》，该文件从美国国内威胁和全球威胁复合角度提出提升美国食品和农业安全韧性的政策②。

（四）前后衔接，过程管理避免失范

国家安全韧性提升是一项长期系统工程，历经规划、设计、部署、执行、建立、运行、反馈、评价和改进九阶段。各阶段间的过渡过程可能产生摩擦或错位。例如，国家安全韧性提升规划与设计可能产生摩擦，“蓝图”式规划可能难以落到纸面，形成设计方案，国家安全韧性提升设计也可能偏离规划；国家安全韧性提升设计与部署之间可能产生不对称，国家安全韧性提升设计更多是理论层面的通用性、普适性设计，而国家安全韧性部署中直接接触真实环境，面对各种不确定性，可能与国家安全韧性提升设计时的条件参数存在偏差，甚至可能出现新型控制变量；国家安全韧性提升的战略部署与战术执行之间可能产生错位，执行过程中可能偏离既定部署计划，或者既定部署计划可能与实际不符等。因此，在国家安全韧性提升过程中，为确保前后衔接，需强化过程管理与及时反馈，避免失范。例如，以推动各国韧性提升为目标的《2015–2030年仙台减少灾害风险框架》在2015年通过后，联合国减少灾害风险办公室于2023年发布对其实施进

---

① 中国政府网：《中华人民共和国国家安全法》，https://www.gov.cn/zhengce/2015-07/01/content_2893902.htm(2015-07-01)[2023-03-20].

② The White House: FACT SHEET: Biden-Harris Administration Releases National Security Memorandum to Strengthen the Security and Resilience of U.S. Food and Agriculture, https://www.whitehouse.gov/briefing-room/statements-releases/2022/11/10/fact-sheet-biden-harris-administration-releases-national-security-memorandum-to-strengthen-the-security-and-resilience-of-u-s-food-and-agriculture(2022-11-10)[2023-03-20].

展的审查报告，用以为各国校正实施方向提供依据和建议①。

四、能力驱动国家安全韧性提升

当前，国家安全战略制定已逐步由基于威胁的应对型模式过渡为基于能力的塑造型模式（闪淳昌等，2015）。因此，国家安全韧性提升应以能力为导向，以提高国家安全韧性能力为目标。国家安全韧性能力是一组国家安全能力的综合集成，是一种综合国家安全能力。根据国家安全韧性作用九阶段的内涵与能力需求，总结出国家安全韧性能力的十四种子能力和二十五条提升路径，如表 9-3 所示。

表 9-3　基于能力的国家安全韧性提升路径

国家安全韧性九大阶段	国家安全韧性能力的十四种子能力	国家安全韧性提升的二十五条路径
1 国家安全态势感知	1.1 国家安全态势感知能力	1.1.1 “物理-社会-信息”三元空间国家安全态势感知
		1.1.2 国家安全态势推演
		1.1.3 国家安全威胁预警机制
2 国家安全敏捷反应	2.1 国家安全敏捷响应能力	2.1.1 国家安全威胁分级响应机制
		2.1.2 国家安全科学决策机制
	2.2 国家安全资源保障能力	2.2.1 国家安全资源储备机制
	2.3 国家安全动员宣传能力	2.3.1 国家安全宣传教育机制
3 国家安全威胁防御	3.1 国家安全统筹部署能力	3.1.1 顶层领导机构统筹部署机制
		3.1.2 各层级协同治理机制
	3.2 国家安全威胁防御能力	3.2.1 国家安全威胁防御机制
4 国家安全事件缓冲	4.1 国家安全风险分散能力	4.1.1 模块化拆分，分散国家安全威胁
	4.2 国家安全事件缓冲能力	4.2.1 国家安全冗余保护
		4.2.2 国家安全后备体系
5 国家安全状态适应	5.1 国家安全状态适应能力	5.1.1 透析国家安全事件的诱发源与攻击路径
		5.1.2 国家安全状态自适应机制

① “一带一路”自然灾害防治和应急管理国际合作机制：《〈2015-2030 年仙台减少灾害风险框架〉执行情况中期审查报告》，http://www.bridrrem.net/zcyj/bgfb/202305/t20230512_450377.html(2023-05-12)[2023-09-17].

续表

国家安全韧性九大阶段	国家安全韧性能力的十四种子能力	国家安全韧性提升的二十五条路径
6 国家安全状态恢复	6.1 国家安全策略优化能力	6.1.1 基于动态国家安全态势感知的国家安全策略生成机制
	6.2 国家安全状态恢复能力	6.2.1 推动国家安全工作机制优化升级
		6.2.2 适当为基层国家安全工作人员赋权，激活恢复力
7 国家安全学习免疫	7.1 国家安全事件学习能力	7.1.1 找短板、查弱项，强化薄弱环节
		7.1.2 压力测试
		7.1.3 积极探索国家安全新技术、新模式、新机制
8 国家安全辐射提升	8.1 国家安全体系优化能力	8.1.1 共享国家安全威胁的特性、识别方式、攻击路径与治理措施等
		8.1.2 国家安全体系整体优化
9 国家安全持续改进	9.1 国家安全持续改进能力	9.1.1 建立长效机制，提升国家安全韧性体系的抗疲劳能力
		9.1.2 文化兴安，加强国家安全文化建设

根据表9-3，对基于能力导向视角的国家安全韧性提升的二十五条路径进行分阶段分析，具体阐述如下。

1）国家安全态势感知阶段的能力需求主要为国家安全态势感知能力。提升国家安全态势感知能力的路径是进行“物理–社会–信息”三元空间国家安全态势感知和国家安全态势推演，全面感知国家安全态势，生成三元空间国家安全态势情报，并建立国家安全威胁预警机制，使国家安全威胁预警机制与国家安全态势情报相匹配。国家安全工作人员借助国家安全态势感知系统，精准识别各级各类威胁的先兆信号，建立常态化国家安全威胁图景，并及时排查治理。同时，针对威胁可能造成的不利影响与后果，建立相应的威胁应对预案。此外，国家安全威胁应急演练也是国家安全威胁预警机制的重要组成部分。组织国家安全相关部门共同参与压力测试和实战演练的筹备规划、组织执行和效果评估过程，通过演练发掘国家安全威胁预警机制的潜在漏洞，对国家安全威胁预警机制进行迭代改进与持续优化。

2）国家安全敏捷反应阶段的能力需求主要为国家安全敏捷响应能力、国家安全资源保障能力和国家安全动员宣传能力。提升国家安全敏捷响应能力的路径是建立国家安全威胁分级响应机制和国家安全科学决策机制。根据第一阶段国家安全威胁预警情况，结合实际威胁冲击情况，实现威胁的分级响应，再根据响应等级和国家安全态势情报，实现基于数字技术辅助的智慧决策，以生成服务于国家安全敏捷反应的资源储备与组织动员方案。明确国家安全威胁分级响应的流程和机制，需对不同类型、不同程度的威胁进行分级，制定针对不同威胁级别的具体分层级响应流程和机制，明确国家安全各部门的权责、响应方式和响应时间等，并通过法律法规、规章制度等体现（姜传胜和曾明荣，2021）。针对超常规威胁，需充分考虑其特殊性，在常规威胁分级响应机制的基础上，设计适当的弹性空间，一事一议，还可设计针对超常规威胁的特殊响应级别。建立国家安全科学决策机制，需建立高效透明的国家安全情报信息传达和反馈通路，以确保威胁冲击时，国家安全情报信息可同层和跨层高效传递，使国家安全决策机构能及时获取国家安全情报信息并作出决策部署。在国家安全决策中，针对不同类型和级别的威胁，及时引入相关智库机构和专家学者等，形成专业化会商决策机制。提升国家安全资源保障能力的路径是建立国家安全资源储备机制，根据国家安全资源储备方案，配套国家安全资源储备机制，保障国家安全资源的储量与运力。提升国家安全动员宣传能力的路径是建立国家安全宣传教育机制，形成集编撰国家安全教育读本、开展全民国家安全教育日活动、举办国家安全专题宣讲、普及国家安全法律法规、组织国家安全知识竞赛等内容于一体的系列活动方案，以提升全民国家安全素养。此外，建立统一的宣传与沟通界面，保障官方权威信息发布的一致性和及时性，亦是国家安全动员宣传机制的重要支撑。利用统一的宣传与沟通界面传达有效国家安全信息（基于事实的国家安全信息，如威胁发展态势、应急预案、国家安全法律以及国家安全策略等），提升国家安全信息透明度，筑牢国家安全人民防线，以形成国家安全共同体。

3）国家安全威胁防御阶段的能力需求主要为国家安全统筹部署能力和国家安全威胁防御能力。提升国家安全统筹部署能力的路径是建立顶层领导机构统筹部署机制和国家安全工作各层级协同治理机制。在国家安全威胁应对过程中，由顶层领导机构统筹引领，明确威胁应对的方针与原则，明确国家安全工作各层级的权责。发挥顶层领导机构在统筹、引导、协调国家安全工作各层级分工方面的作用，保障各层级协作的高效性和国家安全资源的优化配置。除顶层领导机构的指挥统筹外，在受威胁冲击时，国家安全工作各层级间亦需加强横向协作，互相支持调配物资、人力和资金等资源，彼此协作，共同抵御威胁。此外，应鼓励跨领域协作，建立相同目标下的功能集群，从保障国家安全角度出发，构建跨领域协作机制。提升国家安全威胁防御能力的路径是建立国家安全威胁防御机制。设计应对国家安全威胁的通用型国家安全策略，用以抵御常规威胁。针对突发超常规威胁，顶层领导机构联合相关智库机构和专家学者等共同制定专门型国家安全策略。根据国家安全策略，由相关国家安全工作人员，统筹物资配发与经费保障，并采取积极防御措施。

4）国家安全事件缓冲阶段的能力需求主要为国家安全风险分散能力与国家安全事件缓冲能力。提升国家安全风险分散能力的路径是借助国家安全态势情报和国家安全威胁预警，将可能受国家安全事件冲击的地域、领域、行业等预先划分为独立分散单元，国家安全工作人员针对各单元展开单独应对，以压缩国家安全事件的冲击面，降低国家安全工作难度，避免系统性崩溃。需说明的是，若已发生国家安全事件，且国家安全事件极具扩散性与传播力，则需进行隔离处置，在各单元间设置壁垒，用以阻滞国家安全风险溢散蔓延。提升国家安全事件缓冲能力的路径是国家安全冗余保护和建立国家安全后备体系。国家安全冗余保护是为威胁设置稍过量的国家防御设施储备，以提升国家安全防御系统的可靠性。国家安全后备体系是指通过设置国家安全功能设施设备的多重备份来保障国家安全。

5）国家安全状态适应阶段的能力需求主要为国家安全状态适应能力。提升国家安全状态适应能力的路径是透析国家安全事件的诱发源与攻击路径、建立国家安全状态自适应机制。在国家安全状态适应阶段，需透析国家安全事件的诱发源与攻击路径，并根据国家安全事件的发生发展模式生成配套的国家安全策略，以实现国家安全韧性作用与威胁的抗衡。国家安全状态自适应机制是指在国家安全韧性作用与威胁抗衡中，根据反馈信息，及时调整优化国家安全韧性机制，以适应震荡变化的国家安全态势。

6）国家安全状态恢复阶段的能力需求主要为国家安全策略优化能力和国家安全状态恢复能力。提升国家安全策略优化能力的路径是建立基于动态国家安全态势感知的国家安全策略生成机制。在国家安全状态适应阶段，已逐渐明晰威胁的诱发源与攻击路径，若向国家安全状态恢复阶段过渡，顶层领导机构需联合相关智库机构和专家学者等，根据国家安全态势感知结果，优化国家安全策略。提升国家安全状态恢复能力的路径是推动国家安全工作机制优化升级、适当为基层国家安全工作人员赋权，激活恢复力。国家安全工作机制优化升级除需依凭改进的国家安全策略，还需调整重塑各层级国家安全工作人员间的连接模式，以及应对国家安全事件时的协同共治结构。由于国家安全事件不确定性大，国家安全态势情报具有一定失误率，因此，应适当为基层国家安全工作人员赋权，支持基层国家安全工作人员充分发挥能动性，特别是面对超常规国家安全事件，更应在统一的指导方针和纲领指引下，允许基层国家安全工作人员根据现实情况进行灵活的适应性调整，以实现国家安全状态恢复目标。

7）国家安全学习免疫阶段的能力需求主要为国家安全事件学习能力。提升国家安全事件学习能力的路径是找短板、查弱项，强化薄弱环节，进行压力测试，以及积极探索国家安全新技术、新模式、新机制。事后学习是提升国家安全韧性能力的重要环节。顶层领导机构联合相关智库机构和专家学者等共同开展国家安全事件反思学习活动，复盘国家安全事件应对中存在的短板与弱项（包括国家安全态势情报的精准性、国家安全敏捷反应的高效性、国家安全威胁防御的有效性、国家安全事件缓冲的可靠性、国家安全事件抵御的适应性、国家安全态势的可塑性等），及时优化国家安全韧性机制。改进后的国家安全韧性机制需经压力测试，进行效果检验。此外，还需积极探索国家安全新技术、新模式、新机制，以实现国家安全韧性能力的跳跃式提升。例如，《中华人民共和国国家安全法》规定，“鼓励国家安全领域科技创新，发挥科技在维护国家安全中的作用”。

8）国家安全辐射提升阶段的能力需求主要为国家安全体系优化能力。提升国家安全体系优化能力的路径是共享威胁的特性、识别方式、攻击路径与治理措施等，推动国家安全韧性体系整体优化。共享国家安全威胁情报是高阶的“向事件学习”。将一次国家安全事件中获取的国家安全威胁的特性、识别方式、攻击路径与治理措施等，向各领域、各部门共享，以促进国家安全体系和能力的系统性优化升级。

9）国家安全持续改进阶段的能力需求主要为国家安全持续改进能力。提升国家安全持续改进能力的路径是建立长效机制，提升国家安全韧性体系的抗疲劳能力，以及文化兴安，加强国家安全文化建设。当前，国家安全威胁的冲击愈加高频，因此，为实现高频冲击下的国家安全，需建立长效机制，提升国家安全韧性体系的抗疲劳能力。此外，为实现国家安全持续改进，还需创新国家安全教育体系，提升全民国家安全意识和素养，厚植国家安全根基。

五、本节结语

本节主要从国家安全韧性的结构框架、防御机制和驱动源三方面出发探究国家安全韧性提升路径，提出“一个框架+三道防线+双轮驱动”的提升路径，其中，“一个框架”是国家安全韧性的三维结构框架。“三道防线”是类比人体免疫系统三道防线提出的国家安全韧性的三道防线。“双轮驱动”是系统驱动和能力驱动，系统驱动指国家安全韧性提升是一项系统工程，需统筹部署，协调各方，构建“上下贯通、左右联动、内外综合、前后衔接”的国家安全韧性格局；能力驱动指国家安全韧性能力是一组国家安全能力的综合集成，是一种综合国家安全能力，本节尝试从能力角度出发总结出国家安全韧性能力的十四种子能力和二十五条提升路径。

※本章小结※

国家安全韧性是国家安全系统学的学科关键问题之一。为探索国家安全韧性，明晰何为国家安全韧性及如何提升国家安全韧性，本章立足世界百年未有之大变局，面向夯实国家安全韧性理论基础和提升国家安全韧性，系统梳理国家安全韧性研究与实践现状，深度解析国家安全韧性内涵，在此基础上从作用过程角度构建国家安全韧性理论模型，提出国家安全韧性提升路径。通过本章学习，主要得到以下四方面认识。①国家安全能力建设应关注提升国家安全韧性，国家安全韧性是立足百年未有之大变局推进国家安全能力现代化的新命题。②国家安全韧性是指国家安全在受到威胁影响时历经调整、适应、恢复、学习和改进等环节的作用过程，以及保障国家维持安全状态的应变、适应与恢复能力。③国家安全韧性作用包含国家安全态势感知、国家安全敏捷反应、国家安全威胁防御、国家安全事件缓冲、国家安全状态适应、国家安全状态恢复、国家安全学习免疫、国家安全辐射提升和国家安全持续改进九大阶段；临界、疲弱和强劲三种状态；缓弱、缓强、急弱和急强四种类型；国家安全不受影响、国家安全较短时间可复原、国家安全需长时间修复和国家安全系统性崩溃四种结果。④国家安全韧性提升路径是“一个框架+三道防线+双轮驱动”。“一个框架”指国家安全韧性三维结构框架。“三道防线”指类比人体免疫系统三道防线提出的国家安全韧性的三道防线，其中，第一道防线是国家安全防护屏障，第二道防线是面向常规威胁的国家安全指挥控制系统，第三道防线是面向超常规威胁的国家安全指挥控制系统。“双轮驱动”指系统驱动和能力驱动，其中，系统驱动是指国家安全韧性建设是一项系统工程，需统筹部署、协调各方，构建“上下贯通、左右联动、内外综合、前后衔接”的国家安全韧性格局；能力驱动是指国家安全韧性提升应以能力为导向，以提升国家安全韧性能力为目标。

国家安全韧性是立足百年未有之大变局推进国家安全能力现代化的新命题，是国家安全底线思维和极限思维的应用与体现，是统筹维护国家安全和塑造国家安全的实践路径，是实现高水平安全的行动注解。然而，目前，国家安全韧性理论研究尚处起步阶段，与国家安全实践韧性需求不相适应，亟待开展广泛深入研究。本章仅是国家安全韧性领域的初步探索性研究，难免存在疏漏，未来仍需继续开展深入研究。

第十章　国家安全系统学的可能分支

※本章导读※

理论而言，一门成熟的学科需由若干门分支学科构成。例如，目前国家安全学和系统科学均已发展出一系列分支学科。国家安全系统学作为一门新学科，尽管目前讨论它的学科分支显得有些为时过早，但为了引导国家安全系统学科学、健康、可持续发展，同时为国家安全学各分支学科建设发展提供系统角度的共性理论基础，极有必要在国家安全系统学建立之初就对可能形成的国家安全系统学学科分支进行论证、规划和展望，以期为国家安全系统学未来发展勾勒一个清晰、科学而严谨的蓝图。鉴于此，本章主要研究国家安全系统学的分支学科体系，尝试提出国家安全复杂学、国家安全混沌学、比较国家安全学、国家安全体系学和国家安全能力学五大可能分支。

第一节　国家安全复杂学

目前，复杂性国家安全问题在国家安全研究与实践中愈发突出，对国家安全学理论创新和实践工作提出了新要求。在国家安全各具体领域的复杂性问题研究中，学界已经取得一定研究成果，特别是国家安全的复杂性在学界达成广泛共识（本书第四章专门论述国家安全复杂性）。为应对复杂性国家安全问题，本节提出专门研究复杂性国家安全问题的国家安全系统学学科分支——国家安全复杂学（王秉等，2023b）。

一、学科的必要性与合法性

学科的必要性与合法性是学科创建的前提和学科永续发展的基石，下面从国家安全的复杂性、学科的构成和发展、学科独立性及学科普适性四方面出发，论述学科的必要性与合法性。

第一，从国家安全的复杂性角度看，国家安全的复杂性为国家安全复杂学的创建提供了基本前提和充分可能。国家安全的复杂性主要体现在三方面（详见本书第四章）：一是认识论层面的国家安全的复杂性，包括国家安全实践主体的复杂性、国家安全体系和能力的复杂性、国家重大利益的复杂性、国家安全关系的复杂性和国家安全实践环境的复杂性；二是方法论层面的国家安全学研究与实践方法的复杂性；三是实践论层面的国家安全实践路径的复杂性。复杂性科学是专门研究复杂性现象和问题的学科，可为国家安全的复杂性研究与实践提供理论、方法与技术支撑。因此，国家安全的复杂性研究与实践亟待复杂性科学助力。

第二，从学科的构成和发展角度看，国家安全复杂学是国家安全学与复杂性科学交叉领域势在必建的新学科。一门成熟的学科由一系列分支学科构成，学科的发展既需要纵向开展深入的细化研究，亦需横向构建和发展更多的分支学科，以不断充实和完备学科体系。国家安全学理应由诸多分支学科（如国家安全战略学、国家安全情报学、国家安全法学、国家安全经济学及国家安全教育学等）构成。复杂性科学已应用至经济学、管理学、教育学、社会学、哲学、生物学和安全科学等诸多学科领域，并发展出应用层面的系列复杂性科学分支学科（如复杂经济学、复杂系统管理、复杂性教育学、复杂社会学、复杂系统哲学、复杂系统生物学及安全复杂学等）（阿瑟，2018；盛昭瀚和于景元，2021；多尔，2016；殷杰，2017；范冬萍，2020；吴超，2021）。鉴于此，作为复杂性科学的应用型学科和国家安全学的上游指导型支撑学科，国家安全复杂学是复杂性科学和国家安全学交叉领域势在必建的国家安全学的学科分支。

第三，从学科独立性角度看，国家安全复杂学具有学科独立性。国家安全复杂学的学科独立性主要体现在研究对象、研究内容和学科功能的独立性三个方面。首先，一门学科可以相对独立存在的首要条件是具有明确、特定且排他性的研究对象，这是区分不同学科的重要标志，亦是学科研究内容体系和研究方法体系的基石。国家安全复杂学以国家安全的复杂性为研究对象。根据复杂性科学，复杂性有一整套评判标准，国家安全复杂性的评判标准保证了国家安全复杂学研究对象的独立性与排他性。其次，国家安全复杂学以国家安全复杂性现象、思想、概念、原理和规律等为研究内容，其研究内容具有独立性。同时，国家安全复杂学的学科功能既有独立性，也有整合、支撑、辅助和拓展等功能。

第四，从学科普适性角度看，国家安全复杂学具有普适性。一门学科的理论与方法应具有普适性。国家安全复杂学的普适性立基于规律客观性、空间普适性和时间普适性三方面。首先，国家安全的复杂性不以人的意志而转移，具有客观实在性，国家安全复杂性的客观性是国家安全复杂学理论与方法可普适推广的前提。其次，不同国家的国家安全体系、国家安全能力和国家安全实践模式等各不相同，但是各国的国家安全均具有复杂性，各国均需应对复杂性国家安全风险挑战，因此国家安全复杂学具有空间普适性。最后，尽管国家安全复杂性的具体表现随时间演化变迁（如复杂性网络空间安全风险是伴随互联网的出现而衍生的），但国家安全复杂性的一般机理和规律不随时间而变，具有时间普适性。

二、学科定义

国家安全复杂学是复杂性科学在国家安全学领域的应用分支。复杂性科学是探究复杂系统的复杂性来源与表现，研究在构成复杂系统的众多子系统之间及其与环境之间的相互作用下，复杂系统演化产生整体涌现特性、行为与功能等的机理和一般规律的科学（李士勇等，2006）。根据复杂性科学的含义，国家安全复杂学是从国家安全系统的复杂性出发，以“国家安全的本质是复杂巨系统安全”为基础依据，以国家安全的复杂性为研究对象，以国家安全学和复杂性科学为学科基础，以国家安全复杂系统的复杂性现象及国家安全复杂系统的特性、结构、功能与演化等为主要研究内容，以防范化解复杂性国家安全风险、实现维护国家安全目标为研究目的的一门新兴交叉综合学科。

根据国家安全复杂学的定义，国家安全复杂学以国家安全学知识体系为基础，融合复杂性科学理论与方法，研究国家安全的复杂性特征及国家安全复杂系统的复杂性机理、复杂运动规律与复杂性治理方法。国家安全复杂学可通过揭示国家安全实践主体、国家安全体系和能力、国家安全关系与国家重大利益以及国家安全实践环境的复杂性特征，并在此基础上充分运用复杂性科学的思维、原理与方法，推进国家安全的复杂性范式建设，以最大限度地优化国家安全研究与实践路径，为基于复杂性范式的国家安全研究与实践提供理论依据与方法支撑，以期解决复杂性国家安全问题，从而进一步丰富国家安全学的理论与方法，推动国家安全学的学理性与内涵式发展。

三、学科属性

与国家安全法学、国家安全情报学和国家安全战略学等学科（多学科互涉的产物）相同，国家安全复杂学是国家安全学与复杂性科学学科互涉的产物。

（一）国家安全复杂学具有边缘学科属性

国家安全复杂学是复杂性科学的思想、理论、方法与技术在国家安全学领域的渗透与应用，国家安全复杂学位于国家安全学与复杂性科学的交叉处，属复杂性科学和国家安全学交叉综合而派生出的边缘性学科（刘仲林，2003）。国家安全复杂学专门研究国家安全学中的复杂性现象及其规律。因而，国家安全学、复杂性科学与国家安全复杂学是一般与特殊、共性与个性的关系。

（二）国家安全复杂学具有综合学科属性

综合学科是指研究对象具有复杂性，必须综合运用多学科的理论、方法与技术开展研究的“软硬兼备”的学科（刘仲林，2003）。在国家安全学现有二级学科中，既有国家安全思想与理论、国家安全战略与国家安全治理这类软学科，亦有国家安全技术这类硬学科（范维澄等，2022）。复杂性科学需用大数据、人工智能、复杂网络、统计物理等多学科交叉综合的方法，研究各类复杂系统。因此，作为国家安全学与复杂性科学这两门典型的综合学科交叉生成的新学科，国家安全复杂学自然属于综合学科。国家安全复杂学的发展，一定程度上取决于复杂性科学和国家安全学的理论更新，国家安全复杂学的发展亦可充实和完备复杂性科学和国家安全学的理论体系。同时，国家安全复杂学研究与实践必然涉及国家安全学的分支学科。因而，国家安全复杂学具有高度的综合性，是国家安全学各分支学科间的媒介学科。

（三）国家安全复杂学具有横断学科属性

横断学科具有普适性、数学化和工具性特点（葛志敏，1989）。国家安全复杂学作为一门横断学科，同样具有这三个特点。第一，国家安全复杂学的普适性。国家安全复杂学基础理论与方法普遍适用于各领域，以及国家安全学分支学科中的复杂性国家安全问题的研究与实践。第二，国家安全复杂学的数学化。作为复杂性科学的下游应用学科，国家安全复杂学具有质性思考与量化分析相结合的研究特点，可为国家安全学的定量研究提供理论与方法支撑。第三，国家安全复杂学的工具性。国家安全复杂学研究范式是各领域及学科中的复杂性国家安全问题研究的重要工具。

四、学科功能

国家安全复杂学的侧重点是解决复杂性国家安全问题，其直接研究目标是明晰国家安全系统的复杂性机理、复杂运动规律与复杂性治理方法，最终研究目标是实现基于复杂性范式的国家安全实践以维护国家安全。基于此，可得出国家安全复杂学的基本任务：在对国家安全复杂性的充分理解基础上，通过运用复杂性科学（包括复杂系统工程）理论、方法与技术，推进国家安全系统的复杂性范式建设，助力国家安全体系和能力建设，实现国家安全实践的科学化、协同化、有序化，以有效防范化解复杂性国家安全风险，提高国家安全系统的复杂适应性。总之，国家安全复杂学的基本任务就是面向维护国家安全这一核心目标，充分利用和发挥国家安全复杂学的学科功能（表 10-1）。

表 10-1　国家安全复杂学的基本功能

功能名称	具体释义
整合功能	第一，国家安全复杂学统筹分析国家安全实践六要素及其相互关系的复杂性现象和复杂运动规律，可实现国家安全实践要素整合。第二，复杂性问题是国家安全各领域各方面的普遍性问题，国家安全复杂学可实现国家安全各领域各方面复杂性问题的整合。第三，国家安全学各分支学科中均有复杂性研究内容，国家安全复杂学可实现国家安全学各分支学科在复杂性维度的整合
支撑功能	国家安全体系和能力建设包括国家安全情报体系和能力、国家安全治理体系和能力、国家安全教育体系和能力、国家安全法治体系和能力等的建设，属于复杂系统工程。国家安全复杂学可为国家安全体系和能力建设提供基础理论与方法支撑
辅助功能	国家安全复杂学可辅助国家安全实践主体理解国家安全实践六要素及其相互关系的复杂性，可为国家安全学提供复杂性研究范式，助力国家安全学学科体系的丰富和发展。同时，鉴于复杂性科学借助数智技术开展研究，国家安全复杂学可为国家安全学研究向定量化与数智化方向发展提供依据和启示（王秉，2022a）
拓展功能	在当今复杂性时代，复杂性思维是国家安全研究者和实践者重新理解和认识国家安全的关键思维（王秉等，2023b）。例如，朱磊（2018）运用复杂性思维研究国家统一问题。国家安全复杂学可拓展国家安全研究者和实践者的思维，有助于促进研究者和实践者运用复杂性思维（包括系统思维、非线性思维、抽象思维与模型思维等）开展国家安全研究与实践工作

五、研究对象

根据国家安全复杂学的定义，国家安全复杂学作为国家安全学和复杂性科学的交叉综合学科，它的研究对象为国家安全复杂巨系统中的复杂性现象与复杂运动。国家安全复杂巨系统是由关涉国家安全的相互联系、相互作用、相互制约的巨量要素组成的，不断演化且具有一定结构的有机整体。国家安全复杂学要求按照复杂性科学的理论与方法审思和研究国家安全复杂巨系统，更加侧重研究国家安全复杂巨系统中的复杂性问题。

就理论而言，对于某一现象的领域所特有的某一种矛盾的研究，就构成某一门科学的研究对象（毛泽东，2006）。在国家安全学领域，存在大量的复杂性现象与复杂运动。这些复杂性现象与复杂运动中特有的基本矛盾即为国家安全的复杂性与现有国家安全治理手段的简单性之间的矛盾。由此观之，将国家安全的复杂性定位为国家安全复杂学的研究对象是科学且合理的。

六、研究内容

国家安全复杂学主要研究国家安全复杂学的学科框架与方法论、国家安全的复杂性现象和复杂运动规律以及国家安全的复杂性治理等。下面分别详细阐释国家安全复杂学的三大研究内容。

第一，国家安全复杂学的学科框架与方法论研究。国家安全复杂学的学科基本问题包括学科的必要性与合法性、学科定义、学科属性、学科功能、研究对象、研究内容与研究方法等。本节就属于国家安全复杂学的学科框架研究。国家安全复杂学的方法论研究主要是从哲学高度，基于哲学、系统科学方法论、复杂性科学方法论及国家安全学方法论等理论，以国家安全复杂学研究为主体，总结凝练对国家安全复杂学的研究方法与研究范式等内容具有宏观指导作用的研究方法，包括国家安全复杂性隐喻方法研究、国家安全复杂性模拟仿真方法研究、国家安全复杂性涌现方法研究和国家安全复杂性大数据方法研究等（范维澄等，2015；李纲等，2021b；巴志超等，2021）。

第二，国家安全的复杂性现象和复杂运动规律研究。研究内容包括国家安全实践主体的复杂性研究、国家安全体系和能力的复杂性研究、国家安全关系的复杂性研究、国家重大利益的复杂性研究、国家安全实践环境的复杂性研究、国家安全问题（包括国家安全风险）的复杂性研究、国家安全治理的复杂性研究和国家安全系统的复杂性演化（包括突变、耗散、湮灭、混沌和自组织等）研究，以及国家安全的复杂性测度研究等。除国家安全的复杂性测度研究外，其他研究内容均已在本书第四章中进行解释，因此这里仅扼要解释国家安全的复杂性测度研究。国家安全的复杂性测度研究，主要研究度量国家安全系统复杂程度的方法与程序。国家安全复杂性测度的结果，即国家安全系统的复杂度，是比较不同研究对象及同一研究对象在不同时期的复杂性的参量，可用于判断国家安全系统的演化方向。在国家安全的复杂性测度中，需先测度解决某一复杂性国家安全问题所消耗的计算资源（计算时间和计算机存储量）的数量（黄欣荣，2006）。

第三，国家安全的复杂性治理研究。运用国家安全学与复杂性科学等多学科理论、方法与技术，从影响国家安全治理的复杂性问题出发，探索面向复杂性问题的国家安全治理逻辑、模式、体制、机制及对策，以期为优化国家安全治理体系、提升国家安全治理能力提供助力，最终实现防范化解复杂性国家安全风险的目的。国家安全的复杂性治理研究包括国家安全系统内部复杂性治理研究与国家安全系统环境复杂性治理研究。其中，国家安全系统内部复杂性治理研究试图从国家安全系统内部的复杂性现象与复杂运动中寻找规律性，探索国家安全系统内部复杂性问题的应对机理与路径；国家安全系统环境复杂性治理研究，主要研究国家安全系统环境中的复杂性风险的防范化解机理与路径，以及从国家安全系统自身出发的应对不确定风险挑战考验的国家安全复杂适应系统建构机理与路径（范如国，2017；王宏伟，2017；李红权和罗思哲，2009）。

七、研究方法

研究方法体系是一门学科开展研究的基础工具与路径指导。研究方法体系可分为研究方法论（观点与原则）和研究方法。国家安全复杂学的研究方法论（观点与原则）有系统观、综合集成方法论、还原方法与整体方法相结合原则及定性分析与定量计算相结合原则等；国家安全复杂学的具体研究方法有隐喻法、模型法、复杂网络法、模拟仿真法、计算方法与数智方法等。国家安全复杂学的研究方法论与研究方法共同构成了国家安全复杂学的研究方法体系，具体解释见表 10-2。

表 10-2 国家安全复杂学的研究方法体系

层次名称	构成要素	具体释义
方法论（观点与原则）	系统观	第一，国家安全的本质是复杂巨系统安全。第二，国家安全问题多是系统性问题。国家安全影响因素间的联系具有普遍性与客观性。国家安全影响因素彼此相互依赖、相互影响、相互制约、相互作用，形成一个整体，偶发性微小扰动易诱发系统性问题。第三，国家安全实践是一项系统工程。综上所述，国家安全复杂学研究与实践应遵循系统观
	综合集成方法论	综合集成方法论要求以复杂巨系统为研究视域，对不同层次、不同领域的国家安全信息和知识进行综合集成，以实现对国家安全的复杂性的定性定量认识（孙东川等，2019）。综合集成方法论是对还原论与整体论、定性与定量、宏观与微观、确定与不确定、自组织与他组织以及各种国家安全思维、理论、模型、方法和技术等的统合。综合集成方法论要求在国家安全复杂学研究与实践中充分运用国家安全方面的所有数据与信息，充分结合多种技术和方法手段
	还原方法与整体方法相结合原则	还原方法是将国家安全复杂巨系统按照一定规则与需求分解为子系统，通过对子系统的分析研究结果来寻求对整体系统的宏观特性分析与内在机制理解。国家安全的复杂性现象与复杂运动过程是国家安全系统要素整体涌现的结果。还原论可以分析和解决局部的问题，但消解了系统的整体涌现特性，难以回应国家安全作为整体的复杂性机制与复杂性问题。整体论是将国家安全视作统一整体，利于分析与理解国家安全系统整体的宏观复杂性现象与复杂运动，但却消解了国家安全系统元素间的复杂精细结构。综上，国家安全复杂学研究应遵循还原方法与整体方法相结合原则（赵光武，2002）

续表

层次名称	构成要素	具体释义
方法论（观点与原则）	定性分析与定量计算相结合原则	国家安全复杂巨系统具有非线性、开放性、整体性、动态性、交互性、目标性、层次性与联动性等特征。与简单线性系统相比，难以为国家安全复杂巨系统建立精确的数学公式或模型进行完全定量计算。纯质性分析可研究国家安全复杂巨系统的复杂性机理等，但难以实现对国家安全复杂运动的预测与调控。国家安全复杂学既需要定性分析研究国家安全系统的复杂特性，亦需基于国家安全数据信息开展定量研究，以提升国家安全复杂学研究的科学性。因此，国家安全复杂学研究应遵循定性分析与定量计算相结合原则
主要研究方法	隐喻法	美国圣塔菲研究所把“隐喻”作为一种科学研究方法引入复杂性科学，并借助隐喻法创造出一系列隐喻性概念。例如，混沌边缘、蝴蝶效应、分形、人工生命、复杂适应系统、流、涌现、奇怪吸引子等。隐喻法是用已知源系统（系统中各元素的属性与规则确定）描述未知目标系统（系统的运行规则难以理解与描述），实现由源系统推论向目标系统推论转换的方法（黄欣荣，2006）。例如，王逸舟（2023）借用岩石的层状构造特性，提出国家安全的“层化”研究
	模型法	构建模型是人类在认识世界和改造世界的实践过程中的一大创造，也是复杂性科学研究的最常用方法之一。所谓模型，是指将研究对象简化后，形成的由核心必要组件构成的符合原型内在关联和外在特征的抽象物。在国家安全复杂学研究中，将复杂性国家安全问题、国家安全系统的复杂性演化用模型加以表示和呈现，是国家安全复杂学研究上升到科学层次的重要标志。例如，杨华锋（2020a）构建了国家安全治理“情境—意识—行动”沙漏模型
	复杂网络法	复杂网络是对复杂系统的拓扑抽象与描述。复杂网络法要求将复杂系统中的实体抽象为节点，将实体间关联抽象为连线，进而利用复杂网络分析的理论与方法研究复杂系统结构的拓扑特性（黄欣荣，2012）。利用复杂网络法可研究国家安全复杂巨系统的小世界和无标度等特征，并基于单个节点的特性和整个网络的结构，分析、预测和调控国家安全网络的行为。例如，范如国（2014）利用复杂网络法研究社会复杂性治理（包括社会安全复杂性治理）
	模拟仿真法	模拟仿真是对复杂性国家安全情境进行模型构建、仿真计算、可视化分析的过程。模拟仿真法是复杂性国家安全情境下的决策制定及方案评估与优化的关键辅助支撑手段。例如，在军事安全领域，胡晓峰（2010）提出运用模拟仿真法进行战争复杂体系的建模与分析
	计算方法	计算方法是从可计算理论出发，分析某问题进行计算的可行性与方法，并对计算的方法进行算法描述，以找到问题的解决方法。复杂性科学中的人工生命问题、复杂适应系统问题和涌现生成问题等的研究，均采用了计算方法。在国家安全复杂学研究中，可使用计算方法研究复杂性国家安全问题，探索复杂性国家安全问题的应对之道。例如，在政治安全领域，韩娜和虞文梁（2020）提出利用计算方法研究国家计算政治宣传的复杂性风险识别与治理

续表

层次名称	构成要素	具体释义
主要研究方法	数智方法	数智方法是通过数智技术对国家安全数据信息进行全谱系扫描、分析、挖掘，从定量层面实现对国家安全系统的复杂性现象与复杂运动的规律性认识，进而辅助国家安全态势感知和预测的方法（王秉，2023c）。例如，董青岭（2018）提出通过数智赋能国家安全态势感知，可实现冲突预测

八、本节结语

国家安全复杂学是国家安全学与复杂性科学交叉领域势在必建的新学科，是应对复杂性国家安全问题和防范化解复杂性国家安全风险的国家安全系统学的核心分支学科。本节阐述了国家安全复杂学的七个学科基本问题，尝试为国家安全复杂学研究奠定学科理论基础，为国家安全复杂学理论体系构建整体性框架。然而，国家安全的复杂性研究尚处于起步阶段，复杂性科学方法的应用仍然相对有限，但复杂性科学理论的概念、视角与框架为更好地理解安全、和平、威胁、暴力、合作、系统不稳定和有效决策等问题提供了新的可能。本节仅是国家安全复杂学研究的开篇之作，难免存在疏漏，未来仍需持续细化深入研究，以不断完善国家安全复杂学理论体系。

第二节　国家安全混沌学

党的二十大报告指出，“我国发展进入战略机遇和风险挑战并存、不确定难预料因素增多的时期，各种‘黑天鹅’、‘灰犀牛’事件随时可能发生”。在百年未有之大变局加速演进背景下，国家内外部安全风险交互耦合，各类传统与非传统安全威胁不断涌现，次生衍生灾害多发频发，“物理–社会–信息”三元空间安全风险叠加共振，国家安全系统面临前所未有的复杂性风险挑战考验（范如国，2017；余潇枫和章雅荻，2022；王秉，2022c）。国家安全复杂巨系统具有内禀随机性、非线性、初值敏感依赖性等混沌特性，偶发性微小涨落可能引致“蝴蝶效应”，造成系统性国家安全风险（杨海，2020；王宏伟，2017）。国家安全混沌特性对国家安全态势感知和系统性国家安全风险防范化解提出巨大挑战（张海涛等，2021）。可见，国家安全系统的混沌特性研究十分必要和关键。特别是，当前国家安全学学科初创，其分支学科亟待丰富和发展。因此，作为国家安全学的重要研究范式和内容，将国家安全的混沌特性研究上升至国家安全混沌学学科建设高度具有重大理论与现实意义。

国家安全混沌学是国家安全学与混沌科学交叉综合而成的新兴边缘学科。国家安全学与混沌科学的现有研究可为国家安全混沌学的创建提供重要基础支撑。当前，尚无专门的国家安全混沌研究，仅有部分混沌科学视域下的国家安全方面的初步探索性研究。例如，张海涛等（2021）提出基于混沌理论的重大突发事件态势感知模型与路径；范如国（2017）分析风险社会的混沌特性；陈世瑞（2011）探究混沌理论在非传统安全治理研究中的应用；James（2003）借鉴混沌理论分析国家安全与国际政治；王秉等（2019）分析国家安全的系统性、开放性、复杂性、关联性与非线性特征。鉴于此，亟须开展学科建设层面的国家安全混沌学研究，为建立国家安全混沌学学科奠定基础，进而进一步丰富和完善国家安全学学科体系。

一、国家安全混沌学的创建依据

后工业时代，人类生存生活面临的人为制造型风险充斥全球。在此背景下，1986 年，乌尔里希·贝克提出“风险社会”理论，宣告世界进入风险社会时代。20 世纪 90 年代，美国军方针对冷战结束后的复杂、模糊、不确定的世界格局，提出 VUCA（乌卡时代）这一术语（杨黎婧，2021）。美国“9·11”事件后，乌卡时代被广泛接受和认可。当前数智时代，时空高度压缩，“物理-社会-信息”三元空间安全风险叠加共振，安全风险的形式更为多样、波及范围更为广泛、影响程度更为深远，安全态势的易变性、不确定性、复杂性和模糊性相互交织。2020 年 3 月 11 日，世界卫生组织认为新冠疫情为全球大流行，全世界被卷入疫情带来的生存危机之中。伴随新冠疫情触发的“涟漪效应”，全球进入失序紊乱的动荡变革期，金融安全、粮食安全、资源安全、产业链供应链安全挑战突显，和平赤字、安全赤字、信任赤字、治理赤字加重（龚维斌，2021；张宇燕，2023），一个新的“不安全时代”正在构筑。加之，人类的安全利益内容愈加多元、边界愈加宽广，进而导致安全需求和安全焦虑与日俱增，乌卡时代已逐渐演变为安全六高时代（即高需求性、高易变性、高不确定性、高复杂性、高模糊性和高焦虑性时代）。从系统角度看，在当前安全六高时代背景下，影响我国国家安全的内外因素比历史上任何时候都要复杂①，国家安全系统正发生混沌演化，如图 10-1 所示。

① 中国政府网：《中央国家安全委员会第一次会议召开　习近平发表重要讲话》，http://www.gov.cn/xinwen/2014-04/15/content_2659641.htm(2014-04-15)[2023-06-14].

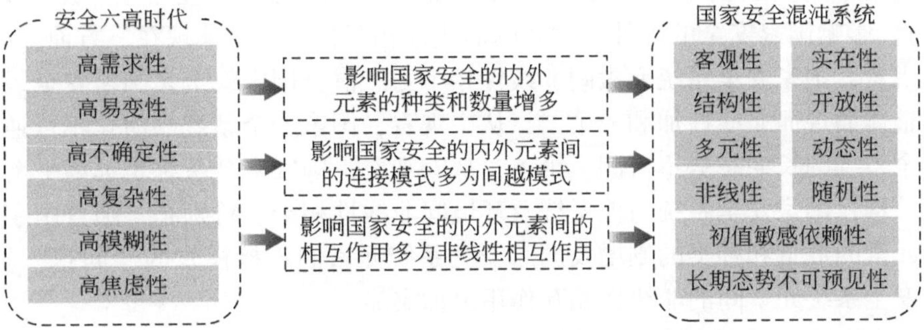

图 10-1 国家安全混沌系统的形构

根据图 10-1，下面从国家安全系统元素的种类和数量、国家安全系统元素间的连接模式和国家安全系统元素间的相互作用方式三方面出发，分析国家安全混沌系统的形构。

一是影响国家安全的内外元素的种类和数量增多。国家安全是指国家重大利益相对处于没有危险和不受内外威胁的状态，以及保障持续安全状态的能力。随着总体国家安全观囊括的国家安全内容元素的逐渐增多，我国维护国家重大利益必须考量的因素大幅增加。《“十四五”国家综合防灾减灾规划》指出，“我国极端天气气候事件多发频发，高温、暴雨、洪涝、干旱等自然灾害易发高发”“产业链、供应链日趋复杂，各类承灾体暴露度、集中度、脆弱性不断增加”，影响国家安全的内部元素增多①。随着我国国家实力的逐渐增强和海外利益的不断拓展，国家安全与外部环境的关系更加紧密，影响国家安全的外部元素增多。因此，综合来看，当前影响国家安全的内外元素的种类和数量逐渐增多（凌胜利和杨帆，2019）。

二是影响国家安全的内外元素间的连接模式多为间越模式。影响国家安全的内外元素间连接模式可分为近邻模式和间越模式。全球化和数智化时代，数智资源、元素与技术井喷式暴发，加速全球连接，时空高度压缩，影响国家安全的内外元素逐渐摆脱时空限制，元素间相互关联以间越模式为主。不同领域、不同层级、不同区位的国家安全问题相互叠加、相互影响，呈现出错综复杂的国家安全态势（钟开斌，2018）。

---

① 中华人民共和国应急管理部：《国家减灾委员会关于印发〈“十四五”国家综合防灾减灾规划〉的通知》，https://www.mem.gov.cn/gk/zfxxgkpt/fdzdgknr/202207/t20220721_418698.shtml（2022-07-21）[2023-07-02].

三是影响国家安全的内外元素间的相互作用多为非线性相互作用（姚晗，2022）。影响国家安全的内外元素间的非线性相互作用主要体现在三方面。第一，从微观看，国家安全系统元素间非线性相干与互嵌，国家安全是国家安全系统元素的整体涌现而非线性加和。第二，从中观看，国家安全系统的演化不可逆，国家安全系统的长期态势不可测。第三，从宏观看，国家安全系统是远离平衡态的耗散结构，国家安全系统与他系统及环境间非线性相干。特别是，随着国家安全系统元素的数量和种类的剧增及国家安全系统元素间连接模式的“间越”转化，国家安全系统元素间的非线性相互作用更加突显。

综合来看，国家安全混沌系统具有客观性、实在性、结构性、开放性、多元性、动态性、非线性、随机性、初值敏感依赖性与长期态势不可预见性等混沌特性。国家安全混沌系统的混沌特性研究对于理解国家安全内外环境、国家安全治理及国家安全体系和能力现代化均具有重要意义。再者，国家安全学是一门专门研究影响国家安全的各种因素及其相互作用，揭示国家安全的本质和规律，探索国家安全体系和能力建设的独立学科（季志业，2022）。国家安全系统元素间非线性相互作用（影响国家安全的各种因素及其相互作用研究的重要内容）、国家安全系统混沌特性（国家安全的本质和规律研究的重要内容）、国家安全混沌治理（国家安全体系和能力建设研究的重要内容）等混沌科学与国家安全学交叉领域研究议题均为国家安全学的重要研究内容。因此，国家安全混沌学的创建十分必要且正当时。

二、国家安全混沌学的提出

（一）学科定义

一门学科的常规定义是：“××学/科学是研究××（研究对象）现象及其运动规律的科学”。国家安全混沌学以国家安全混沌系统为研究对象。因此，可将国家安全混沌学定义为：国家安全混沌学是研究国家安全混沌系统的混沌现象及混沌运动规律的科学。再者，国家安全混沌学是混沌科学在国家安全领域的应用分支。混沌科学是通过质性思考与量化分析相结合的方式，揭示混沌的本质、刻画系统的混沌特征、分析混沌系统的演化，并研究混沌控制方法的科学（段晓君等，2019）。因此，根据混沌科学的定义，可将国家安全混沌学定义为：国家安全混沌学是研究国家安全混沌系统的结构、性态、演化与控制等的国家安全学与混沌科学的交叉学科。具体而言，国家安全混沌学是从国家安全的混沌特性出发，以“国家安全是一个混沌系统”为基础依据，以国家安全混沌系统为研究对象，以国家安全学和混沌科学为学科基础，以国家安全混沌思想与理论、国家安全混沌战略、国家安全混沌治理和国家安全混沌技术为主要研究内容，以国家安全态势感知塑造和系统性国家安全风险防范化解为研究目标的一门新兴交叉综合学科。

（二）学科起点

国家安全的混沌特性是国家安全混沌学研究的逻辑起点。国家安全工作面临的最大挑战之一是国家安全态势模糊，即当前国家安全状态不明，未来国家安全发展趋势难料。国家安全态势模糊的根本原因是国家安全系统具有混沌特性，具体表现在国家安全系统元素的种类和数量剧增、国家安全系统元素间的连接模式多为间越模式和国家安全系统元素间的相互作用多为非线性相互作用等方面，具体已在"一、国家安全混沌学的创建依据"中进行详细分析，这里不再赘述。鉴于国家安全的混沌特性，从国家安全的混沌特性角度切入开展国家安全混沌系统研究是国家安全混沌学研究的逻辑起点。

（三）学科属性

交叉综合是国家安全混沌学的学科属性。混沌科学具有横断性，当前，混沌科学的思想与理论已广泛应用于化学、经济学、密码学、政治学、计算机科学、国际关系、公共行政、生命科学、农学、工程学等学科领域。国家安全混沌学是混沌科学在国家安全学领域的具体应用，其位于混沌科学和国家安全学的交叉处，属混沌科学和国家安全学交叉综合而派生出的边缘性学科。国家安全混沌学的发展，一定程度取决于混沌科学和国家安全学的理论更新，国家安全混沌学的发展亦可充实和完备混沌科学和国家安全学理论体系。国家安全学与混沌科学同属交叉综合学科，国家安全混沌学研究与实践必然涉及国家安全学的分支学科，国家安全混沌学具有高度的综合性。

（四）学科基础

国家安全学和混沌科学是国家安全混沌学的学科基础。从狭义角度看，鉴于国家安全混沌学的国家安全学与混沌科学交叉学科属性，国家安全学和混沌科学是国家安全混沌学的直接学科基础。其中，混沌科学作为专门研究混沌系统理论与方法的学科，可为国家安全混沌学提供混沌研究范式；国家安全学是国家安全混沌学的母学科，可为国家安全混沌学提供基础的国家安全相关核心基础理论支撑。从广义角度看，由国家安全混沌学的综合学科属性可知，国家安全混沌学研究与实践必然涉及其他国家安全学分支学科，乃至其他一般性学科（如系统科学、计算机科学、国际关系、军事学、情报学、管理学、战略学等)。换言之,国家安全混沌学的学科理论基础应是国家安全混沌学研究与实践所涉及的各学科理论的交叉融合。

(五) 学科目标

国家安全态势感知塑造和系统性国家安全风险防范化解是国家安全混沌学的研究目标。根据国家安全混沌学的定义可知,国家安全混沌学的侧重点是解决国家安全混沌问题(包括国家安全混沌系统的态势感知塑造问题与系统性国家安全风险防范化解问题),其直接研究目标是明晰国家安全混沌系统的混沌机理、混沌运动规律与混沌治理方法,最终研究目标是实现国家安全态势感知塑造和系统性国家安全风险防范化解以维护国家安全。其中,国家安全态势感知塑造是洞悉并调控国家安全态势的重要手段,是国家安全工作的重要支撑(王秉等,2023e)。系统性国家安全风险防范化解是国家安全体系和能力现代化的内在要求。然而,从时间维度看,国家安全混沌运动致使国家安全系统的长期态势难以预测和有效治理;从空间维度看,国家安全混沌系统的涨落随机发生和扩散,导致局部国家安全风险的系统性蔓延难以及时精准防范化解。国家安全混沌特性对国家安全态势感知塑造和系统性国家安全风险防范化解提出巨大挑战。因此,从混沌科学角度出发,面向国家安全混沌系统的国家安全态势感知塑造和系统性国家安全风险防范化解是国家安全混沌学的研究目标。

三、国家安全混沌学的概念体系

国家安全混沌学的概念体系是国家安全混沌学理论体系的基石和重要构成部分。厘清和界定国家安全混沌学的概念体系是国家安全混沌学研究的起点。一般而言,学科的概念体系呈“金字塔”结构,即由一个或几个该学科最基本的概念出发,不断分支而形成多层次的概念体系。通常学科的概念体系可分为核心概念、基本概念、主要概念和普通概念四层次,国家安全混沌学亦可如此。国家安全混沌系统作为国家安全混沌学的研究对象,它是国家安全混沌学的核心概念。国家安全混沌结构、国家安全混沌性态、国家安全混沌演化与国家安全混沌治理是国家安全混沌学的基本概念。国家安全混沌学的基本概念还可继续分支延伸出主要概念和普通概念。国家安全混沌学的概念体系如图 10-2 所示,需说明,鉴于国家安全混沌学的普通概念较多且研究较少较浅,这里不作列举。国家安全混沌学的核心概念和基本概念界定如表 10-3 所示。

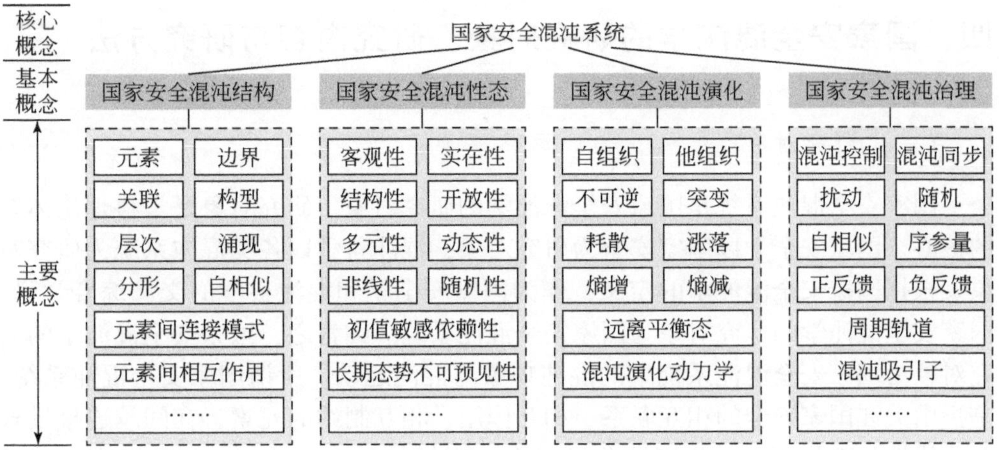

图 10-2　国家安全混沌学的概念体系

表 10-3　国家安全混沌学的核心概念和基本概念界定

概念	概念界定
国家安全混沌系统	国家安全混沌系统是指由关涉国家安全的种类和数量众多、以间越连接模式为主、彼此非线性相互作用的元素组成的，层次丰富、结构耗散、动态演化、具有内禀随机性的有机整体，它是确定与随机、秩序和混沌的统一体
国家安全混沌结构	国家安全混沌结构是指由国家安全混沌系统元素间的关联（并非所有关联的总和，而是特指关涉国家安全的相互关联）所形成的整体性架构（陈忠和盛毅华，2005），它是国家安全混沌属性及混沌运动规律的内在决定性因素。国家安全混沌结构由元素、边界、关联、构型、层次、元素间连接模式和元素间相互作用等综合构成，国家安全混沌结构具有涌现、分形和自相似等特性
国家安全混沌性态	国家安全混沌性态是指由国家安全混沌系统与他系统或环境间的相互作用所表现出的特殊属性与形态。国家安全混沌性态并非由国家安全系统自身、他系统或环境单一决定，而是由与之关联的对象共同决定的。国家安全混沌性态主要有客观性、实在性、结构性、开放性、多元性、动态性、非线性、随机性、初值敏感依赖性与长期态势不可预见性等
国家安全混沌演化	国家安全混沌演化是指国家安全混沌系统以一定的速度、方向、路径与指向进行的不可逆运动，演化速度、方向、路径与指向具有不确定性，演化的发生源自国家安全混沌系统的随机涨落与选择放大机制。国家安全混沌演化具有非周期性，但遵循混沌与秩序的交互循环。国家安全混沌演化涉及自组织、他组织、不可逆、突变、耗散、涨落、熵增、熵减、远离平衡态与混沌演化动力学等主要概念
国家安全混沌治理	国家安全混沌治理是指通过引入负熵流等方式调控国家安全混沌演化的速度、方向、路径与指向的混沌控制行为。国家安全混沌治理涉及混沌控制、混沌同步、扰动、随机、自相似、序参量、正反馈、负反馈、周期轨道和混沌吸引子等主要概念

四、国家安全混沌学的研究对象、研究内容与研究方法

（一）研究对象

国家安全混沌系统是国家安全混沌学的研究对象。研究对象是学科理论体系的核心。国家安全学以国家安全为研究对象；混沌科学以各类混沌系统为研究对象。根据国家安全混沌学的定义，作为国家安全学和混沌科学的交叉综合学科，国家安全混沌学的研究对象为国家安全混沌系统。细言之，国家安全混沌学的研究对象为国家安全混沌系统中的混沌现象与混沌运动。所谓国家安全混沌系统，是指由关涉国家安全的相互联系、相互作用、相互制约的元素，在间越连接模式和非线性相互作用下，不断演化且具有一定结构的有机整体。相较国家安全系统，国家安全混沌系统更加突显混沌与秩序的统一及确定与随机的统一。混沌科学视域下的国家安全系统具有内禀随机性，即国家安全系统会产生偶发性涨落，这种涨落既可能诱发系统性风险，亦可能涌现出新的秩序，涨落的发生与影响均具有随机性。而随机性与偶发性涨落源自确定性国家安全系统。换言之，确定性国家安全系统可产生随机性、偶发性涨落，而局部微涨落可非线性放大为巨涨落。国家安全混沌系统的混沌与秩序及确定与随机的内在机理是国家安全混沌学的核心基础理论。

（二）研究内容

当前，国家安全学一级学科包括国家安全思想与理论、国家安全战略、国家安全治理和国家安全技术等二级学科。混沌科学的研究范畴较广，总体可归纳为混沌思想与理论、混沌战略、混沌控制和混沌工程技术四方面研究内容。鉴于国家安全混沌学的国家安全学和混沌科学交叉学科属性，国家安全混沌学的研究内容可分为国家安全混沌思想与理论（基础理论研究）、国家安全混沌战略（前沿战略研究）、国家安全混沌治理（政策科学研究）和国家安全混沌技术（技术保障研究）四方面，如图 10-3 所示。

通常，一门学科的研究内容体系可划分为学科基础理论研究、应用基础理论研究与应用技术研究三层次。国家安全混沌学的研究内容亦可分为学科基础理论研究、应用基础理论研究与应用技术研究三层次。其中，国家安全混沌学的学科基础理论即国家安全混沌思想与理论，应用基础理论即国家安全混沌战略与国家安全混沌治理，应用技术即国家安全混沌技术。国家安全混沌学的研究内容框架如图 10-4 所示。

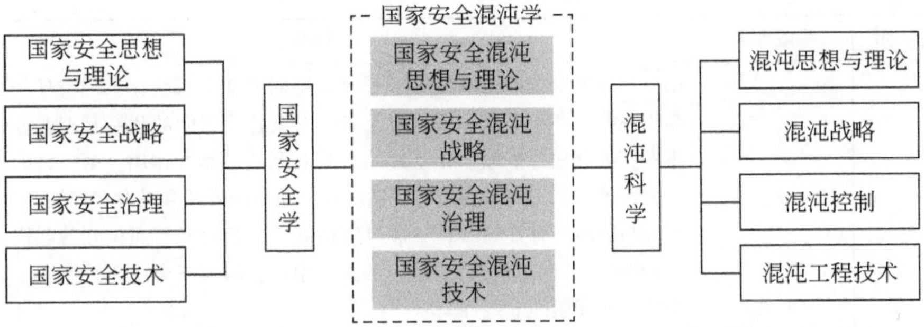

图 10-3　学科交叉视角下的国家安全混沌学

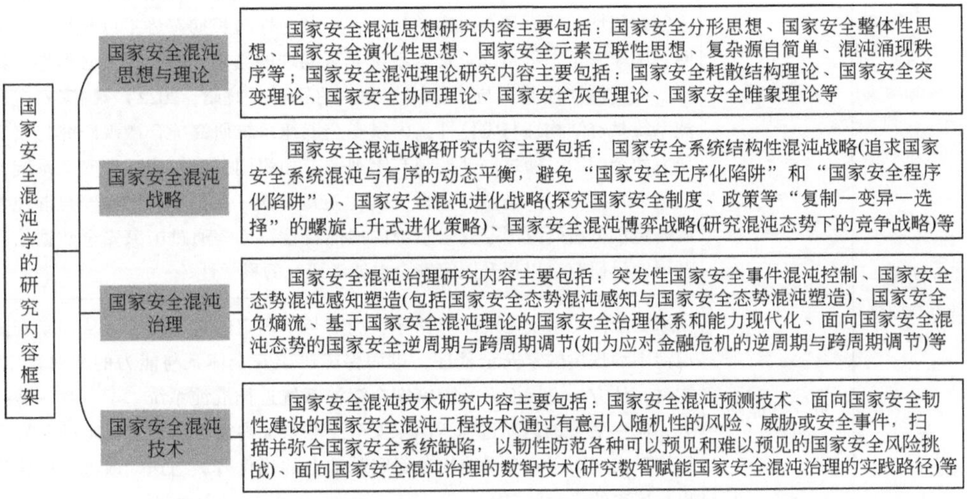

图 10-4　国家安全混沌学的研究内容框架

（三）研究方法

研究方法体系是一门学科开展研究的基础工具与路径指导。研究方法体系可分为研究方法论（观点与原则）和研究方法。国家安全混沌学的研究方法论（观点与原则）有普遍联系观、系统观、有序性原则、演化性原则与价值性原则等；国家安全混沌学的研究方法有综合集成法、比较研究法、系统工程方法、黑箱方法与大数据分析法等。国家安全混沌学的研究方法论与研究方法共同构成国家安全混沌学的研究方法体系。国家安全混沌学的研究方法体系如表 10-4 所示。

表 10-4　国家安全混沌学的研究方法体系

层次名称	构成要素	具体释义
方法论（观点与原则）	普遍联系观	第一，国家安全混沌系统属于开放系统而非孤立系统，系统与环境、系统与子系统、各子系统、系统与元素，以及各元素间的联系具有普遍性与客观性，彼此相互依赖、相互影响、相互制约、相互作用。第二，国家安全混沌系统属于远离平衡态的耗散结构，系统内外关联具有多样性与复杂性，系统与环境间存在物质、能量与信息流通，系统元素间相互关联模式多样（近邻模式与间越模式）、形态各异。第三，国家安全混沌系统属于非线性系统，各元素间非线性关联
	系统观	混沌科学视域下的国家安全具有混沌系统特征，国家安全混沌系统属于开放的复杂巨系统，国家安全混沌学研究应遵循系统观。第一，应遵循“偶然”与“必然”统一的原则。国家安全混沌系统属于确定性系统，但因元素间非线性关联而具有内禀随机性、不可逆性与长期态势不可预见性。同时，国家安全态势是国家安全系统元素涌现的结果，蕴含内在必然性。第二，应遵循“还原”与“整体”统一的原则（姚晗，2022）。国家安全混沌系统具有结构性与整体性，国家安全混沌系统研究统合微观研究与宏观研究两个层面，通过局部控制与宏观调节相协同，以实现国家安全系统混沌治理。第三，应遵循“定性”与“定量”统一的原则。国家安全混沌学既需定性分析研究国家安全系统的混沌特性，亦需通过国家安全数据信息开展定量研究，以提升国家安全混沌学研究的科学性
	有序性原则	国家安全混沌系统是混沌与秩序、确定与不确定的统一体，可从国家安全混沌中涌现出国家安全秩序，进而保障国家安全体系与能力的相对稳定。同时，从方法论层面看，国家安全混沌系统遵循混沌系统“异—序—势—力—流—变”的运动过程，国家安全混沌系统内需保持相对稳定的差异化结构，实现国家安全系统相对稳定基础上的优化升级与迭代改进，以达到更高层次的序
	演化性原则	国家安全混沌系统具有演化性与不可逆性，同时，国家安全混沌系统由于内部非线性关系而具有长期演化趋势不可预见性。从发展的角度看，可通过调节演化条件与机制以实现国家安全混沌控制，使国家安全混沌系统在遵循客观演化规律基础上，朝向总体有利、不断改进的方向演化
	价值性原则	国家安全混沌学研究应遵循价值性（目的性）原则，即研究、控制、建构与改造国家安全混沌系统的目的在于优化国家安全混沌系统（推进国家安全体系与能力现代化）。价值性原则要求国家安全混沌学研究考量以下三方面：第一，国家安全混沌系统演化的终态（混沌吸引子）；第二，在边界条件限制下，国家安全混沌系统的较优控制选择；第三，以推进国家安全体系与能力现代化，统筹国家安全与发展为要求与旨归

续表

层次名称	构成要素	具体释义
主要研究方法	综合集成法	综合集成法是对各种综合的集成和各种集成的综合的统合，是对不同层次、不同领域的国家安全信息和知识进行综合集成，以实现对国家安全混沌系统的定性定量认识
	比较研究法	运用比较学思维、理论与方法，通过对不同国家安全混沌系统，或同一国家安全混沌系统不同发展阶段各领域、各方面和各层次的国家安全混沌系统元素进行比较分析，揭示国家安全混沌系统间和国家安全混沌系统元素间的共同点和差异点，进而归纳国家安全混沌系统特性，探寻普适性或可供借鉴的国家安全混沌系统优化策略
	系统工程方法	从系统工程角度出发，国家安全混沌学研究可分为七大环节：厘清问题、明确目标、综合方案、系统分析、方案优化、作出决策与方案实施
	黑箱方法	所谓黑箱方法，是指将国家安全混沌系统视作“黑箱”，不考虑国家安全混沌系统的内部元素与结构，仅从系统“输入—输出”角度研究国家安全混沌系统的耗散、同步等规律
	大数据分析法	相较传统研究方法，大数据分析法是通过对国家安全数据信息的全谱系扫描与分析（关联分析、聚类分析、时间序列分析等），从定量层面，实现对国家安全系统混沌运动的规律性认识

五、本节结语

本节提出国家安全系统学的新兴分支学科之国家安全混沌学，主要论述了国家安全混沌学的学科定义、学科起点、学科属性、学科基础、学科目标，以及研究对象、研究内容和研究方法。在当前安全高需求性、高易变性、高不稳定性、高复杂性、高模糊性和高焦虑性时代背景下，国家安全系统元素的种类和数量剧增、国家安全系统元素间的连接模式多为间越模式、国家安全系统元素间的相互作用多为非线性相互作用，国家安全混沌系统逐步形构，国家安全混沌学的创建十分必要且正当时。国家安全混沌学是研究国家安全混沌系统的结构、性态、演化与控制等的国家安全学与混沌科学的交叉学科。国家安全混沌学的主要研究内容可分为国家安全混沌思想与理论、国家安全混沌战略、国家安全混沌治理和国家安全混沌技术四方面。国家安全混沌学研究应遵循普遍联系观、系统观、有序性原则、演化性原则和价值性原则，主要研究方法有综合集成法、比较研究法、系统工程方法、黑箱方法和大数据分析法等。本节是国家安全混沌学领域的开篇之作，今后尚需围绕本节提出的国家安全混沌学的研究内容开展更加深入的研究，以不断夯实国家安全混沌学的学科内容和基础，推动国家安全系统学学科体系的丰富和完善。

第三节　比较国家安全学

国家安全是一类典型的复杂巨系统安全，内含多领域、多层次安全，且具有复杂内在关联（范维澄等，2022；刘跃进，2003；王秉等，2019）。根据总体国家安全观，国家安全包含政治安全、军事安全、国土安全等多领域安全，国家安全法治体系、国家安全战略体系、国家安全政策体系等多类国家安全体系，重点领域安全能力、海外安全保障能力、防范化解重大风险能力等多类国家安全能力，外部安全和内部安全、国土安全和国民安全、传统安全和非传统安全、自身安全和共同安全、维护国家安全和塑造国家安全等多种安全关系（王秉等，2023b）。明确国家安全蕴含的各领域安全、各类体系和能力及各种安全关系的相互关联与相互影响是国家安全学研究的一大重要任务。同时，国家安全学作为一门独立学科和典型的大交叉大综合学科，应在广泛比较、借鉴、吸收和融合他学科基础上，形成自学科知识体系（肖晞，2022）。比较学是专门对具有可比性的两个或两个以上不同系统进行比较研究，探索各系统运动发展的特殊规律和共性规律，寻求系统间相互启示和交叉融通的学科（赵怀生和周树德，1998）。比较学可为比较国家安全研究提供可资借鉴的理论与方法。因此，立足学科建设高度，开展比较国家安全学的创建研究具有重要的意义。

目前，学术界已运用比较学理论方法开展一些国家安全方面的研究。例如，刘跃进（2014b）对各种国家安全观进行比较研究；刘胜湘等（2015）对国外各种国家安全理论、体制与战略等进行比较研究；王秉（2022b）对中华人民共和国成立至今的中国国家安全体系发展的三阶段进行比较研究；刘祎和徐子月（2023）对内地与香港特区的国家安全立法进行比较研究；Patino（2021）开展中美网络安全模式比较研究；王逸舟（2023）借鉴自然科学领域的层化学说提出国家安全层化理论等。综合分析发现，已有比较国家安全研究主要呈现出两方面不足：①以不同国家的国家安全体制、机制和法治等的列举和简单对比为主，缺乏科学和有深度的比较研究；②比较国家安全研究的方法和范式尚未明确。因此，亟待开展比较国家安全学的创建研究。

鉴于此，立足学科建设层面，本节拟依据“学科的必要性—学科的可行性—学科定义—研究对象—研究范畴—研究方法论—研究范式”学理链，讨论比较国家安全学的学科基本问题，以期为比较国家安全学奠基，为国家安全学研究开拓比较国家安全学范式。

一、比较国家安全学的提出

（一）学科的必要性

1. 比较国家安全学是总体国家安全观的题中之义

总体国家安全观明确了国家安全的五大要素（董春岭，2022）、七大统筹（刘跃进，2022b）和二十大领域（陈文清，2022）。坚持总体国家安全观，需比较总体国家安全观指涉的各个要素、各种关系及各大领域，以摆正国家安全系统要素坐标、探求各种国家安全关系的统筹协调之道、剖析各领域安全的相互影响机理及共同一般规律。将比较学理论与方法运用于国家安全领域，开展国家安全系统要素比较、国家安全关系比较及国家安全领域比较，一方面，可助力国家安全系统内的交叉融通、协同共生。例如，开展发展和安全的比较研究，厘清发展和安全、高质量发展和高水平安全、新发展阶段和新安全阶段、新发展理念和新安全理念、新发展格局和新安全格局的关系，可为统筹发展和安全实践提供基础理论支撑（刘跃进，2022b；钟开斌和薛澜，2022）。另一方面，有助于抓住主要矛盾和矛盾的主要方面。例如，开展传统安全与非传统安全的比较研究，分析二者间的相互影响、相互渗透和相互依赖关系，有助于明晰各历史发展阶段的主要安全议题，以及当前国家安全前进道路的关键安全实践任务（王秉，2022b）。同时，当前各领域安全保障不平衡不充分现状制约总体国家安全实现，在一定范围和特定标准下开展各领域安全保障的比较研究，探寻普遍安全路径和底层安全规律，可为实现各领域共同安全和可持续安全提供支撑。由此观之，比较国家安全学是总体国家安全观的题中之义。

2. 比较国家安全学是全球安全倡议的学理要求

当前，世界处于百年未有之大变局，全球进入失序紊乱的动荡变革期，各国安全困境不断加深，亟待廓清回应。在此背景下，习近平总书记提出全球安全倡议①，倡导坚持共同、综合、合作、可持续的安全观，擘画出了超越国家的人类安全前景图。其中，共同安全要求比较各国国家安全利益，充分尊重和保障每一个国家的安全，打破安全困境，寻求普遍安全的最大公约数，推动构建人类安全命运共同体。综合安全要求比较国家安全的各领域、各方面和各层次，协调推进各领域、各方面和各层次安全治理，建立均衡、有效、可持续的安全架构。合作

① 《全球安全倡议概念文件》，《人民日报》2023 年 2 月 22 日 .

安全要求比较各国实际安全基础，推进各方务实合作，践行真正的多边主义，从安全交流合作中推进优势互补，提供安全增益。可持续安全要求比较各国国家安全风险和威胁，着力防范化解安全风险和威胁，消解不安全因素，实现每一个国家的安全，而不是把本国安全建立于他国不安全之上。综上，全球安全倡议要求充分比较各国国家安全利益，比较国家安全的各领域、各方面和各层次，比较各国实际安全基础，比较各国国家安全风险和威胁。可见，全球安全倡议立基于比较国家安全逻辑，蕴含丰富的比较思维，追求国家安全比较、交流与互鉴，要求在比较与实践中探索普遍性、永恒性、规律性的安全目标与安全路径。因此，比较国家安全学是全球安全倡议的学理要求。

3. 比较国家安全学是国家安全学的重要分支

国家安全学作为一门新学科，亟待比较、吸收与借鉴他学科基础理论，以发展分支学科，进而逐步丰富和完善国家安全学学科体系。而比较是新学科创生与发展的重要方法，是创立边缘学科的工具指南（胡文祥，1994）。运用比较学理论与方法，比较国家安全学与其他学科，可促进国家安全学分支学科的创建。例如，比较研究国家安全学与战略学、法学、情报学、系统科学等，有利于推动国家安全战略学、国家安全法学、国家安全情报学和国家安全系统学等学科的创建与发展。同时，国家安全学现有国家安全思想与理论、国家安全战略、国家安全治理与国家安全技术四个二级学科，开展国家安全学二级学科间的比较研究，有助于探索通用性、普适性的国家安全规律，进而建立国家安全学上游学科基础理论。此外，国家安全学是一门典型的大交叉大综合学科，学科视野和范畴十分广袤，涉及政治学、军事学、国际关系、行政管理、公共安全、安全科学与应急管理等学科，学科边界较为模糊。将比较学运用于国家安全领域，开展国家安全学与其他相关学科的比较研究，有助于明晰国家安全学学科边界，同时，有助于学科互鉴，通过选择吸收与改造相关学科知识以促进国家安全学知识体系的丰富和完善。因此，作为国家安全学的重要研究范式和内容，比较国家安全学是国家安全学的重要分支。

综上，比较国家安全学是总体国家安全观的题中之义，是全球安全倡议的学理要求，是国家安全学的重要分支，针对比较国家安全学的专门研究亟待开展，比较国家安全学已成为国家安全学与比较学交叉领域势在必建的新学科。

（二）学科的可行性

第一，比较思想是国家安全学学科交叉研究的关键指导思想。国家安全学作为一门独立学科和典型的大交叉大综合学科，应在广泛比较、借鉴、吸收和融合他学科基础上，形成自学科知识体系（肖晞，2022）。跨学科比较研究是比较国家安全学的主要研究类型之一，在国家安全学与其他相关学科的比较研究中，可逐渐明晰国家安全学的学科边界。同时，跨学科比较研究可促进国家安全学与其他学科的交叉融合，推动国家安全学边缘分支学科的创建与发展。

第二，比较方法是揭示国家安全要素间相互关联的重要工具。根据总体国家安全观，国家安全包含政治安全、军事安全、国土安全等多领域安全，国家安全法治体系、国家战略体系、国家政策体系等多类国家安全体系，重点领域安全能力、海外安全保障能力、防范化解重大风险能力等多类国家安全能力，外部安全和内部安全、国土安全和国民安全、传统安全和非传统安全、自身安全和共同安全、维护国家安全和塑造国家安全等多种安全关系。运用比较方法，明确关涉国家安全的各领域安全、各类体系和能力及各种安全关系的相互关联与相互影响，是国家安全学研究的一大重要任务。

第三，比较国家安全学可为比较国家安全研究提供学科支撑。比较国家安全研究是国家安全学的重要研究内容。然而，尽管目前已有一些比较国家安全研究，但研究的深度和科学性尚不足，特别是研究结果鲜能上升到理论高度，究其原因，主要是缺乏专门的研究方法论和范式指导。比较学是专门研究比较理论与方法的学科，可为比较国家安全研究提供依据和启示。因此，将比较学理论方法引入国家安全学，进而创建比较学与国家安全学交叉领域的比较国家安全学十分必要且具有可行性。

（三）学科定义

比较学是比较国家安全学的母学科。所谓比较学，是指利用对比、类比、相关、归纳、推广、移植和联想等方法，采用直接比较和渗透比较等方式，研究具有可比性的两个或两个以上的不同系统间的相互关系，探求各系统运动发展的特殊规律及共性规律的学科（王秉和吴超，2016；胡文祥，1994）。根据比较学的定义，可将比较国家安全学定义为：比较国家安全学是运用比较方法，研究具有跨越性、差异性和可比性的国家安全系统及其组分系统间的相互关系，以及国家安全学与其他相关学科间的相互关系等的国家安全学与比较学的交叉学科。

根据比较国家安全学的定义，比较国家安全学需要以跨越性、差异性和在一定范围和特定标准下的可比性为前提开展研究。所谓跨越性，是指比较国家安全学研究应当跨越比较界限。比较国家安全学研究以跨越为前提，以开放为特性，将不同时空、不同国家、不同领域、不同层次的国家安全全部纳入研究视野。所谓差异性，是指针对两个及两个以上的研究对象开展比较研究时，研究对象间应在某方面具有一定差异性。在完全无差异的研究对象间开展比较研究是无意义的。所谓在一定范围和特定标准下的可比性，是指比较对象与被比较对象间应具有相同的比较维度。此外，可比性并不要求研究对象的比较维度与要素全部一致，仅要求在研究目标之下，研究对象在一定范围与特定标准下具有可比性。例如，比较研究两国的国家安全，其中一国有核设施，另一国无核设施，在核设施安全这一维度两国不具备一致性，但两国都存在政治安全和国土安全等领域，因此称研究对象在政治安全和国土安全等领域可比。

二、比较国家安全学的研究对象与研究范畴

（一）研究对象

根据比较国家安全学的定义，比较国家安全学以国家安全系统及其组分系统间的相互关系，以及国家安全学与其他相关学科间的相互关系为研究对象。所谓国家安全系统，是指由关涉国家安全的相互联系、相互作用、相互制约的要素组成的，不断演化且具有一定结构的有机整体（王秉和史志勇，2023）。就比较国家安全学的研究对象而言，具体看，同一时期的不同国家安全系统、不同时期的国家安全系统、同一国家安全系统的各级组分系统、不同国家安全系统的组分系统间的相互关系，以及国家安全学与其他相关学科间的相互关系等，均是比较国家安全学的研究对象。

需注意，比较学研究的重点是系统间的相互关系，而非系统的全部研究内容。同理，比较国家安全学的研究对象应是比较对象与被比较对象间的相互关系。因此，可将比较国家安全学研究视作跨越比较对象与被比较对象之间的界限，对二者间的相互关系进行比较研究的过程。比较学理论认为，比较界限是比较学研究对象的基本属性（胡文祥，1994）。可见，比较国家安全学的研究对象亦存在比较界限，开展比较国家安全学研究应先明确比较界限。比较国家安全学主要对不同国家的国家安全、不同时期的国家安全、国家安全的不同层次、国家安全的不同领域、不同的国家安全治理手段，以及国家安全学与其他学科等进行比较研究。概括看，比较国家安全学的比较界限（即比较维度）包括国家、时间、层级、领域、工具和学科等，如图 10-5 所示。

（二）研究范畴

比较国家安全学作为一门独立的国家安全学的分支学科，有其特定的研究范畴。根据比较国家安全学的比较维度，比较国家安全学的研究范畴主要包括九方面，详见表 10-5。

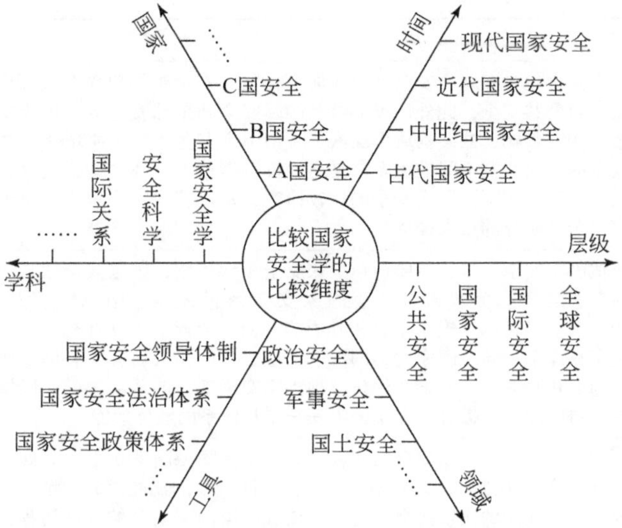

图 10-5　比较国家安全学的比较维度

表 10-5　比较国家安全学的研究范畴

研究范畴	具体解释
两个以上国家的国家安全态势的比较研究	国家安全态势是国家安全的重要表征（王秉等，2023e），是国家安全学研究的主要内容之一。比较国家安全学视域下的国家安全态势比较研究，重点关注两个以上国家的国家安全态势的相互影响及影响国家安全态势的关键因素的挖掘，可为实现共同安全提供国家安全态势比较数据支撑，以及国家安全态势塑造的关键因素数据支撑
两个以上国家的国家安全体系和能力的比较研究	任何一个国家与另一个国家的国家安全体系和能力都不可能完全相同，都有其各自的独特性。因此，两个以上国家的国家安全体系和能力之间存在着不同程度和方面的差异性，这构成比较国家安全学的主要研究范畴之一。通过将本国的国家安全体系和能力与被比较国家的国家安全体系和能力相比较，能够揭示不同国家的国家安全体系和能力的相同、相似、相异、相互影响、相互渗透、相互借鉴、相互依赖关系，从而获取可资借鉴的比较优势
两个以上国家的国家重大利益的比较研究	各国对国家安全的界定有所区别，但一般而言，国家安全主要关注国家重大利益。各国对国家重大利益的评估和评判标准各不相同。因此，国家重大利益的比较研究，主要涉及国家重大利益评估标准的比较研究、国家重大利益评判标准的比较研究、国家重大利益的要素集比较研究和国家重大利益的脆弱性比较研究等
同一国家的国家安全的不同领域安全的比较研究	每个国家的国家安全涉及的领域都处于动态变化之中。国家安全涉及的领域主要随国家重大利益的范围而变化，国家重大利益的边界拓展到哪个领域，国家安全范畴就拓展到哪个领域。国家安全工作需要统筹协调各领域安全，各领域安全的非均衡发展严重制约总体国家安全的实现。同时，各领域安全间相互干涉、相互依赖，某一领域的安全风险可能引致其他领域的安全风险。因此，同一国家的国家安全的不同领域安全的比较研究，是比较国家安全学的主要研究范畴之一

续表

研究范畴	具体解释
同一国家的国家安全的不同层次安全的比较研究	国家安全包含多层次安全，一般而言，国家安全主要包含个人安全、组织安全、社会安全与公共安全，此外还可能涉及国际安全和全球安全等。国家安全的各层级相互交融、相互影响，共同构成多层次复合型国家安全体系（钟开斌，2018）。科学认识国家安全的各层级安全间的关系，是全面推进国家安全体系建设的关键。因此，同一国家的国家安全的不同层次安全的比较研究，是比较国家安全学的重要研究范畴，亦是国家安全学研究的重大课题
同一国家的不同国家安全工具的比较研究	所谓国家安全工具，主要包括国家安全领导体制、国家安全法治体系、国家安全战略体系、国家安全政策体系、国家安全情报体系、国家安全协同机制等（王秉，2022b）。各种国家安全工具相互影响、相互依赖、相互补充，综合构成全方位国家安全工具体系。同一国家的不同国家安全工具的比较研究，有助于明晰不同国家安全工具间的相互关系，洞察并优化各种国家安全工具的薄弱之处，以增强不同国家安全工具的协同能力，提升全方位国家安全工具体系的整体效能
不同时空的国家安全的比较研究	所谓不同时空的国家安全的比较研究，是指同一国家在不同时期的国家安全的比较研究（王秉，2022b），以及不同国家在相同阶段的比较研究。第一，同一国家在不同时期的国家安全的比较研究，有助于梳理一国国家安全的发展历程，为未来国家安全发展道路提供依据和启示。第二，当前，各国发展极不平衡，为较准确把握本国国家安全发展进程，可与历史上处于相同阶段的其他国家的国家安全进行比较研究
不同国家的国家安全威胁的比较研究	不同国家的国家安全威胁因素不完全相同，且国家安全威胁具有级联效应，一国的国家安全威胁可能影响他国的国家安全。因此，有必要开展不同国家的国家安全威胁的比较研究，以预判潜在国家安全威胁，防微杜渐，避免或减少国家重大利益损失
国家安全学与其他学科的比较研究	作为一门典型的大交叉大综合学科，国家安全学与其他相关学科之间存在相互孕育、相互阐发、相互影响、相互渗透、相互借鉴的关系。开展国家安全学与其他学科的比较研究，有助于夯实国家安全学学科理论体系，同时，有助于创建和发展国家安全学的学科分支，以丰富和完善国家安全学学科体系。另外，在国家安全学与其他相关学科的比较研究中，可逐步明晰国家安全学的学科边界，为国家安全学的自学科发展提供依据与指导

三、比较国家安全学的研究方法论与研究范式

（一）研究方法论

比较国家安全学特有的研究对象及范畴，尤其是比较国家安全学在国家安全学学科体系中所具有的基础性、普遍性与媒介性，决定了比较国家安全学必然要形成具有自身特色的研究方法论体系。研究方法论体系是一门学科开展研究的基础工具与路径指导，它可分为研究客体（客体维）、研究程序（程序维）、研究逻辑类型（逻辑维）和研究方法（方法维）四方面（吴超等，2014）。基于此，提出比较国家安全学研究的客体维、程序维、逻辑维和方法维，并构建比较国家安全学的研究方法论体系，如图 10-6 所示。其中，客体维是比较国家安全学的

研究对象类型及其范围（前文已详细分析，这里不再赘述）；程序维是比较国家安全学的研究过程；逻辑维是比较国家安全学的研究类型；方法维是比较国家安全学的研究方法和原则。

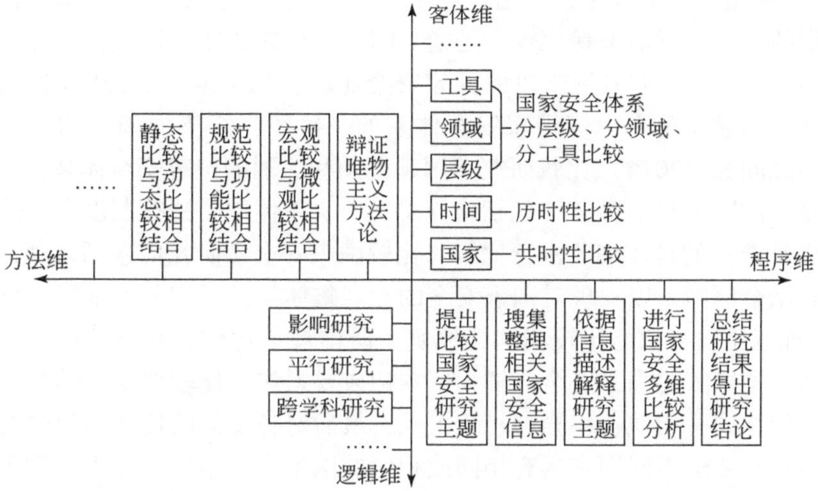

图 10-6　比较国家安全学的研究方法论体系

1. 逻辑维分析

根据图 10-6，比较国家安全学的研究类型主要有影响研究、平行研究和跨学科研究三种。其中，影响研究是最主要的比较国家安全学的研究类型之一。所谓影响研究，是指针对不同国家的国家安全间的相互影响的研究。当前，世界格局风云变幻，某些霸权国家把本国安全建立在他国不安全之上，对于该种情况的影响研究尤为重要。与影响研究不同，平行研究是对没有事实联系的不同国家的国家安全的比较研究。平行研究打破了影响研究对相互联系的条件，在一定可比性和一定目的性之下，将不同国家、不同时空、不同层级、不同领域的国家安全置于比较视野，分析彼此间的相同、相似与相异等关系，探索内在联系与共性规律。例如，两国的应急管理体制间无相互影响，但通过比较研究两国的应急管理体制，可探索应急管理体制的一般模式。此外，跨学科研究亦是比较国家安全学的主要研究类型。顾名思义，跨学科研究是指超越国家安全学范畴，在国家安全学与其他学科间进行比较研究。国家安全学属于典型的大交叉大综合学科，跨学科比较研究是国家安全学发展的必然。

2. 方法维分析

比较国家安全学是比较安全学（吴超等，2014）的子学科，是比较安全学在国家安全学领域的具体应用。比较国家安全学研究可采用比较安全学研究方法，如描述研究法、结构–功能分析法、统计分析法、历史研究法、因素分析法、假说验证法和问题研究法等。下面主要从方法论高度，讨论比较国家安全学的研究原则。

1）宏观比较与微观比较相结合原则。宏观比较与微观比较是两种密切相关又有区别的方法。所谓宏观比较，是指对国家安全的整体性比较，具体有两种情况，①同一国家在不同发展阶段的国家安全比较，如王秉（2022b）比较研究中华人民共和国成立至今中国国家安全体系的三阶段；②不同国家的国家安全比较，如刘胜湘等（2015）比较研究美国、德国和法国的国家安全体系。所谓微观比较，是指对国家安全要素（包括指导思想、决策体制、法律制度和保障工具等基本构成要素）的具体细节进行比较。比较国家安全学研究应遵循宏观比较与微观比较相结合原则，以实现对国家安全的宏观整体与微观细节的全面综合比较。

2）规范比较与功能比较相结合原则。所谓规范比较，是指按照常规比较学方法，将不同国家的国家安全分解为基本构成要素作为比较要素，然后逐一比较每个要素的相同、相似、相异与相关关系，最后对各要素的比较结果进行综合评价。规范比较要求不同国家具有相同或相似的国家安全结构，若不同国家的国家安全结构完全不同，则基本构成要素不具备可比性。功能比较则注重各国国家安全结构的功能和效果，它可突破规范比较的局限性。例如，面对同一国家安全威胁，一国在国家安全法治体系内解决，另一国在国家安全文化体系内解决，则对该种情况应采用功能比较方法。因此，比较国家安全学研究应遵循规范比较与功能比较相结合原则。

3）静态比较与动态比较相结合原则。静态比较是指在特定时间点进行比较。但各国的国家安全均处于不断变化状态，不存在恒定不变的国家安全。特别是在国家安全风险与威胁的防范化解过程中，国家安全态势瞬息万变。在比较国家安全学研究中，需遵循静态比较与动态比较相结合原则，用发展变化的眼光比较不同国家的全过程国家安全态势和国家安全体系发展历程。

（二）研究范式

研究范式是用于指导科学研究的一组理论、准则、方法和程序的总和，它对一门学科的发展具有指导作用（吴超等，2014）。这里，基于比较国家安全学的研究方法论体系，提出比较国家安全学的研究范式，如图 10-7 所示。

根据图 10-7，比较国家安全学研究是比较国家安全学研究主体围绕研究客体展开的比较活动。其中，比较国家安全学研究主体是比较国家安全活动的主导者。比较国家安全学研究主体的价值观、思维模式和知识经验，以及研究主体所处的社会环境等，均可能影响比较国家安全学研究过程。比较国家安全学研究客

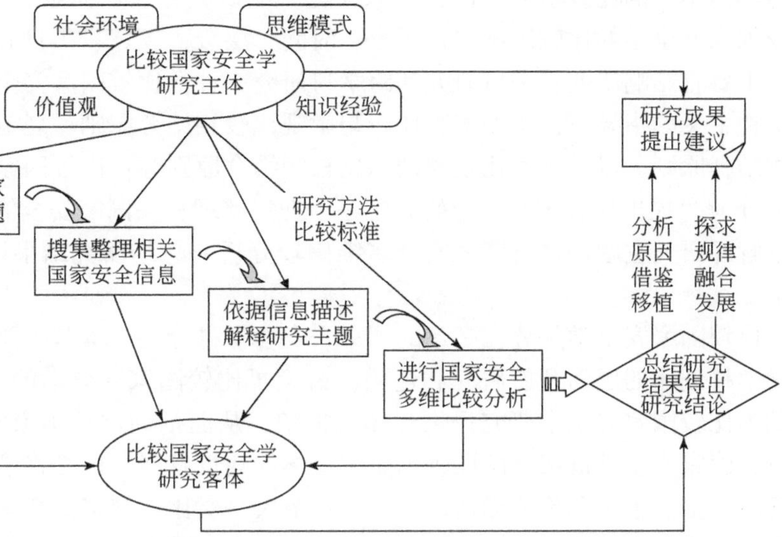

图 10-7 比较国家安全学研究范式

体，即研究载体和对象，源于国家安全学学科体系涉及的国家安全的各领域和各方面。比较国家安全学研究过程可分为五个阶段，各阶段层次分明且存在反馈作用。比较国家安全学研究过程可概括为，研究主体提出比较国家安全研究主题，搜集整理相关国家安全信息，并依据信息描述解释研究主题，在此基础上，进行国家安全多维比较分析，最后，总结研究结果得出研究结论，进而推动比较国家安全学研究与实践向前发展的过程。

四、本节结语

本节提出国家安全系统学的新兴分支学科之比较国家安全学，并论述了比较国家安全学的必要性、可行性、学科定义、研究对象、研究范畴、研究方法论和研究范式。通过本节研究发现，比较国家安全学是运用比较方法，研究具有跨越性、差异性和可比性的国家安全系统及其组分系统间的相互关系，以及国家安全学与其他相关学科间的相互关系等的国家安全学与比较学的交叉学科。比较国家安全学的研究范畴主要包括九方面：两个以上国家的国家安全态势的比较研究、两个以上国家的国家安全体系和能力的比较研究、两个以上国家的国家重大利益的比较研究、同一国家的国家安全的不同领域安全的比较研究、同一国家的国家安全的不同层次安全的比较研究、同一国家的不同国家安全工具的比较研究、不同时空的国家安全的比较研究、不同国家的国家安全威胁的比较研究、国家安全学与其他学科的比较研究。比较国家安全学的研究方法论体系和研究范式表明：比较国家安全学的比较维度包括国家、时间、层级、领域、工具和学科等；研究类型主要有影响研究、平行研究和跨学科研究三种；比较国家安全学研究应在辩证唯物主义的指导下，遵循宏观比较与微观比较相结合原则、规范比较与功能比较相结合原则，以及静态比较与动态比较相结合原则等；比较国家安全学研究过程可分为“提出比较国家安全研究主题→搜集整理相关国家安全信息→依据信息描述解释研究主题→进行国家安全多维比较分析→总结研究结果得出研究结论”5 阶段。

比较国家安全学是势在必建的国家安全学学科分支。本节主要从比较国家安全学学科创建的层面开展研究和建构，讨论了比较国家安全学的学科基本问题，以期为比较国家安全学研究提供整体性框架，从而推动比较国家安全学的发展，同时，国家安全学框架下的比较国家安全学的建设发展，也必将推动国家安全学自身的丰富、进步和价值创造。当然，本节仅是对比较国家安全学的初步探索性研究，未来需更多研究者围绕比较国家安全学展开深入细化研究。

第四节　国家安全体系学

一、问题提出与思路展叙

（一）研究背景

当前，在中华民族伟大复兴战略全局和世界百年未有之大变局相互交织、战略机遇与风险挑战并存叠加的大背景下，推进国家安全体系现代化恰逢其时、意义重大、影响深远，已成为新时代国家安全工作的重要工程（王秉，2022b）。同时，在理论层面，为推进国家安全体系现代化，学术界应围绕国家安全体系开展系统深入研究。特别是，为给推进国家安全体系现代化提供专门的学科支撑，极有必要开展国家安全体系学的建设研究。

国家安全体系作为当前学术界和实务界高频使用的新概念和新术语，被赋予了深刻的体系思想和丰富的学理内涵。国家安全体系的精要之处在于“体系”二字，“体系”意指众多组分系统（包括子体系）综合集成的统一整体（张维明等，2010）。可见，国家安全体系建设的关键在于众多国家安全体系的组分系统（需说明的是，国家安全体系的子体系隶属于国家安全体系的组分系统）的统筹协调和一体化建设，国家安全体系建设是一项典型的体系工程。

体系思想源于多系统综合集成中涌现的体系现象和问题。体系工程是在体系思想指导下专门研究体系的需求、架构、建设、能力、演化和评价等的学科（张维明等，2010），它可为国家安全体系的需求分析、架构设计、集成构建、能力生成、分析评价与改进优化等提供学科基础支撑。同时，当前国家安全学蓬勃发展，国家安全学的交叉学科禀赋有助于推动国家安全研究不断纵向深入与横向跨学科交叉。因此，为推进国家安全体系现代化和丰富国家安全学学科体系，在体系思想指导下开展国家安全学与体系工程交叉领域的国家安全体系学研究具有重大意义。

（二）研究综述

随着国家安全体系的发展演化，特别是2014年中央国家安全委员会第一次会议提出总体国家安全观以来，国家安全体系得到学术界的广泛关注和讨论。概括看，目前的国家安全体系研究主要包括五大方面。第一，整体层面的国家安全体系的分析框架、发展过程、演化逻辑与现代化建设路径研究（钟开斌，2018；王秉，2022b；曹海军和梁赛，2023；石斌，2021）。第二，不同国家的国家安全体系的分析、评价和比较研究（Kitler，2021；Vinogradova et al.，2015；胡文秀和刘振霞，2013）。第三，国家安全体系的组分系统研究。按照领域、工具和层次划分，国家安全体系的组分系统研究可分为领域安全组分系统（如国家网络安全体系、国家数据安全体系、国家生物安全体系、国家核安全体系、国家产业链安全体系等）研究（Kim et al.，2013；刘刚，2021；司林波，2020；毛用泽等，2012；裘莹等，2022）、工具组分系统（如国家安全领导体制、国家安全工作协调机制、国家安全法治体系、国家安全战略体系、国家安全情报体系和国家应急管理体系等）研究（Hu，2016；史培军和张欢，2013；康均心，2017；Balcazar and Manuel，2019；张家年和马费成，2015；钟开斌，2020）、领域安全组分系统和工具组分系统耦合（如国家军事安全领导体制、国家生物安全法治体系、国家金融应急管理体系、国家科技安全情报体系等）研究（莫纪宏，2020；俞勇和郑鸿，2020；张家年和马费成，2016）及不同层次（如面向社会公众的公共安全、面向主权实体的国家安全、面向国际社会的世界安全三大层次）组分系统研究（钟开斌，2018；唐钧，2021）。第四，整体层面的国家安全体系和能力一体化的内涵、特点、内在逻辑和现代化建设路径研究（赵可金，2023；王秉，2022b；李文良，2023）。第五，整体层面的国家安全体系的专门研究的呼吁与展望（刘跃进和宋希艳，2018；王秉等，2023c）。

尽管关于国家安全体系已取得诸多研究成果，但国家安全体系研究还存在一些显著不足，主要体现在三大方面。第一，已有研究多围绕国家安全体系的组分系统开展研究，整体层面的国家安全体系研究缺乏。第二，当前的整体层面的国家安全体系研究主要分析国家安全体系的内涵与基于政策文本的中国国家安全体系的发展历程，尚未研究国家安全体系的整体架构、建设标准、技术支撑、能力生成、演化规律和协同治理等国家安全体系建设发展中面临的关键问题。第三，国家安全体系的组分系统研究相互之间相对独立，尚未开展面向整体层面的国家安全体系的各组分系统的共性一般规律研究。因此，立足学科建设高度，开展专门以国家安全体系为研究对象的国家安全体系学创建研究十分必要和关键，有助于从整体层面探讨关于国家安全体系的一般理论方法和统合国家安全体系的组分系统研究，以期有效弥补当前国家安全体系研究存在的上述不足之处，并为推进国家安全体系现代化提供专门的学科支撑。

（三）本节研究

鉴于当前整体层面的国家安全体系研究较少较浅、国家安全体系的各组分系统研究分散且少有国家安全体系共性规律研究的现状，本节主要论述国家安全体系学的创建缘由，界定国家安全体系学的核心概念，分析国家安全体系学的内涵与问题指向，并在此基础上，根据“学科核心概念—学科理论基础—学科理论—学科方法论—学科技术—学科实践—学科问题指向”学理链，提出国家安全体系学的基本框架，以期为建立国家安全体系学奠定基础，为国家安全体系学研究与发展提供整体参考和指导，进而为推进国家安全体系现代化提供学科支撑。

二、国家安全体系学的创建缘由

指导思想、实践面向与理论需要是新学科创建的三大基础要素。这里，从思想引领、实践驱动、学科发展需要三方面出发，论述国家安全体系学的创建缘由。

（一）思想引领：国家安全体系学是总体国家安全观的理论要义

总体国家安全观是我国国家安全工作的指导思想，它的理论出发点是“总体”，实践落脚点在于“统筹”（总体国家安全观研究中心，2022）。所谓“总体”，即由众多组分系统构成的统一整体，意指从国家安全宏观整体高度审思各领域安全和各种国家安全工具，将各领域安全、各层次安全和各种国家安全工具视作统一整体。所谓“统筹”，即通盘筹划、协调各组分系统，意指打破各领域安全、各层次安全及各种国家安全工具的相互区隔和各自局限，要求统筹协调各领域安全、各层次安全及各种国家安全工具，以实现维护与塑造总体国家安全目标。简言之，“总体”的本质特征是组分系统的整体涌现性，“统筹”的关键在于建立关联和协调各组分系统。体系思想主要强调各组分系统相对独立、组分系统间具有一定关联结构、整体能力由各组分系统共同涌现。基于体系思想可将国家安全体系视作由若干组分系统综合集成的统一整体，组分系统相对独立各自运转，又彼此关联共同涌现总体国家安全。可见，体系思想与总体国家安全观所蕴含的“总体”观和“统筹”论十分契合，具有内在统一逻辑，体系思想是总体国家安全观蕴含的重要思想之一。

从贯彻总体国家安全观的要求看，“坚持推进国家安全体系和能力现代化”是贯彻总体国家安全观的 10 点要求之一①。国家安全体系学以为推进国家安全体系现代化提供学科支撑为出发点和落脚点。可见，构建国家安全体系学是贯彻总体国家安全观的理论层面的重要实践。综合看，基于总体国家安全观所蕴含的体系思想构建国家安全体系学是总体国家安全观的理论要义，总体国家安全观所蕴含的体系思想是国家安全体系学的指导思想。

（二）实践驱动：国家安全体系学是国家安全体系现代化的支柱学科

党的二十大报告将国家安全体系摆在突出重要位置。一方面，将“推进国家安全体系和能力现代化，坚决维护国家安全和社会稳定”作为专章论述，明确提出推进国家安全体系现代化这一重要使命任务。另一方面，将关于国家安全体系的部署作为“推进国家安全体系和能力现代化，坚决维护国家安全和社会稳定”专章的开头部分论述，并以“健全国家安全体系”为段首语，对健全国家安全体系的各方面具体内容作出部署②。可见，国家安全体系涵盖要素之多、涉及范围之广、影响程度之大、现代化建设任务之艰巨，迫切需要围绕国家安全体系展开系统深入研究。国家安全体系学是健全国家安全体系、推进国家安全体系现代化的学理要求与实践注解。

同时，国家安全体系现代化是中国式现代化的题中之义。中国国家安全体系现代化应蕴含多维内涵，即中国国家安全体系现代化至少是国家安全体系全领域全方位全过程的现代化（王秉，2022b），是全体人民共同安全的现代化，是“物理-社会-信息”三元空间安全相协调的现代化（王秉，2022c），是以新安全格局保障新发展格局的现代化，是坚持共同、综合、合作、可持续的全球安全观

---

① 中国政府网：《习近平主持中央政治局第二十六次集体学习并讲话》，https://www.gov.cn/xinwen/2020-12/12/content_5569074.htm(2020-12-12)[2023-06-19].

② 习近平：《高举中国特色社会主义伟大旗帜 为全面建设社会主义现代化国家而团结奋斗——在中国共产党第二十次全国代表大会上的报告》，《人民日报》2022 年 10 月 26 日.

的现代化。以中国式现代化理念引领国家安全体系现代化建设，需要形成中国化、现代化的国家安全体系学，国家安全体系学是以中国式现代化理念引领与指导国家安全体系现代化建设的支柱学科。

（三）学科发展需要：国家安全体系学是国家安全学的核心分支

首先，一门成熟的学科由一系列分支学科构成，学科的发展既需纵向开展深入的细化研究，亦需横向构建和发展更多的分支学科，以不断充实和完备学科体系形成学科生态群（童星，2019，2022）。在我国，国家安全学一级学科自 2020 年 12 月正式设置以来，已发展出国家安全思想与理论、国家安全战略、国家安全治理和国家安全技术四个二级学科，同时，国家安全系统学、国家安全情报学、国家安全法学、国家安全战略学和国家安全教育学等分支学科也被逐步提出。体系工程是专门研究体系集成构建和演化评价等的学科，目前已应用于军事、工业互联网、航空航天、网络空间安全和卫生健康等领域，发展出武器装备体系工程、工业互联网体系工程、航天体系工程、网络空间安全体系工程和卫生体系学等研究方向。

其次，从学科构成和发展角度看，国家安全体系学是国家安全学的重要学科分支和体系工程的应用层面的学科分支。国家安全体系学作为从体系层面研究国家安全的新学科，可为国家安全研究提供新视角和新工具，为国家安全学开辟新兴学科分支。加之，国家安全体系是重要的国家安全学研究内容，且已有一定的研究基础。国家安全体系学可为国家安全体系研究提供思想、理论与方法支撑，可为国家安全体系的各组分系统研究奠基共同阵地、提供共同声音。

综上可见，国家安全体系学是国家安全学研究的新范式与新命题，是国家安全学与体系工程交叉领域势在必建的国家安全学的核心分支学科。

三、国家安全体系学的核心概念界定

国家安全体系学的核心概念是国家安全体系学理论体系的基石和重要构成部分（王秉，2023b）。界定国家安全体系学的核心概念是国家安全体系学研究和创建的起点。概括看，国家安全体系学的核心概念有国家安全体系、国家安全体系能力、国家安全体系需求、国家安全体系建设、国家安全体系现代化和国家安全体系工程，它们的具体概念界定见表 10-6。

表 10-6 国家安全体系学的核心概念

概念名称	概念界定
国家安全体系	根据体系的定义（Maier，1998；Keating，2003；阳东升等，2013），国家安全体系是指以维护和塑造国家安全为总体目标，由大规模分布与相互协作的独立国家安全系统按一定秩序和内部联系综合集成的用来生成国家安全能力的整体。国家安全体系具有多种特性。首先是组分系统的独立性（自治性）与异构性，这意味着国家安全体系的组分系统在一定程度上是独立的，能够自主运作并处理各组分系统的安全问题。其次是边界模糊与动态性，这表现为国家安全体系的边界并不是固定的，而是随着时间和环境的变化而不断调整。此外，国家安全体系还具有分布广泛性、涌现性、连通性、多样性、开放性等特点。这些特点使得国家安全体系能够适应复杂多变的国家安全形势和环境（关于国家安全体系的具体解析，详见本书第六章）
国家安全体系能力	根据体系能力的定义（Agarwal et al.，2014），国家安全体系能力是指国家安全体系在限定条件下，运用国家安全相关资源要素执行和完成一系列国家安全任务并达到预期国家安全目标，实现维护和塑造国家安全最终目的的本领。国家安全体系能力深深根植于国家安全体系的内在结构之中。这种能力并非孤立存在，而是由一系列国家安全能力要素共同协作、相互融合，从而综合展现出其强大效能。这种能力是国家安全体系所独有的，它超越了单一的组分系统，无法简单地还原至任何一个独立的部分
国家安全体系需求	国家安全体系需求是指国家安全体系在运行过程中，为达成维护和塑造国家安全这一核心目标，所必须达到的一系列条件和所应具备的全方位能力。具体而言，国家安全体系需求决定了体系在不同情境下的适用性，明确了体系所肩负的使命和任务，是生成国家安全能力的重要前提，同时也为体系设定了清晰的价值目标。国家安全体系需求反映了国家安全体系对于内外部环境变化的敏锐洞察和应对能力，是确保国家安全体系与时俱进、不断提升效能的关键因素
国家安全体系建设	国家安全体系建设涵盖了国家安全体系规划、国家安全体系设计、国家安全体系建立、国家安全体系运行、国家安全体系评价和国家安全体系改进这六个核心环节。这些环节并非孤立存在，而是相互关联、相互依存，共同构成动态螺旋上升式发展演化过程。通过这种动态螺旋上升式发展演化过程，国家安全体系能够不断提升其效能和适应性，进而为国家安全提供坚实保障
国家安全体系现代化	国家安全体系现代化是中国国家安全学自主知识体系中的重要概念。国家安全体系现代化是指为维护国家安全，持续健全国家安全体系，从而使国家安全体系适应新时代新要求的过程。中国国家安全体系现代化坚持以总体国家安全观为核心理念，积极探索和实践国家安全体系的总体化、统筹化、科学化、专业化、数智化、法治化与社会化等多元化路径，其目标是构建全领域、全方位、全周期的中国现代国家安全体系结构（王秉，2022b）

续表

概念名称	概念界定
国家安全体系工程	国家安全体系工程是国家安全体系复杂需求获取与分析工程、国家安全体系架构设计工程、国家安全体系集成构建工程、国家安全体系协同治理工程、国家安全体系分析评价工程、国家安全体系改进优化工程、复杂国家安全关系和国家安全各领域各层次各方面的统筹协调工程、国家安全系统综合集成体的迭代演化工程，以及多学科交叉融合和多系统关联交互工程的统一体。概言之，国家安全体系工程是体系工程视域下的国家安全体系的建立健全及现代化推进过程的工程性概括

上述六大核心概念紧密相连、相互依存，共同构成国家安全体系学的核心逻辑体系。其中，国家安全体系是整个逻辑体系的基石，它定义了国家安全体系的生成元、目标及效能，为其他核心概念提供了基础。国家安全体系能力可被视作国家安全体系效能的体现，它是评估和优化国家安全体系效能的关键指标。国家安全体系需求源于对现实和潜在国家安全威胁的深刻分析，是推动国家安全体系建设和发展的重要动力。国家安全体系建设是根据体系需求，通过一系列规划和实施过程，构建和完善国家安全体系的过程。国家安全体系现代化是随着时代发展和国家安全环境的变化，对国家安全体系进行的持续优化和升级，以确保其始终保持高度的效能和适应性。最后，国家安全体系工程则是将理论建设和实践应用紧密结合的关键环节，它将先进的理念和技术方法应用于国家安全体系的建设和管理中，通过工程化手段确保国家安全体系的高效运行和持续发展。

一门学科的概念体系通常呈“金字塔”结构，即由若干核心概念出发，不断分支而形成多层次的概念体系。当然，国家安全体系学的核心概念亦可继续分支延伸出次级概念。例如，基于国家安全工具视角，国家安全体系的分支概念有国家安全领导体制、国家安全法治体系、国家安全战略体系和国家安全政策体系等。基于国家安全能力的具体构成，国家安全体系能力的分支概念有重点领域安全能力、海外安全保障能力、防范化解重大风险能力、统筹发展和安全能力、全民国家安全意识和素养等。基于国家安全体系应满足的多样性需求，国家安全体系需求的分支概念有维护国家安全与塑造国家安全及国家安全稳健性和国家安全韧性等。基于国家安全体系建设的阶段与流程，国家安全体系建设的分支概念有国家安全体系规划、国家安全体系设计、国家安全体系建立、国家安全体系运行、国家安全体系评价和国家安全体系改进等。基于现代化的具体含义，国家安全体系现代化的分支概念有国家安全领导体制现代化、国家安全战略体系现代化、国家安全政策体系现代化、国家安全法治体系现代化、国家安全监测预警体系现代化、国家应急管理体系现代化等。基于国家安全体系工程的项目内容，国家安全体系工程的分支概念有国家安全体系需求分析、国家安全体系架构设计、国家安全体系集成构建、国家安全体系协同治理、国家安全体系分析评价和国家安全体系改进优化等。鉴于国家安全体系学的次级概念较多，且它们的含义较为浅显易懂，这里不再作具体解析。

四、国家安全体系学的内涵分析

国家安全体系学是体系工程在国家安全领域的应用分支。体系工程是一门研究体系的需求、架构、建设、能力、演化和评价等的学科，是一门从体系的角度观察世界、研究事物、认识问题的学问（张维明等，2010）。因此，根据体系工程的定义，国家安全体系学是研究国家安全体系现象和国家安全体系建设、演化规律，为国家安全体系的需求分析、架构设计、集成构建、能力生成、发展演化、分析评价与改进优化等提供理论、方法与技术支撑的国家安全学与体系工程的交叉学科。具体而言，国家安全体系学是一门从国家安全的体系特性出发，以“国家安全体系是一类由众多组分系统综合集成的典型体系”为基础依据，以总体国家安全观所蕴含的体系思想为指导思想，以国家安全体系为研究对象，以国家安全体系的需求分析、架构设计、集成构建、能力生成、发展演化、分析评价与改进优化等的理论、方法、技术及其实践应用为研究内容，以国家安全学和体系工程等为学科基础，以体系工程方法论为研究方法论，以健全国家安全体系和推进国家安全体系现代化为研究目标的新兴交叉综合学科。

这里，从国家安全体系学的研究对象、研究内容、学科基础、研究方法论与学科属性五方面出发，进一步阐释国家安全体系学的内涵。

第一，国家安全体系是国家安全体系学的研究对象。国家安全体系的组分系统具有相对独立性和一定自主性，国家安全体系边界具有模糊性与动态性。任一单独的国家安全体系的组分系统，仅能服务于某一领域安全需求或提供某一种国家安全工具支撑，而无法服务于总体国家安全需求和提供全方位国家安全工具支撑。例如，生物安全系统仅能服务于国家生物安全需求，支撑实现国家生物安全目标，生物安全系统对于其他领域安全目标的实现仅能起到辅助支撑功能；国家安全情报系统仅能服务于各领域或方面的国家安全情报需求，为各领域或方面提供国家安全情报支撑，而无法提供其他方面国家安全工具和支撑实现总体国家安全目标。另外，国家安全体系的组分系统可随国家安全体系需求和国家安全形势与环境的演化而加入或退出，国家安全体系无恒定边界。

第二，国家安全体系的需求分析、架构设计、集成构建、能力生成、发展演化、分析评价与改进优化等的理论、方法、技术及其实践应用是国家安全体系学的研究内容。一门学科的研究内容一般可分为基础理论研究、应用基础研究与实践应用研究三个层次。国家安全体系学的研究内容亦是如此。其中，国家安全体系学的基础理论研究，主要研究国家安全体系需求理论、国家安全体系集成构建理论、国家安全体系协同理论、国家安全体系涌现理论、国家安全体系演化理论和国家安全体系能力生成理论等。国家安全体系学的应用基础研究主要研究国家安全体系方法与技术，如国家安全体系需求分析方法与技术、架构设计方法与技术、集成构建方法与技术、协同治理方法与技术、分析评价方法与技术，以及改进优化方法与技术等。国家安全体系学的实践应用研究主要研究国家安全体系理论、方法与技术在国家安全体系的需求分析、架构设计、集成构建、能力生成、发展演化、分析评价与改进优化等方面的具体应用。

第三，国家安全学和体系工程等是国家安全体系学的学科基础。国家安全体系学处于国家安全学与体系工程的学科交叉领域。因此，从狭义角度看，国家安全学与体系工程是国家安全体系学的直接学科基础。其中，体系工程作为专门研究体系理论、方法与技术的学科，可为国家安全体系学提供体系研究范式；国家安全学是国家安全体系学的母学科，可为国家安全体系学提供基础的国家安全理论支撑。从广义角度看，由国家安全学的综合学科属性与横断学科属性可知，国家安全体系学研究与实践必然涉及其他国家安全学分支学科，乃至其他一般性学科。换言之，国家安全体系学的学科理论基础应是国家安全体系学研究与实践所涉及的各学科理论的交叉融合。

第四，体系工程方法论是国家安全体系学的研究方法论。体系工程方法论涵盖了多个维度和层面的方法论，为国家安全体系学提供了全面的研究路径框架。其中，体系论强调从整体和全局的视角出发，深入剖析国家安全体系的内在结构和运行机制；综合集成方法论注重将不同领域、不同层次的国家安全进行有效整合，形成对国家安全体系的全面认识；还原方法与整体方法相结合方法论强调在深入研究各个组分系统的同时，也要关注它们之间的相互作用和整体效应；定性分析与定量计算相结合方法论通过定性和定量两种手段的结合，提高了分析的准确性和可靠性；确定分析与不确定分析相结合方法论充分考虑了国家安全体系中的不确定性和风险因素，为决策提供了更加全面的参考；比较研究与相似研究相结合方法论则通过比较不同国家、不同时期的国家安全体系，寻找共性和差异，为优化和完善国家安全体系提供了有益的借鉴。因此，国家安全体系学在研究过程中应充分借鉴和应用体系工程方法论，以确保研究的科学性、系统性和实用性。

第五，交叉综合是国家安全体系学的学科属性。国家安全体系学，正如国家安全系统学、国家安全情报学和国家安全战略学等交叉学科一样，是国家安全学与体系工程深度交融形成的新兴交叉学科。具体而言，它体现了体系工程思想、理论、方法论与技术在国家安全学领域的深度融合与广泛应用。这种交融不仅丰富了国家安全学的内涵，也拓宽了体系工程学科的应用领域。因此，国家安全体系学可以被视为国家安全学与体系工程交叉综合而诞生的一门新兴边缘性学科。值得注意的是，国家安全学与体系工程均属于交叉综合学科，这意味着国家安全体系学研究与实践不可避免地会触及国家安全学的多个分支学科。这种跨学科的研究特性赋予了国家安全体系学高度的综合性。因此，交叉综合是国家安全体系学的显著学科属性，这也是其独特魅力和研究价值所在。

五、国家安全体系学的问题指向

国家安全体系学以国家安全体系建设发展过程中涌现出的具有学术品质和理论、实践价值的重大问题为研究指向。国家安全体系学重点关注在推进国家安全体系现代化过程中对同一类型亟须解决的现象或问题进行凝练形成的能够横向拓展、纵向深入的一般性、普适性问题（盛昭瀚等，2019）。基于一般体系建设发展过程，提出国家安全体系学研究应重点关注和回应的六大重大问题，依次为国家安全体系的整体架构、国家安全体系的建设标准、国家安全体系的技术支撑、国家安全体系的能力生成、国家安全体系的演化规律和国家安全体系的协同治理，展开论述如下。

（一）国家安全体系的整体架构

国家安全体系的整体架构包括国家安全体系的需求架构、能力架构、顶层设计架构及其组分系统架构，这四大架构分别对应国家安全体系的需求、能力、设计及其组分系统四元素各自的基本组织方式。其中，国家安全体系的需求架构是国家安全各领域、各层次、各方面需求的全方位获取、统一化表示、综合性评价与验证，以及全局性管理的过程。国家安全体系的能力架构是国家安全能力要素相互关联、彼此作用、统筹协调、整体涌现的过程。国家安全体系的顶层设计架构是国家安全体系的宏观整体性规划和布局。国家安全体系的组分系统架构是国家安全体系各组分系统的结构，以及国家安全体系的组分系统间的相互关联结构形成的统一整体。国家安全体系的整体架构，作为国家安全体系需求管理、能力集成、体系设计和组分系统交互的基石，其构建所遵循的原则、展现的规律和采用的方式，是国家安全体系学当前迫切需要解答的首要问题。

（二）国家安全体系的建设标准

推进国家安全体系现代化，需明确实践目标，即所谓“现代化”之内涵。

换言之，推进国家安全体系现代化中的“现代化”的内涵构成国家安全体系的建设标准。具体而言，国家安全体系的建设标准包括五类标准：一是国家安全体系的组分系统的加入和退出标准，以确保国家安全体系的各个组分系统能够有序地进入和退出，保持整个体系的活力和适应性。二是国家安全体系的组分系统间的交互标准，它决定了各系统之间如何有效协作，共同应对各种安全挑战。三是国家安全体系整体效能的评价标准，用以衡量国家安全体系的整体效能，进而发现问题，优化决策，推动整个体系向更加高效、科学的方向发展。四是国家安全体系的优化迭代标准，为应对不断涌现的新威胁和新挑战，需要不断对国家安全体系进行优化和迭代，以适应这些变化。五是国家安全体系的现代性标准，现代性不仅是一种时间概念，更是一种状态或特征，一个具有现代性的国家安全体系应当具备先进的技术、科学的理念、完善的制度等多个方面的特征。以上五类国家安全体系的建设标准是国家安全体系学亟待回应的重要问题。

（三）国家安全体系的技术支撑

国家安全体系具有极度复杂性，国家安全体系现代化建设亟须新方法与新技术支撑。国家安全体系的组分系统间的相互关联以信息交互为主，这些信息不仅涉及国家安全的核心数据，还涵盖了政策制定、资源调配、风险评估等多个方面。因此，信息领域方法与技术的升级可为国家安全体系建设发展提供重要支撑。在当今数智时代，数智技术的迅猛发展为国家安全体系建设发展提供了全新思路和技术手段。大数据、人工智能、云计算等新兴数智技术正以前所未有的速度改变着世界，也对国家安全体系现代化进程产生了深远的影响。数智技术不仅能提升国家安全体系的信息能力，还能优化国家安全决策流程、提高国家安全工作效率。然而，如何认识和理解数智背景下的国家安全体系现代化，如何利用数智技术赋能推进国家安全体系现代化，如何通过数智赋能建设现代国家安全体系等国家安全体系学的关键问题尚待回应和解决（王秉，2022a）。

（四）国家安全体系的能力生成

根据体系工程原理，体系以体系能力为核心要素。同理，国家安全体系以国家安全体系能力（即国家安全能力）为核心要素和实现价值目标的基础。国家安全体系能力的生成和发挥是在限定条件下，运用国家安全相关资源要素，执行和完成一系列国家安全任务，进而达到预期国家安全目标的过程。其中，限定条件是指国家安全体系现况及国家安全形势和环境；国家安全相关资源要素是指国家安全体系所具备的资源，不仅包含国家安全装备、设施等硬资源，也包括全民国家安全意识和素养等软资源；国家安全任务是指国家安全体系需应对的问题和挑战，是国家安全体系能力的着力点；国家安全目标是指国家安全体系发挥能力需达到和实现的特定目标。国家安全体系能力的强弱、全面性和先进性是检验国家安全体系现代化程度的重要指标。概括看，国家安全体系现代化建设聚焦于国家安全体系能力要素集的构建、体系能力的生成以及潜能与效能的转化等核心议题，这些同样是国家安全体系学研究不可或缺的关键领域。

（五）国家安全体系的演化规律

国家安全体系不是朝夕建成的，亦不是一成不变的。国家安全体系受国家安全主体调整控制，随国家安全形势和环境演化变迁，可能由于内部不确定的微涨落而产生混沌运动，国家安全体系具有演化性。国家安全体系的演化是国家安全形势和环境及国家安全体系的整体架构、建设标准、技术支撑和能力生成等综合作用的结果。国家安全体系的演化行为可分为国家安全体系的组分系统演化和国家安全体系的架构演化两大类。其中，国家安全体系的组分系统演化是指国家安全体系的组分系统的优化，以及组分系统的加入或退出。国家安全体系的架构演化包括国家安全体系的运行机制演化、国家安全体系的组分系统间关联结构演化、国家安全体系的底层技术演化等。国家安全体系的演化规律是国家安全体系现代化建设的基本遵循，是国家安全体系学应聚焦探索的关键问题。

（六）国家安全体系的协同治理

国家安全体系作为一个复杂而庞大的体系，是由众多相互关联、相互作用的组分系统所构成的。这些组分系统间的复杂耦合关系，使得国家安全体系的治理工作变得尤为复杂和艰巨。这种复杂性不仅体现在治理涉及的多要素、多主体、多层级、多环节上，更在于其表现出的非线性、交互性、开放性与动态性等特征。在这些特征的共同影响下，国家安全体系的治理不再是单一系统或单一层面的问题，而是需要综合考虑各个组分系统间的相互作用和影响。为实现总体国家安全目标，必须依赖国家安全体系各组分系统间的有效协同。这种协同不仅体现在信息的共享与流通上，更在于决策、行动、资源分配等各个方面的协调与配合。综上所述，国家安全体系的协同特征和协同治理机制是国家安全体系学应重点研究的核心问题。通过对这些问题的深入研究，可以更好地理解和把握国家安全体系的治理规律，为构建更加高效、稳定、可持续的国家安全体系提供有力的理论支撑和实践指导。

六、本节结语

进入国家安全新阶段，为健全国家安全体系和推进国家安全体系现代化，亟须在总体国家安全观指引下，在构建国家安全新格局实践中，逐步探索建立国家安全体系学。国家安全体系学立足总体国家安全观，面向国家安全体系现代化，是专门从体系层面研究国家安全的新学科，是国家安全思想发展新阶段的理论建构，开展国家安全体系学创建研究十分必要且正当时。本节从思想引领、实践驱动、学科发展需要三方面出发，论述了国家安全体系学的创建缘由，并阐释了国家安全体系学的相关核心概念、内涵及问题指向。综合分析发现，国家安全体系学是总体国家安全观的理论要义，是国家安全体系现代化的支柱学科，是国家安全学的核心分支。国家安全体系学研究应聚焦国家安全体系的整体架构、建设标准、技术支撑、能力生成、演化规律和协同治理六大关键问题，以揭示国家安全体系现象和国家安全体系的建设、演化规律为研究目标，以健全国家安全体系和推进国家安全体系现代化为最终目的。下面根据“学科核心概念—学科理论基础—学科理论—学科方法论—学科技术—学科实践—学科问题指向”学理链，借鉴体系工程理论、方法论与技术，构建国家安全体系学的基本框架，见图 10-8。

图 10-8　国家安全体系学的基本框架

本节基于国家安全体系学的六大学科基本问题和国家安全体系建设发展面临的六大关键问题，勾勒出国家安全体系学的基本框架，为国家安全体系学的未来研究和发展提供了蓝图。需说明的是，本节是国家安全体系学的开篇之作，在吸收借鉴体系工程理论、方法论与技术的基础上，仅从宏观层面提出了国家安全体系学未来研究的初步框架性设想，可能存在疏漏之处，特别是体系工程现有研究成果尚不完备，未来需围绕本节所构建的基本框架开展国家安全体系学的深化研究，以充实和完备国家安全学、体系工程和国家安全体系学知识体系，从而为健全国家安全体系和推进国家安全体系现代化提供学科基础支撑。

第五节　国家安全能力学

近年来，"国家安全能力"一词在党和国家的重要会议和重要文件中高频出现。例如，党的二十大报告指出，"推进国家安全体系和能力现代化"①。二十届中央国家安全委员会第一次会议强调，"要加快推进国家安全体系和能力现代化"②。党的二十届三中全会通过的《中共中央关于进一步全面深化改革　推进中国式现代化的决定》，列专章部署"推进国家安全体系和能力现代化"③。可见，国家安全能力现代化建设十分关键和迫切，已成为新时期国家安全领域的重大议题和战略重点。国家安全能力备受重视的根源，在于当今风险常态化、弥散化、综合化时代，国家安全工作面临多重能力困境。例如，《中共中央关于党的百年奋斗重大成就和历史经验的决议》指出，"同形势任务要求相比，我国维护国家安全能力不足，应对各种重大风险能力不强"④。因此，国家安全能力作为维护和塑造国家安全的工具和有力武器，对其开展研究意义重大。

从研究层面看，国家安全能力正逐渐进入国家安全学研究视域，国家安全能力研究的必要性、可行性和关键性逐渐得到学界认同，围绕国家安全能力的专门研究开始浮现于诸多学术期刊。国家安全能力研究属于从能力角度切入的国家安全学新领域。当前，国家安全学处于拔节生长期，亟须紧紧围绕国家安全这一核心，从多视角出发共创共建国家安全学，以开拓研究分支，发展壮大研究阵地。

---

① 习近平：《高举中国特色社会主义伟大旗帜　为全面建设社会主义现代化国家而团结奋斗——在中国共产党第二十次全国代表大会上的报告》，《人民日报》2022 年 10 月 26 日．

② 《习近平主持召开二十届中央国家安全委员会第一次会议强调　加快推进国家安全体系和能力现代化　以新安全格局保障新发展格局》，《人民日报》2023 年 5 月 31 日．

③ 《中共中央关于进一步全面深化改革　推进中国式现代化的决定（二〇二四年七月十八日中国共产党第二十届中央委员会第三次全体会议通过）》，《人民日报》2024 年 7 月 22 日．

④ 《中共中央关于党的百年奋斗重大成就和历史经验的决议（2021 年 11 月 11 日中国共产党第十九届中央委员会第六次全体会议通过）》，《人民日报》2021 年 11 月 17 日．

鉴于此，本节主要梳理国家安全能力研究进展，在此基础上提出国家安全学的学科分支——国家安全能力学，并分析国家安全能力学的创建缘由、核心概念、学科基本问题与主要研究内容，以期明晰国家安全能力学的基本框架，为国家安全学开拓多学科交叉研究新领域，从而为推进国家安全能力现代化奠定理论基础、提供学科支撑。

一、国家安全能力研究述评

（一）国家安全能力研究基本情况

综合已有研究发现，国家安全能力研究刚刚开始得到学界的关注和重视。换言之，目前，相比实践中对国家安全能力的广泛关注，国家安全能力理论研究存在明显滞后。具体而言，从国外研究看，仅有少量涉及国家安全能力，主要围绕国家网络安全能力（Bae et al.，2015）、国家卫生安全能力（Kandel et al.，2020）、国家海上安全能力（Bueger et al.，2020）等子能力展开。

从国内研究看，在早期，国内学界也尚未专门开展国家安全能力研究，仅有部分初步提及。直到近年来，特别是党的十八大以来，随着党和国家对国家安全能力建设的高度重视，中国学界开始关注并开展国家安全能力方面的研究探索，主要涉及国家政治安全能力（王刚等，2023）、非传统安全能力（余潇枫，2013；谢贵平和朱家福，2021）、数据主权安全能力（黄海瑛和文禹衡，2021）、国家安全战略能力（苏彧和魏松，2019）与国家安全动员能力（张羽等，2016）等。总体层面的国家安全能力研究缺乏，仅有李文良（2022）在国家安全学基础理论框架构建中初步论及国家安全能力，彭勃和杜力（2023）提出国家安全的总体性能力，黄大慧（2024）从总体国家安全观的视角解读国家安全能力概念，王秉（2023c）认为分析国家安全能力的内涵特征、生成要素及建设维度，王林（2023）分析新时代国家安全能力现代化的核心内涵与实现路径，凌胜利（2023）分析国家安全能力的构成要素和建设路径。

概括看，国家安全能力作为现代国家安全理论体系中的核心概念，国家安全能力研究尚处于刚刚起步阶段。目前，无论是在各子能力领域，还是在总体国家安全能力的宏观层面，学术界的深入系统研究都非常缺乏。因此，开展专门以国家安全能力为研究对象的国家安全能力学研究显得尤为迫切。

（二）主要国家安全能力研究范式综述

国家安全能力是国家能力的下位概念。尽管既有国家能力研究未直接明确提及国家安全能力概念，但多数国家能力研究均论及国家应对威胁维护国家安全的能力。因此，有必要梳理现有国家能力研究中关涉国家安全的内容，以为国家安全能力研究提供理论支撑。概括看，现有国家能力与国家安全研究主要立足于“国家—社会”和国家间关系两大分析框架。

政治学、社会学、经济学等学科，主要立足“国家—社会”分析框架研究国家能力与国家安全。这类研究认为，国家能力的影响因素处于国家与社会的复杂互动关系之中，国家安全是“国家—社会”二元结构框架下国家能力在安全方面的展现。根据国家与社会的强弱对比，“国家—社会”分析框架可分为国家中心主义（基欧汉等，2019）、社会中心主义（Donais，2018）和国家社会平衡主义（米格代尔，2013）三大类。国家中心主义论者认为，国家安全的维系有赖于政府等国家管理机构的合法垄断暴力。社会中心主义论者认为，人人安全构成国家安全，国家安全的实现需关注每一个个体的安全利益，国家安全水平的提升是全体国民安全能力的集中体现（刘跃进，2023）。国家社会平衡主义论者认为，国家与社会共同承担维护和塑造国家安全的使命，国家与社会在实现国家安全目标过程中具有相对均衡和动态平衡的权力和能力。

国际关系、国际政治等学科，主要立足国家间关系分析框架研究国家能力与国家安全。这类研究认为，国家能力的影响因素处于国家间的互动关系之中，国家安全是国家间关系框架下国家能力在安全方面的展现。当前，国际关系领域盛行现实主义、自由主义和建构主义三大分析范式（李少军，2019）。现实主义安全观强调“有好篱笆才有好邻居”（Williams，2003），强调权力（能力）关系对于国家行为的影响，关注民族国家之间的权力平衡以及对国家利益的追求。现实主义论者认为，国家安全的本质在于对抗，对抗的本质在于攻防两端的国家安全能力较量。国家之间的安全相互排斥，国家安全的实现需要国家权力（能力）提供保障和支撑。自由主义安全观强调“有好通道才有好邻居”（余潇枫和章雅荻，2019），强调构建基于相互依赖的制度性安排，但这种制度性安排更多地限于其结盟的“小圈子”国家。自由主义论者认为，国际社会是一个可以自我调节和相互依存的系统，国家之间的竞争和冲突可以通过国际制度、国际法和国际合作等方式缓解，国家安全能力突出体现为建制能力。建构主义安全观强调“有好认同才有好邻居”①，强调国家间的认同塑造安全。建构主义论者认为，社会人的安全行为被约定俗成的社会传统、社会习惯和个人身份制约或改变，国际关系类似社会规范结构，国家安全观念、规范和文化等的建构能力在国家行为形成

① 中国社会科学网：《【聚焦学理中国】“和合共生”与“本体安全”》，https://www.cssn.cn/mkszy/mkszy_pyxsd/202209/t20220913_5494554.shtml(2021-09-22)[2024-9-21].

过程中起到重要作用。

现有国家能力与国家安全研究的“国家—社会”和国家间关系两大研究范式彼此分立，各自局限。两类研究范式均将国家安全的实现归结为国家能力，但“国家—社会”研究范式侧重国家自身内部安全，国家间关系研究范式则侧重国际共同安全，这导致两类研究得出的国家能力具有较大差异性。国家安全能力是国家能力与国家安全的融合概念，指涉实现国家安全的能力。为弥合分歧，寻求理论对话，丰富和完善国家能力与国家安全研究，亟待从国家安全能力出发，探索国家安全能力与国家能力及国家安全的对话和关联。

二、提议创建国家安全能力学的缘由

提议创建国家安全能力学，主要源于国家安全领域的四方面现实需求。一是从“基于威胁”到“基于能力”的战略深化，展现了国家安全战略思维的演进；二是从底线思维到极限思维的观念拓展，反映了国家安全观念在思维模式和战略视野方面的深刻变化；三是国家安全能力现代化建设的需求牵引，强调了国家在实现国家安全目标过程中的国家安全能力构建与提升；四是国家安全学的多学科交叉研究驱动，揭示了跨学科研究对于国家安全理论创新与实践指导的重要性。

（一）从“基于威胁”到“基于能力”的战略深化

世界多国历来高度重视国家安全能力建设。例如，在小布什执政时期，美国已经完成了从基于威胁到基于能力的国家安全战略和体系转型（周建明，2003）。这一变革标志着美国开始将战略重心从应对具体威胁转移到全面提升国家安全能力上来。此后至今，美国持续聚焦于加强和提升其国家安全能力。2018 年 3 月 28 日，英国发布《国家安全能力评估报告》，明确了开发、交付和部署英国国家安全能力的具体举措，以最大限度地发挥国家安全能力集成效应，以应对当前国家安全挑战①。澳大利亚政府于 2013 年专门发布《澳大利亚国家安全能力指南》②。这份指南旨在为国家安全能力的构建与提升提供明确的方向和策略，进一步彰显了该国对国家安全能力建设的重视。在中国，国家安全能力建设同样被置于重要战略地位。2021 年 11 月 18 日，中共中央政治局召开会议，审议通过

---

① HM Government：National security capability review. https://assets.publishing.service.gov.uk/media/5af1991040f0b642e2d8fa06/6.4391_CO_National-Security-Review_web.pdf(2018-03-28)[2023-09-17].

② Australian Government Attorney-General's Department：Guide to Australia's National Security Capability, Canberra：DPMC，2013.

《国家安全战略（2021—2025 年）》。此次会议强调，“要全面提升国家安全能力”①。切实提升国家安全能力，是贯彻落实总体国家安全观的必然要求，是实现国家治理能力现代化的重要工程（钟国安，2022）。在新时代，中国高度重视和着力推进国家安全能力建设，已正式成功完成了从基于威胁到基于能力的国家安全战略和体系变革发展。在当前基于能力的国家安全战略和体系时期，亟须围绕国家安全能力开展系统深入研究，以期为基于能力的国家安全战略和体系建设发展提供支撑。

（二）从底线思维到极限思维的观念拓展

二十届中央国家安全委员会第一次会议指出，“要坚持底线思维和极限思维”②。底线思维通常聚焦于可以预见、相对明确的国家安全风险挑战，它强调在忧患中寻求生存和发展的机会。极限思维则要求不仅满足于对国家安全风险的预防和控制，更要在面对看似无法克服的极限国家安全风险挑战时，寻找突破的可能，实现“绝处逢生”。在应对国家安全风险和挑战的过程中，底线思维倾向于采取一种未雨绸缪、防微杜渐的策略，通过预先设定好的最低标准、最低条件和最低限度来规避潜在国家安全风险。而极限思维则更加注重对不确定国家安全风险挑战的应对，它要求主动思考最坏的情况、最极限的情况，并为此做好充分的准备。因此，可以说底线思维关注的是“下限”，即所能接受的最低标准；而极限思维则关注的是“上限”，即所能预见的、最为极端的挑战和情境③。在现代社会，随着风险和挑战的日益复杂和多样化，极限思维的重要性愈发凸显，它要求国家安全工作不仅要具备预见和应对常规国家安全风险的能力，更要具备在极端情况下保持冷静、寻找突破的智慧和勇气。

概言之，底线思维强调划定自身坚决不可侵犯的重大利益，尽最大可能保护重大利益免受威胁；极限思维强调面对难以预料的国家安全风险挑战时的极限应对能力。从底线思维到极限思维的观念拓展凸显对国家安全能力需求的提升，不仅要求具备维护国家重大利益的底线保障能力，而且要求建设应对不确定国家安全风险挑战的极限应对能力。因此，在当前国家安全能力需求日益增多的背景下，建立国家安全能力学十分必要，可为国家安全极限思维的战略落地提供基础理论支撑。

---

① 新华网：《中共中央政治局召开会议 审议〈国家安全战略（2021-2025 年）〉〈军队功勋荣誉表彰条例〉和〈国家科技咨询委员会 2021 年咨询报告〉中共中央总书记习近平主持会议》，http://www.xinhuanet.com/politics/leaders/2021-11/18/c_1128077610.htm（2021-11-18）[2023-02-06].

② 《习近平主持召开二十届中央国家安全委员会第一次会议强调加快推进国家安全体系和能力现代化 以新安全格局保障新发展格局》，《人民日报》2023 年 5 月 31 日.

③ 张孟松：《坚持底线思维和极限思维》，《解放军报》2023 年 11 月 5 日.

（三）国家安全能力现代化建设的需求牵引

自党的十八大以来，中国坚定不移推进国家安全能力现代化，这既是新时代国家安全工作的伟大成就，亦是中国未来国家安全工作的重点和方向。2020 年 12 月 11 日，在中共中央政治局第二十六次集体学习时，习近平总书记深入阐述了总体国家安全观，并提出十点具体要求，其中特别强调“坚持推进国家安全体系和能力现代化”。从更宏观的视角来看，新时代中国国家安全事业的发展轨迹清晰可见：以坚决维护和积极塑造国家安全为起点，以不断深化与完善国家安全体系和能力建设为实施过程，最终目标是实现国家安全体系和能力现代化。在这一进程中，国家安全能力被置于至关重要的地位，它是现代国家安全理论体系的核心要素。推进国家安全能力建设，对于新时代中国而言，具有不可缺位的重要性。它不仅是夯实国家安全基石的必由之路，更是提升国家安全水平的关键所在。因此，当前开展深入、系统的国家安全能力研究，不仅具有重大的理论价值，更对现实国家安全工作具有深远的指导意义，亦可为推进国家安全能力现代化提供专门的学科支撑。

（四）国家安全学的多学科交叉研究驱动

当前，国家安全研究蔚为潮流，国家安全学正逐渐崭露头角，日益发展成为一门显学。然而，作为一门交叉学科，国家安全学理应涵盖更为广泛的研究领域，其研究深度和广度仍有待进一步拓展。目前，国家安全学研究主要聚焦于国际关系和国际政治等领域，研究视角和切入点相对单一，缺乏跨学科的综合性研究。国家安全能力是国家能力在国家安全方面的延展，国家能力领域研究成果对国家安全能力学研究具有重大借鉴启示意义。国家能力是政治学、国际关系、社会学、经济学等多学科交叉研究领域（黄宝玖，2004；唐世平等，2022；肖晞和喻鑫，2023；耿曙和王颖颖，2022；王绍光和胡鞍钢，1993）。因此，从能力角度出发，融合多学科角度的国家能力研究，构建国家安全能力学，不仅有助于拓宽国家安全学的研究领域，还能够为跨学科融合提供新机遇，为国家安全学学科发展增添新动力。此外，国家安全能力学在国家安全学学科体系中占有特殊地位。国家安全学现有的四个二级学科方向分别是国家安全思想与理论、国家安全战略、国家安全治理、国家安全技术。国家安全能力是国家安全学研究的重要组成部分，贯穿于国家安全思想与理论、战略、治理和技术等各个方面，为这些分支学科的研究提供了实践基础和核心要素。换言之，国家安全能力是国家安全学四个二级学科的共同研究领域，国家安全能力学在国家安全学学科体系中具有横断性。国家安全能力学的建设，能够促进不同学科之间的交流与融合，共同探索国家安全能力的本质和规律，这将有助于形成更为全面、深入的国家安全学理论体系，为制定更为科学、有效的国家安全战略和政策提供国家安全能力方面的学理支撑。

三、国家安全能力学的核心概念界定

国家安全能力学的核心概念是理论体系的基石和重要构成部分。界定国家安全能力学的核心概念是国家安全能力学研究和创建的起点。从国家安全能力的表现形式看，国家安全能力可分为国家安全潜能和国家安全效能两类，国家安全潜能是国家安全能力的内在蓄积，国家安全效能是国家安全能力发挥作用的效应展现；从推进国家安全能力现代化的手段、过程及方向和目标看，国家安全能力集成是手段，国家安全能力建设是过程，国家安全能力现代化是方向和目标。可见，国家安全能力学的核心概念有国家安全能力、国家安全潜能、国家安全效能、国家安全能力集成、国家安全能力建设和国家安全能力现代化，它们的具体界定见表 10-7。概括看，通过挖掘和激活国家安全潜能，优化国家安全能力集成，推进国家安全能力建设，进而不断提升国家安全能力，增强国家安全效能，最终实现国家安全能力现代化，这六大核心概念共同构成国家安全能力学的核心逻辑体系，也为理解和分析国家安全能力领域的复杂问题提供了重要的视角和概念工具。

表 10-7　国家安全能力学的核心概念

概念名称	概念界定
国家安全能力	从国家安全的角度来看，国家安全能力是国家为确保其持续安全状态所具备的核心实力。这种能力不仅涵盖了防范化解各类国家安全风险的全方位能力，也包括了保障国家主权、领土完整、政治稳定、经济发展和社会安宁等的综合能力。 从能力的角度出发，国家安全能力是指一个国家在执行特定国家安全工作时，所需的各种资源和手段的综合体现。这些资源和手段包括但不限于军事力量、经济资源、科技支撑、外交手段等，它们共同构成国家应对各类国家安全风险挑战的能力基础。 从国家能力的视角来看，国家安全能力是指国家为实现其设定的国家安全目标而展现出的整体实力（王秉，2023b，2023c）。这种能力反映了国家在政治、经济、军事、科技、文化等多个领域的综合实力，以及这些实力在维护国家安全、实现国家战略目标中的有效运用。 从体系能力的维度考量，国家安全能力则是指国家安全体系在特定条件下，通过高效整合和配置国家安全相关资源要素，执行和完成一系列国家安全任务，进而达到预期国家安全目标，最终实现维护和塑造国家安全根本目的的能力（王秉等，2024）。 综合看，国家安全能力是国家在整合国内国际多源安全资源基础上生成的用以维护和塑造国家安全的国家能力综合体（关于国家安全能力的具体解析，详见本书第七章）

续表

概念名称	概念界定
国家安全潜能	国家安全潜能，作为国家安全能力的内在核心与基石，是一种相对内隐的国家安全能力。它汇聚了一个国家为维护和塑造国家安全而拥有的所有潜在力量，这些力量包括但不限于经济实力、科技创新能力、军事防御能力、外交影响力以及社会凝聚力等。国家安全潜能不仅是提升国家安全水平不可或缺的先决条件，更是国家安全能力不断发展的坚实基础。 在复杂的国际形势下，国家安全潜能扮演着至关重要的角色。它为国家提供了在面对挑战时保持稳定的内部环境、应对外部威胁以及实现国家安全目标的可能性。国家安全潜能在相关条件许可时，可通过一定的策略转化和发展成为现实国家安全效能
国家安全效能	国家安全效能，作为国家安全能力的外在展现，直接反映了一个国家在现实环境中维护和塑造国家安全的实际能力。国家安全效能，是国家根据国家安全目标将国家安全潜能转化为具体国家安全工作成效的实际表现，可通过国家安全水平体现。国家安全效能的高低，直接决定了国家在面对内外部国家安全威胁时的应对能力和效果
国家安全能力集成	国家安全能力集成是指在国家安全目标的统一框架下，将各种国家安全能力的子能力及能力实体，按照一定的标准、规范或协议，综合集成形成能够完成给定国家安全工作任务的能力综合体。国家安全能力集成的目标在于使国家安全工作效能达到最优。国家安全能力集成效应主要体现在五大方面。一是重组灵活度，即国家安全能力能够根据实际情况进行快速、灵活的重组，以适应不同的国家安全需求；二是结构合理性，通过科学合理的配置和布局，确保各种国家安全能力之间能够实现层级分明、协同高效；三是韧性，即国家安全在面对冲击扰动时能够保持或恢复至安全稳定状态的能力；四是耦合性，强调各种国家安全能力之间的紧密联系和互补性，以实现整体效能的最大化；五是集成度，高集成度意味着各种国家安全能力能够更有效地协同工作，并整体涌现出新的国家安全能力
国家安全能力建设	国家安全能力并非自然生成的公共产品，而是需要不断建设的、具有内在逻辑关联的、暗含着历史文明基因的复杂工程（江天雨，2023）。国家安全能力建设需关注国家安全资源、国家安全手段和国家安全目标之间的匹配性。为确保国家安全能力建设的有效性和针对性，需要对国家安全能力是否能够满足本国的国家安全需求进行衡量（梁怀新，2020）。其标准有三个，第一，国家安全能力必须与国家安全利益相适应。国家安全利益是国家的根本利益，国家安全能力建设必须紧紧围绕国家安全利益展开，确保各项能力能有效保障国家安全利益不受损害。第二，国家安全能力必须与国家安全目标相适应。国家安全目标是在特定时期、特定环境下制定的国家安全战略的具体体现，国家安全能力建设必须紧密结合国家安全目标，确保各项能力能为实现国家安全目标提供有力支撑。第三，国家安全能力必须与国家安全威胁水平相适应，确保各项能力能有效应对各种国家安全威胁，以保障国家安全稳定和可持续发展

续表

概念名称	概念界定
国家安全能力现代化	基于结果和目标角度理解，可将国家安全能力现代化看作是具有现代化特征的国家安全能力；基于过程角度理解，可将国家安全能力现代化看作是为维护国家安全，持续增强维护和塑造国家安全能力，从而使国家安全能力适应新时代新要求的过程。国家安全能力现代化兼具动态性与静态性双重含义。其动态性含义在于，它是一个不断发展、不断适应新时代新要求的过程。在这个过程中，国家安全能力需要不断地进行更新和升级，以应对日益复杂多变的国家安全威胁。而静态性含义则指向结果和目标，即国家安全能力现代化所达到的一种具有现代化特征的国家安全能力状态。这种状态是国家安全能力现代化过程的最终目标和归宿，也是国家安全能力现代化所追求的最终结果

四、国家安全能力学的学科基本问题分析

国家安全能力学是能力学（蒋公培，2006）和国家能力研究（黄清吉，2013）在国家安全领域的应用分支。能力学是研究能力培养发展、应用、评价理论及方法，揭示能力形成发展变化规律的理论性、综合性、应用性研究领域（蒋公培，2006）。国家能力研究是在国家与社会关系和国际体系关系双重维度下，研究国家能力的涵义、构成、支撑结构、发展演化机理等的研究领域（黄清吉，2013）。根据能力学和国家能力研究的定义，国家安全能力学是研究国家安全能力的构成要素、结构特征、建设路径、综合应用、分析评价和发展演化规律等的国家安全学与能力学及国家能力研究的交叉学科。具体而言，国家安全能力学是一门从国家安全的能力特性出发，以“国家安全能力是国家安全的主要属性和应有之义”为基础依据，以国家安全能力为研究对象，以国家安全能力的构成要素、结构特征、建设路径、综合应用、分析评价和发展演化规律等为研究内容，以国家安全学、能力学，以及政治学、社会学、经济学、国际关系、国际政治等学科领域的国家能力研究等为学科基础，以增加维护和塑造国家安全能力及推进国家安全能力现代化为研究目标的新兴交叉综合学科。这里，从国家安全能力学的研究对象、学科基础与学科属性三方面出发，进一步阐释国家安全能力学的学科基本问题。

第一，国家安全能力是国家安全能力学的研究对象。国家安全能力并非孤立存在，而是深深植根于国家安全体系这一宏观框架之中。在国家安全体系中，国家安全能力并非抽象概念，而是具体表现为一种综合性的能力集。换言之，国家安全能力的本质，即为国家安全体系能力，它涵盖了国家在政治、经济、军事、文化等多个领域的安全维护能力。进言之，国家安全体系能力（即国家安全能

力）是通过一系列国家安全能力要素的协同作用、相互激发而得以显现和发挥的。面对不确定的国家安全形势和环境，国家安全能力需适时优化调整，将异构的能力模块进行合理调用和综合集成。为深刻理解国家安全能力学的研究对象，进一步分析国家安全能力的外延、补集和反面。从国家安全能力的外延看，国家安全能力的外延包括古今中外的一切国家的国家安全能力。从国家安全能力在国家能力中的补集看，国家发展能力是国家安全能力的补集。从国家安全能力的反面看，威胁国家安全能力不属于国家安全能力。

第二，国家安全学、能力学，以及政治学、社会学、经济学、国际关系、国际政治等学科领域的国家能力研究等是国家安全能力学的学科基础。国家安全能力学处于国家安全学与能力学及国家能力研究的学科交叉领域。因此，从狭义角度看，国家安全学、能力学和国家能力研究是国家安全能力学的直接学科基础。其中，能力学和国家能力研究作为专门研究能力和国家能力理论的学科领域，可为国家安全能力学提供能力研究范式；国家安全学是国家安全能力学的母学科，可为国家安全能力学提供基础的国家安全理论支撑。从广义角度看，由国家安全学的综合学科属性与横断学科属性可知，国家安全能力学研究与实践必然涉及其他国家安全学分支学科，乃至其他一般性学科。换言之，国家安全能力学的学科理论基础应是国家安全能力学研究与实践所涉及的各学科理论的交叉融合。

第三，交叉综合是国家安全能力学的学科属性。国家安全能力学，与国家安全复杂学和国家安全系统学等多学科互涉的产物相似，其诞生源于国家安全学、能力学及国家能力研究的深度交融。具体来说，国家安全能力学是能力学及国家能力研究领域的思想、理论、方法与技术在国家安全学领域的具体运用和深化，它位于能力学及国家能力研究与国家安全学的交汇点上，具有典型的学科交叉性。国家安全学与能力学及国家能力研究本身都具有交叉综合的学科特性，国家安全能力学的研究与实践则不可避免地涵盖了国家安全学的多个分支学科。这使得国家安全能力学具备了高度的综合性，不仅涵盖了多领域的理论知识，还融合了多种研究方法和技术。因此，交叉综合性是国家安全能力学最为显著的学科属性之一。

五、国家安全能力学的主要研究内容

国家安全能力学以国家安全能力建设发展过程中涌现出的具有学术品质和理论、实践价值的重大问题为研究内容。国家安全能力学重点关注在推进国家安全能力现代化过程中，对同一类型亟须解决的现象或问题进行凝练形成的，能够横向拓展、纵向深入的一般性、普适性问题。国家安全能力学的研究目的在于为强化国家安全维护和塑造能力及推动国家安全能力的现代化进程提供坚实的学科理论基础和支撑。为实现此目标，需探究国家安全能力是什么（研究国家安全能力的构成要素、结构和特征）、国家安全能力怎么建（研究国家安全能力的建设路径）、国家安全能力如何发挥效用（研究国家安全能力的综合应用）、如何判断国家安全能力建得怎么样和用得怎么样（研究国家安全能力的分析评价），以及国家安全能力的动态属性（研究国家安全能力的发展演化规律）。因此，综合看，国家安全能力的构成要素、结构特征、建设路径、综合应用、分析评价和发展演化规律构成国家安全能力学研究应重点关注和回应的六大主要研究内容。

（一）国家安全能力的构成要素

从不同角度看，国家安全能力具有不同的构成要素。第一，从“国家–社会”分析框架看，国家安全能力主要包括国家政府层面和社会层面两个层面的国家安全能力。其中，国家政府层面的国家安全能力构成要素主要包括国家安全战略能力、领导能力、统筹协调能力、风险防范化解能力、情报信息能力、理论创新能力及保障能力；社会层面的国家安全能力构成要素主要是全民国家安全素养。第二，根据总体国家安全观，针对不同领域安全（如政治安全、国土安全、军事安全与科技安全等），可将国家安全能力分为各种领域安全能力构成要素。第三，根据国家安全能力集成要求，国家安全能力主要包括国家安全能力要素载体间的互操作能力，国家安全能力要素的复用、移植、执行能力，国家安全能力要素间的协同能力，以及国家安全能力要素集成过程的控制能力。国家安全能力构成要素研究，可为国家安全能力集成提供基础的国家安全能力构成要素依据。因此，国家安全能力的构成要素是国家安全能力学亟待回应的基础问题。

（二）国家安全能力的结构特征

从不同角度看，国家安全能力具有不同的构成要素。第一，从“国家–社会”分析框架看，国家安全能力主要包括国家政府层面和社会层面两个层面的国家安全能力。其中，国家政府层面的国家安全能力构成要素主要包括国家安全战略能力、领导能力、统筹协调能力、风险防范化解能力、情报信息能力、理论创新能力及保障能力；社会层面的国家安全能力构成要素主要是全民国家安全素养。第二，根据总体国家安全观，针对不同领域安全（如政治安全、国土安全、军事安全与科技安全等），可将国家安全能力分为各种领域安全能力构成要素。第三，根据国家安全能力集成要求，国家安全能力主要包括国家安全能力要素载体间的互操作能力，国家安全能力要素的复用、移植、执行能力，国家安全能力要素间的协同能力，以及国家安全能力要素集成过程的控制能力。国家安全能力构成要素研究，可为国家安全能力集成提供基础的国家安全能力构成要素依据。因此，国家安全能力的构成要素是国家安全能力学亟待回应的基础问题。

（三）国家安全能力的建设路径

国家安全能力建设是一类典型的复杂系统工程。国家安全能力建设需具备总体规划、标准体系、资源保障、统筹协调机制、数智技术和监督评估制度六大要件。概括看，国家安全能力建设是以总体规划引导国家安全能力梯度提升、以标准体系促进国家安全能力规范发展、以资源保障确保国家安全能力持续演进、以统筹协调弥补国家安全能力短板弱项、以数智赋能推进国家安全能力精准有效、以监督评估实现国家安全能力激励约束，进而促使国家安全资源、国家安全手段和国家安全目标相匹配的过程。国家安全能力的建设路径研究，可为增强维护和塑造国家安全能力及推进国家安全能力现代化指明路径和方向。因此，国家安全能力的建设路径是亟待回应和解决的重大问题。

（四）国家安全能力的综合应用

建设发展国家安全能力的目的在于应用国家安全能力，使国家安全能力在国家安全工作实践中转化为国家安全效能。国家安全能力的综合应用，在方法上，需运用科学、先进、系统的方法，提高国家安全能力的综合应用效益；在途径上，需从多角度、全方位出发，使国家安全能力得到全面应用；在效能上，需注意国家安全能力应用的持续性、时效性，促进形成国家安全能力综合应用立体效应。只有通过应用国家安全能力才能体现国家安全能力的价值，只有通过综合应用各种国家安全能力才能使国家安全能力得到全面发展。因此，国家安全能力的综合应用研究对国家安全能力的建设和价值发挥具有十分重要的意义，国家安全能力的综合应用是国家安全能力学研究的重要议题。

（五）国家安全能力的分析评价

所谓国家安全能力分析评价，是按照规定的标准要求，运用系统有效的分析评价方法，通过多种途径，由特定的组织机构、团体或个人对特定的国家在特定条件下所表现出来的国家安全能力水平进行测度、分析、检验、评估、比较和分类的过程。国家安全能力分析评价具有多重指标，如国家安全能力集成效应的分析评价指标有国家安全能力的重组灵活度、结构合理性、韧性、耦合性和集成度等；国家安全能力满足需求情况的分析评价指标有国家安全能力对国家安全利益的保障程度、国家安全能力与国家安全目标的匹配程度、国家安全能力与国家安全威胁水平的适配程度。通过国家安全能力分析评价，能够掌握一国的国家安全能力水平、强弱以及发展趋势等。因此，国家安全能力分析评价的原则、程序、要求和方法等是国家安全能力学应聚焦探索的关键问题。

（六）国家安全能力的发展演化

任何事物都有其特有的内在发展演化规律，国家安全能力的发展演化亦遵循客观规律。遵循国家安全能力发展演化规律是实现国家安全能力全面和谐发展的根本前提，并且，国家安全能力的建设发展成效与对国家安全能力发展演化规律的掌握和遵循程度呈正相关。国家安全能力的发展演化规律包括国家安全能力生成规律、集成规律、建设规律、发展规律、相互作用规律和应用规律等。研究国家安全能力的发展演化规律可为建设国家安全能力和推进国家安全能力现代化提供基础的规律依据和遵循。国家安全能力的发展演化是国家安全能力学应重点研究的核心问题。

六、本节结语

在当今世界百年未有之大变局加速演进的背景下，各国均面临严峻复杂的安全态势与深刻闳阔的时代之变，国家安全能力弱化不足问题随之逐渐成为国家安全研究与实践面临的突出重要问题，推动国家安全能力建设成为各国共同关切。鉴于此，本节提出创建国家安全能力学。国家安全能力学是研究国家安全能力的构成要素、结构特征、建设路径、综合应用、分析评价和发展演化规律等的国家安全学与能力学及国家能力研究的交叉学科。国家安全能力学旨在回应普遍的国家安全理论同具体的国家安全情境之间的张力问题，是专门从能力层面研究国家安全的国家安全学的学科分支。它可为国家安全学开辟新的研究阵地，亦可为推进国家安全能力现代化提供学科支撑。本节是国家安全能力学的初步探索性研究，在吸收借鉴能力学及国家能力理论的基础上，仅从宏观层面提出了国家安全能力学未来研究的初步框架性设想，可能存在疏漏之处，特别是能力学及国家能力理论尚不完备，未来需围绕本节所构建的基本框架开展国家安全能力学的深化研究，以充实和完备国家安全学、能力学和国家安全能力学知识体系，从而为增强国家安全能力和推进国家安全能力现代化提供学科基础支撑。

参考文献

一、专著

陈惇、孙景尧、谢天振：《比较文学》，北京：高等教育出版社，2014 年.
陈忠、盛毅华：《现代系统科学学》，上海：上海科学技术文献出版社，2005 年.
段晓君、林益、赵城利：《系统科学教程》，北京：科学出版社，2019 年.
龚维斌：《中国社会体制改革报告（2021 社会体制蓝皮书）》，北京：社会科学文献出版社，2021 年.
黄清吉：《论国家能力》，北京：中央编译出版社，2013 年.
黄欣荣：《复杂性科学的方法论研究》，重庆：重庆大学出版社，2006 年.
黄欣荣：《复杂性科学方法及其应用》，重庆：重庆大学出版社，2012 年.
蒋公培：《能力学》，北京：中国文史出版社，2006 年.
李少军：《国际政治学概论（第五版）》，上海：上海人民出版社，2019 年.
李士勇等：《非线性科学与复杂性科学》，哈尔滨：哈尔滨工业大学出版社，2006 年.
刘胜湘等：《国家安全理论、体制与战略》，北京：中国社会科学出版社，2015 年.
刘跃进：《国家安全学》，北京：中国政法大学出版社，2004 年.
刘跃进：《为国家安全立学——国家安全学科的探索历程及若干问题研究》，长春：吉林大学出版社，2014a 年.
刘兆兴：《比较法学》，北京：社会科学文献出版社，2004 年.
罗荣渠：《现代化新论：世界与中国的现代化进程》，北京：北京大学出版社，1995 年.
马宝成：《中国应急管理发展报告（2021 应急管理蓝皮书）》，北京：社会科学文献出版社，2021 年.
毛泽东：《毛泽东选集（第一卷）》，北京：人民出版社，2006 年.
苗东升：《复杂性科学研究》，北京：中国书籍出版社，2012 年.
苗东升：《系统科学精要》，北京：中国人民大学出版社，2016 年.
倪峰：《美国研究报告（2020）：美国社会的分裂与共识（美国蓝皮书）》，北京：社会科学文献出版社，2020 年.
齐磊磊：《科学哲学视野中的复杂系统与模拟方法》，北京：中国社会科学出版社，2017 年.
孙东川、孙凯、钟拥军：《系统工程引论（第 4 版）》，北京：清华大学出版社，2019 年.
谭跃进、陈英武、罗鹏程等：《系统工程原理（第 2 版）》，北京：科学出版社，2017 年.
王秉、吴超：《安全信息学》，北京：机械工业出版社，2021 年.
王秉、吴超：《安全情报学导论》，北京：科学出版社，2022 年.
王桂芳：《国家安全战略学》，北京：军事科学出版社，2018 年.

王宏伟：《国家安全体系和能力现代化研究》，北京：中国人民大学出版社，2022 年．
王绍光、胡鞍钢：《中国国家能力报告》，沈阳：辽宁人民出版社，1993 年．
王志纲：《王志纲论战略：关键阶段的重大抉择》，北京：机械工业出版社，2021 年．
吴超：《安全科学方法论》，北京：科学出版社，2016 年．
吴超、王秉：《安全科学新分支》，北京：科学出版社，2018b 年．
吴超、易灿南、曹莹莹：《比较安全学》，北京：中国劳动社会保障出版社，2014 年．
吴祥兴、陈忠等：《混沌学导论》，上海：上海译文出版社，1996 年．
习近平：《习近平谈治国理政》，北京：外文出版社，2014 年．
习近平：《之江新语》，杭州：浙江人民出版社，2007 年．
闫怀志：《工业互联网》，北京：科学出版社，2010 年．
闫怀志：《网络空间安全系统科学与工程》，北京：科学出版社，2019 年．
阳东升等：《体系工程原理与技术》，北京：国防工业出版社，2013 年．
叶桂平：《澳门城市研究（第 1 辑）》，北京：社会科学文献出版社，2018 年．
殷杰：《当代社会科学哲学：理论建构与多元维度》，北京：北京师范大学出版社，2017 年．
余潇枫：《中国非传统安全能力建设理论范式与思路》，北京：中国社会科学出版社，2013 年．
袁方、王汉生：《社会研究方法教程》，北京：北京大学出版社，1997 年．
袁红：《新时代国家治理现代化理论与实践研究》，北京：人民出版社，2021 年．
张曙光：《美国安全解读》，北京：新华出版社，2002 年．
张涛：《复杂性探索与马克思恩格斯辩证法的当代阐释》，北京：中国社会科学出版社，2016 年．
张维明、刘忠、阳东升等：《体系工程理论与方法》，北京：科学出版社，2010 年．
张宇燕：《全球政治与安全报告（2023）（国际形势黄皮书）》，北京：社会科学文献出版社，2023 年．
赵刚：《信息安全管理与风险评估》，北京：清华大学出版社，2013 年．
赵磊：《国家安全学与总体国家安全观》，北京：中国民主法制出版社，2023 年．
赵青松、杨克巍、陈英武等：《体系工程与体系结构建模方法与技术》，北京：国防工业出版社，2013 年．
赵战生、谢宗晓：《信息安全风险评估》，北京：中国质检出版社，2016 年．
中共中央党史和文献研究院：《习近平关于总体国家安全观论述摘编》，北京：中央文献出版社，2018 年．
周园：《高韧性社会：应对不确定危机的八种能力》，北京：中译出版社，2021 年．
朱磊：《国家统一的系统演化动力：复杂性思维视角下的中国国家统一战略》，北京：九州出版社，2018 年．
〔德〕马库斯・布伦纳梅尔著，余江译：《韧性社会》，北京：中信出版社，2022 年．
〔德〕乌尔里希・贝克著，张文杰、何博闻译：《风险社会：新的现代性之路》，南京：译林出版社，2018 年．
〔法〕让・德・拉・封丹著，李玉民译：《拉封丹寓言》，北京：人民文学出版社，2022 年．

〔美〕布莱恩·阿瑟著，贾拥民译：《复杂经济学：经济思想的新框架》，杭州：浙江人民出版社，2018 年.
〔美〕弗朗西斯·福山著，毛俊杰译：《政治秩序的起源：从前人类时代到法国革命》，桂林：广西师范大学出版社，2012 年.
〔美〕罗伯特·基欧汉、约瑟夫·奈、菲利普·泰特洛克著：《牛津国际关系手册（牛津学术前沿译丛）》，南京：译林出版社，2019 年.
〔美〕梅拉妮·米歇尔著，唐璐译：《复杂》，长沙：湖南科学技术出版社，2018 年.
〔美〕穆罕默德·贾姆什迪著，许建峰、郝政疆、黄辰等译：《体系工程——基础理论与应用》，北京：电子工业出版社，2016 年.
〔美〕乔尔·S. 米格代尔著，李杨、郭一聪译：《社会中的国家：国家与社会如何相互改变与相互构成》，南京：江苏人民出版社，2013 年.
〔美〕小威廉姆·E. 多尔著，张光陆等译：《后现代与复杂性教育学》，北京：北京师范大学出版社，2016 年.
〔美〕亚历山大·科特、克利夫·王、罗伯特·F. 厄巴彻编著，黄晟、安天研究院译：《网络空间安全防御与态势感知》，北京：机械工业出版社华章分社，2019 年.
〔美〕约翰·霍兰著，陈禹译：《涌现：从混沌到有序》，上海：世纪出版集团，2005 年.
〔美〕詹姆斯·格莱克著，张淑誉译：《混沌——开创新科学》，上海：上海译文出版社，1990 年.
〔以色列〕埃迪·普罗斯著，袁祎译：《生命是什么：40 亿年生命史诗的开端》，北京：中信出版社，2018 年.

二、论文

（一）期刊论文

巴志超、刘学太、马亚雪等：《国家安全大数据综合信息集成的战略思考与路径选择》，《情报学报》2021 年第 11 期.
蔡宝刚：《论习近平法治思想中的国家安全法治理论》，《法学》2022 年第 1 期.
曹海军、梁赛：《“乌卡时代”国家安全体系重构：嬗变轨迹、逻辑遵循与路径选择》，《浙江学刊》2023 年第 2 期.
曹莹莹、吴超：《比较安全学的方法论研究》，《中国安全科学学报》2013 年第 5 期.
陈菲：《大数据时代背景下的国家安全治理》，《社会科学文摘》2016 年第 7 期.
陈功、刘菊芬、蔡春光等：《安全与人口安全：概念的发展与讨论》，《市场与人口分析》2005 年第 2 期.
陈世瑞：《混沌理论在非传统安全治理研究中的应用——兼论根治索马里海盗问题》，《人力资源管理》2011 年第 10 期.
陈文清：《牢固树立总体国家安全观在新时代国家安全工作中的指导地位》，《求是》2019 年第 8 期.
陈文清：《牢记“两个确立”做到“两个维护”奋力开创新时代国家安全工作新局面》，《中国信息安全》2022 年第 2 期.
陈娅玲、秦国华、余正军：《总体国家安全观下的西藏生态安全建设：逻辑、体系与优化路径》，《西藏民族大学学报（哲学社会科学版）》2021 年第 5 期.
陈玉梅、李康晨：《国外公共管理视角下韧性城市研究进展与实践探析》，《中国行政管理》2017 年第 1 期.
程琳：《加强国家安全学学科建设及人才培养的几点思考》，《国家安全研究》2022 年第 1 期.
崔顺姬、余潇枫：《安全治理：非传统安全能力建设的新范式》，《世界经济与政治》2010 年第 1 期.
戴开成、李红革：《习近平总体国家安全观系统思维研究》，《湖南社会科学》2022 年第 1 期.
董青岭：《大数据安全态势感知与冲突预测》，《中国社会科学》2018 年第 6 期.
董春岭：《中国共产党国家安全思想的百年演进》，《现代国际关系》2021 年第 3 期.
董春岭：《系统思维视域下的总体国家安全观》，《国家安全研究》2022 年第 4 期.
范冬萍：《探索复杂性的系统哲学与系统思维》，《现代哲学》2020 年第 4 期.
范如国：《复杂网络结构范型下的社会治理协同创新》，《中国社会科学》2014 年第 4 期.
范如国：《复杂性治理：工程学范型与多元化实现机制》，《中国社会科学》2015 年第 10 期.
范如国：《"全球风险社会"治理：复杂性范式与中国参与》，《中国社会科学》2017 年第 2 期.
范维澄、翁文国、吴刚等：《国家安全管理中的基础科学问题》，《中国科学基金》2015 年第 6 期.
范维澄、陈建国、申世飞等：《国家安全若干科学与学科问题的思考》，《国家安全研究》2022 年第 1 期.
范西昆、何丽娜：《美军地面战场态势感知系统发展启示》，《现代雷达》2018 年第 5 期.
方东平、李在上、李楠等：《城市韧性：基于"三度空间下系统的系统"的思考》，《土木工程学报》2017 年第 7 期.
冯维江、张宇燕：《新时代国家安全学——思想渊源、实践基础和理论逻辑》，《世界经济与政治》2019 年第 4 期.
符成礼：《布什政府成立〈美国国家安全战略〉报告刍议》，《现代军事》2002 年第 12 期.
傅小强：《准确把握总体国家安全观方法论》，《现代国际关系》2021 年第 7 期.
高恩新：《防御性、脆弱性与韧性：城市安全管理的三重变奏》，《中国行政管理》2016 年第 11 期.
高金虎：《战略欺骗、隐蔽行动与国家安全态势塑造》，《公安学研究》2020 年第 4 期.
高奇琦、张蓥文：《主体弥散化与主体责任的终结：ChatGPT 对全球安全实践的影响》，《国际安全研究》2023 年第 3 期.
葛志敏：《横断学科的特点及产生途径》，《天津师大学报（社会科学版）》1989 年第 6 期.
耿曙、王颖颖：《发展研究中的"国家能力解释"——论证逻辑的陷阱及其超越》，《社会学评论》2022 年第 2 期.
龚俭、臧小东、苏琪等：《网络安全态势感知综述》，《软件学报》2017 年第 4 期.
谷丛、王菲：《"数智设计"——数字时代的设计新形态》，《装饰》2021 年第 12 期.
顾基发：《系统工程新发展——体系》，《科技导报》2018 年第 20 期.
管磊、胡光俊、王专：《基于大数据的网络安全态势感知技术研究》，《信息网络安全》2016

年第 9 期.
郭一霖、靳高风：《国家安全学：学科建设现状与发展路径》，《江汉论坛》2020 年第 9 期.
郭永辉、李明：《论完善我国国家安全法律体系的路径》，《甘肃政法大学学报》2021 年第 2 期.
韩立群、董春岭、陈向阳：《深入学习宣传贯彻〈总体国家安全观学习纲要〉》，《红旗文稿》2022 年第 16 期.
韩娜、虞文梁：《国家安全视域下的计算政治宣传：运行特征、风险识别与治理路径》，《公安学研究》2020 年第 6 期.
胡文祥：《比较学导论》，《科学学研究》1994 年第 3 期.
胡文秀、刘振霞：《中美军事安全体制比较及启示》，《国际安全研究》2013 年第 2 期.
胡晓峰：《战争复杂性与复杂体系仿真问题》，《军事运筹与系统工程》2010 年第 3 期.
黄宝玖：《国家能力：涵义、特征与结构分析》，《政治学研究》2004 年第 4 期.
黄大慧：《理解国家安全能力——总体国家安全观的视角》，《国家安全研究》2024 年第 2 期.
黄海瑛、文禹衡：《数据主权安全能力的成熟度模型构建研究》，《图书与情报》2021 年第 4 期.
黄弘、李瑞奇、于富才等：《安全韧性城市构建的若干问题探讨》，《武汉理工大学学报（信息与管理工程版）》2020 年第 2 期.
黄浪、吴超、王秉：《“流”视域下的系统安全协同理论模型构建》，《中国安全科学学报》2019 年第 5 期.
季志业：《“国家安全学”概念刍议》，《国家安全研究》2022 年第 1 期.
江天雨：《中国国家能力建设的时间性分析》，《教学与研究》2023 年第 4 期.
江涌：《国家安全体系建构的困境、挑战与忧思》，《人民论坛·学术前沿》2014 年第 11 期.
姜传胜、曾明荣：《突发事件分级与应急响应分级的关系辨析》，《中国行政管理》2021 年第 2 期.
蒋华福：《新时代国家安全治理体系的理论逻辑、实践逻辑与思维方法》，《国家安全研究》2022 年第 3 期.
金正昆、徐庆超：《国家形象的塑造：中国外交新课题》，《中国人民大学学报》2010 年第 2 期.
康均心：《全球反恐背景下国家安全法治体系构建》，《山东大学学报（哲学社会科学版）》2017 年第 2 期.
孔锋、薛澜、徐永莉：《国家安全学：从理解核心概念到设计发展路径》，《中国应急管理科学》2020 年第 1 期.
李昌玺、于军、徐颖等：《联合作战条件下战场态势感知体系构建问题研究》，《中国电子科学研究院学报》2018 年第 6 期.
李纲、王施运、毛进等：《面向态势感知的国家安全事件图谱构建研究》，《情报学报》2021a 年第 11 期.
李纲、余辉、夏义堃：《国家安全战略信息需求建模与智能匹配研究》，《情报学报》2021b 年第 11 期.

李纲、刘学太、巴志超：《三元世界理论再认知及其与国家安全情报空间》，《图书与情报》2022 年第 1 期 .
李国秋、吕斌：《论情报循环》，《图书馆杂志》2012 年第 1 期 .
李红权、罗思哲：《金融市场的复杂性与金融风险调控：基于金融混沌理论》，《金融理论与实践》2009 年第 5 期 .
李杰：《关于安全科学三个方面的思考》，《技术与创新管理》2020 年第 6 期 .
李藐、陈建国、陈涛等：《突发事件的事件链概率模型》，《清华大学学报（自然科学版）》2010 年第 8 期 .
李奇前：《关系复杂性与联盟成员的战略行为选择》，《世界经济与政治论坛》2022 年第 6 期 .
李瑞奇、黄弘、周睿：《基于韧性曲线的城市安全韧性建模》，《清华大学学报（自然科学版）》2020 年第 1 期 .
李文良：《国家安全：问题、逻辑及其学科建设》，《国际安全研究》2020 年第 4 期 .
李文良：《国家安全学：研究对象、学科定位及其未来发展》，《情报杂志》2021 年第 8 期 .
李文良：《国家安全学基础理论框架构建研究》，《国际安全研究》2022 年第 5 期 .
李文良：《国家安全体系和能力现代化的内涵、特点及建设路径》，《新疆师范大学学报（哲学社会科学版）》2023 年第 2 期 .
李耀东、崔霞、戴汝为：《综合集成研讨厅的理论框架、设计与实现》，《复杂系统与复杂性科学》2004 年第 1 期 .
梁怀新：《国家安全情报学：研究进展、学科定位与推进要点》，《情报杂志》2021 年第 2 期 .
廖茂林、苏杨、李菲菲：《韧性系统框架下的城市社区建设》，《中国行政管理》2018 年第 4 期 .
凌胜利：《中国外交能力建设：内涵与路径》，《国际问题研究》2022 年第 2 期 .
凌胜利：《百年大变局下的国家安全能力建设》，《当代世界与社会主义》2023 年第 4 期 .
凌胜利、杨帆：《新中国 70 年国家安全观的演变：认知、内涵与应对》，《国际安全研究》2019 年第 6 期 .
刘刚：《俄罗斯国家数据治理体系建设及启示》，《情报杂志》2021 年第 11 期 .
刘建法、宋芹增：《“基于威胁”“基于能力”与“基于效果”——简评美军战略及作战思想的演变》，《国防大学学报》2004 年第 2 期 .
刘明合、陈永胜：《试论党的理论创新能力》，《理论探索》2005 年第 3 期 .
刘天旭：《脆弱国家研究的兴起：现状、原因及局限》，《国外社会科学》2012 年第 6 期 .
刘天旭：《当代西方学界的脆弱国家政治话语纷争及其启示》，《江汉论坛》2022 年第 1 期 .
刘雪莲、肖晨卉：《从国家到国际：国际关系中“国家韧性”的研究视域》，《教学与研究》2023 年第 1 期 .
刘祎、徐子月：《总体国家安全观视阈下内地与香港特区国家安全立法之比较》，《长江论坛》2023 年第 1 期 .
刘跃进：《建立“国家安全学”初探》，《国家安全通讯》1999 年第 1 期 .
刘跃进：《系统安全观及其三层次》，《国际关系学院学报》2001 年第 2 期 .
刘跃进：《试论国家安全学的对象、任务和学科性质》，《山西师大学报（社会科学版）》2003

年第 2 期 .
刘跃进：《国家安全体系中的社会安全问题》，《中央社会主义学院学报》2012 年第 2 期 .
刘跃进：《非传统的总体国家安全观》，《国际安全研究》2014b 年第 6 期 .
刘跃进：《政治安全的内容及在国家安全体系中的地位》，《国际安全研究》2016 年第 6 期 .
刘跃进：《国家安全战略及其完善》，《新视野》2017 年第 4 期 .
刘跃进：《对国家安全学学科门类合理化定位的思考》，《情报杂志》2019 年第 2 期 .
刘跃进：《系统思维下的大安全格局与理念》，《人民论坛》2021 年第 8 期 .
刘跃进：《人民安全是国家安全的宗旨和基石》，《红旗文稿》2022a 年第 8 期 .
刘跃进：《论国家安全领域的七个统筹》，《上海交通大学学报（哲学社会科学版）》2022b 年第 6 期 .
刘跃进：《国家安全体系中的国民安全探析》，《人民论坛 · 学术前沿》2023 年第 20 期 .
刘跃进、宋希艳：《在总体国家安全观指导下健全国家安全体系》，《行政论坛》2018 年第 4 期 .
刘跃进、王啸、陈将：《总体国家安全观的基本特征》，《甘肃政法大学学报》2021 年第 2 期 .
刘仲林：《交叉学科分类模式与管理沉思》，《科学学研究》2003 年第 6 期 .
卢琳琳、梁伟、张来斌等：《风险界面理论及其在作业风险分析中的应用》，《中国安全科学学报》2015 年第 4 期 .
马宝成：《总体国家安全观：一项战略学的分析》，《公安学研究》2020 年第 3 期 .
马方：《加快建设国家安全学一级学科的路径研究》，《情报杂志》2018 年第 10 期 .
马俊峰、马小飞：《习近平关于防范化解重大风险重要论述的哲学意蕴》，《高校马克思主义理论教育研究》2022 年第 3 期 .
毛用泽、王善强、周元林：《构建核安全与核安保体系的若干问题》，《西南科技大学学报》2012 年第 4 期 .
毛征兵、范如国、陈略：《新时代中国开放经济的系统性风险探究——基于复杂性系统科学视角》，《经济问题探索》2018 年第 10 期 .
莫纪宏：《关于加快构建国家生物安全法治体系的若干思考》，《新疆师范大学学报（哲学社会科学版）》2020 年第 4 期 .
潘凤、闫振坤：《建党百年中国国家能力的演进历程与理论逻辑》，《学术探索》2022 年第 3 期 .
彭勃、杜力：《国家安全的总体性能力：现实逻辑与分析框架》，《行政论坛》2023 年第 3 期 .
祁昊天：《国家安全系统理论刍议》，《国际政治研究》2023 年第 1 期 .
钱学森：《基础科学研究应该接受马克思主义哲学的指导》，《哲学研究》1989 年第 10 期 .
钱学森、于景元、戴汝为：《一个科学新领域——开放的复杂巨系统及其方法论》，《自然杂志》1990 年第 1 期 .
裘莹、晏晨景、张利国：《数字经济时代我国产业链安全保障体系构建与对策研究》，《国际贸易》2022 年第 12 期 .
屈宝强、王建芳、齐向华：《近十年我国文献计量学研究述评》，《情报理论与实践》2003 年第 5 期 .

阙天舒、方彪：《基于“政治性议题”的国家安全体系和能力现代化》，《学习与实践》2023年第5期.
冉克平、谭佐财：《<民法典>中的国家利益表达及其效果》，《社会科学战线》2022年第3期.
任天助、辛万青、严晞隽等：《体系能力多维度评估建模方法》，《系统工程学报》2021年第5期.
任远喆：《国家安全领导体制的变革与东北亚地区安全》，《国际安全研究》2014年第5期.
闪淳昌、周玲、沈华：《我国国家安全战略管理体系建设的几点思考》，《中国行政管理》2015年第9期.
邵茹花：《坚持总体国家安全观增强国家安全能力研究》，《中共太原市委党校学报》2020年第3期.
盛昭瀚、薛小龙、安实：《构建中国特色重大工程管理理论体系与话语体系》，《管理世界》2019年第4期.
盛昭瀚、于景元：《复杂系统管理：一个具有中国特色的管理学新领域》，《管理世界》2021年第6期.
石斌：《思想·制度·工具——美国国家安全体系的一种分析框架》，《国际安全研究》2021年第2期.
石乐义、刘佳、刘祎豪等：《网络安全态势感知研究综述》，《计算机工程与应用》2019年第24期.
时和兴：《复杂性时代的多元公共治理》，《人民论坛·学术前沿》2012年第4期.
史培军、张欢：《中国应对巨灾的机制——汶川地震的经验》，《清华大学学报（哲学社会科学版）》2013年第3期.
舒宁：《安全概念、安全机制与安全战略》，《社会科学动态》1998年第11期.
司林波：《国家生物安全治理体系建设：从理论到实践》，《人民论坛·学术前沿》2020年第20期.
苏彧、魏松：《一体化背景下的国家安全战略能力探讨》，《国际安全研究》2019年第5期.
孙华山、吴超、刘潜等：《再论在<授予博士、硕士学位和培养研究生的学科、专业目录>中设立“安全科学与工程”一级学科》，《中国安全科学学报》2006年第10期.
孙绵涛：《现代教育治理体系的概念、要素及结构探析》，《教育研究与实验》2015年第6期.
孙炜：《总体国家安全观视域下的国家安全体系的发展与完善》，《重庆理工大学学报（社会科学）》2021年第3期.
唐钧：《论公共安全体系的建构和健全》，《教学与研究》2021年第1期.
唐世平、高岭、李立等：《国家能力：走出理论荒野》，《学术月刊》2022年第11期.
田培炎：《着力推进国家安全体系和能力建设》，《党建研究》2022年第1期.
童星：《风险灾害危机连续统与全过程应对体系》，《学习论坛》2012年第8期.
童星：《公共管理学科的共享价值、疆域边界与发展趋势》，《学海》2019年第1期.
童星：《应急管理学科生态群建设》，《华北科技学院学报》2022年第6期.
王秉：《我国安全情报学研究回顾与展望》，《情报理论与实践》2020a年第12期.
王秉：《情报介入防范化解重大风险：依据与模型》，《图书馆杂志》2020b年第9期.

王秉:《数智赋能推进国家安全体系和能力现代化:一个研究框架》,《情报理论与实践》2022a 年第 12 期.
王秉:《中国国家安全体系现代化的历程、内涵与路径》,《湖南师范大学社会科学学报》2022b 年第 6 期.
王秉:《安全 4.0 时代的重大安全科学问题展望》,《灾害学》2022c 年第 2 期.
王秉:《普通安全学:面向大安全寻找普适性安全规律》,《广州大学学报(社会科学版)》2023a 年第 4 期.
王秉:《国家安全学核心概念体系》,《情报杂志》2023b 年第 8 期.
王秉:《国家安全能力的内涵特征、生成要素及建设维度》,《人民论坛·学术前沿》2023c 年第 19 期.
王秉:《面向国家安全体系和能力现代化的国家安全学学科建设路径》,《情报杂志》2023d 年第 12 期.
王秉:《何为数智:数智概念的多重含义研究》,《情报杂志》2023e 年第 7 期.
王秉、史志勇:《安全情报视域下的安全态势感知研究:一个理论框架》,《情报理论与实践》2022 年第 9 期.
王秉、史志勇:《国家安全系统学的创建研究》,《情报杂志》2023 年第 10 期.
王秉、史志勇、邱斐等:《国家安全体系的定义与特征:基于体系思想的分析》,《情报杂志》2024 年第 3 期.
王秉、史志勇、朱菁菁等:《面向三元空间的安全态势感知路径》,《中国安全科学学报》2023a 年第 4 期.
王秉、史志勇、王渊洁:《复杂性时代的国家安全学新范式:构建国家安全复杂学》,《国际安全研究》2023b 年第 4 期.
王秉、徐方廷、王渊洁等:《中国国家安全研究进展与展望——基于文献计量和党的二十大报告的分析》,《情报科学》2023c 年第 8 期.
王秉、史志勇、徐方廷:《安全信息视域下的三元空间安全事件链防控》,《情报杂志》2023d 年第 6 期.
王秉、史志勇、周佳胜:《安全情报视域下的安全态势感知与塑造模型》,《情报理论与实践》2023e 年第 1 期.
王秉、王渊洁:《安全情报失误致因模型研究》,《情报理论与实践》2021 年第 1 期.
王秉、吴超:《比较安全文化学的创建研究》,《灾害学》2016 年第 3 期.
王秉、吴超:《安全信息视阈下的系统安全学研究论纲》,《情报杂志》2017 年第 10 期.
王秉、吴超:《科学层面的安全管理信息化关键问题思辨——基本内涵、理论动因及焦点转变》,《情报杂志》2018a 年第 7 期.
王秉、吴超:《安全情报学建设的背景与基础分析》,《情报杂志》2018b 年第 10 期.
王秉、吴超:《安全文化学核心原理研究》,《安全与环境学报》2018c 年第 1 期.
王秉、吴超:《安全信息素养:图情与安全科学交叉领域的一个重要概念》,《情报理论与实践》2018d 年第 7 期.
王秉、吴超:《大安全观指导下的安全情报学若干基本问题思辨》,《情报杂志》2019a 年第 3

期.
王秉、吴超:《安全情报概念的由来、演进趋势及涵义——来自安全科学学理角度的思辨》,《图书情报工作》2019b 年第 3 期.
王秉、吴超:《安全文化生成机制研究》,《中国安全科学学报》2019c 年第 9 期.
王秉、吴超、陈长坤:《关于国家安全学的若干思考——来自安全科学派的声音》,《情报杂志》2019 年第 7 期.
王秉、徐方廷:《多学科交叉视角下国家安全情报体系构建研究》,《情报学报》2023 年第 12 期.
王飞跃:《情报 5.0:平行时代的平行情报体系》,《情报学报》2015 年第 6 期.
王刚、杨燕颖、唐永智:《总体国家安全观视阈下的政治安全能力研究——概念、生成机制、建设路径》,《国家安全论坛》2023 年第 3 期.
王宏伟:《总体国家安全观指导下的国家安全系统性风险及其治理》,《现代国际关系》2017 年第 11 期.
王宏伟:《国家安全治理的内外整合:以打击"东突"恐怖主义为例》,《国际安全研究》2019 年第 3 期.
王林:《新时代国家安全能力现代化:核心内涵与实现路径》,《河南警察学院学报》2023 年第 4 期.
王明程、李勇男:《基于多模态大数据的国家安全风险态势感知模型构建》,《情报杂志》2024 年第 2 期.
王施运、李白杨、白云等:《面向国家安全场景的态势感知与分析方法研究》,《情报理论与实践》2021 年第 7 期.
王伟力、王艳艳:《打造国家安全的"大脑"——俄罗斯国家防御指挥中心正式投入作战值班》,《军事文摘》2015 年第 9 期.
王妍妍、孙佰清:《中国国家安全体系的演变历程、内在逻辑与战略选择》,《社会主义研究》2021 年第 4 期.
王怡涵、何得桂:《平台型治理:筑牢城乡基层基础的有效实践机制》,《西北农林科技大学学报(社会科学版)》2023 年第 5 期.
王逸舟:《国家安全研究的理论与现实:几点思考》,《国际安全研究》2023 年第 2 期.
魏玖长:《风险耦合与级联:社会新兴风险演化态势的复杂性成因》,《学海》2019 年第 4 期.
邬超、殷亚硕:《总体国家安全观"五个统筹"理念的历史演变、内在逻辑与实践原则》,《江南社会学院学报》2021 年第 4 期.
邬江兴、邹宏、张帆:《对国家安全学学科建设范式创新的若干思考》,《国家安全研究》2022 年第 3 期.
吴超、贾楠:《相似安全系统学的创建研究》,《系统工程理论与实践》2016 年第 5 期.
吴超、王秉:《近年安全科学研究动态及理论进展》,《安全与环境学报》2018a 年第 2 期.
吴超、易灿南、胡鸿:《比较安全学的创立及其框架的构建研究》,《中国安全科学学报》2009 年第 6 期.
吴超:《安全信息认知通用模型构建及其启示》,《中国安全生产科学技术》2017 年第 3 期.

吴超：《安全复杂学的学科基础理论研究：为安全科学新高地奠基》，《中国安全科学学报》2021 年第 5 期 .
肖传龙、张郑武文：《国家能力的缘起、概念及影响因素探究》，《大庆社会科学》2022 年第 2 期 .
肖君拥、李竹：《国家安全法治的必要性及其构建》，《江南社会学院学报》2021 年第 4 期 .
肖晞、喻鑫：《差异化的国家安全逻辑：基于国家能力的分析》，《兰州大学学报（社会科学版）》2023 年第 2 期 .
肖晞：《中国国家安全学的自主知识体系探索》，《世界经济与政治》2022 年第 7 期 .
谢程远：《国家安全概念的国外研究向度和构建理路——基于 SSCI 数据库（2000 年至今）的系统性文献综述》，《情报杂志》2022 年第 9 期 .
谢贵平、朱家福：《中国边疆非传统安全治理体系与能力现代化的理论建构——基于广义边疆观与总体国家安全观视角》，《思想战线》2021 年第 2 期 .
徐东波、王沙骋：《国家安全学学科建设中的防务安全教育学创生研究》，《情报杂志》2022 年第 5 期 .
徐振兴、姜江：《“系统的系统”工程——体系工程研究综述》，《自然辩证法研究》2011 年第 2 期 .
颜烨：《安全学：基于总体安全观的学科门类战略探索》，《中国软科学》2019 年第 7 期 .
杨海：《习近平防范化解重大风险重要论述方法论特点及其现实启示》，《中国人民大学学报》2020 年第 2 期 .
杨华锋：《国家安全治理中的人民性：基于“情境—意识—行动”沙漏模型的阐释》，《行政论坛》2020a 年第 6 期 .
杨华锋：《论国家安全学科建设与发展的若干问题》，《情报杂志》2020b 年第 7 期 .
杨华锋：《“情境—意识—行动”框架下国家安全治理的模型假设》，《国际安全研究》2022 年第 6 期 .
杨黎婧：《从单数公共价值到复数公共价值：“乌卡”时代的治理视角转换》，《中国行政管理》2021 年第 2 期 .
杨冕、吴超：《安全学演绎逻辑体系的构造》，《系统工程理论与实践》2016 年第 10 期 .
姚晗：《习近平总体国家安全观的系统原理》，《中国政法大学学报》2022 年第 2 期 .
姚璐、景璟：《全球治理转型中的国家韧性构建》，《吉林大学社会科学学报》2022 年第 6 期 .
殷杰、王亚男：《社会科学中复杂系统范式的适用性问题》，《中国社会科学》2016 年第 3 期 .
于瑞云、王鹏飞、白志宏等：《参与式感知：以人为中心的智能感知与计算》，《计算机研究与发展》2017 年第 3 期 .
余潇枫、章雅荻：《和合主义：国际关系理论的中国范式》，《世界经济与政治》2019 年第 7 期 .
余潇枫、章雅荻：《广义安全论视域下国家安全学“再定位”》，《国际安全研究》2022 年第 4 期 .
俞勇、郑鸿：《国家金融应急管理体系的构建》，《中国金融》2020 年第 8 期 .
袁鹏：《对总体国家安全观理论体系的战略思考》，《现代国际关系》2021 年第 7 期 .

曾鹏：《韧性城市与城市韧性发展机制》，《人民论坛·学术前沿》2022 年第 Z1 期.
詹承豫、高叶、徐明婧：《系统韧性：一个统筹发展与安全的核心概念》，《广州大学学报（社会科学版）》2022 年第 4 期.
张超、吴白乙：《“泛安全化陷阱”及其跨越》，《国际展望》2022 年第 2 期.
张海波：《总体国家安全观下的安全生产转型：从“兜底结构”到“牵引结构”》，《中国行政管理》2021 年第 6 期.
张海波：《中国第四代应急管理体系：逻辑与框架》，《中国行政管理》2022 年第 4 期.
张海涛、周红磊、李佳玮等：《信息不完全状态下重大突发事件态势感知研究》，《情报学报》2021 年第 9 期.
张海涛、栾宇、周红磊等：《总体国家安全观下重大突发事件的智能决策情报体系研究》，《情报学报》2022 年第 11 期.
张惠娜、李辉、王晋等：《情报 3.0 背景下对情报多元属性的思考》，《情报理论与实践》2017 年第 11 期.
张家年、马费成：《我国国家安全情报体系构建及运作》，《情报理论与实践》2015 年第 8 期.
张家年、马费成：《国家科技安全情报体系及建设》，《情报学报》2016 年第 5 期.
张维维、夏菊萍：《高校治理体系和治理能力现代化：内涵与途径》，《北京航空航天大学学报（社会科学版）》2022 年第 4 期.
张杨：《塑造国家安全态势研究：基于模型的阐释》，《云南行政学院学报》2023 年第 5 期.
张宇燕、冯维江：《新时代国家安全学论纲》，《中国社会科学》2021 年第 7 期.
张羽、郑宁、曲豪彦：《从法理和动员学角度探析国家安全动员能力》，《国防》2016 年第 7 期.
赵德昊、周光辉：《体制变革：塑造大一统国家韧性的动态机制》，《江苏社会科学》2021 年第 5 期.
赵光武：《还原论与整体论相结合探索复杂性》，《北京大学学报（哲学社会科学版）》2002 年第 6 期.
赵怀生、周树德：《论比较学科及其文献归类》，《四川图书馆学报》1998 年第 4 期.
赵可金：《推进国家安全体系和能力现代化的政治逻辑》，《东北亚论坛》2023 年第 1 期.
赵磊：《把生物安全纳入国家安全体系》，《理论探索》2020 年第 4 期.
赵亚男、刘猋宇、张国伍：《开放的复杂巨系统方法论研究》，《科技进步与对策》2001 年第 2 期.
郑先武：《安全研究：一种“多元主义”视角——巴瑞·布赞安全研究透析》，《国际政治研究》2006 年第 4 期.
钟国安：《深入把握新时代国家安全伟大成就》，《求是》2022 年第 10 期.
钟开斌：《中国国家安全体系的演进与发展：基于层次结构的分析》，《中国行政管理》2018 年第 5 期.
钟开斌：《国家应急管理体系：框架构建、演进历程与完善策略》，《改革》2020 年第 6 期.
钟开斌、薛澜：《以理念现代化引领体系和能力现代化：对党的十八大以来中国应急管理事业发展的一个理论阐释》，《管理世界》2022 年第 8 期.

周光辉、赵德昊：《荒政与大一统国家：国家韧性形成的内在机制》，《学海》2021a 年第 1 期 .
周光辉、赵德昊：《教化：大一统国家韧性的形成路径》，《探索与争鸣》2021b 年第 4 期 .
周济，周艳红，王柏村等：《面向新一代智能制造的人 - 信息 - 物理系统（HCPS）》，《Engineering》2019 年第 4 期 .
周建明：《从“基于威胁”到“基于能力”——把握美国安全战略转变脉络的一个视角》，《世界经济研究》2003 年第 9 期 .
周锦章：《韧性的概念谱系、治理意涵及时代启示》，《天津行政学院学报》2023 年第 2 期 .
周佑勇：《推进国家安全治理现代化的法治逻辑》，《江汉论坛》2023 年第 10 期 .
朱纯辉：《中国共产党百年军事领导力建设的四个维度》，《晨刊》2021 年第 4 期 .
朱伟、刘梦婷：《安全概念再认识：从间接到直接》，《风险灾害危机研究》2017 年第 1 期 .
朱文武、王鑫：《三元空间大数据网络关联表征》，《中国科学：信息科学》2021 年第 11 期 .
朱雪忠、代志在：《总体国家安全观下的知识产权安全治理体系研究》，《知识产权》2021 年第 8 期 .
朱正威、刘泽照、张小明：《国际风险治理：理论、模态与趋势》，《中国行政管理》2014 年第 4 期 .
总体国家安全观研究中心：《继往开来　以党的二十大新精神指引国家安全工作新征程》，《国家安全研究》2022 年第 6 期 .

（二）硕博论文

杜志成：《系统视角下的生态安全态势感知研究》，西北师范大学 2017 硕士学位论文 .
梁怀新：《国家安全能力建设研究》，中共中央党校 2020 年博士学位论文 .
王榕：《政府组织如何从危机中学习？》，南京大学 2020 年硕士学位论文 .
杨思佳：《基于“风险-能力”的安全城市评估模型研究》，北京化工大学 2020 年硕士学位论文.

三、报纸

《光明日报》
《解放军报》
《人民日报》
《中国教育报》
《中国社会科学报》

四、外文文献

Adger，W. N. Social and ecological resilience：are they related? . Progress in Human Geography，2000（3）.

Agarwal，S.，Pape L. E.，Dagli，C. H. A hybrid genetic algorithm and particle swarm optimization with type-2 fuzzy sets for generating systems of systems architectures. Procedia Computer Science，2014（36）.

Akhgar，B.，Saathoff，G. B.，Arabnia，H. R.，et al. Application of Big Data for National Security：A Practitioner's Guide to Emerging Technologies. Butterworth-Heinemann Publishers，Waltham，2015.

Allen, G., Chan, T. Artificial Intelligence and National Security. Harvard Kennedy School, Belfer Center for Science and International Affairs, 2017.

Aven, T. Identification of safety and security critical systems and activities. Reliability Engineering & System Safety, 2009 (2).

Bae, S., Park, S., Kim, S. J. A study on the development for the national cybersecurity capability assessment criteria. Journal of the Korea Institute of Information Security and Cryptology, 2015 (5).

Balcazar, V., Manuel, I. Modernization of the strategic intelligence system for national security in Mexico. Revista De Estudios En Seguridad Internacional-Resi, 2019 (1).

Bass, T. Multisensor data fusion for next generation distributed intrusion detection systems. 1999 IRIS National Symposium on Sensor and Data Fusion, Johns Hopkins University Press, Baltimore, 1999.

Berezin, Y., Bashan, A., Danziger, M. M., et al. Localized attacks on spatially embedded networks with dependencies. Scientific Reports, 2015.

Boardman, J., Sauser, B. System of systems- the meaning of of. IEEE/SMC International Conference on System of Systems Engineering, Los Angeles, 2006.

Brunel, J., Paul, S., Rioux, L., et al. Recommendations for security and safety co-engineering (release n°3) -PartB, 2016.

Bueger, C. , Edmunds, T. , McCabe, R. Into the sea: capacity-building innovations and the maritime security challenge. Third World Quarterly, 2020 (2) .

Buldyrev, S. V., Parshani, R., Paul, G., et al. Catastrophic cascade of failures in interdependent networks. Nature, 2010 (7291).

Buzan, B. People, States, and Fear: An Agenda for International Security Studies in the Post- Gold War Era. Lynne Rienner Press, Boulder, Colo., 1991.

Buzan, B. New patterns of global security in the 21st century. The Theory and Practice of International Relations, 1994.

Canetti, D., Waismel-Manor, I., Cohen, N., et al. What does national resilience mean in a democracy? Evidence from the United States and Israel. Armed Forces & Society, 2014 (3).

Chappin, E., Dijkema, G. An agent based model of the system of electricity production systems: exploring the impact of CO_2 emission- trading. IEEE International Conference on System of Systems Engineering, San Antonio, 2007.

Chen, C. M., Hu, Z. G., Liu, S. B., et al. Emerging trends in regenerative medicine: a scientometric analysis in CiteSpace. Expert Opinion on Biological Therapy, 2012 (5).

Clavadetscher, C. J. Building national resilience capabilities. International Journal of Critical Infrastructure Protection, 2010 (1).

Cutter, S. L., Ahearn, J. A., Amadei, B., et al. Disaster resilience: a national imperative. Environment, 2013 (2).

Dalgaard-Nielsen, A. Organizational resilience in national security bureaucracies: realistic and practicable? . Journal of Contingencies and Crisis Management, 2017 (4).

David, B. Security studies and the end of the cold war. World Politics, 1995 (1).

Donais, T. Security sector reform and the challenge of vertical integration. Journal of Intervention and Statebuilding, 2018 (1).

Donath, T., Schildknecht, T., Martinot, V., et al. Possible European systems for space situational awareness. Acta Astronautica, 2010 (9).

Eames, D. P., Moffett, J. D. The integration of safety and security requirements. Proceedings of the 18th International Conference on Computer Safety, Reliability and Security, London, 1999.

Emmers, R. Comprehensive security and resilience in Southeast Asia: ASEAN's approach to terrorism. Pacific Review, 2009 (2).

Endsley, M. R. Situation global assessment technique (SAGAT). Aerospace and Electronics Conference, 1988.

Han, W., Tian, Z., Huang Z., et al. System architecture and key technologies of network security situation awareness system YHSAS. Computers, Materials & Continua, 2019 (1).

Holling, C. S. Resilience and stability of ecological systems. Annual Review of Ecology & Systematics, 1973 (4).

Hollnagel, E., Nemeth, C. P., Dekker, S. Resilience Engineering Perspectives: Remaining Sensitive to the Possibility of Failure. Ashgate Publishers, Farnham, 2008.

Hollnagel, E., Paries, J., Woods, D. D., et al. Resilience Engineering in Practice: A Guidebook. Ashgate Publishers, Farnham, 2011.

Hu, W. X. Xi Jinping's "Big power diplomacy" and China's central national security commission (CNSC). Journal of Contemporary China, 2016 (98).

Huang, C., Wang, C. Network security situation awareness based on the optimized dynamic wavelet neural network. International Journal of Network Security, 2018 (3).

James, N. R. Distant Proximities: Dynamics Beyond Globalization. Princeton University Press, New Jersey, 2003.

Jin, S. Y., Lee, W. S., Kim, H. J., et al. A study on multiple reasoning technology for intelligent battlefield situational awareness. The Journal of Korean Institute of Communications and Information Sciences, 2020 (6).

Jo, S. H., Kim, H. J., Jin, S. Y., et al. A study on building knowledge base for intelligent battlefield awareness service. Journal of the Korea Society of Computer and Information, 2020 (4).

Kandel, N., Chungong, S., Omaar, A., et al. Health security capacities in the context of COVID-19 Outbreak: an analysis of international health regulations annual report data from 182 Countries. The Lancet, 2020 (10229).

Keating, C. System of systems engineering. Engineering Management Journal, 2003 (2).

Kennan, G. Comments on the general trend of U. S foreign policy. George F. Kennan Papers, Princeton University, 1948.

Kim, Y. D., Kim, J. S., Lee, K. H. Major issues of the national cybersecurity system in South Korea and its future direction. Korean Journal of Defense Analysis, 2013 (4).

Kimhi, S. Levels of resilience: associations among individual, community, and national resilience. Journal of Health Psychology, 2016 (2).

Kimhi, S., Eshel, Y., Lahad, M., et al. National resilience: a new self-report assessment scale. Community Mental Health Journal, 2019 (4).

Kitler, W. Model of the national security system: selected problems. European Research Studies Journal, 2021 (3B).

Kriaa, S., Pietre-Cambacedes, L., Bouissou, M., et al. A survey of approaches combining safety and security for industrial control systems. Reliability Engineering & System Safety, 2015 (139).

Lisova, E., Šljivo, I., Čaušević, A. Safety and security co-analyses: a systematic literature review. IEEE Systems Journal, 2018 (3).

Little, B. D., Frueh, C. E. Space situational awareness sensor tasking: comparison of machine learning with classical optimization methods. Journal of Guidance, Control, and Dynamics, 2019 (5).

Liu, Y. J. The views on the object, task and nature of the science of national security studies. Journal of Shanxi Teachers University (Social Science Edition), 2003 (2).

Luciani G. The economic content of security. Journal of Public Policy, 1988 (2).

Luis, A., Nunes, A., Brian U. Complex Systems—A new paradigm for the integrative study of management, physical, and technological systems. Management Science, 2007 (7).

Ma'ayan, A. Complex systems biology. Journal of the Royal Society Interface, 2017 (134).

Maier, M. W. Architecting principles for systems of systems. Systems Engineering, 1998 (4).

Martin, L., Vivien, C., Tracie, H. Inter-agency governance risk in managing hospital responses to extreme weather events in New South Wales, Australia: a facilities management perspective of shared situational awareness. Construction Management and Economics, 2013 (10).

Maslow, A. H. A theory of human motivation. Psychological Review, 1943 (4).

Novak, T., Treytl, A. Functional safety and system security in automation systems-a life cycle model. Proceedings of the IEEE International Conference on Emerging Technologies and Factory Automation, 2008.

Patino, O. Chinese and American cyber security models: a comparative. Oasis-Observatorio De Analisis De Los Sistemas Internacionales, 2021 (34).

Piètre-Cambacédès, L., Chaudet, C. The SEMA referential framework: avoiding ambiguities in the terms "security" and "safety". International Journal of Critical Infrastructure Protection, 2010 (2).

Smith, J., Russell, S., Looi, M. Security as a safety issue in rail communications. Proceedings of the 8th Australian Workshop on Safety Critical Systems and Software-volume 33, Darlinghurst, 2003.

Sun, M., Mohan, S., Sha, L., et al. Addressing safety and security contradictions in cyber-physical systems. Proceedings of the 1st Workshop on Future Directions in Cyber-physical Systems Security (CPSSW'09), Newark, 2009.

van, Eck, N. J., Waltman, L. Software survey: VOSviewer, a computer program for bibliometric mapping. Scientometrics, 2010 (2).

Vinogradova, M. V., Kulyamina, O. S., Koroleva, V. A., et al. The impact of migration processes on the national security system of Russia. Mediterranean Journal of Social Sciences, 2015 (3).

Watts, D. J. Small Worlds: the Dynamics of Networks Between Order and Randomness. Princeton University Press, Princeton, 1999.

Wang, B. Safety intelligence as an essential perspective for safety management in the era of Safety4. 0: from a theoretical to a practical framework. Process Safety and Environmental Protection, 2021 (148).

Wang, B., Wu, C., Kang, L., et al. Work safety in China's Thirteenth Five-Year plan period (2016-2020): current status, new challenges and future tasks. Safety Science, 2018 (104).

White, F. E. Joint directors of laboratories-technical panel for C3I, data fusion sub-panel. Naval Ocean Systems Center, San Diego, 1987.

Williams, J. Territorial borders, international ethics and geography: do good fences still make good neighbours? . Geopolitics, 2003 (2) .

Young, W., Leveson, N. G. An integrated approach to safety and security based on systems theory. Communication of the ACM, 2014 (2).

后　记

在坚守中顺势向国家安全学迈进转型
守得云开见月明，静待花开终有时

后记是作者与读者思想交流和说“心里话”的平台。因为本书是一本学术专著，我想向读者呈现一些具有学术特色的“心里话”。这本书的研究和撰写，对我而言，具有特别意义，算是个人学术科研的一次挑战和跨越——向国家安全学迈进转型。我从2019年开始关注国家安全学到2022年申请获批国家安全方面的国家社会科学基金重大项目，在此期间算是摸索尝试，而从2022年项目立项至本书撰写完成算是实现了我的学术科研向国家安全学正式迈进转型的第一步。借此机会，我想向各位读者呈现作者的学术科研向国家安全学迈进转型的心路历程。这里，我把它概括为一句话“在坚守中顺势向国家安全学迈进转型”。

守得云开见月明，静待花开终有时。一个学科有多个重要方向，就范畴十分广泛的安全学科（包括国家安全学）而言，更是如此。作为一名科研工作者，几乎很难覆盖一个学科的几个重要方向，而是应坚守住一个重要的学科方向并把它做到极致。不论它现在是炙手可热，还是门可罗雀，只要国家有需要，只要是自己发自内心喜欢和热爱的，就要不懈坚守。

但是，坚守绝不是让自己故步自封，坚守更不是对时代和外界不理不睬。在学术科研过程中，要辩证地看待坚守与转型的关系。其实，坚守是为了更好地转型，转型是为了更好地坚守，这是因为：坚守是继承与沉淀而不是“一根筋”，转型是创新与发展而不是改向，坚守为转型增强底色，转型为坚守创造机遇。因此，做学术科研要赢得优势、赢得主动、赢得未来，就既要有“守护初心、守牢方向、守住优势”的坚守定力，又要有“准确识变、科学应变、主动求变”顺势转型的敏锐洞察力，努力做到坚守与转型相统一，既不走封闭僵化的老路，也不走改旗易帜的邪路，确保学术科研工作在坚守中顺势转型向前不断推进。

（一）守研安全基础理论

作者长期从事文社理工跨学科交叉领域的安全基础理论研究，这一大的研究方向从未改变，一直坚守至今。尽管安全学科是文社理工大交叉大综合学科，但在我最初“起家”的我国的安全科学与工程（它属于大安全学科/专业群的一门一级学科）领域，主要以工程技术和自然科学类研究为主，相对偏软的安全基础理论研究一直处于非常边缘和弱势地位，至今亦是如此，它在成果产出、发表与评价、科研支持与认可度及研究队伍等方面一直困难重重。

在这样的背景下，很多人（特别是年轻人）都不愿从事这一研究。在理工科主导的环境下，我能够一直坚守安全基础理论研究，主要得益于我的学术兴趣，得益于导师吴超教授的大力支持和鼓励，得益于导师吴超教授二十余载对这一研究方向默默耕耘和坚守精神的感染（与他起初转向和开启这一方向研究的难度相比，实际上我遇到的难度不值得一提），得益于各位同行专家（特别是一些前辈）的支持和包容，得益于所在单位各位领导和同事“不怕我拖后腿”的开放包容和大力支持。这里，一并表示特别感谢。目前，迈入国家安全学领域，我仍然坚守安全基础理论研究，力争将具有共性的安全基础理论应用至国家安全学领域推动国家安全学基础理论的创新、丰富和完善。

（二）守牢普通安全学

安全无处不在，无时不有，安全学科范畴十分广泛，分支领域安全学不胜枚举。从大安全角度看，安全是一个大的学科专业门类，具有庞大的学科群（如安全科学技术、国家安全学、公安学、信息安全学、网络空间安全学、核安全学、生物安全学与应急管理等）与专业群（如安全科学与工程专业、网络空间安全专业、信息安全专业、国家安全专业与应急管理专业等）。

为夯实安全学科/专业群的“底座”（即共性基础学科），为找到打开各分支领域安全学的共同“金钥匙”，为取得具有普适性的安全基础理论研究成果，受“普通化学”“普通心理学”“普通教育学”等学科启发，我意识到，无论是“这安全”还是“那安全”，反正都是安全，那就一定有共性的东西，由此提出了“以不变应万变”的普通安全学（General Safety & Security Science），并将我所从事的安全基础理论研究进一步定位成普通安全学理论研究。例如，我出版的《安全信息学》与《安全情报学导论》两本专著都旨在建立普通安全信息学和普通安全情报学的学科理论体系。为此，我作过一首打油诗：“立足系统看安全，树立安全大格局。咬定普安（普通安全学）不放松，立根原在共性中。千变万变还坚定，任尔东西南北风。学会安全万金油，一切安全皆有招。”目前，进入国家安全学领域，我想重点开展的研究是基于普通安全学的普通国家安全学理论研究。

（三）守定安全学科专业

为什么我选择一直坚持在安全学科专业领域耕耘？除了安全学科专业是我的职业领域我要靠它生存及我在该领域尝到了一点“甜头”外，我要承认我对它的日久生情。自我本科求学至今，“安全”一词一直与我相伴，它在我的“字典”里出现的频率绝对比我的名字还多，我写过最多的词语肯定也是“安全”一词。我相信，任何的爱都绝不是一时的心血来潮，从结识、到喜欢、到爱，这需要漫长岁月的点点滴滴来积淀，这也许就是所谓的学科专业情怀。至今，还依旧清晰记得我的本科毕业论文的致谢的题目是“安全，爱你是幸福的”。随着时间一久，我对安全学科专业的热爱变得越来越深而纯粹，正因如此，才使我肯花心思和时间在安全学科专业耕耘。国家安全学仍然属于大安全学科/专业群范畴，进入国家安全学领域，依旧是对安全学科专业的坚守。

（四）守护科研初心与志趣

我一直坚信“安全基础理论研究不仅有可为，且大有可为”，填补安全科学理论空白，做出有意义的安全理论研究成果是我的学术追求。其实，我从一开始选择做安全基础理论研究就是对自己初心的守护。记得，当时在本科大四阶段通过推免方式深造读研时，尽管面临多种选择，但我是自始至终一心只想到中南大学跟随吴超教授从事自己喜欢和心里隐隐感觉比较擅长的安全基础理论研究。

读研期间和工作后，由于在理工科学院做着偏社科的研究，这与理工科学院的主流科研方向和考核评价体系存在巨大差异，成果考核时很难被“算数”（现在得到了一些改善，在此，感谢所在单位领导和同事支持）。当时，尽管有过犹豫，但内心最终还是坚守没有改变主攻研究方向。目前，导师已经退休了，我还在理工科学院基本独自带着自己几位研究生做着“另类”的偏社科的研究。

在学术成果发表方面，由于我做的是大交叉学科领域的研究，往往需要在多学科领域期刊投稿发表学术成果。在我看来，真正的交叉科学研究者有两个直观的衡量判断指标“一是所开展的研究内容的确属于交叉科学；二是研究者在自学科和相关他学科领域的学术期刊都能发表研究论文”，正是这种交叉科学研究的认识、理想和追求，驱使我不满足于仅在安全科学领域学术期刊发表研究成果，而是坚持在交叉学科相关领域期刊发表研究成果，不断突破一直在路上。

关于守护科研初心与志趣的个人小故事还有很多。例如，坚持青年阶段以理论研究为主，坚持把主要时间精力放在学术，对参与横向项目、社会服务等工作的时间精力要严格限制，无论在家、办公室还是出差都争取坚持挤点时间做学术；坚持做纯安全研究（我发表的论文题目中基本都有“安全”一词）。坚持有点时间就进行思考和科研（理论研究时时刻刻都可做思考和研究，包括吃饭、走路甚至如厕的时间，只要你愿意），宁愿工作一会儿、写点东西也不想出去游玩，对我而言，游玩真的感觉比做科研累。我不敢说我的研究根本没有功利的推动，但我敢说，它更多是兴趣推动的，正是这种不受太多功利所累的自由探索（其实，我做的很多成果考核都不算，纯属个人志趣），我也无须太多被动的“坚持”。说到这里，我觉得现在很多高校推出的“年薪制”制度蛮好的，这样可以保证在完成约定任务的情况下做点自己内心喜欢和乐意的研究，不至于为了工作量和薪资干一些自己不喜欢或敷衍的事情。就像我，生性向往自由，感觉基本完成约定任务后，最大的享受和愿望是可以做点喜欢和认为值得的事情，如写这本书和写这些文字。

（五）守住科研特色与标签

近几年来，内卷成了新常态，各行各业在竞争中苦苦挣扎，甚至苦不堪言。怎么才能突破内卷，出路在哪？这也是我偶尔思考的问题。起初我认为内卷是因为在大家都在争、都在拼情况下资源不足造成的。后来，我对内卷有了进一步认识，内卷的根本原因是从众造成的同质化。别人做什么，我就做什么。这样一来，资源永远是不够用的。因为同一类人想要的是同样的东西。做与别人一样的东西，出头之日是比别人做得更好。其实，有时候，与其更好，不如不同，做与众不同的自己是走出内卷的一条好出路。你知道你要做什么并一直专注做就好了。在科研方面，亦是如此，科研避免内卷的最好办法就是做与别人不一样的研究，换句话说，就是要守住自己的科研特色。

安全学科的时空巨大，领域广泛，这决定安全科研的选择空间巨大。所以，避免安全科研内卷应该相对来说也容易一些，关键是选中和守住自己的研究特色，做到与其他人不同。就不同层次的安全研究而言，大家一直主要在应用研究层面，基础理论研究层面的人很少。若在基础理论层面，稍微做一点工作就有了优势，应用层面的话内卷就更严重。对我而言，除了一直坚守理论研究类型的安全基础理论研究外，我一直坚守的科研特色还有立足大安全格局、注重理工科和社科的跨学科交叉、在跨学科交叉中分清主次坚持自己的主学科（即安全学科）背景、做纯安全研究，以及利用安全学科的交叉综合学科优势（类似于系统科学的学科优势）基于安全学科视角开展安全研究等。若守住自己的科研特色，长期下去便会有自己的科研标签，过去我一直努力把“安全”“安全情报”“安全信息”“安全文化”等做成自己的科研标签。

目前，涉猎国家安全学研究后，我还是坚守自己的科研特色，这本书就是一个体现。一方面，延续安全基础理论研究，注重国家安全学基础理论研究。另一方面，国家安全学是交叉学科，几乎可以立足任何学科开展国家安全学研究，我选择的普通安全学视角，注重基于普通安全学（包括过去我做的安全情报学与安全信息学等）理论方法、研究范式和特色开展国家安全学研究。当然，希望在此基础上自己在国家安全学领域也逐渐拥有一个属于自己的学术标签。

（六）守候机遇顺势转型

学术科研最重要的是实现自己的学术追求和目标。其实，要实现自己的学术追求和目标，条条大路通罗马，不要一路走到黑，办法总比困难多，要守候机遇果敢顺势进行正确的转型。就我守候机遇顺势转型而言，概括看，主要有“安全学科”“交叉学科”“基础研究”三个关键词。近年来，大家可以直接感受到，安全学科、交叉学科和基础研究得到国家和社会各界的高度重视，变得越来越火，可以说它们终于迎来了发展的春天。首先，我守候安全学科领域“火热”期顺势转型，从具体领域的安全（+安全）向普通安全学（安全+）转型，从 Safety 向 Safety & Security 一体化转型，从小安全向大安全（国家安全）转型。其次，我守候交叉学科发展高潮期顺势转型，抓住交叉学科为年轻人创造的脱颖而出机遇（交叉学科领域一般是新兴领域，与传统学科相比，更易做出影响，特别对于年轻人而言更是如此），立足安全学科本身具有的大交叉优势和本科阶段在中南财经政法大学学习的全校学校必修的“三通”课程（即《管理学通论》《法学通论》《经济学通论》）等基础，从本科阶段的理工科领域逐步转向今天的文社理工的跨学科交叉，实现从小交叉到大交叉，从浅交叉到深交叉。再者，我守候基础研究被更加重视的今天，更加笃定开展安全基础理论研究，并使安全基础理论研究成果不止进课堂、进学校、进学界，还通过学术报告交流让安全基础理论研究成果进政府机关、企业、社会。可以看出，我向国家安全学迈进转型，是上述三方面共同作用的结果。

其实，转型很难，转型意味着要走出“舒适区”，这要与“人性”做斗争，人们习惯和乐意待在“舒适区”。有时候，要不是被逼，有时候真的很难走出“舒适区”。其实，我的转型也离不开现实中的逼迫。大家都知道，近年来，就我国的青年科研人而言，要生存、要发展，国家基金项目几乎是必配的。记得我刚入职工作后，在安全理论研究科研项目申请方面，也是不愿走出“舒适区”，想在相对熟悉和导师过去一直申请国家自然科学基金项目的隶属国家自然科学基金委员会工程与材料科学部的矿业与冶金工程学科下的安全科学与工程申请国家自然科学基金项目，但是屡战屡败，在有点想“躺平”和“绝望”之际，抱着“买彩票，撞大运”和“搏一搏”的心态去尝试申请国家社会科学基金项目，没想到“无心插柳柳成荫”，抓住了最后一根救命草，一路连续中标了三项国家社会科学项目（包括一项国家社会科学基金重大项目）。

（七）结语

需要坚守（不变）什么，需要转型（变）什么，是每一个人在成长和发展中离不开的两大问题。愿我们顺应心中所想坚守，愿我们勇登时代浪尖顺势转型。我是幸运者，就我而言，一路走来，既有坚守，亦有转型。现在，迈入国家安全学，亦是如此！

王　秉

2024年1月1日